고종과 대한제국

황제 중심의 근대 국가체제 형성

고종과 대한제국

황제 중심의 근대 국가체제 형성

조재곤 지음

역사공간

책머리에

대한제국 시기에 본격적인 관심을 갖고 공부를 시작한 지도 어언 30여 년 이상이 지났다. 그 계기는 대학원 석사과정에 들어갈 무렵부터였다. 당시는 한국 근대의 경제사, 그 중에서도 근대 과도기의 상업과 상인 문제가 주요 관심사로 그 결과물의 일부는 석사논문과 박사논문으로 완성하였다. 다른 한편 대한제국 전반을 논리적으로 이해하기 위해서는 그 시대의 정치 상황은 물론 사회와 동시대인의 활동, 의식의 전반을 살피는 한편 이를 논리적으로 뒷받침할 이론서에 대한 학습이 요구되었다. 그러나 선행연구가 많지 않았던 상태에서 이와 같은 여러 부분의 방대한 자료 섭렵과 학습을 통한 자기화는 한 개인이 감당하기에는 결코 생각만큼 쉽지는 않았다.

다행히 필자가 소속되어 활동하던 한국역사연구회 근대사분과원들 중에는 이와 비슷한 고민을 가진 젊은 연구자들이 적지 않았고 그런 생각들이 모여 '광무개혁연구반'이라는 새로운 연구반을 만들게 되었다. 이 연구반은 '대한제국기연구반'으로 개편되어 무려 10여 년 이상 활동을 지속하였다. 그 과정에서 당시 정치사회상을 이해할 수 있는 대표 서적인 『대한계년사』 정독 및 번역을 시작으로 『황성신문』과 『대한매일신보』의 요약 정리를 완료하였다. 또한 대한제국 및 근대정치사 관련 국내외 연구역사 정리, 칼 마르크스의 『프랑스 혁명사 3부작』, 안토니오 그람시의 『옥중수고』, 페리 앤더슨의 『절대주의 국가의 역사』 등과 함께 국민국가 관련 서적 등을 비롯한 여러 종류의 고전을 서로 요약 발제하고 토론하면서 역사학이나 사회과학적 방법론을 통해 대한제국 시기와 동시대인들의 활동상을 체계적이고 논리화시키는 가능성을 모색하는 데 적지 않은 시간을 보낸 적이 있었다.

선후배 동료들과의 학문적 교감을 쌓아가면서 한편으로는 공감하고 때로는 늦은 밤까지 치열하게 논쟁하면서 반원들과 필자 개인의 연구는 조금씩 축적되어 갔다. 대한제국과 고종을 바라보는 시각이 동일할 수는 없었지만 대체로 수렴해가면서 공동연구 성과는 몇 차례의 세미나와 학회지 발표로 이어졌다. 그 사이 두 차례에 걸쳐 연구회 내의 같은 분과인 '토지대장연구반(현 토지제도사연구반)'과 대한제국의 성격을 둘러싼 집담회를 개최한 바도 있었다. 반원 각자가 완성한 박사학위논문을 하나하나 집중적으로 검토하는 기회를 갖기도 하였다. 충분한 검토시간을 두고 좌고우면 없이 격의 없는 날선 비판과 다른 견해 제시로 세미나는 때로 얼굴을 붉힐 정도로 진지하게 진행되었다. 당시 발제자는 힘들게 느낄 수 있었겠지만 그로부터 오랜 기간이 지나고 보니 준엄한 학위논문 심사 때보다도 오히려 더 유익한 시간이었다고 서로 회고하기도 한다. 그 중 몇몇 논문은 보완 후 단행본으로 완성하여 한국 근대사 및 대한제국 시기를 이해하는 훌륭한 선도적인 공구서 역할을 하였다. 이와 같은 여러 과정을 지나 대한제국을 보는 눈도 조금은 커지게 되고 필자 개인의 연구 결과물도 이후 한참의 보완을 거쳐 이제서야 한 권의 책으로 완성하게 되었다.

이 책을 쓰면서 사실을 '있는 그대로(just as it is)' 보면서도 상당 부분 새로운 서술체계를 세워야 한다는 문제의식을 풀어나가는 데 어려움이 적지 않았다. 나아가 황제와 그의 권력, 정책결정의 원칙과 과정 등을 중심으로 한 대한제국의 지향점과 역사적 성격 평가, 멸망의 원인, 한계까지도 포괄적으로 제시하고자 하였지만 솔직하게 말하면 뒷부분은 큰 성과를 거두지 못하였다고 스스로 평하지 않을 수 없다. 대한제국 시기에 관심 있는 독자 여러분들의 많은 질정을 바란다. 경제 문제 중 양전·지계사업을 중심으로 하는 토지소유 관계와 재정·조세수취 문제는 이미 제출된 선학들의 연구를 참조하기 바란다. 내치 문제를 중심으로 정리하다 보니 외교 분야 즉, 국제관계는 크게 살피지 못한 한계도 있다.

이제는 각자의 연구 분야와 사회활동에 매진하고 있지만 진지한 시간을 오랜 기간 함께했던 손철배·고석규·주진오·이윤상·도면회·왕현종·정숭교·서영희·이용창·오연숙·차선혜 선생을 비롯한 대한제국기연구반과 근대정치사연구반 선후배와 동료들을 항상 마음속에 간직하고 있다. 뜻밖의 참사로 저세상에 계신 동료 연갑수 선생의 명복을 빈다. 고종시대사 연구프로젝트를 통해 3년 이상 교감을 같이 한 장영숙·김영수·김종준 선생께도 고마운 마음을 전한다. 필자의 무리한 부탁에도 불구하고 흔쾌히 방대한 러시아제국 법전 등 러시아 원문자료를 번역하고 설명해주신 박재만 선생에게 또 한 번 신세를 지게 되었다. 난삽한 글을 깔끔하게 한 권의 책으로 만들어 준 역사공간에도 감사드린다.

전 세계에 창궐하는 코로나19가 하루빨리 종식되어 모두 제자리로 돌아올 수 있기를 간절히 기다리면서.

2020년 10월
조 재 곤

차례

5 책머리에
12 머리말

1. 왕국에서 제국으로 : 대한제국의 성립 과정

25 **칭제 건의와 황제국의 길**
25 아관파천 전후의 칭제 논의
31 경운궁 환궁 이후 논의의 본격화

50 **대한제국의 성립**
50 연호와 국호 개정
56 3일간의 황제 즉위식

70 **황제국 선포에 대한 외국의 시선**

76 **신문 논설로 본 국정 운영의 논점**
76 건양 원년(1896)
79 건양 2년·광무 원년(1897)
81 광무 2년(1898)
85 광무 3년(1899)
87 광무 4년(1900)
90 광무 6년(1902)

2. 제국의 내치 기반:
국가 상징 장치와 의례

97 상징 장치를 통한 황제권 강화
97 용어와 다양한 상징의 변화
101 황제의 제사
114 황실 선조의 추숭 사업
118 관제묘의 관리 강화
125 칭경 40주년 기념예식 준비
134 성대하게 치러진 명성황후 국장

141 근대국가로서의 정체성 확립
141 '애국가'와 다양한 국가 작성
146 국기와 각종 깃발 제정
151 5대 경축일 행사

182 근대적 의전제도 마련
182 사례소 설치와 『대한예전』 편찬
186 훈장제도 시행
193 친왕제와 봉작제
197 장충단 건립
204 서경 행궁 건축

215 친위단체의 설립과 운영
216 황국협회와 '보호황실'
226 황제 친위세력, 보부상단

3. 황제 권력의 법률적 기반 : 「대한국국제」의 제정

242   **군주권 확립을 위한 법률 제정**
242   교전소의 설치
246   '국제'의 제정 및 선포
256   대한제국 헌법, 「대한국국제」

265   **「대한국국제」에 영향을 준 군주제 국가의 헌법**
265   「프랑스 헌법」과 「헌법헌장」
270   「러시아제국 법전」과 「국가기본법」
275   「프로이센 헌법」과 「도이치제국 헌법」
278   「대일본제국 헌법」
282   「대한국국제」와 각국 헌법 비교

4. 황제 권력의 물리적 기반 : 군사정책의 기조와 군사기구의 운영

312   **군령권 확립과 군비 증강**
312   군제 개혁의 방향
321   상비군 설치 문제와 징병제 논의

330   **원수부의 설치와 기능 강화**
330   치안 강화를 통한 황권 확보
334   대외자주성 표방

338	**군사조직 확대 및 개편**
338	중앙군의 증강과 편제
352	지방군의 확대와 증원
368	**근대적 군사 양성과 장비 구축**
368	무관학교의 사관 양성
377	군사 훈련 체계와 군법 제정
385	근대적 군사 장비의 구축

5. 제국의 인프라와 물적 토대 : 산업 및 상공업 육성정책과 운영

400	**국내 산업의 보호·육성**
400	자력에 의한 철도 건설 추진
411	광산 이권의 보존과 개발
419	직조·양잠업의 진흥과 회사 설립
439	**상공업기구와 그 역할**
439	상무사 설치와 특징적 활동
446	경제 및 상업 전문 신문 간행
452	**실업학교와 기술학교**
452	상공학교 설립과 운영
462	각종 관립·사립 기술학교 설립
477	맺음말
487	참고문헌
504	찾아보기

머리말

지금까지 많은 한국 근대사 연구자들은, 1873년 11월 재야 유림을 대표하는 최익현의 상소를 계기로 흥선대원군이 10여 년간 섭정에서 물러난 이후부터를 고종 '친정(親政)' 또는 '실질적인 친정체제' 확립의 시기라고 주장하고 있다. 더 나아가 대외인식 변화에 따라 그 이전부터 고종이 준비된 '친정 의지'가 있었던 것으로 이해하기도 한다. 그런데 이들은 '친정' 용어에 대한 나름대로 개념 규정 없이 선언적으로 사용하고 있었던 것으로 보인다. 국가별로 이해하는 사전적 정의를 보면, 한국에서는 '임금이나 최고 권력자가 직접 정사를 맡아 다스림'[1]으로, 중국에서 친정(亲政)은 '제왕이 조정을 친히 다스리는 것' 혹은 '어려서 계위(繼位)에 오른 임금이 성년이 되어 몸소 정사를 보는 것'을 말한다.[2] 일본에서는 섭정(攝政)·원정(院政)이나 고관 주도의 정치체제와는 다른 '국왕·황제·천황 등 군주가 스스로 정치를 행하거나 그러

---

[1] http://dic.daum.net/
[2] https://baike.baidu.com/item.

한 정치형태(군주제의 한 형식)'[3]로 이해하고 있다. 이렇듯 국가별로 친정의 개념 해석은 유사한 듯하면서도 다르다.

그러나 그 시기에도 이유원·박규수 등 대원군 집정 시기의 원로인사들이 그대로 요직에 포진하고 있었고, 대원군을 대신해서 왕후의 일족인 여흥 민씨와 풍양 조씨·광산 김씨 세력으로 권력이 이동하는 측면이 강하였을 뿐 실제 국왕의 역할이 지배적이지 않았다. 국왕을 정점으로 하는 새로운 정치적 권력기반이나 세력 형성의 기재가 보인다고 할 수 있는 상황도 아니었다. 일부 논자들이 규정하고 있듯이 당시는 '민씨 집정기'로 표현되기도 하고, 그 사이 임오군란과 갑신정변을 겪으면서 청국의 내정간섭이 가장 노골화되는 정치적으로 매우 불안정한 기간도 있었다. 그것은 고종의 재위 기간 의사결정기구의 변천을 보아도 짐작할 수 있다. 비변사에서 의정부로 정부기구를 개편한 대원군 이후 통리기무아문·통리군국사무아문·내무부·군국기무처·내각 상태에 있다가 아관파천 이후 다시 의정부('신의정부') 체제로의 복귀, 대한제국 시기 궁내부의 권한 강화 등의 과정이 이를 설명한다.

그와 같은 현실로 본다면 대원군 집정 이후의 정치체제를 명실상부한 '친정'으로 보기 어려운 것이 사실이다. 예컨대 1866년 대왕대비 조씨의 수렴청정을 거두어들인 상황도 '친정'으로 표현되었다.[4] '친정'이란 용어가 진정한 의미의 규정성을 갖추려면 정책결정 과정에서 국왕 한 사람의 역할과 비중이 결정적이어야 하

---

3 『大辞林』, 三省堂, 2006.
4 『高宗實錄』, 고종 3년 2월 26일.

는 것은 너무나 당연하다. 그러나 대원군이 정치 일선에서 물러난 1873년에도 '친정'이라는 용어는 중국에 다녀온 사신을 접견하는 자리에서 고종이 공친왕의 섭정에서 벗어난 중국황제 동치제의 정치 일선 참여를 축하하는 의미로 사용하고 있을 뿐, 직접 국왕의 명령이나 조서로 이를 선포한 적은 없었다. 이러한 점들을 종합해볼 때 패러다임의 큰 변화상이 보이지 않는 상태에서 '친정'을 선언적 의미 이상으로는 확대해석하기는 어렵다. 따라서 명실상부한 친정은 아관파천 이후 정치기구를 '신의정부 체제'로 부활시킨 이후 대군주에서 황제가 된 고종이 제도적으로 권력 강화의 기회를 비로소 잡게 된 대한제국 시기부터로 이해해야 하지 않을까 한다. 대한제국 이전은 국왕의 입지와 정책결정권이 그다지 크지 않았던 것으로 보이기 때문이다. 여기서 조금 더 논의를 진전시켜 보면 '친정'보다는 성문화된 법률체계하에서 통치권자가 직접 재결하는 '친재(親裁)'라는 용어가 더 적합한 것으로 보인다. 이와 같은 정치 형태에서 행정부는 온갖 정무를 친히 재결하는 즉, '만기 친재'를 보필하는 역할을 한 것이다. 1873년 11월 고종이 내린 지시도 '서무친재(庶務親裁)' 반포를 명한 것이었다.[5]

관료제와 군사·치안제도, 법전 제정, 재정 운용, 상공업 정책 등 내치를 위한 핵심 통치기구(권력기구) 운영에서 볼 때 과거에 비해 근대국가로의 모습이 대한제국 시기에 비로소 보이는 것을 부정할 근거는 없다. 대한제국과 황제 중심의 정치체제는 중세 말기 프랑스·독일·러시아를 비롯한 서구 군주국에서 보이는

---

5   『日省錄』, 1873년 11월 5일.

절대군주제의 모습으로 우리에게 다가오고 있다. 유럽의 절대주의 국가에서 국왕 권력을 특징짓는 포괄적인 개념으로 통수권·존엄성·권위와 입법권 등을 규정하고 있다.[6] 상비군과 중앙집권적 관료제·중상주의를 근간으로 하는 절대군주제의 일반적 특성은 '중세 봉건적·영주제적·지방분권적인 국가형태로부터 근대의 시민적·민주적인 국가로 이행하는 과도기적 국가형태'이자 '지배자가 아무런 제약을 받지 않고 그 전 권력을 행사하는 정체'로 규정된다. 그렇지만 유럽의 절대주의 국가 간에도 역사적 환경에 따라 차이가 있는데, 영국은 정치적인 면, 프랑스는 궁정적인 면, 스페인은 종교적인 면, 프러시아는 군사적인 면, 러시아는 서구문화 추수의 면이 강하였던 것으로 평가되고 있다.[7] 절대주의를 자본주의 근대국가의 '첫 번째 성숙된 구현'[8]으로 규정하거나, 이행기의 절대주의 국가는 '직접생산자의 생산수단으로부터의 분리 이전에 존재하는 자본주의 국가의 한 형태'[9]로 보는 견해가 있다. 반면 귀족의 계급적·신분적 이해관계와 연결성을 주장하며 '재편성되고 재충전된 봉건적 지배기구'[10]로 보는 견해, 초래된 변화에도 불구하고 여전히 '전통국가'[11]로 보는 견해도 있다. 이와는 달리 계급 문제보다는 군사적 경쟁과 경제 발전의 상호관계를 바탕으로 독자적·자율적으로 이루어진 '계획적인

6 임승휘, 2011, 『유럽의 절대군주는 어떻게 살았을까?』, 민음인, 39쪽.
7 趙景來, 1981, 『絶對主義時代』, 日新社, 9, 11, 41쪽.
8 잔 프랑코 폿지, 박상섭 역, 1995, 『근대국가의 발전』, 민음사.
9 니코스 풀란차스, 홍순권·조형제 역, 1986, 『정치권력과 사회계급』, 풀빛.
10 페리 엔더슨, 김현일 역, 1996, 『절대주의 국가의 역사』, 소나무.
11 엔서니 기든스, 진덕규 역, 1991, 『민족국가와 폭력』, 까치.

국민국가'[12]로 보는 견해, 절대주의 국가의 하부구조적 권력은 근대국가의 감시능력 확대를 예고하는 것으로 하나의 '과도기적 형태'[13]로 바라보는 등 매우 다양하다. 또한 학계에서 '절대국가', '군주주의 원리', '절대왕정', '절대주의', '성숙한 절대주의'라는 명칭과 특성부터 시작해서 다양하게 정의하는 것처럼, 대한제국에 대한 역사적 규정도 유사성과 차별성은 항상 남기고 있다.

가령 가장 전형적인 형태의 근대로의 이행을 '전제군주제(봉건적 신분제 국가) → 절대주의·계몽군주제 → 입헌주의·입헌군주제 → 민주공화제'와 같은 발전 도식으로 본다면 대한제국은 그간의 전제군주제와는 분명히 다른 절대주의 시대에 가장 근접한 형태를 띤 것으로 이해하는 것이 좋을 듯하다. 그러나 그러한 점도 '전형성'과는 다르기 때문에 일관되게 설명하기 어려운 점이 적지 않다. 예컨대 서구의 경우 귀족과 시민계급과의 투쟁을 통한 타협의 산물이었지만 우리나라는 시민계급이 미비한 상태였기에 다르게 전개되었다. 또한 황실과 국가의 일체화를 기도하는 측면만 보면 군주가 여러 면에서 절차적 제약을 받던 서구 절대주의 국가보다 더 보수적 색채가 강하게 보이기도 한다. 그렇지만 어떤 측면에서는 전통을 고수하는 것처럼 보여도 한편으로는 과거와는 완전히 다른 새로운 모습으로 일변하려는 노력도 결코 적지 않았다. 황제를 중심으로 하는 대한제국 정권을 평가하는 그간의 연구에서도 계몽군주로서의 근대적 개혁에 큰 역할을 한 것으로 보는 경향과 반대로 전제군주권의 강화에만 집중하였

---

12 찰스 틸리, 지봉근 역, 2018, 『유럽 국민국가의 계보(990~1992)』, 그린비.
13 크리스토퍼 피어슨, 박형신·이택면 역, 1998, 『근대국가의 이해』, 일신사.

기에 근대적 개혁으로 볼 수 없다는 견해가 양립하고 있다. 후자의 경우에서도 그나마 일부 자주적 입장을 가지고 있었던 것으로 보는 견해와 단순한 친러 보수반동 정권으로 규정하기도 한다.

1898년 한 해 동안 독립협회와 만민공동회로 대표되는 민권운동의 일대 격변은 결국 그해 말 황제와 그의 의지를 반영한 대한제국 정부의 강압으로 분쇄되었다. 이후 1899년부터 본격화되는 '광무개혁'은 '구본신참(舊本新參)'과 '법고창신(法古創新)'을 그 기본이념으로 삼아 부국강병의 전제를 마련하고자, 갑오개혁기 개화파의 급진적·외세 의존적 개혁을 거부하면서 점진적·주체적 입장의 근대화에서 새로운 방향을 찾아가는 것이었다. 그러나 당시는 근대적 국가체계를 형성해나가는 초기 단계였기 때문에 대한제국 정부는 서구처럼 완결된 형태의 구조를 마련하지는 못하였다. 다만 기존의 제도를 토대로 하면서 새로운 서양의 근대 문물을 도입하여 양자 간을 절충하면서 개혁의 방안을 모색하지 않을 수 없었다.[14]

우리는 김용섭·신용하로 대표되는 1976~1978년의 논쟁[15]과

---

14 이에 대한 연구사 정리는 한국역사연구회 광무개혁연구반(이윤상), 1992, 「'광무개혁' 연구의 현황과 과제」, 『역사와 현실』 8; 이민원, 1995, 「대한제국의 성립과 광무개혁, 독립협회에 관한 연구성과 과제」, 『韓國史論』 25; 주진오, 1996, 「대한제국과 독립협회」, 『한국역사입문』③, 풀빛 참조.

15 대한제국 정부와 황실의 입장에 비판적인 신용하의 견해는 愼鏞廈, 1976, 「書評, 『韓國近代農業史研究』」, 『韓國史研究』 13; 신용하, 1978, 「'광무개혁론'의 문제점-대한제국의 성격과 관련하여-」, 『창작과 비평』 49에서 잘 나타난다. 여기에는 진덕규가 의견을 같이 하였다[陳德奎, 1983, 「大韓帝國의 權力構造에 관한 政治史的 認識」(1), 『大韓帝國研究』 I]. 반면 근대이행기 '구본신참' 논리의 대한제국 황실의 역할을 긍정적으로 평가하는 김용섭의 입장에는 송병기와 강만길이 동조하였다[金容燮, 1975, 『韓國近代農業史研究』(上·下), 一潮閣; 金容燮, 1976, 「書評: 『獨立協會研究』」, 『韓國史研究』 13; 宋炳基, 1976, 「光武改革研究-그 性格을 中心으로-」, 『史學志』 10; 姜萬吉, 1978, 「大韓帝國의 性格」, 『創作과 批評』 48].

이태진·김재호 외 여러 논자들의 2004년의 논쟁[16] 등 그간 두 차례에 걸친 이른바 '대한제국 성격 논쟁'과 일부 공동연구[17]처럼 개혁의 실효성을 부정하는 측과 긍정하는 측으로 나누어져 학자에 따라 그 평가가 엇갈려왔음을 보아왔다. 이는 대한제국 시기 토지제도와 측량 과정을 둘러싼 이른바 '식민지 근대화론'과 '수탈론' 논쟁으로도 발전하였다. 개혁의 실효성을 부정하는 쪽에서는 대한제국이 부정부패로 얼룩져 근대화 사업을 주도면밀하게 추진하지 못한 점을 지적한다. 그와 더불어 식민지화의 원인을 황제 고종과 대한제국 정국 담당자들에게 돌리기도 한다. 반면, '내재적 발전론'의 입장을 견지하는 대한제국의 광무개혁을 높게 평가하는 쪽에서는 외세에 의존하지 않고 자력으로 근대화를 추진하려 한 노력 자체가 중요하다고 본다. 이들은 근대화 사업을 추진하여 어느 정도 성과를 올렸다고 지적하면서, 자력 근대화의 노력이 일본 제국주의에 의해 무산되었다는 점을 강조한다.

그러나 지금 이 시점에서 되돌아보면 특히 1970년대 후반의 '논쟁'은 논쟁거리가 되지 않을 수도 있다고 생각될 정도로 이 시기에 대한 연구성과가 제대로 축적되어 있지 않았고 주제 범위도 제한되어 있었다. 대한제국 황실과 정부의 '친러·수구 프레임'이 지나치게 강조된 후자의 논점에 동조하는 연구자가 많지 않았기

---

[16] 이는 교수신문 기획으로 『고종황제역사청문회』(푸른역사, 2005)라는 책으로 간행되었다. 여기에는 앞의 2명 외에 강상규·김기봉·김동택·서영희·왕현종·이병천·이영훈·이헌창·주진오·이영호 등이 참여하였다.
[17] 한림대학교 한국학연구소 편, 2006, 『대한제국은 근대국가인가』, 푸른역사. 한영우·서영희·이윤상·강상규·임현수·전봉희·이규철 등의 발표문을 책으로 엮은 것이다. 앞의 대칭적인 『고종황제역사청문회』와는 달리 대부분의 연구자들이 대한제국을 긍정적으로 평가하고 있다는 데 특징이 있다.

때문이다. 20세기 후반부터 지금까지 대한제국과 황제 권력의 성격과 관련한 논의는 많았고 적지 않은 성과도 남겼다. 권력기구의 성격과 운영 주체, 국가 정책, 황제로서의 고종의 평가, 재정 문제 등에서 많은 진전을 보았다.[18] 그러나 아직까지도 특정 주제를 중심으로 제한된 연구가 대부분이기 때문에 당시의 정치사회 구조 전체상과 성격, 제한성 등을 정치하고 종합적으로 정리할 수 없었다. 자신의 논지를 강조하기 위해 부합되는 사례만 선택적으로 수용하는 경우도 적지 않았기 때문이다. 다소 지나친 비유겠지만 지금까지는 '장님 코끼리 만지기' 같은 분절적이자 선언적인 거대 담론만을 중심으로 한 연구가 적지 않았다. 몇 가지 사실만을 토대로 이를 확대해석하는 형태의 연구들만 양산되면 생산적인 논의는 더 이상 나올 수 없을 것으로 보인다. 이를 넘어서기 위해서는 관련되는 원 자료의 최대한 섭렵을 토대로 과학적이고 합리적 논리에 입각해서 차분히 사실 하나하나를 꼼

---

[18] 앞서 소개한 『고종황제역사청문회』와 『대한제국은 근대국가인가』에 수록되어 있는 여러 필자들의 글과 토론문 외에 金度亨, 1994, 『大韓帝國期의 政治思想研究』, 知識産業社; 나애자, 1994, 「대한제국의 권력구조와 광무개혁」, 『한국사』 11, 한길사; 도면회, 1996, 「정치사적 측면에서 본 대한제국의 역사적 성격」; 오연숙, 「대한제국기 의정부의 운영과 위상」; 차선혜, 「대한제국기 경찰제도의 변화와 성격」; 조재곤, 「대한제국기 군사정책과 군사기구의 운영」(이상 한국역사연구회 공동연구, '대한제국기 권력기구의 성격과 운영' 『역사와 현실』 19, 1996 수록); 서영희, 「광무정권의 형성과 개혁정책 추진」; 이영학, 「대한제국의 경제정책」; 이윤상, 「대한제국기 황제주도의 재정운영」(이상 한국역사연구회 공동연구, '대한제국의 역사적 성격' 『역사와 현실』 26, 1997 수록); 徐珍敎, 1997, 『大韓帝國期 高宗의 皇帝權 强化政策 硏究』, 서강대 박사논문; 이태진, 2000, 『고종시대의 재조명』, 태학사; 도면회, 2003 「황제권 중심의 국민국가체제의 수립과 좌절(1895~1904)」, 『역사와 현실』 50; 서영희, 2003, 『대한제국 정치사 연구』, 서울대학교출판부; 이영호, 2006, 「동아시아 국제질서의 변동과 대한제국 평가논쟁: 2005년 한국근대사 연구의 쟁점」, 『역사학보』 191; 스키아시 다쓰히코(月脚達彦), 최덕수 역, 2014, 『조선의 개화사상과 내셔널리즘』, 열린책들 등이 참고된다.

꼼하게 되짚어보고 유기적이고 종합적으로 전체상을 조망할 필요가 있고, 지금은 분명히 그런 시점이다.

  이 책은 대한제국의 황제 권력 형성과 운영에 관한 필자의 그간 문제의식을 바탕으로 서술한 글을 재정리하고 보완하여 새롭게 구성한 것이다. 주요 내용은 1897년 고종이 대한제국을 선포하고 황제국으로 시작하는 시기부터 1904~1905년 러일전쟁 전후 기간까지를 대상으로 하였다. 제1장에서는 대한제국이 전제군주제(monarchy)를 기반으로 하는 '왕국(Kingdom)'에서 탈피하여 '제국(Empire)'으로 가는 과정과 황제국의 길을 마련하기 위한 내용들을 살펴보았다. 제2장은 황제국의 이름에 걸맞은 내치기반 확보를 위한 여러 가지 국가 상징(national symbol) 장치와 친위세력 동원, 제도 구축 등의 과정에 대한 이해이다. 제3장은 대한제국 국가권력의 법률적 토대 즉, 헌법으로서 지위를 갖는「대한국국제」의 작성 과정과 그 근원 및 내용을 각국 군주제 헌법과의 비교를 통해 정리하였다. 제4장은 사법·치안·재정이라는 3대 핵심 국가 통치기구(권력기구) 중 한 축인 치안 즉, 물리적 강제력으로 원수부와 중앙·지방군 등과 관련한 군사정책과 군사기구의 운영 문제를 알아보았다. 제5장은 대한제국의 물적 토대 즉, 경제문제로 동 시기 중국의 양무운동, 일본의 식산흥업정책과 유사한 형태로 전개되던 대한제국 정부와 민간의 근대 산업 육성정책과 상공업 기구의 설치와 역할 등에 관한 것이다.

1

왕국에서 제국으로
대한제국의 성립 과정

황제 주도하의 근대국가 수립의 이념을 가진 대한제국(1897년 10월 12일~1910년 8월 29일)은 여타 제국(Empire)을 칭하는 열강들과 동일한 급을 설정함으로써 상호 대등한 국가임을 세계 여러 나라에 선포하였다는 점에서 의미를 갖는다. 또한 왕국(Kingdom)에서 제국으로의 출범은 황제국가로서 근대화된 국가 건설(state-building)을 이루어 나가겠다는 표징이었다.

1894~1895년의 청일전쟁 과정에서 일본의 군사력을 배경으로 집권한 갑오개화파 정부는 국교 확대 이후 왕실 측이 주도해 온 일련의 근대화 작업에 정면으로 제동을 걸면서 이전과는 다른 새로운 각도에서 근대적 개혁을 추진하였다. 그러나 일본을 등에 업고 서구식 근대화를 추진하던 개화파의 개혁 방안은 당시 조선사회가 내포하던 기본적인 모순 구조를 해소할 수 있는 것이 아니었다. 일본 침략자와 함께 동학농민군들에게 총부리를 겨누었던 갑오개혁은 대다수 민중들의 반발에 직면하게 되었다. 이후 민왕후 살해 사건 즉, 을미사변(乙未事變)과 단발령(斷髮令)·복제(服制) 개혁을 계기로 일어난 대규모 의병봉기와 1896년 2월

11일 아관파천(俄館播遷) 사건으로 결국 실패하게 된다.

 이 장에서는 왕국인 조선 왕조에서 황제국으로 변하는 과정을 알아보고자 한다. 을미사변 직후부터 아관파천 전후에 일어난 러시아 공사관에 있던 고종의 환궁과 더불어 새로운 국가 건설을 논하는 과정에서 정치적 이해관계에 따른 황제 존칭 논의를 살피는 것으로부터 시작한다. 이어 경운궁 환궁 이후 정부 내에서와 재야에 이르는 여러 계층이 '상소'라는 공론화 과정을 통해 본격적으로 참여하는 칭제 논의의 추세를 알아본다. 그 다음으로는 '대한제국'으로의 국호 개정과 연호로 '광무'를 사용하게 되는 배경은 어디에 있었는가 하는 점을 알아볼 것이다. 결국 대한제국은 시작되었고 3일간의 즉위 의례를 거쳐 새로운 제국이 탄생하였다. 그러나 대한제국이라는 국체 변화에 대해 러시아와 프랑스를 제하면 중국과 일본을 비롯한 많은 국가들의 시선은 그리 우호적이지 않았고 적극 반대하거나 무시하는 등 적지 않은 진통도 따르게 되었다. 마지막으로는 대한제국 성립 전후 국정 운영의 주요 좌표와 당대인들의 이슈를 당시 각급 신문의 '회고와 전망' 관련 논설을 중심으로 각 연도별로 살피고자 한다.

칭제 건의와 황제국의 길

아관파천 전후의 칭제 논의

칭제(稱帝)의 본격적인 논의는 을미사변 직후부터 거론되기 시작하였다. 아이러니컬하게도 이는 친일적 정부 인사들이 주장하였다. 윤치호(尹致昊)에 따르면 칭제를 주장했던 이들은 조희연·권형진·정병하·우범선·이두황 등으로 갑오개혁 이후 새롭게 등장한 친일 개화관료와 을미사변에 연관된 혐의를 받고 있었던 훈련대(訓練隊) 장교들이 중심이었다. 1895년 10월 15일 오후 4시에 소집된 내각회의에서 국왕의 황제 칭호 변경 방안의 적합성에 대한 논의가 있을 때 조희연과 권형진·정병하가 그 방안을 강력하게 주장하였다. 특히 경무사 권형진은 중국에서 독립되었음을 백성들에게 인식시키기 위해서 이런 조치가 반드시 필요하다고 말했다. 반면 외부협판 윤치호는 "일본이든 청국이든 황제 칭호를 쓴다고 해도 조선을 조금도 존중하지 않을 터인데, 지각 있는 사람들의 조롱거리가 될 일을 추진하고 있다"고 주장하였다. 총리대신 김홍집과 외부대신 김윤식은 이 의견에 동의

하였지만 다수는 군을 장악하고 있는 이들에 감히 반대를 못하고 지지했다. 아무런 지지기반이 없는 사람은 황제 칭호를 사용하지 말아야 한다는 학부대신 서광범(徐光範)의 의견은 기각되었다.[1]

내각회의 다음 날인 10월 16일자 『한성신보(漢城新報)』 '호외(號外)'에 「황제존호(皇帝尊號)를 봉(奉)함」과 「연호(年號)를 장용(將用)함이라」라는 각각의 기사가 게재되었다.[2] 첫 번째 기사에 따르면 일본과 청국은 황제의 칭호를 사용하고 있는데 독립국인 조선의 대군주가 국왕의 존호만 사용하고 황제 존호를 사용하지 않고 있으니 매우 한탄스럽다는 것이다. 그러던 중 어제 황제 존호를 받드는 일로 각 대신들이 모여 의논하여 존호를 결정하였는데, 그것은 조선이 그간 청국에 눌린 번속(藩屬)으로부터 벗어나는 것으로 조선과 동양을 위해 하례할 만한 것이라고 기록하였다. 다음 기사에서는 '연호라 하는 것은 실로 독립(獨立)하는 나라에 큰 표창(表彰)'이 되는 것으로 이미 작년에 연호를 세우자는 의논이 있다가 중단되었고 이제 독립 연호를 쓰자는 의논이 재차 부상하였다는 것이다. 서양 각국에서는 '야소(耶蘇)의 생세(生世)'부터 시작하는 기원(紀元)이 두루 쓰이고 있고 일본은 명치(明治), 중국은 광서(光緒)라는 연호를 쓰고 있는데 조선만 홀로 개국기원(開國紀元)을 쓰고 있으니 별도로 연호를 쓰는 것만 못하다는 것이다. 또한 세계 독립국들에게는 연호가 크게 요긴하므로 조선도 시급히 연호를 결정하고 사용해야 한다는 주장이었다.

1 『尹致昊日記』, 1895년 10월 15일.
2 『漢城新報』, 1895년 10월 16일.

그로부터 2년 후에 작성된 기록이지만 1897년 10월 『The Korean Repository』 기사에 따르면, 왕후가 살해 당한 지 2주일 후 당시 내각의 몇몇 인사들에 의해 "대군주 폐하께서 마땅히 황제 위에 오르셔야 한다"는 의견이 나왔다고 한다. 그런데 그들이 주장하는 논지는 '황제는 한국의 군주가 누구에게든 독립적이며 아무에게도 낮은 존재가 아니라는 사실을 확신시켜주는 최선의 가능한 수단'이라는 것이다.

그런데 당시 일각에서 추진되던 칭제 논의는 여러 계층의 지지나 일정한 논의를 바탕으로 진행된 것이 아닌 정치적 목적을 띤 것이었다. 이는 왕후 살해 직후의 난처한 상황을 모면하려는 일본 정부 측과 이들의 지시를 받고 있던 친일 인사들의 사태 호도책의 하나로 볼 수 있을 것이다.[3] 이들이 칭제를 주장한 또 다른 이유는 당시의 정치적 상황을 유념해 볼 필요가 있다. 청일전쟁 시 일본이 청국에 승리함으로써 일본이 '보호국'화하려는 조선의 대청 종속 폐기와 청에 대한 '독립국'으로의 위상 확보를 명분으로 한 일본의 의도가 적극 반영된 것이기도 하다.

한편 『The Korean Repository』는 '새로운 존호를 사용한다고 하여도 이웃 나라가 우리를 더 높이 평가해주지는 않는다'는 이유로 한두 명의 인사가 반대했음도 부기하였다. 이때 칭제에 반대했던 인사로는 당시 서구 시민사회 사정에 가장 밝았던 서광범과 윤치호 등 문명개화론자를 들 수 있다. 이들이 반대한 가장 큰 이유는 국제적 상황을 염두에 둔 것이었는데 러시아와 미국을

---

3   李玟源, 1988, 272~273쪽.

정동 러시아 공사관

비롯한 서구 열강들의 반대를 우려한 것이었다.⁴

특히 개화인사 중 이를 '우스꽝스럽고 부끄러운 수치스러운 일'⁵로 보면서 가장 적극적으로 반대 의사를 표명했던 윤치호는 후일 "지난 2주 동안 국왕과 신하들은 왕국(王國)을 제국화(帝國化)하는 일에 몰두해 왔다, 일주일 전 국왕은 권재형(權在衡)에게 은밀하게 지시하여 국왕에게 황제 등극을 수락하도록 앙청하는 상소를 올리게 했다"⁶고 하여, 칭제에 관한 권재형의 상소 등 일련의 준비된 '눈속임' 과정을 거론하면서 '왕국의 제국화 사업'으로 치부한 것이다. 윤치호 등의 우려대로 당시 국왕의 황제진호(皇帝進號)는 결국 서양 각국 공사들의 반대에 부딪혀 좌절될 수밖에 없었다.

고종은 앞서 1895년 왕후가 살해 당한 이후 조선 정부와 일본 공사 미우라 고로(三浦梧樓)의 권유에 따라 황제로 즉위하려다가 열강의 반대로 뜻을 이루지 못하였다. 이때에도 러시아 공사 카를 이바노비치 베베르(Карл Иванович Вебер; 韋貝)의 반대가 심해지자 밀서(密書)를 내려 측근들로 하여금 칭제를 요구하는 상소를 올리도록 하고 이러한 여론에 따라 황제에 오르지 않을 수 없다는 방식을 취하려 했다고 한다.⁷

이 문제가 다시 정부에서 논의된 것은 그해 10월 15일의 각의에서였지만 왕후 민씨 살해 사건을 은폐하기 위한 일본 측과 조선의 새 내각이 취한 조치였고 친일 정부로서도 적극적으로 진행

---

4 李玟源, 1988, 274쪽.
5 『尹致昊日記』, 1897년 5월 27일.
6 『尹致昊日記』, 1897년 10월 3일.
7 黃玹, 『梅泉野錄』, 광무 원년 9월 17일; 奧村周司, 1995, 145쪽.

할 여건이 마련되지 않았기 때문에 더 이상 진전은 이루어지지 않았다.[8]

그러던 중 1896년 2월 11일 국왕이 러시아 공사관으로 피신하는 아관파천(俄館播遷) 이후 친일개화파 다수는 정치 일선에서 물러나고, 비교적 보수적인 인물들이 중심이 되어 개혁을 추진하게 된다. 결국 당시의 정국 변동 과정에서 친일개화파에 의해 추진되었던 칭제 논의는 일회성으로 끝나고 말았다. 이 시기는 일본의 영향력이 어느 정도 약해지면서 「베베르-고무라각서」(1896. 5. 14 일명 「경성의정서」), 「로바노프-야마가타의정서」(1896. 6. 9 「모스크바의정서」), 「로젠-니시협정」(1898. 4. 25)이 체결되는 등 조선을 중심으로 열강 간의 세력 균형이 이루어졌다.

고종이 러시아 공사관에 있는 동안 칭제 건의(稱帝建議) 및 환궁(還宮)으로 왕실의 권위 회복과 열강 간섭 배제를 주장하는 상소를 통한 조야의 분위기가 고조되었다. 그 상황에서 그는 1897년 2월 20일 병정들의 호위를 받으며 경운궁(慶運宮, 지금의 덕수궁)으로 돌아왔다. 이날 모든 벼슬아치들과 왕실의 사람들, 상인을 비롯한 모든 서울 사람들이 경운궁과 각국 외교 관저가 있는 정동(貞洞)에서 임금의 환행을 공경하며 맞이하였다.[9] 그로부터 황제를 칭하라고 주장하는 각계각층의 상소운동이 새롭게 전개되었다. 이러한 여론을 토대로 정부 측에서도 군주의 권한을 높임과 동시에 대외적으로 자주적 의지를 표명하기 위한 일환으로 칭제를 적극 추진하였다.

8   스키아시 다쓰히코(月脚達彦), 최덕수 역, 2014, 207쪽.
9   閔建鎬, 김동석 역, 2011, 384쪽.

그 과정에서 국왕을 중심으로 한 권력 세력에 의해서 새롭게 칭제를 위한 준비가 추진되었다. 이는 1897년 초 알렉산드리나 빅토리아(Alexandrina Victoria) 여왕 즉위 60주년 기념식 참석을 위해 민영환(閔泳煥) 일행이 러시아 상트페테르부르크를 거쳐 영국 런던에 갔을 때 정부 측에서 그들에게 칭제 건을 위해 활동하도록 전문으로 지시한 사실을 통해 확인할 수 있다.[10]

경운궁 환궁 이후 논의의 본격화

국왕의 경운궁 환궁 이후부터 칭제의 논의와 건의가 본격적으로 진행되었다. 주요 논의 과정을 간략히 정리하면 다음과 같다. 먼저 1897년 5월 전 장연군수 정교(鄭喬)는 상소에서, 유사 이래 우리나라는 단성(檀聖; 단군)과 기성(箕聖; 기자)이 각기 군(君)·왕(王)을 칭하고 신라와 고려시대에는 한때 연호를 세워 황제의 예를 갖춘 사례가 적지 않았음을 언급하였다. 예컨대 신라 시대의 법흥왕·진흥왕·진평왕과, 고려 시대 태조(太祖)·광종(光宗)의 건원과 개원 등은 황제의 예를 준용한 사례의 하나라는 것이다. 그는 만국공법(萬國公法)상 존호(尊號)는 각 나라가 스스로 알아서 사용하는 것으로, 황제와 군주는 동양에서는 군신관계로 여겨지지만 동서양 국가 간에는 직위와 호칭·관습의 차이일 뿐 토지의 넓음과 번속을 가지고 있었는가의 여부는 '어리석은 사나이[우부(愚夫)]의 허황한 논리[망론(妄論)]'라고 주장하였다. 나아가

---

10 李玟源, 1988, 277쪽.

청국과 일본이 모두 황제의 칭호를 사용하고 있는데 우리도 쓰지 못할 이유가 없다면서 신민(臣民)들이 이제 요청하는 이유라는 것이다.[11]

이 시기 정교가 처음으로 존호 문제와 관련하여 만국공법을 거론하였으며 이후에는 많은 논자들이 공법을 인용하면서 칭제 논의에 본격 참여하였다. 정교의 상소가 있은 다음 달인 6월에 역대 군주의 치적과 국가 전례 조사 기관으로 사례소(史禮所)가 설치되고 8월에는 연호 개정, 9월에는 원구단(圜丘壇) 설치 등이 논의되면서부터 칭제와 황제 즉위에 관한 준비가 본격적으로 진행되었다. 그 과정에서 각계각층에서 많은 주장들이 구체화된다.

9월 25일 농상공부 협판 권재형은 상소에서,『공법회통(公法會通)』제86·85·84조를 차례로 들면서 아래와 같이 황제 위호(位號)를 청하였다.

> 신이 전날에 관리들과 유생들이 올린 소본(疏本)을 보니, 위호(位號)를 더 올리시기를 청한 내용이 있었습니다. 신은 반복하여 읽고 감탄하면서 그들이 앞날을 미리 내다보는 식견을 갖춘 것에 대하여 기뻐하지 않을 수 없었습니다. '황(皇)'·'제(帝)'·'왕(王)'이라고 하는 것이 글자는 다르지만 한 나라를 스스로 주관하고 독립하여 의존하지 않으며, 나라의 기준을 세워 백성들에게 표준이 된다는 것은 한가지입니다. 이 때문에 삼황오제(三皇五帝)는 일찍이 삼왕(三王)보다 존호가 더 가해지지 않았고, 삼왕 역시 비교해 보더라도 '황'과 '제'만 못한 적이 없었습니다. 후대에 '황'의 덕(德)과 '제'의 공(功)을 합쳐서 '황제(皇帝)'라는

---

11 鄭喬,『大韓季年史』上, 1897년 5월.

호칭으로 불렸는데, 한(漢)·진(晉)·수(隋)·당(唐)·송(宋)·원(元)·명(明)·청(淸) 나라를 거치면서 그대로 이를 사용하였습니다. 이것으로 살펴본다면 오늘날 임금들의 가장 높은 칭호는 다만 '황제'라는 것뿐입니다. 우리나라는 기자(箕子) 이래로 스스로 강하지 못하여 번방(藩方)의 제후국 지위를 면할 수 있던 적이 거의 드물었습니다. 삼가 생각건대, 우리 태조대왕(太祖大王)께서는 영특한 자질로 문무(文武)의 덕을 겸비하시어 하늘로부터 명을 받아 왕업을 개창하였습니다. 또한 그 후로 우리 인조대왕(仁祖大王)과 효종대왕(孝宗大王)과 같은 성신(聖神)이 서로 이어 능히 거듭된 아름다움을 맞이하였으나, 사대(事大)하는 일에 있어서는 한결같이 이미 만들어 놓은 규례를 따랐으니, 주자(朱子)의 이른바 '통분함을 참고 억울함을 품고서 형세가 절박하여 부득이 그러한 것이다'라는 것이 이것입니다. 하늘의 운수는 순환하여 한 번 갔다가 돌아오지 않는 법이 없으니, 우리 폐하께서는 하늘이 낸 큰 성인으로서 세상에 드문 큰 업적을 이룩하여 지난날의 수치를 말끔히 씻고 우리 조종(祖宗)께서 이루지 못한 뜻있는 일을 능히 이루셨습니다. 이는 실로 우리나라가 생겨난 이후에 처음으로 있는 경사스러운 때이며, 국가가 억만년을 내려가도록 누릴 끝없는 아름다움이 앞으로 여기에서 시작될 것이니, 참으로 아름답습니다.

자식으로서 부모를 공경하고 신하로서 임금을 높이는 것은 천성의 당연한 것입니다. 더구나 오늘날에 폐하의 신민이 된 사람치고 누군들 춤추고 기뻐 박수 치며 우리 폐하에게 더없이 높은 칭호를 올리려 하지 않겠습니까. 비록 폐하께서 겸양하시며 바로 받아들이지 않고 계시지만, 신은 진실로 이 일이 조금이라도 늦추어져서는 안 된다는 것을 알고 있습니다. 만약 '왕(王)을 제(帝)로 올리는 것은 공법(公法)상 어렵다'고 한다면, 신은 만국공법(萬國公法)에 근거하여 조목별로 명백히 밝히려고 합니다.

　신은 일찍이 정위량(丁韙良; William A. P. Martin)이 번역한 『공법회통(公法會通)』을 읽었습니다. 그 제86장에는 '임금이 반드시 제(帝)의 칭호를 가져야만 제(帝)라고 일컫는 나라들과 평등한 관계를 갖는 것은 아니다' 하였습니다. 신이 생각건대, 이것은 자주(自主)의 왕국을 널리 가리켜 한 말인데, 우리나라에서 부당하게 낡은 견해를 고집하는 것은 무엇 때문입니까. 갑오경장(甲午更張) 이후부터는 독립하였다는 명색은 있으나 독립한 실상이 없고, 국시(國是)가 정해지지 않아 백성들의 의혹이 마음속에 가득 차 있으니, 이것은 무엇 때문이겠습니까. 우리나라 백성은 글만 숭상하여 나약한 것이 습성이 되고 남에게 의존하는 것이 습관이 되어 멀리로는 2,000년, 가까이로는 500년 동안 중국을 섬겨 오면서도 그것을 편안히 여겨 고칠 줄을 모르고 있습니다. 자주(自主)를 유지할 수 있다고 논하는 사람을 한번 보기만 해도 대뜸 눈이 휘둥그레지고 혀를 내두르며 깜짝 놀라 마지않습니다. 옛날에만 그러했을 뿐만 아니라 오늘날에도 뒷공론을 하는 자들이 있으니, 그들의 편협한 국량과 좁은 소견은 괴이할 것이 없습니다만, 당장의 정사를 바로잡는 방도는 진실로 위의(威儀)를 바로잡고 의식의 수준을 높임으로써 민심을 흥기시켜 나아갈 방향을 제시하는 데에 달려 있습니다. 또 그 제85장에는 '관할하는 것이 한 나라나 본국에만 그치는 것이 아니라 지역이 넓은 경우에는 황제라 불러도 혹 될 수 있지만, 그렇지 않은 경우에는 참람하고 망령된 것에 가까울 것 같다' 하였습니다. 신은 이로 미루어 생각건대, 황제의 칭호란 주인이 원래 정해져 있는 것이 아니라는 것을 알 수 있습니다. 여러 나라를 겸하여 관할하고 있는 것으로 말하면 영국만 한 것이 없고, 영토가 넓은 것으로 말하면 러시아만 한 것이 없는데, 이런 나라들을 논할 때에도 오히려 황제라고 부르는 것을 '혹 될 수 있다'고 하였으니, '혹'이라는 것은 단정하지 않은 말입니다. 계속해서 '그렇지 않은 경우에는 참람하고 망령된 것에 가까울 것 같다'고 하였는데, '같다'라는 것 역시 단정하지 않은 말입니다. 부여하고 빼앗고 하는 데에 모두 일정한 말이 없으니, 불러도 좋고 부르지 않아도 안 될 것이 없습니다. 이렇기 때문에 터키가 황제라고 칭하는 것은 그 영토가 넓어져서가 아니며, 일본이 황제라고 칭하는 것은 원래 유구(琉球)를 병합하기 전에 있던 일입니다. 이것이 또한 될 수 있다는 것과 될 수 없다는 것을 단정하지 않았다는 명백한 증거입니다. 또 그 제84장에는 '여러 나라들이 모두 높은 칭호를 쓸 수 없으며 명색과 실상이 서로 부합하고 걸맞아야 한다'고 하였으며, 그 주석(註釋)에 이르기를, '140년 전 러시아의 임금이 황제라고 칭호를 고쳤는데, 처음에는 각 나라에서 좋아하지 않다가 20여 년이 지나서야 인정하였다'고 하였습니다. 신은 이로 미루어 생각건대, 각 나라가 인정하는가 인정하지 않는가 하는 것도 헤아릴 바가 아니며, 다만 우리나라에서 스스로 어떻게 행동하는가 하는 데에 달려 있을 뿐입니다. 신은 이 몇 장 외에 따로 이와는 다른 어떤 공법(公法)이 있는지는 모르겠습니다만, 신의 어리석은 소견으로는 공법에 있어 구애될 만한 내용은 없을 것 같습니다.

삼가 바라건대, 폐하께서는 신이 보잘것없다고 해서 신이 말한 바까지 모두 가볍게 여기지 마시고, 즉시 의정부에 물어 의논하게 한 다음 빠른 시기에 중대한 계책을 결정하여 속히 높은 칭호를 올리게 함으로써 한편으로는 신하들이 임금을 높이는 마음에 부응하시고, 한편으로는 글만 숭상하여 나약하고 남에게 의존하기 좋아하는 사람들의 의혹을 깨뜨리소서. 또 다시금 굳센 의지로 정진하시며 정력을 다해 정사를 도모하시고, 어진 사람을 등용하여 의심하지 마시며 간사한 사람을 가차없이 제거하소서. 그리하여 오래된 나라를 새롭게 하여 명색과 실상이 서로 부합하게 한다면, 전대(前代)를 빛내고 후세를 넉넉하게 할 수 있으며 또 멀리 있는 이를 회유하고 가까이 있는 이를 친숙하게 할 수 있을 것이니, 국가나 신민에 있어서 매우 다행일 것입니다.

-『承政院日記』, 1897년 8월 29일

그가 강조한 각 조항은 다음과 같다.

제86장 임금이 반드시 황제의 칭호를 가져야만 제국(帝國)이라고 부르는 나라들과 나란히 나아갈 수 있는 것은 아니다.
제85장 관할하는 지역이 한 나라나 본국에만 그치지 않고 지역이 넓은 경우에는 황제로 불러도 되지만 그렇지 않은 경우에는 분수에 넘치는 것 같다.
제84장 여러 나라들이 일률적으로 존칭을 쓸 수 없으며 명분과 실제가 부합되어야 어울릴 수 있다.
주석: 140년 전 러시아의 임금이 황제라고 칭호를 고쳤는데 처음에는 각 나라에서 좋아하지 않았으나 20여 년이 지나서 인정하였다.

권재형은 이상의 조항을 각각 거명하면서 우리나라는 만국공법에서 말하는 '자주(自主)의 왕국'에 해당하고, 황제의 칭호란 원래 정해져 있는 것도 아니고 현재 중국과도 중화질서의 종속관계에 있는 것이 아니며 일본이 황제라고 칭하는 것은 원래 유구(琉球)를 병합하기 전에 있었던 일이기에 우리나라가 황제 칭호를 사용해도 공법에는 구애될 만한 내용이 없을 것으로 보았다. 오쿠무라 쇼지는 이를 조선 초기부터 중국과의 종속관계를 구하는 자세와 단군설화로 상징되는 자립의 자세가 양립하는 가운데 중국 왕조의 존재 자체를 무시한 '다원적 세계관'으로 규정하였다.[12] 중화질서보다는 만국공법과 공법회통을 통한 서구와의 비교 구도에 방점을 둔 국가관을 제시한 것이다. 전봉덕은 농상공부 협판 권재형의 이 상소가 이후 고종이 황제 등극을 결심한 결정적 계기가 된 것으로 이해하였다.[13] 권재형의 상소는 당시 여러 상소 중 가장 파급력이 컸던 것으로 보인다. 앞서 윤치호는 이를 국왕의 지시 아래 이루어진 '준비된 눈속임'으로 평가하였지만 어찌되었던 간에 세간에서도 왕실과 조응하여 진행된 것으로 보았던 것임을 짐작할 수 있다. 그러한 정황은 예컨대 같은 달 5일 전 승지 이최영, 유학 권달섭, 의관 임상준 등을 비롯하여 이후 수많은 사람들이 칭제와 관련하여 상소하였음에도 불구하고 고종이 황제 즉위와 대한제국 선포의 과정을 정리한 『대례의궤(大禮儀軌)』(1898)에서 각종 칭제 상소 중 9월의 권재형 상소가 제일 먼저 기재되어 있음은 그 같은 사정을 이해할 수 있을 것이다.[14] 그 다음은 유기환·심로문·김재현 상소 등등의 순으로 되어 있다. 그로부터 15년 후의 기록에서도 "1897년 씨의 상소로 건양(建陽)의 연호를 광무(光武)로 개원(改元)하고, 황제 즉위의 전(典)을 거(擧)하여 국호를 대한(大韓)이라 개(改)하여"라면서 그 결과로 1898년 농상공부대신이 된 것으로 정리하고 있다.[15]

9월 26일 외부협판 유기환(俞箕煥) 또한 상소를 하였는데, 권

12 奧村周司, 1995, 160~161쪽.
13 田鳳德, 1981, 109쪽.
14 서울대학교 규장각 편, 2001, 11~15쪽.
15 朝鮮文友會, 1913, 「子爵 權重顯」, 『朝鮮紳士寶鑑』, 19쪽. '권중현'은 '권재형'의 고친 이름이다.

재형과는 달리 중국의 예와 유럽의 예를 각기 들면서 황제 즉위의 정당성을 설명하였다. 중국의 경우, "무릇 복희(伏羲)·황제(黃帝)·요(堯)·순(舜)을 황(皇)이라 일컫고 제(帝)라고 일컬은 것과 우(禹)·탕(湯)·문(文)·무(武)를 왕(王)이라 일컬은 것은 명호(名號)가 같지는 않지만 표준을 세운 것은 마찬가지입니다. 그래서 오제(五帝)의 세상에서는 황제(皇帝)보다 존귀한 것이 없고, 삼대(三代)의 시대에는 왕(王)보다 높은 것이 없었으니, 여기에서 황이 왕이고 왕이 곧 황이라는 것을 알 수 있습니다. 그러다가 한(漢)나라와 당(唐)나라부터 송(宋)나라와 명(明)나라까지 인군(人君)의 위호(位號)는 한결같이 황제(皇帝)로 존귀함을 삼았으니"라면서 역사적 맥락에서 보면 황과 왕은 별개가 아닌 같은 것이라 주장하였다. 한편 유럽에서 황제라고 부른 것은 로마[羅馬]에서 시작되었으며, 그 후 게르만[日耳曼]은 로마의 계통을 이어 그 위호를 사용하였고, 오스트리아[奧地利]는 로마의 옛 땅으로서 황제라고 불렀고, 독일[德國]은 게르만 계통을 이어 마침내 황제로 칭호를 정하였다고 주장하였다. 이로써 보면 결국 명나라와 청나라와 우리나라는 똑같이 동양(東洋)에 있으니 독일과 오스트리아가 로마의 계통을 이어받은 것과 다름없다는 것이다.[16]

유기환은 중국을 배제한 권재형의 공법을 원용한 논리와는 다른 중국과 서양 제도의 비교를 통해 다원적 세계관을 통한 조선의 황제국 칭호 부여의 당위성을 설파한 것이지만 중국 즉, 중화민족인 명(明)의 정통성 계승이라는 입장에 방점이 찍혀 있었던 것이다. 그럼에도 불구하고 그 역시 상소 후반부의 서양의 황제

---

16 『承政院日記』, 1897년 9월 26일.

제도 관련 내용은 『공법회통』 제85장을 예로서 묘사하였다. 장지연이 칭제를 논하는 상소가 채택되지 못하였지만 이 상소는 유기환의 논리와 유사한 독일과 오스트리아 사례 원용과 조선중화론의 입장에서 명나라의 전통을 계승하는 것을 재확인하였다.

이전 정유년 봄에 신들이 제위에 나가기를 청해 올린 글에 과연 독일과 오스트리아의 사례를 증빙으로 끌어들이려 했지만 그러나 그 진정한 뜻은 대개 정통(正統)한 조목으로 여러 나라에 위로는 명나라의 전통을 계승하는 것이지 서구의 예를 억지로 끌어들여 인정받으려는 것은 아니었습니다. — 張志淵, 『韋庵文稿』 권3, 內集(疏), 「辨贊政崔益鉉論皇禮疏」

정교·권재형·유기환·장지연은 당시 독립협회 핵심 위원 내지 정부 관료로서 만민공동회와 관련을 맺고 있던 개화 인사들이었다. 독립협회는 이들보다 앞서 이미 『독립신문』 창간 초기부터 존호 변경을 주장하였다. 그러나 정작 칭제 논의가 본격화되었을 때에 이르면 잠시 냉담하였다가, 내외의 여론이 모두 고양되는 시기가 되어 다시 적극적인 입장으로 바꾸었다.[17] 그러나 대한제국이 성립되기 이전인 건양 원년(1896) 『독립신문』의 일련의 논설 내용을 살피면 독립협회 입장에서 본 제국 탄생의 전사

---

[17] 李玟源, 1988, 283~284쪽. 그런데 이민원은 『독립신문』의 칭제와 국호 제정에 관한 기사들은 사실에 관한 보도일 뿐 칭제건을 적극 주장한 의미로 해석하기에는 무리이며 따라서 그들이 이를 적극 추진하였다고 본 과거의 견해도 재고되어야 한다고 주장하였다(李玟源, 286쪽). 그는 이와 관련한 독립협회의 자축 행사 등도 어디까지나 의례적인 행사로 이해였다. 그러나 이 논리는 윤치호의 입장만이 크게 강조된 것이다. 독립협회 내부에서도 정교나 장지연 등 개신 유학적 계열 인사들의 입장은 달랐던 것으로 보아야 할 것이다.

(前史)를 알 수 있다.

건양 원년 6월 20일자 논설에 의하면, 조선은 그간 대군주가 청국 황제에게 해마다 사신을 보내 책력(冊曆)을 받아오고, 공문에도 청국 연호를 쓰고 조선인민은 조선이 청국에 속한 사람들로 알고 조선도 속국으로 생각하고 있다고 주장하였다. 그런데 신문에서는,

> 빅셩이 놉아지랴면 나라히 놉하져야 ᄒᆞᄂᆞᆫ 법이요 나라와 빅셩이 놉흐랴면 그 나라 님군이 놈의 나라 님군과 동등이 되셔야 ᄒᆞᄂᆞ듸 … 몃빅년을 죠션 대군쥬 폐하ᄭᅴ셔 청국 님군보다 나진 위에 게셧스되 그 밋히셔 벼슬ᄒᆞ든 신하들과 빅셩들이 흔번도 그거슬 분히 넉이는 싱각이 업셔 죠션 대군쥬 폐하를 청국과 타국 님군과 동등이 되시게 흔번을 못ᄒᆞ여 보고 삼년젼 ᄭᅥ지 ᄭᅳ어러 오다가 하ᄂᆞ님이 죠션을 불상히 넉이셔셔 일본과 청국이 싸홈이 된 ᄭᅡ닭에 죠션이 독립국이 되야 지금은 죠션 대군쥬 폐하ᄭᅴ셔 셰계 각국 뎨왕들과 동등이 되시고 그런 ᄭᅡ닭에 죠션 인민도 셰계 각국 인민들과 동등이 되얏ᄂᆞᆫ지라
>
> - 『독립신문』, 건양 원년 6월 20일 「논설」

라면서 이는 "(조선이) 개국한 지 오빅여 년에 뎨일 되는 경사"로 보았다. 독립협회는 '대조선국' 탄생을 1894~1895년 청일전쟁의 결과물로 이해하였다. 『독립신문』은 그 다음 달 논설에서도, 그 결과 조선 대군주 폐하가 세계 문명개화한 나라 제왕들과 동등하게 되었고 조선인민이 외국 인민과 같이 남에게 대접을 받게 되었다고 주장하였다. 또한 만일 어느 나라든지 조선에 무례한 일을 행하거나 조선의 명예와 영광에 조금이라도 해로운 일을 한다

LAWRENCE'S WHEATON.

ELEMENTS

OF

INTERNATIONAL LAW.

BY

HENRY WHEATON, LL. D.,

MINISTER OF THE UNITED STATES AT THE COURT OF PRUSSIA;
CORRESPONDING MEMBER OF THE ACADEMY OF MORAL AND POLITICAL SCIENCES IN
THE INSTITUTE OF FRANCE;
HONORARY MEMBER OF THE ROYAL ACADEMY OF SCIENCES AT BERLIN,
ETC. ETC.

SECOND ANNOTATED EDITION.

BY

WILLIAM BEACH LAWRENCE,

AUTHOR OF "VISITATION AND SEARCH, ETC. ETC.

LONDON:
SAMPSON LOW, SON AND COMPANY.
BOSTON: LITTLE, BROWN AND COMPANY.
1864.

휘턴의 『만국공법』 제2판(1864) 표지

면 그때는 모두 동심 합력하여야 할 것이며 그래야만 세계의 '동등한 인민'이 되어 '남에게 대접도 받을 수 있다'고 주장하였다.[18] 그러한 결과 조선은 '세계에 제일 천한 청국의 속국에서 지금은 세계 각국과 동등이 되어' 각국 사신들도 공문 상에 '대조선국'으로 규정하였다고 감격하였다.[19] 동 신문은 이듬해 2월에도 "참 죠션 사롬들이 님군을 위ᄒ고 빅셩을 ᄉ랑ᄒ야 죠션을 세계에 동등 국이 되고 죠션 빅셩들이 남의게 디졉을 밧아 대군쥬 폐하믜셔 타국 데왕 모양으로 태평ᄒ시고 권리가 타국 데왕과 ᄀ치 되시기를 ᄇ라며"[20]라고 기록하여 황제국의 위상 변화를 모색하고 있었다.

한편 1897년 9월 29일 재야의 의견을 망라한 봉조하 김재현(金在顯) 등 진신(縉紳) 716명은 연명 상소에서, "우리나라는 삼한(三韓)의 땅을 통합하여 영토는 4천리에 뻗어 있고 인구는 2천만을 밑돌지 않으니"라 하여 영토 확장 개념과 인구수를 들어 옛 삼한의 영토를 아우르고 방대한 인구가 있는 큰 나라라는 점을 강조하였다.[21] 또한 9월 30일 관학유생 진사 이수병(李秀丙) 등은 소중화 의식을 토대로 한 중화의 대통(大統)이 우리나라에 있다는 점을 강조하는 바탕 위에서 칭제 상소를 올렸다.[22]

황제 즉위를 위한 절차로 권재형·유기환·김재현 등이 연이어 상소를 올리고 1897년 10월 1일 의정부 의정 심순택(沈舜澤)과 궁내부 특진관 조병세(趙秉世)도 백관을 거느리고 입궐하여 다음

---

18 『독립신문』, 건양 원년 7월 30일 「논설」.
19 『독립신문』, 건양 원년 9월 12일 「논설」.
20 『독립신문』, 건양 2년 2월 13일 「논설」.
21 『承政院日記』, 1897년 9월 29일.
22 『承政院日記』, 1897년 9월 30일.

과 같은 주문(奏文)을 올렸다.

> 만국공법(萬國公法)을 상고하여 보건대 거기에 쓰여 있기를, '스스로 자주를 행사하는 각 나라들은 자기 마음대로 높은 칭호를 제정하여 자기의 백성들로 하여금 추대하게 할 수 있지만 다른 나라로 하여금 인정하게 할 권리는 없다'라고 하였으며 또 그 아래 글에는 '어떤 나라가 임금으로 부르거나 황제로 부르는 때에는 어떤 나라는 먼저 인정하고 다른 나라는 후에 인정한다'라고 하였습니다. 대체로 높은 칭호를 제정하는 것은 자기에게 권한이 있기 때문에 '자립'이라고 하였으며 인정받는 것은 남이 하는 것이기 때문에 인정하도록 하는 권리는 없다고 하는 것입니다. 남에게 요구할 권리가 없다고 해서 자기 스스로 존호(尊號)를 세울 권리마저 버렸다는 말은 듣지 못하였습니다. 이 때문에 임금이라 부르고 황제라고 부르는 나라들은 다른 나라의 승인을 기다리지 않고 자기 스스로 높은 칭호를 정하는 것입니다.
>
> -『承政院日記』, 1897년 10월 1일

심순택과 조병세의 상소에서도 휘턴(Henry Wheaton)의 만국공법(Elements of International Law)이 거론되었고, 공법이라는 국제적 규범에 따르면 '자립'하는 나라는 '자기 스스로 존호를 세울 권리'가 있으므로 다른 나라의 승인을 받을 필요가 없다는 것이다.

이러한 일련의 즉위 요청 상소, 그 중에서도 특히 심순택 등 백관의 연명상소를 예로 들어 반기면서『독립신문』도 "이것은 죠션을 대ᄒᆞ야 대단히 반갑고 다힝흔 일이라 … 죠션 사룸으로 몃 빅년을 쳥국 황뎨를 황뎨로만 셤기던 튱신들이 오늘은 죠션 대군쥬끠셔도 쳥국 황뎨와 동등 님군으로 아는 것은 죠션이 ᄎᆞᄎᆞ 주

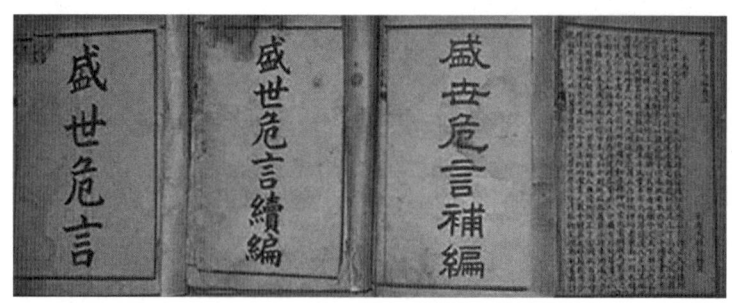

정관잉, 『성세위언』

쥬독립될 증죠인 듯 ᄒ더라"[23]며 '자주독립' 차원에서 매우 적극적으로 해석하였다.

칭제 건의 상소는 이후에도 당분간 지속되었다. 10월 3일 서울의 입전시민(立廛市民; 종로 육의전의 하나로 비단상인)과 전 지사(知事) 정재승(丁載昇) 등은 세계의 여러 나라들은 모두 자주독립국가로 나라마다 대군주 또는 대통령을 칭하거나, 정치체제도 군주전제(전제군주제)·군민공치(君民共治; 입헌군주제)·국인공치(國人共治; 공화제) 등 다양한 현실에서 우리나라 또한 중국의 제후국이 아닌 자주독립국으로서 마땅히 제호(帝號)를 정해야 할 때임을 주장하였다.[24]

국왕의 황제 즉위를 촉구하는 대부분의 상소에서는 '만국공법'이 거론되었다. 전 군수 정교, 농상공부 협판 권재형, 봉조하 김재현 등과 심순택·조병세를 비롯한 백관들도 공법을 전거로 황

---

23 『독립신문』, 1897년 10월 2일.
24 『承政院日記』, 1897년 10월 3일.

제 즉위의 정당성을 주장하였다. 그러나 이들 모두는 공법이 국제사회에서 미치는 현실적 규정력까지는 이해하지 못했다. 국가의 힘이 절대적인 제국주의 상황에서 선언적 의미로서의 공법의 본질을 알지 못했다. 이미 독일과 일본에서는 1870년대 초부터 공법회의론이 크게 부각되었던 것과는 차이가 있었다. 1871년 3월 13일 독일 재상 비스마르크는 연설에서 "이른바 만국공법은 열국의 권리를 보전하기 위한 원칙적 약속이긴 하다. 하지만 대국이 이익을 추구할 때에는 자신에게 이익이 있으면 만국공법을 잘 지키지만, 만약 만국공법을 지키는 것이 불리하면 곧장 군사력으로 해결하려 하므로 만국공법을 지키는 것이 불가능하다. 소국은 만국공법의 내용을 이념으로 삼고 이것을 무시하지 않는 것으로 자주권을 지키려 노력하지만 약자를 번롱(翻弄)하는 실력주의의 정략에 휘둘리면 자신의 입장을 전혀 지킬 수 없다는 것은 자주 있는 일이다"라고 주장하였다.[25] 1874년 12월 독일 군사총재 몰트케 백작도 "만국공법은 오로지 국력의 강약에 따라 그 의미가 달라진다. 국외 중립의 입장에 서서 만국공법을 준수하려는 것은 소국의 행동이다. 대국이라면 국력으로 그 권리를 관철시켜야 한다"고 주장하였다.[26] 그럼에도 불구하고 19세기 말반의 국제현실 속에서 조선의 관료와 지식인들 대부분은 공법에 대한 신뢰가 무한했던 것이 아닌가 생각해볼 수 있다.

또한 '만국공법' 문제를 풀어가는 방식에 대해서 보면 당시까지도 대다수는 공법(公法)의 맹점을 제대로 인식하지 못하였다.

25　구메 구니다케(久米邦武), 박삼현 역, 2011, 371쪽.
26　구메 구니다케(久米邦武), 박삼현 역, 2011, 382~383쪽.

이와쿠라 구미 사절단

서구화·근대화·국수보전은 공법으로 가능하다고 보았던 것이다. 왜냐하면 조선 말기와 대한제국 시기는 '공법 지상주의의 시대'로 공법을 맹신하였기 때문이다. 이것이 일본 문명개화론자와 차이였다. 일본은 이미 1870년대 전후부터 공법에 대한 부정적 견해가 다수였고 이는 서구 근대를 배우고자 유럽과 미국을 벤치마킹하던 1872년 이와쿠라 도모미(岩倉具視) 사절단에서도 보인다. 이에 앞서 이와쿠라는 1869년 2월 「회계외교 등의 조목조목 의견[條條意見]」에서 "만국공법과 같은 것은 필경 각국이 합의하여 세우는 것도 아니고 만국이 모두 지키는 것도 아니다"라면서, 이를 주장하는 것은 '서양벽(西洋癖)'을 조장하는 표본이라고 비판하고 경계한 바 있다. 이후 후쿠자와 유키치(福澤諭吉)도 만국공법에서 말하는 '만국'은 '세계만국'이 아닌 '예수종파의 나라'에 한정한 그 외의 나라에는 통용되지 않는 것이므로, 결국 "백 권의 만국공법은 한 문의 대포보다 못하고 몇 권의 화친조약은 한 통의 탄약보다 못하다"고 혹평하였다.[27]

중국에서 공법체계의 수용을 주장했던 정관잉(鄭觀應)은 1894년 저술한 『성세위언(盛世危言)』 제4장 「공법」에서 "한 국가가 지나치게 강하거나 약하면 공법을 집행하기가 쉽지 않다. … 공법은 본래 의지할 만한 것이지만 그렇다고 무작정 의지할 수만은 없는 것이다. … 공법 역시 일종의 '속 빈 강정'일 뿐이다. 강국은 이를 이용해 다른 나라를 제압할 수 있지만 약소국은 참아야 한다. 힘을 키워 강해져야만 공법의 혜택을 볼 수 있지, 약하

---

27 야마무로 신이치, 정선태 역, 2018, 902쪽 참조. 야마무로는 만국공법을 통한 국제체제를 영국과 프랑스 등을 정점으로 하는 구미문명을 중화로 하는 '새로운 또 하나의 화이세계질서'가 형성된 것으로 정리하고 있다(같은 책, 354~355쪽).

면 수백 개의 공법이 있다 한들 무슨 도움이 되겠는가"[28]라고 반문하였다.『공법회통』제97장 내용 주석에서도 "백여 년 이래 각국이 매번 균세(均勢)의 이름을 핑계로 하여 그 겸병(兼倂)하고자 하는 바를 거리낌 없이 하였다. 아라사[러시아]는 파란[폴란드]의 땅을 분할하였고, 오국[오스트리아]은 토이기[터키]의 편토(片土)를 요구하였고, 포오아[프러시아]는 파란을 과분(瓜分)할 방법을 찾고자 하여 즉, 균세를 고집하면서 그 그릇됨을 덮고자 하였다…판단하건대, 공법의 균세 논의는 각국의 대소와 강약이 서로 대등하다는 것을 말하는 것이 아니다. 과연 이와 같다면, 이는 천하 각국이 자강(自强)하는 기회를 막는 것이다."[29] "예를 들어 영국이 사방에 횡행하여 그 판도를 날로 개척하여 권세가 날로 증가하는데, 유럽 각국이 불문에 부치는 것은 멀리 있는 국가를 점령하는 것이 유럽의 균세법에는 방해되지 않기 때문이다"라 하고 있듯이, 강대국과는 달리 약소국에서는 '균세(均勢, balance of power)'가 적용되지 않았던 것이다. 현실감각이 상대적으로 무딜 수밖에 없었던 대한제국만 이를 파악하지 못하고 공법에 집착함으로써 국제 무대에서 유리되었다.

그런데 이들과는 달리 앞서 언급했던 윤치호 등 구미를 가장 잘 이해하였던 일부 문명개화론자와 최익현·유인석 등 척사위정론자들은 칭제에 반대하거나 비판적 입장을 견지하였다. 윤치호는 당시 국왕이 전심전력하고 있는 두 가지 중 하나는 황제가 되는 것이고 다른 하나는 일본에 있는 소위 반역자들을 처단

28 정관잉, 이화승 역, 2003, 44~45쪽.
29 『公法會通』(天)「(卷一)論諸國均勢以保大局」, 건양 원년 5월 9일, 學部 간행, 90쪽.

하는 것이라고 주장하였다.[30] 특히 성리학적 명분론에 바탕을 둔 면암 최익현은 황제 칭호를 하는 것은 문화적 차원에서 그가 금수로 본 서양의 제도를 간신배들이 경솔하게 모방하여 흉내를 내는 '명실이 맞지 않는' 허례라면서 강하게 반대하였다. 의암 유인석도 조선중화론을 강조하면서도 칭제건원은 중화제도를 더럽히는 것이자 황제를 '참칭(僭稱)'하는 것은 있을 수 없는 일로 간주하였다.[31]

30 『尹致昊日記』, 1897년 8월 29일.
31 柳麟錫, 『毅菴集』, 권3 「華東吟」; 권6 「與宋淵齋」; 권6 「答崔勉庵」.

대한제국의 성립

연호와 국호 개정

> 한 국가의 국호·국기·국가·연호 등은 한 가지 형식적인 외식(外飾)에 그치지 않고 한 민족·국가·정부·국민의 모든 것을 상징하는 것이며 그 시대성과 정치 내용 형태 등을 집약적으로 표현할 뿐 아니라 국민의 일상생활과 밀접한 관련이 있는 것이며 대외적인 영향도 적지 않은 것이다.
>
> ―『漢城日報』, 1948년 9월 8일

국왕을 황제로 높이고 우리의 연호(年號)를 사용하자는 주장은 1884년 갑신정변(甲申政變) 당시 김옥균이 처음 제기한 것으로 알려져 있다. 이는 뒤에서 언급할 1897년 10월 주한 일본 변리공사 가토 마스오(加藤增雄)의 보고서에 따른 것으로 엄밀한 내용 비판이 없었다. 그러나 갑신정변 시기 김옥균은 대청종속 폐기와 조선의 자주국으로서의 위상 확보에 크게 노력하였으나 제국의 길을 가려는 특별한 모습을 보인 적은 없었다. 이는 14개 조의 개혁 정령(政令)을 보아도 잘 알 수 있는 내용이다. 개혁 정령

日兵領戒嚴這定是日所布政令畧錄如左.

一 大院君不日陪還事 朝貢虛礼議行廢止
一 閉止門閥以制人民平等之權以状官勿以官擇人事
一 革改追國地租之法杜吏奸而救民困兼裕國用事
一 內侍府革罷其中如有優才通同登用事
一 前後奸貪病國尤著人定罪事
一 各道還上永々卧還事
一 奎章閣革罷事
一 急設巡查以防竊盜事
一 惠商公局革罷事、
一 前後流配禁錮之人酌放事
一 四營合為一營々々中抄丁急設近衛事 陸軍大将 前撰世子宮
一 凡屬國內則政愍由戶曹管轄其餘一切財簿衙門革罷事
一 大臣与參賛新差六人今不必皆其名課日會議于閤門內議政所以召策定布行政令事
一 政府六曹外凡屬冗官盡行革罷令大臣參賛酌議以啓事

갑신정변 14개조 개혁 정령

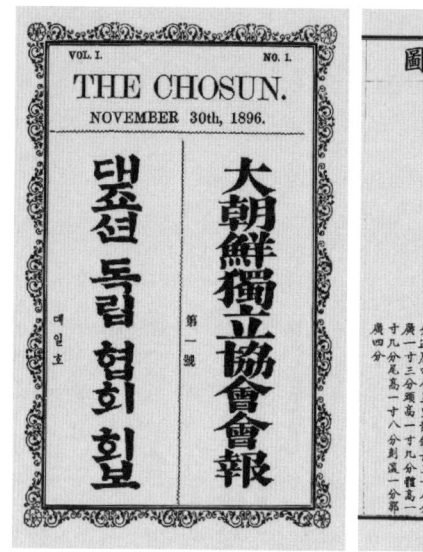

『대조선독립협회회보』 창간호(1896. 11)(왼쪽)와
대한국새(大韓國璽)와 도설(圖說)(오른쪽)

제13조는 "대신과 참찬은 합문 안의 의정소에 모여 정령(政令)을 의결하고 반포한다"[32]고 되어 있는데, 이는 군주권을 제한하고 의정부를 중심으로 하는 관료 중심의 정치체제를 구상하고 있었던 것이다. 가토의 언급은 1897년 당시 황제 즉위의 새로운 정국 변동과 급박한 시국에서 그의 주관적 의도가 크게 반영된 것으로 보인다.

국왕 고종은 이미 황제 즉위 두 달 전인 1897년 8월 12일에 그간 사용하던 '건양(建陽)'이란 연호를 폐지하고 이틀 뒤인 8월 14일 '광무(光武)'로 쓸 것을 명하였다. 1897년 8월 14일 의정부

---

32 『甲申日錄』, 1884년 12월 6일.

의정 심순택은 국왕에게 건원(建元) 연호 후보로 광무(光武)와 경덕(慶德) 두 가지를 올렸다. 고종은 다음 날 15일 조서를 발표하고, 연호를 '광무'로 정하고 8월 17일부터 거행할 것을 지시하였다. 이에 따라 각급 공문서와 신문 등에서도 이날을 기해 '광무'로 연호를 바꾸어 사용하였다. 당일 『독립신문』은 제호를 '조선 서울 광무 원년 팔월 십칠일'로 기록하였다.[33]

이같이 연호를 쓰게 된 배경에 대해 8월 16일 고종은, "그때 역신(逆臣)들이 … 향사(享祀)를 폐지하는 지경에 이르렀다. 짐이 마침내 옛 법도를 회복하고 선대 임금들이 성헌(成憲)을 받들어 정사를 잘하여 일신할 것을 바랐다 … 대체로 주(周)나라가 일어난 후 예절은 … 처음 정비되었고, 한(漢)나라가 … 연호를 처음으로 썼다 … 올해 8월 16일 삼가 천지의 신과 종묘사직에 고하고 광무(光武)라는 연호를 세웠다"[34]고 천명하였다. 이는 이전 갑오개혁에 대한 반작용(out count)의 의미로 중국 역대 예법과 연호에 준하는 새로운 재조(再造)의 의미가 부여된 필요 불가결한 시기로 파악한 것으로 아관파천의 변수도 크게 작용한 것이다.

그런데 『대조선독립협회회보(大朝鮮獨立協會會報)』 제15호에 따르면 연호는 이미 그해 6월부터 사용한 것으로 분명히 기록되어 있다. 이 회보는 표지에 '광무(光武) 원년(元年) 6월(月) 30일(日) 출판(出版). 개국(開國) 505년(年) 12월(月) 28일(日) 농상공부(農商工部) 인가(認可)'로 적시하였고, 이후 제16호(7월 15일)·제17호(7월 31일)·제18호(8월 15일)에도 모두 '광무 원년'의 해당

---

33 『尹致昊日記』, 1897년 8월 15일. 당시 국내의 열망과는 달리 윤치호는 연호 개정 선포를 '눈속임'이라 일축하였다.
34 『高宗實錄』, 고종 34년 8월 16일.

일자에 발간한 것으로 되어 있다. 그렇다면 독립협회에서는 이미 1897년 6월 30일부터 '광무' 연호를 사용한 것이거나 아니면 예정일보다 한참 후에 회보가 출간된 사정이 있었을 것으로 추론할 수 있지만 '대조선'의 국호와 '광무'라는 연호를 같이 병용한 점으로 보아 전자가 유력한 것으로 판단된다.

한편 국왕은 조야의 잇따른 칭제 여론에 못 이기는 듯하다가 10월 3일 재가를 내려 황제를 칭하는 것을 결정하였다. 조선 초기의 몇 차례의 기우제 등을 제외하고는 조선왕조 500년 동안 중화의식에 사로잡혀 거의 기능을 행하지 못하였던 원구단을 구 남별궁(南別宮; 지금의 조선호텔이 있는 곳)에 다시 축조하여 10월 12일에 이곳에서 천자국의 예에 준해 황제 즉위식을 거행하였다. 다음 날 각국 외교사신을 초청하여 이 사실을 대외적으로 공표하였다.

10월 11일 의정 심순택, 특진관 조병세를 비롯한 백관들의 칭제 상소에 대해 국왕은 다음과 같이 답변하였다.

> 우리나라는 삼한(三韓)의 땅이다. 국초에 이를 통합하여 하나가 되었으니, 이제 천하(天下)를 가진 호(號)를 정하여 대한(大韓)이라 해도 불가하지 않을 것이다. 또 여러 나라의 문서를 볼 때마다 조선(朝鮮)이라 하지 않고 한(韓)이라 쓰고 있으니, 옛날에도 부험(符驗)하고 오늘에도 맞는 것이다. 천하에 성명하지 않아도 천하가 모두 대한(大韓)이라는 호를 알 것이다.　　　　　-『承政院日記』, 1897년 9월 16일

이어서, "천하를 가진 호(號)가 이미 정해졌다. 원구단 고유제문(告由祭文)과 반조문(頒詔文)에 모두 대한(大韓)으로 쓰도록 하

라"고 명하였다. 일찍이 기원 이후 고대사회의 지명이었던 삼한을 다 아우른다는 이런 내용은 근대적 황제 즉위와는 차이가 있다. 갑오개혁·을미사변·아관파천 이후 일본과 개화파에 대한 반감이 가장 컸던 시기에 '대한'이라는 황제국이 성립된 것으로, 이 시기에 서구 근대의식의 방향성을 부각시키기는 어려웠을 것이 아닌가 한다.

국왕의 하명 결과 10월 14일 그간 중국으로부터 인가를 받아 1392년 왕조 개창 이래 사용해오던 '조선'이라는 국호를 '대한(大韓)'으로 개정·반포함으로써 드디어 대한제국이 성립하게 되었다. 그런데 이미 10월 8일에 '대한(大韓)'으로 명기한 국새(國璽)가 준비되었고 대신들의 동의만 받는 후속 절차만 남아있었던 것이다.[35] 후일의 기록인 「조선귀족약력」의 '이재곤(李在崐)' 항목에 의하면 대한제국 선포 당시 비서원승이자 종친세력이었던 이재곤이 국호와 연호의 개정을 적극 주장하였다고 한다. 즉, "그가 1897년에 이태왕 전하에게 황제의 존호를 올려 황위에 오르자 국호를 고쳐 대한이라 칭하고 연호(건양)를 고쳐 광무라 칭하였다. 덕수궁의 정문 문호(대안)를 고쳐 대한이라 칭해야 한다며 무척 노력하여 전하의 환심을 사고 그 공로로서 요직을 놓지 않고 권력의 일세를 누렸다"[36]고 되어 있다.

---

35 韓永愚, 2001(a), 24쪽.
36 「朝鮮貴族略歷(1925. 10)」(『齋藤實文書』100-3-850).

3일간의 황제 즉위식

각계각층의 여론을 반영한 연이은 소장에 따라 고종은 이를 받아들인다는 교지를 내렸고, 이 사실을 남부 회현방 소공동의 원구단에 고하였다. 원구단은 이미 1895년 7월 2일(음 윤5월 20일) "一. 남문 밖의 남단에 원구를 만들 것"[37]이라는 조칙에 따라서 조성된 제천용(祭天用) 단(壇)이었다.[38] 10월 2일에 황제 즉위에 걸맞은 규모를 갖춘 원구단의 본격적 착공이 시작되었고 단 10여 일 만에 준공된 것으로 기록되어 있다. 이는 이전부터 기초공사가 되었었기에 가능했던 것으로 보인다. 그런데 황제 즉위의 의식은 중국 명나라의 제도와 전례를 많이 차용한 것이었다.

명나라의 즉위 의례를 보면, 『명사(明史)』에 명 태조 주원장(朱元璋)의 즉위 과정과 '등극의(登極儀)'라는 조목 아래 즉위 의례가 기록되어 있다. 먼저 「태조본기(太祖本紀)」에 기록된 2일간 즉위 의례는 다음과 같다.

① 홍무(洪武) 원년 춘 정월 기해일에 남교(南郊)에서 천지(天地)에 제사하고 황제에 즉위했다.
② 국명을 명(明)으로 정하고 연호를 홍무(洪武)로 개정하는 개원(改元)을 단행했다.
③ 돌아가신 고조[高祖考]·증조[曾祖考]·조부[祖考]·부친[皇考]을 각각 황제로 추존하고 각각 묘호(廟號)를 올리며, 돌아가신 비(妣; 죽

---

37 『官報』, 개국 504년 윤 5월 23일.
38 奧村周司, 1995, 144쪽.

명 초대 황제 주원장 초상화(왼쪽)와 고종황제 어진(오른쪽)

은 어미)들을 모두 황후로 추존했다.

④ 비(妃)를 황후로, 세자를 황태자로 책립했다.
⑤ 모든 공신들에게 관작을 수여했다.
⑥ 병자(丙子) 일에 즉위 사실을 천하에 고했다.
⑦ 돌아가신 백부[皇伯考] 이하를 모두 왕(王)으로 추봉(追封)했다.[39]

고종의 황제 즉위 의식도 큰 틀에서는 이와 유사한 방식으로 진행되었다. 1897년 10월 9일부터 14일까지 6일간에 걸쳐 고종의 황제 등극 의식이 거행되었다. 이때 황제로서의 위상을 드러내기 위한 의장기가 사용되었고 명례에 따른 황제 복장(황룡포)을 착용하였고 조선 고유의 의상을 일부 변용한 상태에서 국새(國璽)를 받아 즉위식이 치러졌다. 그런데 『명집례(明集禮)』와 비교해 보면, 대부분의 의장은 명대의 황제 의장 제도에서 유래한 것이었다.[40]

이는 의례를 새롭게 연구하고 준비하는 데 충분한 시간을 할애할 수 없었던 조선 정부의 입장에서는 수백 년 긴박한 관계에 있었던 중화제국의 질서에서 벗어나지는 못하더라도 일정하게 극복하려고 했던 기본적인 의도와는 자못 괴리가 큰 것이 아닐 수 없었다. 다시 말하면, 자주독립과 '대군주'의 칭호에서 탈피하여 청국 황제와 동등한 입장을 확보하기 위한 필요성에서 황제 즉위식을 거행하였지만("오늘은 조선 대군주께서도 폐하도 청국 황제와 동등 님군으로 아는 것은 조선이 차차 자주독립될 증조인

---

[39] 김지영 외, 2013, 41쪽.
[40] 김지영 외, 2013, 178쪽.

듯하더라"⁴¹), 그 절차는 중화제국의 질서와 이념으로 진행된 것이다. 일본의 경우를 보면 1868년 8월 27일 즉위한 천황 메이지(明治)는 그간 관행이었던 중국식 예복인 곤면(袞冕; 곤룡포와 면류관) 대신에 호(袍)나 소쿠타이(束帶) 등 일본 전통 예복을 이용하였다.⁴²

그런데 일부 연구에서는 칭제 운동에 표출된 대의명분의 핵심은 중화 문화의 정통을 우리가 계승하였다는 역사 계승 의식과 문화 자존 의식이며, 결국 이는 반일·반청 애국주의가 계승되는 것으로 이해하고 있다.⁴³ 또한 고종의 황제 등극 의례와 대한제국의 전례가 『대명집례』나 『대명회전』 등 명나라의 제도를 바탕으로 했다는 점을 근거로 '조선중화주의'와 일정한 관련이 있는 것으로 판단하기도 한다.⁴⁴ 또 다른 연구에서는 즉위식 조칙에서 거명한 내용을 예로 들면서 이를 '중화와 단군의 딜레마'로 보는 한편 "고종의 황제 즉위식은 어디까지나 중화 세계적 황제를 창출하는 데 있었다. 그러므로 대한제국이 만국공법 체제상의 제국으로 변모하기 위해서는 많은 논리적 문제를 내포"⁴⁵한, 이를테면 중화주의의 새로운 변형으로 규정하기도 한다.

그러나 당시의 여러 가지 상황과 실제 현실에 투영된 모습은 한 가지로 설명할 만한 것이 아니라고 보인다. 왜냐하면 황제 즉위식에는 적어도 다음의 세 가지 즉, ①중화질서(소중화·대명의리론의 재현), ②고유 역사체계(단군과 삼한정통론), ③세계체제

41　『독립신문』, 1897년 10월 2일 「논설」.
42　후지이 조지(藤井讓治) 외, 박진한 외 역, 2012, 306쪽.
43　韓永愚, 2001(a), 21쪽.
44　김문식, 2006, 88, 98쪽.
45　스카이시 다쓰히코, 최덕수 역, 2014, 221~222쪽.

(만국공법 질서)의 삼자 합일을 염두에 둔 복합적인 고려사항을 통해서만이 가능한 것으로 판단된다.

황제 즉위 절차와 의례에 관해서는 이미 그해 7월 의정부 의정 심순택의 안이 보고되었다. 심순택에 의하면 원구의 제반 의례 형식을 시원임 의정들이 숙의하여 알아보라는 국왕의 명에 따라 『예기(禮記)』 등 중국 역대 예법을 참고하여 천자의 제사 절차를 고찰하였다 한다. 그 결과 제단과 제단 주위에 쌓은 담, 섬돌 등을 하늘의 형상을 관찰하고 만들었다고 보고하였다. 이는 기초 공사에 해당하는 것이다. 그런데 상제(上帝)와 지지(地祇)의 신위판(神位版) 및 해·달·5성(五星)·28수(宿), 온 하늘의 별들, 풍운뇌우(風雲雷雨)·5악(五嶽)·5진(五鎭)·4해(四海)·4독(四瀆)의 신패(神牌)와 제기(祭器)의 많고 적음과 의례 형식의 번다함은 삼대(三代) 이후로 각각 다르므로 이전 제도를 그대로 따를 수 없다는 것이다. 이에 심순택은 제단을 조성하는 일과 진설하는 도식(圖式)은 모두 장례원(掌禮院)으로 하여금 고례(古禮)를 참고하여 거행하도록 하자고 제안하였고, 국왕도 이를 받아들였다.[46]

황제 즉위식 직전에는 역대 고사를 상고하여 황제로 즉위한 사실을 내외에 선포한다는 조령을 발표하였다. 그 내용은 다음과 같다.

봉천승운 황제(奉天承運皇帝)가 조령을 내리기를, 짐은 생각건대, 단군(檀君)과 기자(箕子) 이후로 강토가 분할되어 각각 한 귀퉁이를 차지하고는 서로 자웅(雌雄)을 겨루다가 고려(高麗) 때에 이르러서 마한(馬

---

[46] 『承政院日記』, 1897년 8월 29일.

韓)·진한(辰韓)·변한(弁韓)을 통합하였으니, 이것이 삼한(三韓)을 통합한 것이다. 우리 태조(太祖)가 왕위에 오른 초기에 국토 이외에 영토를 더욱 확장하여, 북쪽으로는 말갈(靺鞨)의 지경까지 이르러 상아·가죽·비단을 얻게 되었고, 남쪽으로는 탐라국(耽羅國)을 차지하여 귤·유자·해산물을 공물로 받게 되었다. 사천리 강토에 하나의 통일된 왕업(王業)을 세웠으니, 예악(禮樂)과 법도(法度)는 당요(唐堯)와 우순(虞舜)을 이어받았고 국토는 공고해져서 우리 자손들에게 만세토록 무궁할 반석 같은 터전을 전해 주었다… 금년 9월 17일 백악(白嶽)의 남쪽에서 천지(天地)에 고유제를 지내고 황제의 자리에 올랐다. 국호를 '대한(大韓)'으로 정하고, 이해를 광무(光武) 1년으로 삼으며, 종묘(宗廟)와 사직(社稷)의 신위판(神位版)을 태사(太社)와 태직(太稷)으로 고쳐 썼다. 왕후(王后) 민씨(閔氏)를 황후(皇后)로 책봉하고 왕태자(王太子)를 황태자(皇太子)로 책봉하였다.　　-『承政院日記』, 1897년 9월 18일

황제는 이 같은 조령을 발표하게 된 배경을 "낡은 것을 없애고 새로운 것을 도모하며 교화를 시행하여 풍속을 아름답게 하려고 하는 것"으로 규정하였다. 여기서 자신을 '봉천승운 황제(奉天承運皇帝)'라 규정하였는데, '봉천(奉天)'이란 '하늘의 명을 받든다'는 뜻으로 명나라 황제가 '봉천전'을 짓고 이를 기념하여 천하의 죄인을 사하는 조서를 내린 데서 유래한 것이었다. 그러나 황제 즉위 며칠 후인 10월 20일 "새로운 것에 빠져서 옛것을 잊거나, 모든 일을 바꾸는 것은 도리어 나라를 어지럽게 하는 것이므로 국가를 위하는 일이 못된다. 반대로 시조(時措)의 합변(合變)을 모르고 옛것은 좋고 새것은 나쁘다고 생각하여 하기 어려운 일을 억지로 하는 것도 또한 나라를 위한 일이 아니다. [옛것과 새것

을] 절충하고 참작하여 정(政)이 치(治)를 이루도록 해야 한다"[47]라는 새로운 조령을 내렸는데, 이 내용은 앞의 9월 18일 발표한 조령과는 차이가 있는데 '구본신참'의 요소보다 '신본구참'의 입장이 강한 것이다.

10월 11일 국왕은 원구단에 행행하여 재물을 바치고 황제의 칭호를 하겠다는 의지를 하늘에 알리고자 당일 오후 5시에 행차하였다. 그 행렬에는 신구 복장, 창과 칼, 붉고 노란 깃발과 함께 각계각층의 관료들 등이 참여하였다. 다음 날인 12일 황제 즉위식이 시작되었는데, 이날 새벽 4시 하늘에 제물을 바쳤고 6시에는 황제의 칭호를 받는 의식을 거행하였다. 12시에는 궁에서 백관의 경하를 받았다.[48] 그날의 상황을 목격한 일본인 기쿠치 겐조(菊池謙讓)는 아래와 같이 적었다.

> 원구(圜丘) 큰문 밖에 어가(御駕)가 도착하자 그곳에서 부복하고 있던 좌장례가 무릎을 꿇고 국왕에게 어가에서 내려 가마에 탈 것을 주청하면 왕은 천천히 내려 가마에 올라탄다. 이때 좌우 장례가 앞장서 동문으로 들어가 휴게소에서 왕이 면복(冕服)으로 갈아입고 출어하면 장례원경이 무릎을 꿇고 왕에게 규(圭)를 잡을 것을 주청한다. 왕이 규를 잡고 왕태자가 뒤를 따른다. 장례원경이 앞장서서 왕이 원구에 오르고 정중히 단위를 응시하면 집사는 막을 들어 올리고 기다린다. 왕은 남쪽을 향해 선다. 이로써 식은 끝나고 왕은 이에 다시 황제의 자리에 오른다. 의정 심순택은 허리를 숙이고 세 번 무도(舞踏)하고 세 번 고두

---

47 『高宗實錄』, 고종 34년 10월 20일; 韓永愚, 2001(a), 30쪽.
48 『尹致昊日記』, 1897년 10월 11일, 12일.

원구단(오른쪽)과 황궁우(왼쪽)

(叩頭)하여 높이 만세 만만세를 외치고 문무백관을 대신해 축하 의사를 표한다. 이로서 황제의식이 끝났다.　　　　－菊池謙讓, 1937, 483쪽

그런데 황제 즉위 당일 원구단에서 행한 의례 시의 축문(祝文)에서는 "단군(檀君)과 기자(箕子) 이래 강토가 각처로 분열되어 한편으로는 서로 침탈하고 정벌하면서 예맥(濊貊)·여진(女眞)·숙신(肅愼) 등 나라의 명칭이 많게 되어 정해지지 않았는데 고려(高麗; 고구려)가 마한(馬韓)과 진한(辰韓)을 병탄하여 삼한(三韓)을 통합"49한 것으로 되어 있다. 이는 북방지역으로 영토가 확장된 사실을 언급한 것인데 부여·발해·백제·신라 문제는 언급하지 않고 있다.

조서에서 기자가 계속 강조되는 상황은 공자를 중심으로 하는 유교적 교화 문제와도 큰 관련을 맺고자 한 것으로 보인다. 이는 1899년 초 독립협회를 해산시킨 직후 내린 조서를 통해 알 수 있다.50 이에 따르면 황제는 우리나라의 종교는 우리 공자(孔子)의 도이고, 황제(黃帝)와 요(堯)·순(舜)이 하늘의 뜻을 계승하여 지극한 도를 세운 뒤로 우(禹)·탕(湯)·문왕(文王)·무왕(武王)·주공(周公)의 성현들이 서로 이어서 순수하고 마음의 법(心法)을 전하였고 하늘이 정한 인의예지(仁義禮智)의 전례(典禮)를 서술하여 폈다고 강조하였다. 특히 공자는 천지간의 원기(元氣)를 타고 나서 여러 성현이 이룬 바를 집대성하였으나 중간에 1천여 년 간 도(道)의 자취가 없어져 흐려졌으나, 이후 기자(箕子)가 팔조(八

49　『大韓禮典』 제2권 「親詣圜丘卽 皇帝位儀」條.
50　『承政院日記』, 1899년 3월 18일.

황제 즉위식 당일 경운궁 대안문 경축인파

條)의 가르침을 베풀고 인현(仁賢)의 교화를 편 뒤로 나라의 교화가 이로부터 기초를 두게 되었다는 것이다.

즉위식 이후 황제는 태묘와 사직에 고사를 하고, 정전에서 백관의 축하표잔(祝賀表箋)을 받았다. 이는 그간 왕후 살해와 국왕의 러시아 공사관 도피 등 일련의 사건이 연속되면서 대외적으로 위축되어 있던 일반인들에게는 커다란 자극이 되었고, 국가의 체면을 다시 생각해 볼 수 있는 새로운 기회가 되었다. 『독립신문』은 1897년 10월 12일 당일 원구단에서 거행된 황제 즉위식 직후 그 감격을 다음과 같이 기록하였다.

이 례식이 뭇친 후에는 대군쥬 폐하끠셔 대황데 폐하가 되시는 것을 텬디 신명의게 고ᄒᆞ시는 것이라 죠션이 그날 브터는 왕국이 아니라 뎨국이며 죠션 신민이 모도 대 죠션 뎨국 신민이라 죠션 단군 이후에 쳐음으로 황뎨의 나라가 되엿스니 이 경亽로옴과 깃븜을 죠션 신민들이 칙량 업시 넉일듯 ᄒ더라 일홈으로논 셰계에 뎨일 놉흔 나라와 동등이 되엿거니와 이졔브터 실샹을 힘쎠 각식 일이 외국에셔 못지 안케 되도록 신민들이 쥬션을 ᄒ여야 대국 신민 된 본의요 남의게 실샹 대졉을 밧을터이라 사름 마다 오놀브터 죠션이 남의게 지지 아니홀 방칙을 ᄒ야 외국들이 죠션 이 황뎨국 된것을 웃지 안케 일들을 ᄒ여야 훌터이요 또 죠션 사름들이 실샹 일을 ᄒ여야 외국들이 죠션을 황뎨국으로 승인들도 훌터이라 이 계 뎨들을 타셔 사름 마다 ᄌ쥬독립 홀 ᄆ옴을 더 돈돈히 먹고

- 『독립신문』, 광무 원년 10월 12일

이틀 후에도 『독립신문』은 황제 즉위식과 관련한 서울 장안의 분위기를 아래와 같이 종합하여 상세히 언급하였다.[51] 즉, 즉위식 하루 전인 11일 오후 2시 반부터 경운궁을 시작으로 원구단까지 가는 길 좌우에 각 대대 군사들이 정제하게 섰으며 수백 명의 순검들도 질서있게 도열하여 황제국의 위엄을 나타냈고, 좌우로 휘장을 치고 조선 옛적에 쓰던 의장 등을 고쳐 노란색으로 새로 만들어 호위하게 하였다. 특히 시위대 군사들이 어가(御駕)를 호위하고 지나는 것이 위엄이 있었고 총 끝에 꽂힌 창들이 빛났다 한다. 육군 장관(將官)들은 금으로 수를 놓은 모자와 복장을 갖추고 은빛 군도(軍刀)들을 금줄로 허리에 찼으며 그 중에 옛 조선의 군복을 입은 관원들과 금관 조복한 관인들도 많이 있었다. 어가 앞에는 대황제 폐하의 태극 국기가 앞서고 대황제 폐하는 황룡포(黃龍袍)에 면류관을 쓰고 금으로 채색한 연(輦)을 타고 그 뒤에

---

51 『독립신문』, 광무 원년 10월 14일.

황태자도 홍룡포(紅龍袍)를 입고 면류관을 쓰고 붉은 연을 타고 지나갔다. 화려한 패전트(pageant) 의례를 통해 과거와는 다른 새로운 군주상을 보여준 것이었다. 그런데 어가가 원구단에 이르자 황제는 제향에 쓸 각색 물건을 친히 살피고 오후 네 시쯤 환어하였다는 것이다. 그러나 홍개(紅蓋)가 황개(黃蓋)로, 홍양산(紅陽繖)이 황양산(黃陽繖)으로, 군왕천세기(君王千歲旗)가 군왕만세기(君王萬歲旗)로 바뀌었을 뿐 황제 즉위식 거행 당일까지도 황제국의 의장은 제대로 확정되지 않았다. 나머지 의장은 15세기부터 19세기까지 이어져 온 조선 고유의 의장을 그대로 습용하였다.[52] 군왕만세기도 '황제만세기(皇帝萬歲旗)'로 바뀌어야 했을 것이다.

『독립신문』은 이날 밤에 "쟝안 안 샤ㅅ 집과 각 젼(廛)에셔들 식등들을 붉게 둘아 쟝안 길들이 낫과 굿치 붉으며 가을 둘이 쏘흔 붉은 빗을 검정 구름 틈으로 내려 빗치더라 집집무다 태극 국괴를 놉히 걸어 인민의 이국지심을 표ᄒ며 각 대더 병뎡들과 각쳐 슌검들이 규칙잇고 례졀잇게 파슈ᄒ야 분란ᄒ고 비샹흔 일이 업시 ᄒ며 길에 다니ᄂ 사룸들도 얼골에 깁거온 빗이 낫하 나더라"[53]며 감격적으로 묘사하였다.

즉위식 당일인 12일 오전 2시에 다시 황제는 위엄을 갖추어 황단에 임해 하늘에 제사하고 황제 위에 나아감을 고하고 오전 4시 30분에 환어하였다. 이날 정오에는 만조백관이 예복을 갖추고 경운궁에 나아가 대황제와 황태후·황태자·황태자비에게 크게 하례를 올렸다. 그런데 이날 새벽에 공교롭게도 비가 내려 의

---

52 김지영, 2018, 53~56, 59쪽 참고.
53 『독립신문』, 광무 원년 10월 14일.

복들이 젖고 찬 기운이 성하였으나 국가의 경사로움을 즐거워하는 마음이 다 중하다고 생각하여 모인 사람들이 젖은 옷과 추위를 생각하지 않고 각자 맡은 직무를 착실하게 수행하였다 한다. 즉위식 다음 날인 13일에는 대황제 폐하가 각국 사신을 청하여 황제 위에 나아감을 선고하였고 각국 사신들이 모두 하례를 올림으로써 3일 간의 황제 즉위 절차는 마무리되었다. 14일에는 국호를 조선에서 대한으로 바꾼다는 칙령을 반포하였다.

『독립신문』은 광무 원년 10월 12일은 '죠션 스긔에 몃 만년을 지니드러도 뎨일 빗나고 영화로은 놀'이자 "죠션이 몃 쳔년을 왕국으로 지내여 각금 쳥국에 속ᄒᆞ야 속국 대접을 밧고 쳥국에 종이 되야 지낸 쌔가 만히 잇더니 하ᄂᆞ님이 도으샤 죠션을 ᄌᆞ쥬독립국으로 믄드샤 이둘 십이일에 대군쥬 폐하끠셔 죠션 스긔 이후 처음으로 대황뎨 위에 나아가시고 그눌브터 죠션이 다만 ᄌᆞ쥬독립국뿐이 아니라 ᄌᆞ쥬독립ᄒᆞᆫ 대황뎨국이 되엿스니 나라이 이럿케 영광이 된것을 엇지 죠션 인민이 되야 하ᄂᆞ님을 대ᄒᆞ야 감격ᄒᆞᆫ 싱각이 아니 나리요"라고 하였다. 그리고 11일과 12일에 행한 예식은 '죠션 고금 스긔에 처음으로 빗나는 일'이라고 하면서, 이제부터 조선신민들은 힘을 다해 '구습과 잡심'을 다 버리고 '문명진보ᄒᆞᄂᆞᆫ 이국이민'의 길로 나가기를 전망하였던 것이다.

독립협회에서는 내외국인들에게 청첩장을 발행하여 황제 즉위식 거행 한 달 후인 1897년 11월 12일 독립관에서 성대한 경축연회를 베풀었다. 그 목적은 국호를 개호한 것을 경축하기 위함이었다. 이때 의정대신 심순택 이하 각부 대신이 일제히 모였는데 먼저 독립협회 회장 안경수가 연설하고 이어 외부대신 조병식, 외부협판 유기환, 전 학부협판 윤치호가 차례로 연설하였다.

그 다음으로 식사를 하고 독립문 위편으로 가서 안경수·조병식·윤긍규·이상재가 연설하였다. 오후 3시에는 각국 공사와 영사들이 독립관에 모이자 연설하고 함께 식사를 하였다. 이어 모인 사람들 모두 큰 소리로 황제폐하 '만만세'를 외친 후 해가 질 무렵에 자리에서 해산하였다.[54]

---

54 閔建鎬, 김동석 역, 2011, 527~528쪽.

황제국 선포에 대한 외국의 시선

일본을 비롯한 열강들은 조선이 황제국으로 새롭게 바뀌어 가는 모습을 보고 적극적으로 반대하거나 무시하였다. 「시모노세키조약(下關條約)」이후 조선에 대한 종주권을 완전히 상실한 중국조차도 총리아문을 통해 칭제 이전인 1897년 5월 왕후의 묘비에 이미 '황후'라고 새긴 것에 대해 불쾌함을 표명하는 한편 조선 국왕의 황제 개칭의 움직임은 한성 주재 각국 공사와 영사들의 입장과 반하는 '다른 나라는 안중에도 없는 안하무인'과 같은 것이라며 부정적으로 보았다.[55] 개인의 입장이지만 대한제국 성립과 국왕을 금후 '조선황제 폐하'로 부르는 문제에 관해 당시 일본의 정신적 리더였던 후쿠자와 유키치(福澤諭吉)는 「사실을 보아야 한다」라는 제목의 신문 논설에서, "국왕이라 부르든지 황제라 부르든지 남들이 마음대로 하는 것이니 어떻게 하더라도 상관없지만 그 황제 폐하가 지배하는 제국의 모습은 어떠한가 말하면, 밖에서 보건대 거의 국가의 모습을 이루지 못하였다"면서 "어린

---

55 「任內往來文件; 與總理衙門往來文件」, 光緒 23년 4월 20일(臺灣 中央研究院 近代史研究所 檔案館, 01-41-052-04).

아이의 장난도 너무나 정도가 넘쳐 맞장구칠 일이 아니다"[56]라고 혹평하였다.

1897년 10월 25일 주한일본 변리공사 가토 마스오가 본국 외무대신 오쿠마 시게노부(大隈重信)에게 보낸 보고에는 칭제의 연원, 추이와 각국 승인 문제 등이 기술되어 있다.[57] 그는 조선의 칭제 연원과 연혁의 시초는 ①1884년 개화당 김옥균(金玉均) 등이 청국의 굴레를 벗어나려고 꾀하던 당시, 황제의 위호를 써야 한다고 주장하였던 것으로 기억하면서, ②이후 1892년 오스트리아와 수호조약을 체결하고 비준할 때 조선도 오스트리아와 마찬가지로 황제 위호를 칭해야 한다는 논의가 있었고, ③1895년 왕비 서거 후 김홍집(金弘集) 내각이 국왕의 비탄을 위로하기 위한 수단으로 칭호 문제를 제기한 역사적 사실들이 있었다고 주장하였다. 그렇지만 가토는 이 모든 것이 국왕이 칭호를 욕망한 결과에서 비롯한 것이었다고 부연하였다.

그럼에도 불구하고 조선 국왕이 오랜 기간 결정을 망설인 이유로 가토는 각국으로부터 승인을 받아야 하는 쉽지 않은 문제 때문이었다고 보았다. 당시 열강들은 조선의 칭제에 냉담하였고 일본 공사도 국왕의 문의에 대해 각국 사신의 의향과 태도를 전하고, "이미 각국에서 승인하지 않을 것을 알면서 행하는 것은 무익하고 쓸데없이 남의 비웃음을 불러일으키는 데 불과합니다"라면서 지금은 시기가 아니므로 오히려 내정에 힘쓰고 국력의 발달을 기다려 서서히 행하라고 간곡히 충고까지 하였던 것이다.

---

56 『時事新報』, 1897년 10월 7일 「社說」.
57 『駐韓日本公使館記錄』 「皇帝稱號의 起因 및 그 承認에 관한 意見 上申」, 明治 30년 10월 25일.

그러나 고종은 상하 일반의 여론에 휩쓸려 결국 이를 강행하였고 위호(位號)의 일은 각국의 승인 여부와 관계없이 10월 12일에 실행하기로 결정하였다는 것이다. 형세가 이렇게 된 마당에 가토 역시 러시아의 '차르(Tsar)', 영국의 '퀸(Queen)', 이탈리아의 '킹(King)'을 다 같이 황제로 칭하는 이상 일본 정부도 장래 일본어로 '황제(皇帝)'로 칭하는 것은 구태여 방해될 것이 없을 것이라 보고하였다.

국왕의 존호 개칭 사안에 대해 조선 정부는 각국 공사들에게 공문으로 조회를 청하였다. 이에 대해 당시 중국 측 기록에 따르면 프랑스 공사 콜랭 드 프랑시(Collin de Plancy; 葛林德)는 결코 개의치 않았고, 독일 공사는 유럽의 경우 문제가 없지만 소국인 조선의 경우 '까닭 없이 나라의 이름을 바꾸는 것은 타당하지 못하다'고 하였다. 영국 영사는 이미 군주의 칭호가 있는데 무엇 때문에 바꾸어야 하는가를 반문하였다고 한다. 청국 총영사 서수붕(徐壽朋)도 갑오년 이후 조선을 '독립적인 자주국이라 승인한 적이 없는데, 하물며 국왕을 황제로 인정하겠는가?'라고 일축하였다. 그는 예컨대 아프리카 야만인들의 소국이 자기의 주인을 황제라고 칭한다고 해서 나라가 강대해지는 것을 보지 못하였다고 불쾌감을 표시하였다.[58]

반면 당시 열강 중 러시아와 프랑스는 칭제에 가장 적극적이었다. 같은 해 10월 러시아 공사 카를 이바노비치 베베르는 청국 총영사 서수붕의 비밀 통지에 대해, "최근 한국의 국왕이 존호를 바꾸고자 하는 마음의 결정을 내렸으므로, 러시아는 더 이

---

58 「任內往來文件; 與總理衙門往來文件」, 光緒 23년 8월 18일.

상 방해할 수 없고 아마도 한국의 국왕이 일본과 친한 척하는 관계로 인하여 러시아와 소원해질 것을 걱정하고 있다"고 회답한 바 있었다.[59] 제정 러시아 대장성에서 간행한 『한국지(Описание Кореи)』에 다음과 같이 기록하였다.

> 러시아 공사관을 떠난 왕은 곧 1897년 9월 30일(10월 12일) 황제 칭호를 받아들였는데, 황제라는 칭호는 이 당시까지 조선인들에게 중국과 일본의 통치자들에게만 붙이는 것으로서 완전히 독립된 나라의 통치자를 뜻하는 것으로 알려져 있었고, 조선왕의 칭호인 국왕(왕국의 통치자)은 조선이 중국의 속국이라는 것을 나타낸다고 국민들은 생각하였다. 외국 신문들은 황제 칭호를 받아들인 것을 조선이 왕국에서 제국으로 개칭한 것을 의미한다고 해설하였다. 조선의 독립을 열렬히 주장하였던 왕의 측근인사들은 이미 시모노세키조약 당시부터 왕에게 이렇게 하도록 설득하였다.
>
> — 러시아 대장성, 1900(한국정신문화연구원 편, 1984, 49쪽)

러시아 측에서는 초기 칭제 논의에 갑오개화파의 입김이 강하게 작용하던 것으로 보았다. 프랑스 유학생 출신 홍종우(洪鍾宇)는 프랑스 공사의 자문을 받아 자주독립국이 된 조선이 왕을 황제로, 왕국을 제국으로 존칭하는 것은 자유이고 제3국으로부터 방해를 받지 않으므로 프랑스 정부도 이의가 없다는 뜻을 전달받았다고 한다.[60] 일본도 명성황후 장례에 대한 메이지 천황의 조

---

59 「任內往來文件; 與總理衙門往來文件」, 光緒 23년 9월 24일.
60 菊池謙讓, 1937, 478~479쪽. 기쿠치 겐조는 이를 황제 즉위식 거행의 출발점으로 보았다.

의 국서에 '대한국 황제 폐하' '대황후 폐하'를 명시하여 간접적으로 승인하였고, 미국도 1898년 2월 흥선대원군 서거에 대한 대통령 조전으로 황제 즉위와 국호 개정을 승인하였고, 영국 총영사도 애도문으로 간접적으로 승인하였다. 당시 『독립신문』은 미국과 영국이 '대황제 폐하'의 존호를 승인한 것으로 보았다.[61] 청국은 한참 뒤늦은 1899년 9월「한청통상조약」체결 시 황제 즉위와 국호 개정을 승인하였다.[62]

그런데 이러한 조선 국왕의 칭제에 대해 당시 도쿄 주재 오스트리아 공사의 본국 보고 문서에 의하면, 이는 일본 정부의 교사와 권유에 의해 취해진 것으로 그 목적은 중국에 대한 조선의 독립성을 더욱 강력하게 시위하는 것이며, 다른 한편으로는 점차 커지는 러시아 정부의 영향력에 맞설 수 있는 조선 국민의 자의식을 고양시키기 위한 견해가 지배적인 것으로 이해하고 있었다.[63] 한편 개인적 차원이지만 중국의 대표적 변법자강론자인 량치차오(梁啓超)는 중화주의 관점을 견지하면서 고종이 청일전쟁 이후 청의 속국을 벗어나 "황제 칭호로 잠시 스스로를 위로했다"[64]고 표현하였다.

대한제국 시기 만민공동회 사건으로 옥중에 있던 이승만 또한 1895년 4월 청일 강화조약 즉,「시모노세키조약」체결 이후부터 개화의 기초가 뿌리내리기 시작하면서 영은문을 헐어내고 그 자리에 독립문을 세우고, 남별궁을 개조하여 원구단을 만든 것

---

61 『독립신문』, 1898년 3월 1일.
62 스키아시 다쓰히코, 최덕수 역, 2014, 213~214쪽.
63 「조선에 관하여」, 1897년 10월 10일, 동경 발(서울대 독일학연구소 역, 1992, 345~346쪽).
64 양계초, 최형욱 역, 2014, 129쪽.

으로 정리하였다. 또한 국호를 조선에서 대한으로 바꾸고 대청 연호를 폐지하고 차례로 개국·건양·광무 연호를 사용하고 대군주·대황제 존호로서 세계 각국의 제왕들과 대등한 지위를 회복한 것으로 이해하였다.[65] 「한청통상조약」과 관련해서는 "그처럼 거만하고 방자하여 다른 나라들을 완전히 없는 나라처럼 깔보던 청국이 이전의 악습을 버리고 대한을 청국과 동등한 독립국으로 극진히 공경하여 예절을 갖추고 다시 우의를 친밀하게 하여 옛날부터 각별하던 교류 관계를 계속 유지해 나가자고 한 것"은 실로 동양을 위해 다행스러운 일이며 참으로 기뻐할 일이라 감격하였 있다.[66]

그러나 자주독립과 중국 탈피 문제에 대해서 대한제국을 끌어가던 주체와 황제는 그 이상을 생각하고 있었던 듯하다. 청일전쟁 이후 대한제국 인민들에게 중국은 부정 일변도로 지우거나 잊어야 할 국가로서의 위상에 불과하였다. 량치차오의 당대 인식을 통해 보면 이는 중국도 별반 다름이 없었다. 대한제국 정부와 황실, 황제는 그 관계를 최소화하거나 의례적이고 공식적인 입장으로 의도적으로 제한하고자 했던 것은 아닐까 생각된다.

---

65 이승만, 오영섭 역주, 2019, 258쪽.
66 이승만, 오영섭 역주, 2019, 338쪽.

신문 논설로 본 국정 운영의 논점

대한제국의 성립과 변화에 대한 당시 언론의 한 해별 정리와 전망을 살펴봄으로써 황제 권력 구도와 연관된 중요 국정 운영 방향과 당대인들의 이슈를 이해할 수 있을 것이다. 대한제국이 시작하기 직전부터 국가 권력이 약해지는 러일전쟁 이전까지 『독립신문』의 1896년과 1897년 회고, 『황성신문』의 1899년과 1900년, 1902년 해당 1년간을 회고하고 전망하는 논설 형태의 기사, 『제국신문』의 1898~1900년과 1902년 회고 기사 등을 통해 이를 알아보고자 한다. 『황성신문』의 1901년과 1903년의 회고는 그리 특기할 만한 내용이 없어서 제외한다. 『제국신문』 1901년과 1903년의 연말 기사는 현재로서는 확인할 방법이 없다.

건양 원년(1896)

1896년 12월 26일부터 31일까지 『독립신문』은 총 3회 연속으로 한 해 동안 생긴 일들의 대강을 장문 논설로 기록하였다. 이는 그간 잘한 일은 본받게 하고 잘못한 일은 다음부터 하지 않도록

『독립신문』 발간
100주년 기념우표(1996)

하는 취지에서 시작된 것이었다고 한다. 첫 번째 내용은 연호를 건양(建陽)으로 개정한 일이다. 이는 조선 사기에 없던 일이며, "죠션 대군쥬 폐하끠셔 다년 호를 처음으로 가지시게 ᄒ엿스니 국가에 경ᄉ라"라 하여 감격스럽게 묘사하였다. 반면 전년도에 정부에서 시행한 '머리 깍는 일'[단발령]의 압제와 '팔월 ᄉ변'[을미사변]으로 강원도 춘천을 시작으로 의병이 일어났고 그 여파로 '대군쥬 폐하끠셔 위퇴ᄒ심을 이긔지 못ᄒ셔셔 대궐을 ᄡ나시고 아라샤 공ᄉ관에 이어ᄒ셔셔 아라샤 공ᄉ의게 보호를 쳥ᄒ신'[아관파천] 정황을 설명하고 있다. 그러나 불행하게 그 과정에서 '우매한 인민'들이 재판 절차 없이 총리대신 김홍집과 농상공부대신 정병하를 길에서 살해한 일이 있었음도 부연하였다.67

다음 호로 이어지는 두 번째 논설은 정부에서 미국인 구례[具禮, 그레이트하우스(Greathouse)]를 법부 고문관으로 초빙하여 공평한 재판과 정당한 법률 시행을 준비하였다는 내용으로 시작하였다. 신문에서는 이를 조선 초유의 '국가 경사'이자 인민의 목숨

---

67 『독립신문』, 1896년 12월 26일 「논설」.

이 튼튼하게 된 것으로 치하하였다. 탁지부 고문관으로 영국인 브라운(Brown)을 고빙하여 재정 출납을 맡겼는데, 1년 동안 돈을 규모에 맞고 절차있게 출납하여 탁지부에 금전을 남겼고 외국에 빚을 얻을 일도 없게 되었으니 국가에 다행한 일이라 하였다. 또한 미국인에 의한 경인철도와 프랑스인에 의한 경의철도가 완공되면 조선의 농·상·공업이 크게 바뀌어 나라가 부강하고 문명진보 할 것으로 전망하였다. 우리 역사상 처음으로 국문과 영문으로 하는 신문 즉, 『독립신문』의 발간 의의도 강조하였다. 또한 이해에는 서울 도성 내 도로 수리와 위생사업, 전신과 우편 확장, 기계국 복설, 각급 학교 증설과 지방제도를 개정하여 23부를 두는 한편 내각제 폐지와 의정부 복설 등이 있었음도 언급하면서 국가에 도움이 될지는 지내보아야 알 일이라고 평가는 유보하였다.[68]

세 번째 논설에서는 정동의 경운궁이 수리되어 러시아 공사관에서 국왕이 아무 때라도 환궁할 수 있게 되어 다행한 일이라고 하였다. 다음으로 러시아 정부로부터 조선 육군과 무관학도 교육을 위한 정령과 위관·하사 등 총 13명을 고빙하였는데, 이로써 '우희로ᄂ는 님군을 보호ᄒ고 아래로는 전국 인민을 안돈ᄒ야 국민이 태평ᄒ게 되기를 ᄇ라노라' 하였다. 이 기간 조선 정부는 러시아 황제 니콜라이 2세와 황후 대관식에 민영환을 공사로 파견하여 치하하였는데, 『독립신문』에서는 외국 대왕이 그에게 훈장을 주어 처음으로 조선 관인으로서 개명한 나라 사신과 같은 대접을 받았으니 국가의 영광이라며 감격하였다. 또한 불과

---

68 『독립신문』, 1896년 12월 29일 「논설」.

5~6명으로 시작한 독립협회가 약 2천여 명의 회원으로 성장하여 독립문을 세우고 월보를 제작하고 독립문 착공 시 "죠션 사람들도 주유권과 독립ᄒᆞᆫ 권리를 놉히 싱각ᄒᆞᄂᆞᆫ 뜻을 니외국민의게 광고ᄒᆞ고 연회를 ᄒᆞ야 외국 사람들이 죠션독립을 위ᄒᆞ야 츅수를 말ᄒᆞ게 ᄒᆞ얏스니 엇지 나라 영광이 빗나지 안ᄒᆞ리요"라는 연설문 내용도 적기하였다. 반면 의병도 차차 정돈되어 백성들도 안돈하고 다행히 농사도 풍년이 되어 경향의 굶주린 사람이 적어지니 하나님께 감사할 일이라고 하였다.[69]

건양 2년·광무 원년(1897)

『독립신문』은 대한제국이 시작되는 1897년 한 해를 마감하는 논설 기사를 그해 12월 28일과 30일 세모 두 차례에 걸쳐 게재하였다. 첫 번째 내용은 국제 관계였다. 서구의 경우 이해에 그리스가 터키 오스만제국의 학정에 반하여 독립전쟁을 시작하였고, 영국은 빅토리아 여왕의 즉위 60주년 경축회를 행하였고, 하와이가 미국에 속하게 되었다는 내용을 게재하였다. 아시아 인도에서는 흑사병과 흉년으로 몇 만 명이 쓰러졌고 서쪽 변방의 내란으로 영국 군사 수백 명이 사망한 사실도 소개하였다. 신문에서 길게 언급한 것은 우리와 관련이 깊은 청국과 일본 문제였다. 먼저 청국은 몇 년 전 청일전쟁에서 일본에게 서러움을 당하였음에도 불구하고 아직까지도 혼몽하여 완고한 일만 하다가 만주와 요동을 러시아에, 교주(膠州)를 독일

---

[69] 『독립신문』, 1896년 12월 31일 「논설」.

에 빼앗기고, 프랑스가 복건성을 차지하겠다, 영국이 양자강의 큰 섬을 차지하겠다, 일본은 위해위(威海衛)를 내놓지 않겠다는 내용을 예시하였다. 그럼에도 불구하고 관원들은 협잡과 도적질에 눈이 붉어 나라가 망하는 것은 생각하지 않기 때문에 얼마 지나지 않아 동양의 여러 나라들이 구라파의 속지가 될 것이라고 개탄하였다. 반면 일본은 청국으로부터 빼앗은 대만을 교화하고 육해군 확장에 국력을 기울여 상비·후비병이 50만 명이 되었다고 하였다. 그러나 세계에서 네 번째의 해군 강국으로 영국으로부터 세계에서 제일 큰 전함을 구입하였음에도 불구하고 막대한 돈과 인력을 들여 밤낮없이 자국 방어 이상으로 군함과 대포를 만드는 이유를 반문하였다.[70]

두 번째 내용은 국내 문제였다. 『독립신문』에서는 건양 2년이자 광무 원년인 1897년은 큰 일이 많이 생긴 한 해로 그중 크게 네 가지 정도를 거론하였다. 첫 번째는 대황제 폐하가 1년 동안 러시아 공사관에 있다가 전국 인심과 여망에 따라 경운궁으로 환어한 일로 내외 관민이 다 즐거워했다는 사실을 제시하였다. 두 번째는 왕국이 변하여 황국(皇國)이 되고 대군주가 대황제로 즉위한 사실이다. 이 또한 우리 역사 기록에 처음 있는 경사로 '후싱들이라도 이 놀은 국가에 큰 영화로은 놀'로 알 것을 당부하고 있다. 세 번째는 그동안 미루어졌던 명성황후 국장을 예법을 갖추어 거행한 사실과 황실에 황자(이은, 후일의 영친왕)가 탄생한 경사였다. 네 번째는 그간 러시아 사관들이 시위대를 교련하여 군사들이 차차 '애국 애민하는 군사'들이 되어 가니 다행이라고 하면서 러시아 재정고문 지휘로 탁지부 재정도 잘 되어 가니 그

---

70 『독립신문』, 1897년 12월 28일 「논설」.

러기를 바란다고 하였다. 결론에서는 내년에는 모두 새 정신을 가지고 나라를 견고히 할 생각과 목숨 바쳐 대한제국을 보전하여 타국의 속지가 되지 않고 권리도 잃지 않도록 하여 온통 새 사람들이 되자는 바람을 새해 축사로 제시하였다.[71]

광무 2년(1898)

1898년 『황성신문』에서는 한 해 정리가 일목요연하게 되어 있지 않다. 『독립신문』이 강제 폐간에 직면한 그해 말 12월 정국이 급격히 얼어붙었던 상황에서 자유로운 관점으로 시국을 정리하고 평가하기 어려웠던 현실과도 무관하지 않았던 것으로 판단된다. 1898년은 독립협회와 만민공동회의 대중 집회가 한 해 내내 이루어졌던 시기였다. 그 과정에서 민권운동을 대변하던 독립협회와 친정부 정치경제단체인 황국협회의 갈등과 마찰, 대한제국 정부의 '양비론'에 따른 두 단체의 강제해산과 연말의 계엄정국 형성이 주요 포인트라 할 수 있다.

이와는 달리 『제국신문』은 1898년 한 해 동안의 중요한 일들을 각 월별로 상세하게 기재하였는데 정리하면 다음과 같다. 1월에는 탁지부 고문관 브라운을 해고하고 러시아 사람 알렉세예프를 고빙하였고, 흥선대원군 부인이자 황제의 어머니인 여흥부대부인 민씨의 사망, 명성황후 세모제 거행, 지방대와 여단·사단의 편제를 논의하였다. 2월에는 한성재판소와 경기재판소를 폐

---

71 『독립신문』, 1897년 12월 30일 「논설」.

흥선대원군 장례식(1898)

지하고 한성부와 경기관찰부에서 관할하도록 하였다. 러시아의 절영도 석탄고 기지 양여와 한러은행 설치에 대해 독립협회에서는 회장 이완용 이하 135인의 반대상소가 있었다. 또한 이달에는 흥선대원군이 사망하였고, 유진구 등이 김홍륙을 살해하려다 미수에 그친 일도 있었다. 제주도에서는 방성칠 등이 민중소요를 일으켰다가 진정되었다. 3월 독립협회에서 한러은행과 절영도·러시아 군사교관 등의 일로 외부에 편지를 하고 만민공동회를 종로에서 열어 외부대신 민종묵을 탄핵하고 외국인 고문관의 해고를 요청하였다. 또한 봄의 흉년으로 경기도와 충청남·북도, 강원도, 함경남·북도에 1만 3천 원을 보내 진휼하고 도성 인민도 별도로 진휼하였다. 5월에는 중추원고문 서재필을 해고하여 미국으로 돌려보내고, 황제가 태묘와 유릉·홍릉에 두 번 행행하고 황단(皇壇; 원구단)에 친림하는 한편 국태공 대원군과 부대부인을 마포 공덕리에 안장하였다. 군부에서는 이달 무관학도 200명을 모집하였는데 황제가 친히 간품하였다. 7월에는 황국협회를 허가하고 포병과 호위대 편제를 마련하였다. 안경수 등이 이끈 황태자 대리청정 모의가 발각되어 김재풍과 이충구 등이 종신유배되었다. 또한 철도관제를 반포하고 양지아문을 설치하였다. 독립협회에서는 조병식과 민종묵을 탄핵하고 황국협회에서는 홍종우 등과 토역소를 올렸고, 동학 지도자 최시형을 잡아 처교(處絞)하였다. 독일인에게 강원도 금성금광을 허가하였다. 8월에는 영국 공사에게 광산을 허가하고 선혜청 내에 진민소(賑民所)를 설치하여 걸인에게 옷과 음식을 제공하였다. 독일이 서울-원산 간 철도 부설권을 청구하였으나 허락하지 않았고, 러시아어 통역 당시 '지동지서(指東指西: 이러쿵저러쿵 함을 말함)'한 일을 문제 삼아 김홍륙을 흑산도 종신유배형에 처하였다. 9월 계천기원절 당일에는 독립협회가 독립관에서 잔치를 열고 각부의 대소 관원과 각국 사신을 초청하여 경축하였다. 이달에는 특명전권공사로 유럽과 미국에 있던 민영환이 귀국하였고, 독차 진어사건으로 김홍륙이 교형에 처해졌다. 그레이트하우스와 장봉환이 중국 상하이에서 초빙한 외국인 용병 30명도 독립협회의 반대로 돌려보냈지만 경부철도를 일본에 허가하였다. 독립협회와 만민공동회에서 국폐민막 해결방안으로 여섯 가지 조항을 헌의하였고, 중추원 의관 절반은 민회에서 투표하여 결정하기로 하였다. 또한 도약소·사례소·진민소를 혁파하였다. 10월에는 장정을 실천하고 관찰사나 군수·어사가 재물을 토색하거나 공전을 흠포하다 발각되면 엄히 징계하는 내용의 조칙이 있었다. 홍릉까지 가는 전기철도 공사도 시작하였다. 한때 경무청에서 이상재 등 독립협회 회원 17명을 체포하고 민회에 참여하였던 대신들도 면관되었다. 보부상들이 황국협회와 합세하여 민회를 쳐부수고자 하여 상호 싸우는 과정에서 민회 측의 김덕구가 맞아 죽은 일이 있었다. 민회에서는 조병식과 민종묵 등의 집을 부수고 장정 실천을 요구하였다. 그러나 박영효 등을 정부 대신으로 천거한 일로 각처에서 독립협회를 탄핵하고 정부에서도 민회를 억압하여 해체시켰다는 등의 내용을 기재하였다.[72]

---

[72] 『제국신문』, 광무 2년 12월 29일.

광무 3년(1899)

1899년 1월 5일자 『황성신문』 사설(社說)에 이해는 태조대왕이 개국한 지 508년이 되는 해이자 광무 3년으로 '우리 대황제 폐하가 중흥(中興)하는 무강대업(無疆大業)을 창건하셨으니' 우리나라는 대한제국이고, 우리 정부는 대한제국 정부이고, 우리 인민은 대한제국 인민이라면서 우리나라 유신(維新)의 한 해이자 2천만 동포가 스스로 새로워지는[自新] 한 해로 시작되기를 바라면서 감격하였다.[73]

1899년 마지막 날 기사에는 한 해 동안 시행된 대한제국의 주요 사업 11가지를 열거하였는데, ①장헌세자(莊獻世子)의 장종대왕(莊宗大王) 존호 추상, ②5묘(廟)에 황제 존호 추상, ③태조 고황제 폐하의 배천(配天), ④1900년에 있을 황태자의 황제 성수장제(聖壽將躋) 5순과 명헌태후(明憲太后) 7순 칭경 예식 거행 상소, ⑤법규교정소(法規校正所)의 「대한국국제(大韓國國制)」 제정, ⑥원수부(元帥府)를 설치하여 대황제가 대원수, 황태자가 부원수가 되고, ⑦청국과 「한청통상조약」 15개조를 협정하여 양국이 비준하고, ⑧평리원(平理院)·표훈원(表勳院)·관선과(管船課)·관립병원·의학교·상무사(商務社)를 설립하고, ⑨서울의 폭약 작변자를 체포하고 남도의 영학당(英學黨)을 소탕하고, ⑩한성전기철도 부설, ⑪러시아인이 울릉도 수목벌채에 착수하고 동남연해 포경기지를 그들에게 양여하였다는 것이다.[74] 그리고 "대한이 세

---

73 『皇城新聞』, 1899년 1월 5일.
74 『皇城新聞』, 1899년 12월 29일 「論說(前号續)」.

「중학교관제」
반포 100주년
기념우표(2000)

계만국 중에 처하야 금년 일세에 사업이 굉원하고 권리가 평등하야 동아에 전진하는 보취가 가위성의라"면서 비교적 낙관적인 전망을 제시하였다.

『제국신문』은 같은 해 회고 기사에서 그간 선 왕조 시기에는 여의치 못하였던 5묘와 경모궁 추숭 사업과 태조 고황제 어진을 원구단에 모신 일, 명헌태후 7순 칭경예식 거행을 가장 먼저 기록하였다. "황권을 공고케 하시고 국체를 존중케 하실 일로 황상께옵서 범백 제도를 조직으로 반포하옵시고"라며 「대한국국제」 선포 사실을 알렸고, "차별이 있던 청국에서 전권대신 서수붕 씨를 보내어 통상조약을 완고히 맺으매 청국과 동등되는 권리를 확정하였고"라 하여 「한청통상조약」 체결에 대한 감회를 피력하였다. 또한 이 같은 여러 가지 일들은 '우리 동방 4천년에 처음이라. 나라에서와 신민된 자의 막대한 경사'로 기록하였다. 프랑스에 허가하였던 의주철도 권리를 되찾았던 사실도 기입하였다. 이해에는 원수부를 설시하여 병권(兵權)을 튼튼히 한 한 해였고, 표훈원을 설치하여 나라에 훈공이 있는 사람들을 기록하고 훈장을 주게 하였다. 관립병원을 설치하여 빈한하고 의지할 곳이 없는 사람들의 질병을 구제하였고, 의학교를 설립하여 내외국의 의학을 가르쳐 인민위생의 방술을 연구하고, 「중학교관제」를 반포하여 관원을 서임하고 교사를 건축 중인 사실도 적기하였다. 평리원을 독립시켜 법률재판 권리를 전담토록 하였고, 각처의 전선과 우체 사업을 확장하였고 만국과 우체를 연합하여 내년 1월 1일부터 외국 우체를 실시할 예정이라는 점도 밝혔다. 『제국신문』은 『황성신문』과 같이 상무사 복설과 '폭발약 사건', 도성 내 전기철도 부설 등의 사실도 한 해의 큰 사건으로 기재하였다.[75]

광무 4년(1900)

1900년 한 해를 회고하는 이듬해 연초의 『황성신문』 기사에서는 황제권과 관련한 주요 사건으로 다음을 들었다. 즉, 황제 5순과 명헌태후 7순 칭경 예식 거행, 태조 고황제의 영정을 모사하여 선원전에 봉안, 홍릉천봉도감 설치, 황제의 둘째아들 의화군의 의왕·셋째아들의 영왕 책봉, 훈장을 제조하여 1등대수장을 러시아 황제·일본 천왕·미국 대통령에게 송부, 경무청관제를 개정하여 경부(警部)로 칭하고 통신국을 통신원으로 개칭, 철도원과 서북철도국, 농부 잠업과와 중학교·상공학교·광무학교 등을 설치, 헌병대·기병대·포병대·군악대와 육군법원 설치, 육군법률과 형률명례(刑律名例)를 개정하여 참형(斬刑)과 적산(籍産)을 추가, 지방대를 진위대(鎭衛隊)로 개칭하고 지방에 5연대를 편제, 순회재판소를 설치, 장충단을 설치하여 전망사졸 제사, 국사범

75　『제국신문』, 광무 3년 12월 29일.

안경수와 권형진의 처교(處絞)⁷⁶ 등이 그 주요 내용이다.

그해 5월에는 궁내부대신 종정원경 이재완이 『선원보략(璿源寶略)』을 수정하도록 칙령을 받아 명성황후(明成皇后)의 승하와 인산(因山)한 일, 광무(光武)로 건원(乾元)한 일, 대군주(大君主)에게 황제의 칭호를 올린 일, 황제가 황제에 즉위한 일, 명성황후를 황후에 추존한 일, 황태자를 책봉한 일, 황태자비를 책봉한 일, 명헌태후(明憲太后)에게 태후의 칭호를 올린 일, 국호를 대한(大韓)으로 정한 일, 사공공(司空公)을 위해 조경단(肇慶壇)을 세운 일, 장군공(將軍公)을 봉묘(封墓)한 일, 비(妣) 이씨(李氏)를 봉묘(封墓)한 일, 전주의 오목대(梧木臺)와 자만동(滋滿洞)에 비(碑)를 세운 일, 삼척 활기동(活耆洞)에 비를 세운 일, 장조 의황제(莊祖懿皇帝)를 대왕에 추존하고 헌경 의황후(獻敬懿皇后)를 왕비에 추존한 일 등을, 정조 선황제의 어진(御眞) 등을 이봉한 일, 태조 고황제(太祖高皇帝)를 황제에 추존한 일, 신의 고황후(神懿高皇后)를 황후에 추존한 일, 신덕 고황후(神德高皇后)를 황후에 추존한 일, 장조 의황제를 황제에 추존하고 헌경 의황후를 황후에 추존한 일 등을, 신정 익황후의 존호 '익모(翼謨)'를 '의모(懿謨)'로 고친 일, 태조 고황제를 원구단(圜丘壇)에 배사(配祀)한 일, 인조대왕(仁祖大王)에게 존호를 추상(推上)한 일 등을, 명헌태후에게 존호를 가상(加上)한 일, 황제 폐하에게 존호를 가상한 일, 명성황후에게 존호를 추상한 일, 태조 고황제의 어진을 이모(移模)하여 봉안한 일, 영희전(永禧殿)의 어진을 이봉한 일 등을 국조어첩(國朝御牒)·팔고조도(八高祖圖)·황후세보(皇后世譜)·왕비세보(王

---

76   『皇城新聞』, 1901년 1월 8일 「別報 (前号續)」.

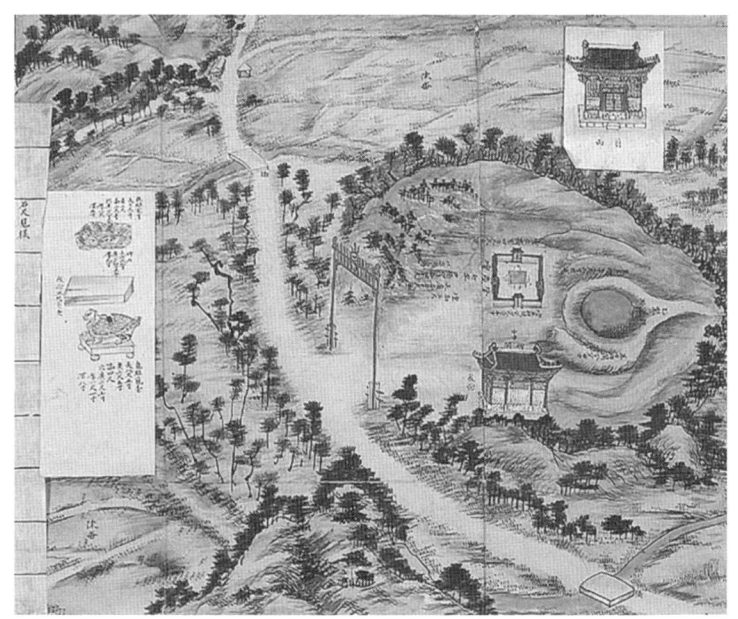

조경단과 비각 재실도

妃世譜)에 모두 기재할 것을 건의하였고, 시행하라는 칙지를 받았다.77 이는 모두 황실의 의전과 관련된 내용이었다.

이와는 달리 『제국신문』은 국내 문제를 제하고 대한제국을 둘러싼 국제 관계, 특히 청국의 의화단 문제에 초점을 맞추어 1900년 한 해를 회고하는 논설을 작성하였다. 이에 따르면 청국은 동양에서 제일 큰 나라이자 인구와 물산이 세계 제일이라 할 만하고 각국의 조공을 받고 천하를 호령한 나라로 누가 감히 업신여기고 엿보고 침략할 뜻을 가질 수 없었다고 하였다. 그러나 "조그마한 의화단 비도의 부스럼으로 인연하여 천하가 동병(動

77　『承政院日記』, 1900년 5월 2일.

兵)하여 이름이나 보존할는지 아주 없어질는지 장차 어느 지경에 이를 줄은 알지 못하고"라 하여 1900년 의화단 운동과 8개국 연합군의 출병으로 중국은 과거의 권위와 명성을 상실하고 제국주의 침략으로 풍전등화의 상태에 놓이게 되었음을 언급하였다. 이는 4억만 백성을 통치하는 황제를 가두고 천하를 호령하던 서태후(西太后)의 권세로도 어찌할 수 없는 것으로 보면서 그 지경이 될 줄은 몰랐던 소위 '화무십일홍(花無十日紅; 열흘 붉은 꽃이 없다는 뜻으로, 힘이나 세력 따위가 한번 성하면 얼마 못 가서 반드시 쇠하여짐을 비유적으로 이르는 말)'으로 비유하였다. 『제국신문』에서는 이를 귀감으로 삼아 다가오는 1901년부터는 '북녘언덕에 눈' 있는 것에 신경을 쓰지 말고 '양지 편'만 보아 일으키는 데['發動'] 힘을 써서 대한 전국에 복록이 면면하도록 축수하면서 글을 맺고 있다.[78]

광무 6년(1902)

1902년을 총정리하는 『황성신문』 '연종(年終) 회고' 기사에 따르면, 올 한 해는 나라의 경사가 거듭 있어 황제의 망육순(望六旬)과 어극(御極) 40주년의 경사가 있었지만 예정된 10월의 행사는 콜레라[虎列剌]의 창궐로 다음 해로 미루어졌다는 것이다. 또한 평양의 서경궁(西京宮) 역사가 진행되고, 황실을 기리는 석고단(石鼓壇)과 기념비가 설립되었다면서 특별한 의미를 부여하였다. 그러나 1902년

---

78 『제국신문』, 광무 4년 12월 29일.

석고단(원구단 내)

한 해 봄과 여름은 한발로 가을은 비와 메뚜기의 피해로 흉년을 면할 수 없었는데 게다가 백동화(白銅貨)의 남발로 물가가 나날이 뛰어 백성들이 지탱하기 어려운 상태로 이해하고 있다. 그 결과 탐학과 기한을 이기지 못한 백성들이 러시아 혹은 하와이로 이민을 가는 등 당시의 매우 어려운 형편으로 국고는 텅 비었고 관리들의 월급도 준비하기 어려운 형편이었다고 하였다. 그럼에도 불구하고 황실 관련 사업에 대한 '극에 달한 과다한 지출'로 백성들의 생활이 어렵게 된 현실도 지적하고 있다.[79]

같은 해 '어두움을 버리고 밝은 데로 나오라'라는 제하의 연말 『제국신문』 논설은 이전의 한 해 회고와는 다른 형식을 취하고 있다. 여기서는 각국 흥망관계를 거론하면서 지금 우리나라에서는 선왕의 법도를 행한다고 칭하면서도 실상은 선왕의 정치를 도리어

---

79 『皇城新聞』, 1902년 12월 29일 「논설」.

어지러트리고 피해를 주니 실로 개탄할 바라고 하였다. 특히 간사한 '별입시(別入侍)'들이 누누이 상달하여 국가 재정이 많이 소요됨에도 불구하고 국가 안락을 위한다는 명목으로 명산대천에 기도하고 혹은 서관(西關)이 자고로 민심이 강한(强悍)하니 그곳에 대궐을 지어 땅의 기운을 누르자 하여 황궁을 짓는 사실을 지적하였다. 한편으로는 부민(富民)들에게도 금전을 토색하는 사실을 적시하면서 개탄하였다.[80] 이는 같은 기간 『황성신문』의 논설과 마찬가지로 당시 황실에서 적극 추진하고 있던 '오악사독(五嶽四瀆)' 등의 제사와 평양(서경)의 풍경궁 건설 공사를 비판하는 것이다.

당시 일본인이 서울에서 발간하던 국한문 혼용 일간지인 『한성신보(漢城新報)』도 그해 말 「광무6년 사론(光武六年史論)」이라는 제하의 사설에서, 1902년 한 해 큰 사건으로 칭경 예식 거행 절차, 각 대관 연명의 성토 상소, 화폐 가치의 하락의 내용과 더불어 평양행궁 조성 공역이 반성(半成)하였고, 북방의 한·러 전신선 접속 교섭 협정이 임박할 예정이며 동남방의 경부철도 공사도 한창 진행 중인 사실을 열거하였다. 이 외에 서북철도국의 공사 중단과 악성 유행성 전염병의 유행과 방역, 물의를 빚은 중국 운남(雲南) 차관의 해약, 전기철도회사가 미국인 소관으로 넘어간 일 등도 부기하였다. 그러나 이해에는 궁정의 의식과 절차를 더욱 확장하는 데 엄히 재촉하기를 더하니, 매우 우려될 정도로 국가의 재정이 궁핍할 지경에 이르게 되었다는 점을 강조하면서 내용을 마무리 지었다.[81]

---

80 『제국신문』, 광무 6년 12월 29일.
81 『漢城新報』, 광무 6년 12월 28일.

2

제국의 내치기반
국가 상징 장치와 의례

국가 상징과 의례라는 문화 속에서는 권력의 정치적 의도가 크게 반영될 수밖에 없는 것이다. 그것은 기존의 상상이나 방식과는 매우 다른 형태를 취하게 되면 인민의 인식과 지향은 조응하게 마련이고 내셔널리즘이 형성되는 계기가 되었던 것이다. 대한제국도 이와 전혀 다르지 않다. 국가 의례와 예식, 상징 장치와 시각적 이미지 창출, 체제 정비는 황제 권력을 공고히 하는 중요한 기제로 작용하였다.

　이 장에서는 먼저 의전어와 복식·문양의 시각적 변화와 국가 전례 제도의 개편 등 다양한 상징의 변화 모습을 살핀다. 또한 새로운 황제국 격식에 따른 각종 형태의 제사 거행 사례, 황제의 5대조 추존을 통한 정치적 혈연의 전승과 지배의 정당화를 위한 논리화 과정에 대해 분석하였다. 황제 위상의 국내외적 과시는 칭경 40주년 기념 예식 준비에서 찾아볼 수 있고 명성황후 국장에도 반영되었다. 근대국가로의 정체성 확립 기획은 대한제국 애국가를 비롯한 각종 국가 제작 붐을 일으켰고 인민들의 국가 의식 고양과 더불어 공공 행사에서는 태극기 게양이 일반화되었다.

　대한제국 시기는 황제 탄신일인 '만수성절', 세자 탄신일인 '천추경절', 태조고황제 즉위일인 '개국기원절' 등 기존의 경축일 외에 황제 즉위일의 '계천기원절'과 독립서고일인 '홍경절' 등 5대 경축일을 공휴일로 정하고 기념행사를 성대하게 거행하였다. 황제국으로서 대한제국의 항구적인 국가전례를 성문화하기 위해 『대한예전』을 편찬하여 즉위 의례부터 가례에 이르기까지 체계적으로 정리하였다. 또한 국제적 규범을 참고하여 독립 기구인 표훈원을 설립하고「훈장조례」를 반포하여 내·외국인에게 서훈하였고 친왕제와 작위 수여 제도도 시행하였다. 장충단을 설립하고 을미사변과 그 이전 임오군란과 갑신정변 때 희생된 관리들을 추모하고 제사를 지냈는데 이는 '나라를 위해 목숨을 바친' 사람들을 추모하는 기념공원에 해당한다. 중국과 서구 국가들처럼 두 개의 수도와 그에 따른 궁전 소유에 대한 황제의 욕망은 평양의 서경 건설로 일단락되었다.

상징 장치를 통한 황제권 강화

용어와 다양한 상징의 변화

서양의 경우 군주는 국가의 원수(Head of the State)이자 정부의 수반(Head of the Government), 즉 정치 권력의 주체이자 원천으로서 정치적 수단으로 문장(紋章)이나 기(旗)·음악·휴일·제일(祭日)·제복·건축·동상·가로·광장·의식 등의 상징성(Symbolism)을 활용한다는 특징이 있다.¹ 조지 모스(George Mosse)는 민족이 자기를 표현할 때, 그에 적합한 국민의례를 구성하는 신화와 상징을 제공하는 민족기념비 등 국가적 의례와 공공 축제 참가를 통해 국민의 통일성을 모색하는 일련의 행위를 '새로운 정치'로 명명하였다.² 에릭 홉스봄(Eric Hobsbawm)은 이를 '전통의 발명(invention of tradition)'이라 표현하였다.³ 그는 세계사적으

---

1   C. E. Merriam, 1945, p.81(佐藤功, 1957, 343쪽).
2   조지 모스, 임지현·김지혜 역, 2008, 186, 295쪽.
3   에릭 홉스봄 외, 박지향·장문석 역, 2004, 215~216쪽.

대한제국 '황제 어새'

로 1870년대부터 1914년 제1차 세계대전에 이르는 기간을 '국가 간 의식(儀式) 경쟁'의 시대로 규정하였다. 그런데 황제국의 이미지 메이킹(image making) 작업은 색깔 있는 각종 깃발·복장·의장 등을 통한 시각화, 국가 및 각종 노래, 군악대의 청각화, 의전행사('관병식')·학교·퍼레이드 등의 공간화(의 활용), 조상의 기억화(Remembering of ancestors) 등등으로 표출되는 것이었다.

이와 관련하여 최근에는 미국 인류학자 클리포드 기어츠(Clifford Geertz)의 '극장국가(theater state)'라는 연극학적 개념을 적용하여 '대한제국 만들기 프로젝트'에 고종황제는 실질적인 연출가이자 주연배우이고 서울이라는 공간에서 그 신민들은 관객이라는 설정을 한 연구도 있다.[4] 대한제국도 황제의 위엄과 권위를 높이기 위한 여러 가지 국가적 상징 장치(national symbol)를 마련하였다. 황제권 강화를 위한 상징 장치는 먼저 용어의 변화와 시각적 상징 변화부터 살필 수 있다. 의전어는 '왕'은 '황제'로, '전하'는 '폐하'로, '과인(寡人)'은 '짐(朕)'으로, '천세(千歲)'는 '만세(萬歲)'로 '교'와 '교서'는 '칙'과 '칙서'·'조서'로 바꾸었다. 어보(御寶)도 500년 이상 사용하던 '조선국왕지인(朝鮮國王之印)'에서 '대한국새(大韓國璽)', '황제지새(皇帝之璽)', '황제어새(皇帝御璽)'로 바꾸고 왕을 상징하던 어보의 거북형 손잡이는 황제를 상징하는

4   김기란, 2020.

용으로 격상되었다.[5] 황제의 복식은 중국 황제의 예에 따라 면복은 십이류면과 십이장복, 조복은 통천관복, 상복은 황룡포로 바꾸고 12장복은 9장복에서 일(日)·월(月)·성신(星辰) 등 세 가지 문양이 추가되었다.[6] 문양 사용을 보면 대한제국 시기 법궁으로 사용된 경운궁의 중화전 및 원구단의 답도와 보개의 문양을 봉황에서 황제의 상징인 용으로, 의장과 관련해서는 깃발은 군왕천세기가 군왕만세기로, 양산은 홍개(紅蓋)와 홍양산(紅陽傘)에서 황개(黃蓋)와 황양산(黃陽傘) 등으로 바꾸었다.

황제는 조선이 자주국임을 선포한 날 이후부터 입을 수 있게 된 황제를 의미하는 비단으로 된 풍성한 도포를 걸치고 머리에는 자주색 비단으로 된 관을 쓰고 있었는데 관의 뒤쪽 하단부로부터 수직으로 된 얇고 투명한 날개 같은 것이 솟아 있었다.

― 까를로 로제타니, 윤종태·김운용 역, 1994, 94쪽

전례(殿禮)의 개편도 이루어져 장례원으로 하여금 태묘와 남전·경기전·준원전·선원전·화령전의 기용과 의장을 모두 천자의 전례로 고치게 하였다.[7] 황제가 타는 가마와 깃발도 황색으로 재구성하였다.[8] 그런데 개편 과정에서 전통적 방식에 따른 기념행사와 석고·기념비 건립, 서구적 방식에 따른 기념식 거행, 기념우표·기념장 발행과 제작 등이 병존하는 특색을 각기 보였다.[9]

5 임소연, 2010, 58쪽.
6 임소연, 2010, 68쪽.
7 『독립신문』, 1897년 10월 26일.
8 임소연, 2010, 64~65쪽.
9 이윤상, 2003(a), 2003(b) 참조.

중화전 천장의 황룡 문양

이러한 황제와 국가의 시각화(視覺化; visualize) 작업은 우표·화폐·군복·훈장·초상화·메달·지도 등에서도 표현되었는데, 그 중 일부 상징물은 이전에는 없었던 새로운 것으로 근대적 제도 도입과 관련되었다. 1899년 「대한국국제」 반포 이후 황제권력이 더욱 공고화되면서부터 더욱 구체화되었다.

황제의 제사

황제의 제사는 천하에 대한 제사, 토착 신령에 대한 제사, 황실의 먼 조상[遠祖]에 대한 제사로 나누어 거행되었다. 대한제국 시기 국가의 제사는 대사(大祀)·중사(中祀)·소사(小祀)로 구분하였는데, 원구단(圜丘壇)·종묘(宗廟)·영령전(永寧殿)·사직단(社稷壇)·대보단(大報壇)은 대사, 경모궁(景慕宮)·문묘(文廟)·미기성(尾箕星)·선농(先農)·선잠(先蠶)·우사(雩祀)와 역대 군왕·관왕묘(關王廟)는 중사, 삼각산(三角山)을 비롯한 악(嶽)·진(鎭)·해(海)·독(瀆)의 명산대천과 산천단(山川壇)·성황제(城隍祭)·독제(纛祭)·기우(祈雨)·기설(祈雪) 등은 소사로 모두 음력 날짜로 거행되었다. 그런데 이러한 제사의 대부분은 1895~1896년의 체계를 답습한 것이었다.[10]

5악(五嶽)·5진(五鎭)·4해(四海)·4독(四瀆)
대한제국은 황제의 위엄과 권위를 높이기 위한 여러 가지 상징

---

10 『掌禮院日記』, 乙未年 정월 15일; 건양 원년 8월 14일.

적 장치를 마련하였다. 먼저 중국의 황단(皇壇)을 모방하여, 황제가 하늘에 제사를 지낼 때 쓰는 원구단을 설치하였다. 천하에 대한 제사는 원구단을 만들어 원구제를 복원하면서 제사의 위계를 종래의 종묘 중심에서 원구제 → 종묘 → 사직 순으로 격을 갖추어 진행하였다.[11] 그 결과 황제는 1901년 11월 조령을 내려, "생각건대, 천자는 천하의 이름난 산과 큰 강에 제사를 지내는 법이건만 아직 5악(五嶽)·5진(五鎭)·4해(四海)·4독(四瀆)을 봉(封)하는 일을 미처 하지 못하였으니, 제사의 규례가 완비되지 못한 셈이다"[12]라면서 장례원(掌禮院)으로 하여금 널리 상고하여 제사 지낼 곳을 정하고 절차를 마련하라고 지시하였다. 또한 1902년 9월 경운궁에 정전이 완성되자 경축하는 조령에서는 역대 제왕의 능침(陵寢) 및 오악(五嶽)·사독(四瀆)·명산(名山) 대천(大川)의 신실(神室)과 제단(祭壇)에 무너진 곳이 있으면 내부에 보고하여 보수하도록 지시하였다.[13]

그런데 황제가 명산과 바다, 하천에 제사를 지내는 것은 중국 명나라 태조인 홍무제 주원장이 홍무 3년(1370) 태세(太歲)·풍운(風雲)·뇌우(雷雨) 등 천신(天神)과 악진해독(嶽鎭海瀆), 산천·성황의 지지(地祇)에 각기 단을 세우고 개별로 명나라 태조가 직접 행차하여 제사를 지냈던 사례[14]를 우리 식으로 원용한 것이었다. 명나라 창건 초기 중국에서는 고대의 사전(祀典)을 상고하여 5악(태산·형산·숭산·화산·황산), 5진(기산·회계산·곽산·

---

11 이욱, 2004, 72쪽.
12 『承政院日記』, 1901년 11월 7일.
13 『承政院日記』, 1902년 9월 18일.
14 『太祖高皇帝實錄』, 洪武 3년 2월 5일; 『明史』 권49, 志25, 禮3, 吉禮3, 神祇壇.

오산·의무려산), 4해(동해·남해·서해·북해), 4독(대회·대강·대하·대제)을 두었다. 이 내용은 당시 제후국인 고려에도 전달되었다.15 그러나 대한제국은 1903년 2월까지도 5악·5진·4해·4독에 대한 준비는 완결되지 못했다. 장례원경 김세기(金世基)는 5악·5진·4해·4독으로 봉해야 할 산천을 참작하여 마련한 다음 별도로 개록(開錄)하여 들이지만 중요한 일이기에 감히 마음대로 처리할 수 없다며 난점을 표명하였다. 김세기는 의정부로 하여금 품처(稟處)하도록 한 후 처리할 것을 상주하였고 이에 허락한다는 칙지를 받았다.16

그 결과 한달 후인 1903년 3월 확정하여 마련하였다는 장례원의 상주를 받았다. 이에 황제는 조서를 내려 중국 천자의 예에 맞추어 5악·5진·4해·4독을 봉해야 한다고 하여 서울 삼각산(중악), 강원도 회양 금강산(동악), 전라북도 남원 지리산(남악), 평안북도 영변 묘향산(서악), 함경북도 무산 백두산(북악)을 5악으로, 서울 백악산(중진), 강원도 강릉 오대산(동진), 충청북도 보은 속리산(남진), 황해도 문화 구월산(서진), 함경북도 경성 장백산(북진)을 5진으로, 동해(강원도 양양군), 남해(전라남도 나주군), 서해(황해도 풍천군), 북해(함경북도 경성군)를 4해로, 경상북도 상주 낙동강(동독), 서울 한강(남독), 평안남도 평양 패강(서독), 함경남도 영흥 용흥강(북독)을 4독으로 봉했다.17 대한제국 시기의 5악·5진·4해·4독은 조선시대의 악·해·독과 달리 5진을 포함한 사방(四方) 또는 오방(五方)의 균일한 공간 구성을 이르는

15 『高麗史』 권42, 세가 42 공민왕 5 / 공민왕 19년(1370) 경술년, 4월 경진일.
16 『承政院日記』, 1903년 2월 21일.
17 『皇城新聞』, 1903년 3월 24일 「雜報 禮院奏本」.

것이었다.[18]

성황사와 산천단

대한제국 시기에는 원구제를 포함하여 앞의 5악·4독 등보다 먼저 성황사와 산천단 등에 대한 제사가 거론되었는데, 이는 토착 신앙까지 아우르는 비유교적 내용까지도 포함되었다.

1897년 12월 장례원경 김영목은 황제에게 천하 명산(名山)과 대천(大川)의 신, 성황사토(城隍司土) 신의 위패(位牌)를 신실(神室)에 봉안하고 향사(享祀)는 매년 중춘(仲春)과 중추(仲秋)의 상순(上旬)에 남단(南壇)의 옛터에서 설행할 예정이라고 보고하였다. 덧붙여 단의 이름은 개칭할 필요가 있기에 그 여부를 물었고 이에 황제는 칙지를 내려 보고한 대로 시행하되 단의 이름은 산천단(山川壇)으로 개칭하라고 명하였다.[19]

이듬해인 1898년 2월에는 궁내부대신 민영규(閔泳奎)의 주장을 받아들여 산천단과 서울의 삼각산(三角山)·백악산(白岳山)·목멱산(木覓山), 한강(漢江)의 절제(節祭)는 사관(史官)을 보내 감독하도록 지시하였다.[20] 그해의 향사 비용은 예산외 지출로 마련하였다.[21] 산천단의 제사는 1899년 장례원경 박기양의 건의에 따라 매년 음력 4월 11일을 기해 해마다 재신(宰臣)을 파견하여 거행토록 하였고 제문은 문관이 작성하였다.[22] 예컨대 5악의 하나

---

18 이욱, 2004, 73쪽 〈표 2〉 참조.
19 『承政院日記』, 1897년 12월 4일.
20 『承政院日記』, 1898년 2월 16일.
21 『各部請議書存案』10 「1898년도 享需費 부족액에 대한 예산외 지출 청의서」, 광무 3년 4월 11일.
22 필자 미상, 『日新』, 광무 3년 4월 13일; 동년 5월 5일; 광무 5년 5월 15일.

인 중악 삼각산의 춘추제(春秋祭) 축문은 다음과 같은 형식으로 되어 있었다.

> 황제는 신(臣) 모관 아무개를 보내 중악 삼각산의 신께 치제하여 말씀드립니다. 하늘에 우뚝 솟아 우리나라의 터전을 진위(鎭衛)하시니, 우리의 제사를 흠향하시고 큰 복을 내려주소서. 삼가 희생과 예제, 맛있는 음식을 갖추어 상사(常祀)를 드립니다. 흠향하소서.
>
> - 대한제국 사례소, 임민혁·성영애·박지윤 역, 2018, 191쪽

나머지 4악의 축문 형식도 모두 같았다. 이후 산천단 별우제(別雩祭)는 해마다 거행되었고 통감부 시기인 1907년 2월에도 유지되고 있음이 확인된다. 그러던 중 산천단의 제사는 1908년 통감 이토 히로부미가 간여하여 사직(社稷)에서 지내도록 하면서부터 질적 변화를 겪지 않을 수 없게 되었고,[23] 결국 그해 7월 23일 칙령 제50호 「향사이정(享祀釐正)에 관(關)한 건(件)」 제6조에 따라 앞의 악·진·해·독의 제사와 함께 그날부터 영구 폐지되고 기지들도 국고에 이속되었다.[24]

황실 조상 제사

황제는 자신이 제위에 오른 것은 조종의 상서로운 기운이 발한 것이라면서 조선왕조의 발상지로 추정되는 전주의 건지산(乾止山)에 조경단을 신축하도록 하였다. 조선에서 대한제국이라는 황

---

23 黃玹, 『梅泉野錄』, 융희 2년.
24 掌禮院 編, 『掌禮院稽制課日記』, 융희 2년 7월 23일, 48~50쪽.

제국으로의 개편 직후 그간 시행되던 각종 전례에 대한 개편의 필요성이 대두되자 황제는 조서를 내려 조경묘(肇慶廟)의 의물(儀物)을 마련하여 거행하도록 지시하였다.25 조경묘는 1898년 조경단(肇慶壇)으로 개칭되었다.

또한 목조(穆祖)가 잠시 머물렀고 황실의 먼 조상[遠祖]의 것으로 전해지는 강원도 삼척의 두 곳의 무덤을 1899년 10월부터 각기 준경묘(濬慶墓)와 영경묘(永慶墓)로 명명하고 국가적 차원에서 정비하고 치제(致祭)하도록 추진하였다. 준경묘는 삼척 관내 평릉역(平陵驛)·신흥역(新興驛)·교가역(交柯驛)으로 하여금 위토(位土)로 답(畓)은 126두(斗) 2승(升), 결(結)은 4결 16부(負) 4속(束) 6모(毛), 도조(賭租)는 75석(石) 3두 5승을 마련하고 김윤집 등에게 논을 경작하고 관리하게 하였다. 영경묘는 용화역(龍化驛)·사직역(史直驛)·옥원역(沃原驛)으로 하여금 답은 96두 2승, 결은 3결 24부 6모, 도조는 74석 9두 1승을 마련하여 김상문 등에게 관리를 하게 하였다.26

조선 왕실은 이미 건국 초기부터 전주부(全州府) 완산(完山)을 이씨 왕조의 발원지로 규정하였고, 그 결과 태조 이성계는 특별히 명하여 수호군(守護軍)을 전주 건지산의 왕실 시조인 사공공(司空公) 이한(李翰)의 무덤이 있는 곳에 두고서 나무를 베고 짐승을 기르는 것을 엄히 금지함으로써 숭배하여 받드는 것을 표하였다 한다.27 이후 태종(太宗) 경인년(1410)에는 이곳에 경기전(慶基殿)을 처음으로 세우고 태조(太祖)의 어진(御眞)을 모셨

---

25 『독립신문』, 1897년 10월 26일.
26 『濬慶墓永慶墓位土加磨鍊成冊』(국립중앙도서관 고문서; 한 古朝 29-202).
27 『承政院日記』, 1898년 9월 10일.

경기전 외경

고, 영조(英祖) 신묘년(1771)에는 조경묘를 세우고 시조 사공공의 신주를 모셨지만 이후 중지되었다. 이에 이조정랑 황기원(黃基源)은 1874년 10월 경기전과 조경묘에 재정적인 지원을 할 것을 상소하였고 고종도 의정부를 통해 품처할 것이라는 비답을 내렸다.[28]

그러나 이후 한참 동안 진척이 없었다. 그러던 중 국왕의 황제 즉위 1년 후인 1898년 9월 의정부 찬정 이종건(李鍾健) 등은 상소에서, 그간 역대 왕실에서 이에 관해 전교를 여러 번 내려 토지를 사고 나무를 심고 조세를 탕감하고 사면을 둘러 봉표(封標)를 세워 경계를 정하고 호위하였다고 주장하였다. 또한 전라도

---

28 『高宗實錄』, 고종 11년 10월 12일.

관찰사는 봄과 가을에 봉심하였고 지방관은 매달 순찰하게 하였고, 조경묘를 세우고 제사를 지냈다는 것이다. 그런데 근년 이래로 기강이 해이해지고 백성들의 마음이 옛날과 같지 않아 나무를 베어내고 몰래 무덤을 쓰는 일이 흔히 있다고 개탄하였다. 삼척의 전해지는 먼 조상 무덤에 대해서는 세월이 오래되어 경계가 분명하지 않아 주민들이 가까이에 무덤을 쓴 것이 많아 해당 군수가 종정원(宗正院)에 보고하여 종정원에서 장례원에 알렸다 한다. 그런데 여러 달이 지난 아직까지도 그대로 방치하고 있다고 개탄하였다. 이에 이종건 등은 속히 칙령을 내려 전주와 삼척의 봉산에 몰래 쓴 무덤을 모두 파내도록 하고, 봉표한 경계는 옛것에 의거하여 조사해서 바로잡도록 하라고 건의하였다. 황제는 칙지를 내려 해당 도신으로 하여금 직접 봉심하고 적간해서 무덤들을 파버리고, 수호하는 절차는 열성조의 수교 정식(受敎定式)에 따라 시행하고, 종정원 경으로 하여금 충분히 더 토의한 후 궁내부에 보고해서 품처하라고 지시하였다.[29]

그로부터 3달 후인 12월에 구체적 안이 제시되었는데 황제의 조령에 따르면, 전주 건지산에 단을 설치하고 비석을 세우고 관리를 두는 등의 일은 종정원이 결정한 대로 거행하게 하였다. 이때 조경묘에서 조경단으로 단의 이름을 정하고 전주 이씨 종성(宗姓) 가운데서 2명의 수봉관(守奉官)을 뽑게 하였다. 또한 비석의 앞면은 황제가 직접 써서 내릴 것이며 음기(陰記)는 전 태학사로 하여금 지어 올리게 하였다. 장례원 소경 이재곤(李載崑)에게 단소(壇所)에 나아가 봉심한 다음 전라도관찰사와 상의하여 품처

---

29 『承政院日記』, 1898년 9월 10일.

하도록 하였다. 한편 영건청 당상 이중하(李重夏)에게 삼척(三陟)의 서쪽 노동(蘆洞)과 동산리(東山里) 묘소에 나아가 봉심한 후 경계를 정하고 수호하는 일을 품처하도록 하였다. 공사 비용은 내탕고의 5,000원(元)을 내어 쓰도록 지시하였다.[30]

그런데 오랜 전설과 정밀하지 않은 역대 전적에 근거하였기에 실체가 명확하지 않은 위치 비정 및 준비와 진행 과정에서 적지 않은 이견이 있었던 것으로 보인다. 그 과정에서 중신과 황제 사이에 이견도 노출되었다. 예컨대 1899년 4월 의정 윤용선(尹容善)은, "(전주는) 태조대왕께서 처음으로 천명을 받아 왕실의 기초를 닦고 나라를 세워서 억만년토록 무궁할 운수를 길이 남겨 주어 우리 후인들을 크게 열어 주고 보우하셨으니, 건지산은 하늘이 만든 형국입니다."라고 하면서 "지금 천여 년이 되었는데 아직도 금잔디가 있으니, 비록 이곳이 사공공(司空公)의 묘가 있었던 곳인지 분명히 알 수는 없지만 그렇게 하는 것이 인정으로 보나 예의로 보나 합당할 것 같습니다."라며 다소 유보적 입장을 취하면서 '조상 만들기'와 '황실추숭'에 대한 황제의 강한 의지를 그대로 따랐다. 더 나아가 황제는 전주 자만동(滋滿洞)은 목조대왕(穆祖大王)이 와서 거처하였고 태조대왕이 운봉(雲峯)으로 개선하던 길에 들른 곳으로 기적비(記蹟碑)가 있을 듯하고, 완산에도 표석(表石)이 있었는데 '동학란(東學亂)' 이후로 보이지 않았다고 예시하였고 연로한 윤용선도 이에 화응하였다.

황제는 또한 삼척(三陟)의 묘소도 분명히 『동국여지승람(東國輿地勝覽)』에 실려 있을 것이라 언급하였고, 이에 대해 윤용선은, 태

---

30 『承政院日記』, 1898년 12월 14일.

조 때에 실전되었던 것을 세종 조에 강원도감사에게 수소문해서 찾아내게 하여『동국여지승람』에 자세히 실리게 되었다고 하였다. 그 결과 이후 성종 조에 수축을 명하였다가 중지하였고, 선조 조에는 정철(鄭澈)이 강원감사로 있던 시절 계문(啓聞)하였고, 현종(顯宗) 3년에는 허목(許穆)이 삼척부사로 있으면서 서(序)와 기(記)를 지었다며 역대 전례를 들어 부연 설명하면서 근년에『선원보략(璿源寶略)』에 게재하지 못한 흠결이 있으나 '사실'들을 한데 합해서 게재할 것을 건의하였다. 이에 황제는 전주의 오목대(梧木臺)와 삼척의 활기동(活耆洞)에 비를 세울 것을 지시하였다.[31]

결국 '사실'보다는 황제의 '의지'가 강하게 반영되어 이후 원묘 정비공사는 1901년까지 빠르게 진행되었다. 1899년 6월에는 함녕전에서 조경단과 삼척을 봉심한 재신(宰臣)들을 소견하고 봉심 결과를 논의하였는데, 이때에도 황제와 관료들 간에 문답이 있었다.[32] 먼저 황제는, 전주의 자만동과 삼척 활기동에는 모두 목조(穆祖)의 잠저(潛邸) 터가 있고, 전주 오목대는 태조대왕이 남쪽을 정벌하고 개선할 때 머물렀던 곳이기에 그곳에 사는 늙은이들이 터를 가리키기도 하고 돌담이 아직 남아 있다면서, "재신이 서주(書奏)한 것 외에 공사(公私)의 문헌 가운데에 상고할 만한 것이 있다면 즉시 기록해 들여 참고할 수 있도록 하라"고 지시하였다. 이에 황제 입장을 선택적으로 따르던 의정 윤용선과는 달리 당시 정부인사 중에서는 비교적 합리적 태도를 견지한 것으로 알려진 영건청 당상 이중하는, "삼가 문헌을 널리 상고해 보

---

31 『承政院日記』, 1899년 4월 19일.
32 『承政院日記』, 1899년 6월 4일.

려고 하였으나 특별히 새로 찾은 것이 없습니다"라면서 지금까지 상고한 옛 사적은 모두 아뢰었다고 주장하였다. 삼척 문제에 대해서도 황제는 "삼척은 목조께서 잠시 머물렀던 곳이다. 전주에서 삼척으로 옮겨 가실 때 백성들이 많이 따라갔다고 하는데, 삼척에서 몇 해나 계셨는지 알 수가

조경단 지석

없다. 혹 상고할 만한 것이 있는가?"라 하였고, 이중하는, "그때 따라갔던 백성이 170여 호나 되는데 삼척에서 몇 해 동안 계셨는지에 대해서는 상고할 바가 없습니다"라고 하여 이 또한 근거가 박약함을 언급하였다.

이날 장례원경 조정희(趙定熙)는 조경단은 '시조고 선공 존령(始祖考先公尊靈)'으로, 준경묘는 '선조고 고려장군 존령(先祖考高麗將軍尊靈)'으로, 영경묘는 '선조비 이씨 존령(先祖妣李氏尊靈)'으로 쓰는 것이 예법에 맞을 것이라 하였다. 이에 황제는 준경묘의 비문은 이근명, 영경묘의 비문은 민병석, 활기동의 비문은 박기양, 자만동의 비문은 강찬, 오목대의 비문은 김영목, 완산의 비문은 이완용이 써서 올리라고 지시하였다. 조경단 비는 윤용구가 썼다.

한편 이 기간 『독립신문』 기사에 의하면 전주 건지산 조경단 건축 과정에서 땅속에서 지석지문(誌石誌文)이 나왔는데 거기에는 "간일미(干一未) 백옥오(白玉午) 적부주(赤符奏) 문숙기(文叔起) 국혹개(國或改) 삼주삼반(三走三返) 춘옥채(春玉採) 곤옥해(崑玉解) 마입해(馬入海) 목석숭(木石崇) 천보십삼재(天寶十三載) 구척지하(九尺

下) 천재지하(天載之下) 황해백마(黃海白馬) 중산부기(中山復起)"[33]라고 각인되어 있었다. 현재 전라북도 문화재 제3호로 지정되어 있는 이 지석의 작성 연대는 확인할 수 없지만 지석에 '천보십삼재'라는 내용으로 미루어 중국 당나라 현종(玄宗) 치세인 천보(天寶) 13년 즉, 신라 경덕왕 13년(754)으로 추정하고 있으나 정확한 것은 아니다. 여러 가지 해석이 가능한 어려운 문장으로 되어 있는 지석문에서 담고 있는 내용의 골자는 청렴하고 바른 자세를 취하고 진실되고 높은 꿈을 가진 오랫동안 추앙받는 역사에 길이 남을 훌륭한 인물이라는 의미로 이해할 수 있다.

그러나 '전통 만들기'가 대중에 대한 설득력이 빈약하다는 앞의 이중하의 이의 제기에 대한 그 이상의 논의는 없었고, 황제의 의지 그대로 공사는 그해 9월부터 본격적으로 진행되었다.[34] 그 결과 1899년 9월에는 영건청 상주에 따라 전주 건지산의 시조 신라 사공공의 묘소와 삼척의 목조와 목조비 묘소를 봉심하였고, 12월에는 조경묘의 수호절목을 의정하였다. 1900년 1월에는 조경단 영건청을 설립하고, 당상과 낭청 등을 임명하였다. 같은 해 4월에는 삼척의 노동과 동산에 각각 목조릉(준경묘)·목조비릉(영경묘)을 조성하는 목조 구거(舊居) 유지(遺址)인 활기동에 황제의 친필로 '목조대왕 구거 유지(穆祖大王舊居遺地)'라고 새긴 비석을 세우고 일대 사방에 표석을 세웠다. 조경단은 1900년 4월에 시작하여 1901년 2월에 그 역사를 마무리 지었다.[35] 한편 묘

---

33 『독립신문』, 1899년 6월 26일.
34 『肇慶壇營建廳儀軌抄冊』(奎古 4256.5-1);『肇慶壇濬慶墓永慶墓營建廳儀軌』(奎 14251~14258).
35 『肇慶壇濬慶墓永慶墓營建廳儀軌』(奎 14251~14258).

영흥 준원전

역 조성 과정에서 많은 민원도 야기되었다.

황현에 의하면, "전주의 건지산에 조경단을 신축하였다. 고종은, 제위에 오른 것은 조종의 상서로운 기운이 발한 것이라고 생각하여 각 능소(陵所)로 지관을 보내 봉심하게 하였다. 그러나 모든 신료들은 그런 것이 아니라고 하며, 건지산에 도착하여 재배하고 이곳이 천자(天子)의 발상지라고 하면서 고종에게 선조에 대한 추모의 도를 다하도록 하였다. 이 산은 전주부 북쪽 10리의 거리에 있는데, 옛날부터 태조 이상의 의총(疑塚)이 있다는 전설이 있으므로 국초부터 그 경계를 정하여 금호(禁護)하였다. 그러나 세대가 오래되고 법령은 해이되어 많은 민가의 묘가 들어섰으므로 이때 모두 발굴하고, 의총마다 봉축(封築)하여 시조인 신라 사공(司空)의 묘를 알리기 위해 거창한 역사를 시작하였는데,

이 역사는 너무 거창하여 원성이 행인들의 입에 오르내렸다"고 한다.[36] 1900년 8월에는 태조의 증조부 익조(翼祖)의 능인 함경도 안변 소재 지릉(智陵)과 함흥의 조부 도조(度祖)의 의릉(義陵)의 수리와 함흥의 경흥전(慶興殿)과 영흥의 준원전(濬源殿) 공사도 완료한 후 공로가 있는 지방관과 감색(監色) 등의 명단을 작성하여 표창하고 각기 해당 지역의 관리인도 임명하였다.[37]

황실 선조의 추숭 사업

중국 황실에서 조상 추존의 경우를 보면 역대 제왕들은 황제와의 '정치적 혈연(blood of politics)'을 만들어냈으며, 황실 전속의 조상을 명분으로 백성이 당연히 황제의 정치적 지배를 받아야 한다는 논리를 제시하였다.[38] 대한제국 시기에는 국왕이 황제로 즉위한 지 3개월 후인 1898년 1월 당시 사례소(史禮所) 임원이자 중추원 주사인 백남규가 황제의 4대조 추숭과 신하에게 작위를 반포하는 제도를 시급히 마련할 것을 제안하면서부터 시작되었다. 백남규는 추숭 문제와 관련하여 다음과 같이 주장하였다.

> 경서(經書)에 '태왕(太王)·왕계(王季)·문왕(文王)을 왕으로 추숭하였다'는 글이 있으며, 이후로 한(漢)나라·당(唐)나라·송(宋)나라·명(明)나라

---

36 黃玹, 『梅泉野錄』, 광무 3년.
37 『高宗實錄』, 고종 37년 8월 5일.
38 선승챠우(沈松僑) 외, 조우연 역, 2009, 30쪽. 선승챠우는 이를 "일종의 '재창조(remake)'된 역사기억"이라 규정하였다(같은 책, 178쪽).

에 이르러서도 모두 선대를 공경히 받드는 것을 영예로 여겼습니다. 그 대수(代數)가 많고 적고 멀고 가까워 비록 같지 않다 하더라도 종묘 의식에 대해서는 밝게 시행하였고 역사 기록에 분명하게 쓰여 있지 않음이 없어서 증거로 삼아 믿을 만하고 상고하여 시행할 만합니다.

-『承政院日記』, 1898년 1월 3일

그러나 이때 백남규의 주요 논점은 작위제도를 정착시키는 데 방점이 있었다. 그는 조종을 추숭하는 예를 거행한 후에야 왕의 업적을 밝히고 효성을 다할 수 있는데, 시일을 지체시키고 의례를 갖추지 못하면 예법을 아는 사람들의 비평을 초래하고 이웃 나라 사람들의 조소를 불러일으키게 될 것이라고 주장하였다. 이후 1899년 12월에는 조선왕조 개창주인 태조를 태조고황제(太祖高皇帝)로 추존하고, 장헌세자(사도세자)를 시작으로 정조·순조·효명세자(익종) 등 황제의 직계 4대조를 각기 장조의황제(莊祖懿皇帝)·정조선황제(正祖宣皇帝)·순조숙황제(純祖肅皇帝)·문조익황제(文祖翼皇帝)로 칭하는 황실의 추숭 사업도 시작되었다. 황제는 장헌세자와 정조의 존호를 추상하는 궁내부 특진관 서상조의 상소를 유도해서 황실추숭사업을 사실화하였다. 이는 태조 이성계의 목조(穆祖)·익조(翼祖)·도조(度祖)·환조(桓祖)의 4대조에 대한 추존 작업과 유사한 형태였다. 왕비는 황후로 추존하였다. 그런데 이러한 추존 대상에서 선대인 헌종과 철종은 제외시키고 종묘 제사 시 이들은 각기 효제(孝弟)와 효종제(孝從弟)로 명명하였다.[39] 또한 흥선대원군은 대원왕(大院王)으로, 여흥부대

---

39 李潤相, 2003(b), 88쪽.

조선 태조 이성계 어진

부인은 대원비(大院妃)로 추존하였다.

　황제로의 승격에 따라 1900년에는 태조고황제의 어진을 함경도 영흥 준원전(濬源殿)의 진본을 서울로 이봉(移奉)하는 절차를 거쳤다. 당시 실물 크기의 어진은 국왕 급이고 곤룡포와 익선관 등이 황제 급이 아니었다. 황제 급으로 어진을 황금색으로 다시 그려야 한다는 주장이 받아들여져 의정대신과 예식원 관리, 규장각 제학, 상선과 시종, 관료 몇 명이 가마꾼과 조랑말을 거느리고 영흥에 파견되었다. 군인 60여 명이 일행을 호위하였고 어진 운반 행차에는 노란 예복을 입은 80명의 일꾼들과 노란색의 일산(日傘)·연등·깃발 등을 든 300명 이상이 행차를 따랐다. 그런데 오가는 행차 비용은 지방관아가 각각 5천~1만 냥씩 떠안았다. 당시 덕원부윤 윤치호는 도로 수리, 인부 고용, 대소 관료와 인부·군인들의 숙소 마련을 해야 했고, 첫 번째 행차에는 2,400냥, 두 번째 행차에는 1,800냥 등 최소한의 비용만을 지출하였다고 기록하였다.[40] 영정을 새로 그리기 위해 그해 3월 의정대신 윤용선을 도제조, 장례원경 이용직을 제조로 하는 모사도감(摹寫都監)이 구성[41]되었는데, 이후 도제조는 의정 심순택, 도감당상은 원수부 회계국총장 민영환과 궁내부 특진관 김석진, 정2품 조희일로 재구성되었다.[42]

　일련의 황실 선조의 추존에 따라 종묘제도에도 변화가 있었는데 장종·정종·순종·익종으로 이어지는 직계 4대조의 황제 추존에 따라 신주도 '유명증시(有明贈諡)'에서 '사시(賜諡)'로 개호하

40　『尹致昊日記』, 1900년 12월 14일.
41　『興德殿日記』, 광무 4년 4월(국립중앙도서관 한古朝51-나194).
42　『제국신문』, 광무 4년 12월 17일.

였다. 이는 명나라 황제에게 받은 시호가 아닌 새로운 황제국에 걸맞은 독자적인 신주를 통해 대한제국의 독자성을 천명하는 것이었다.⁴³ 이 부분은 조선 후기 내내 지속되어 오던 '대명의리론'에서 벗어나는 것이다.

또한 장헌세자를 보필한 관리와 궁관·시종이었던 이종성·이천보·이후·민백상·윤숙·임성·권정심·한광조·조중회·이익원 등과 정조 24년(1800) 장헌세자 추존 당시의 신하인 김종수·유언호·체제공·박종악·김조순·서유린 등의 사우(祠宇)에 제사를 지냈다. 이들 대부분은 정조를 측근에서 보좌하던 인물들이었다.⁴⁴ 나아가 태조 등 역대 황제의 능을 재정비하고 어진(御眞)을 다시 봉안하고 선원전(璿源殿)을 중수하는 등 황실의 추존 작업을 이어나갔다.

관제묘의 관리 강화

대한제국 시기는 동관왕묘·북관왕묘·남관왕묘 조성과 관리에 적극적이었다. 이는 일찍이 임진왜란 시기 명나라의 권유로 관왕묘를 조성한 것으로 '재조지은(再造之恩)'의 대명 의리와 밀접한 연관이 있는 듯하다. 임진왜란 직후 조선에 새롭게 전파된 것은 촉(蜀)나라 장수로 유명한 관우(關羽)의 사당인 관왕묘(關王廟)를 축조하여 그를 기리는 일이었다. 이는 제갈량(諸葛亮)을 '무후

---

43 이현진, 2012 참조.
44 서진교, 2001 참조.

(武候)'로, 관우를 '군신(軍神)'으로 추앙하던 명나라 장수들의 권유에 의한 것이었지만 임진왜란 이후까지도 우리에게 적지 않은 영향력을 미쳤다.[45]

임진왜란 시기 명나라 장군들이 관우의 묘를 세울 것을 요구한 것은 개인적이거나 민간 차원에서 '전신(戰神)' 관우를 숭배할 것을 요구한 것이라기보다는 당시 명대의 예제를 조선에 강요한 것으로 이해할 수 있다. 중국에서는 명나라 시기부터 관우의 묘(廟)가 국가적 차원에서 관리되었다. 즉, 만력 24년(1594, 선조 27)에 관우에게 황제의 봉호를 하사하여 묘우(廟宇)를 관제묘라 부르기 시작했고, 만력 42년(1614)에는 관성제군이라는 칭호를 하사하였다. 이러한 추세는 청대에도 이어졌다. 만주족은 중국 관내에 들어온 후 연경에 바로 관제묘(關帝廟)를 세웠고 국가 제사 가운데 중사(中祀)로 분류하여 정기적으로 제사를 지낸 것이다.

임진왜란 시기 정부 주도로 건립된 것은 동관왕묘와 남관왕묘인데, 남관왕묘는 임진왜란이 끝날 무렵이자 선조 31년(1598) 5월 13일 관우의 탄생일에 서울 숭례문 밖에, 동관왕묘는 홍인문 밖 숭인방에 위치했는데 이는 선조 32년(1599) 역사를 시작하여 3년만인 선조 35년(1602) 봄에 완성되었다.[46] 특히 남관왕묘 준공식은 국왕 선조를 비롯하여 명나라 장수와 조선의 고관·대장들이 참석하였는데 동석했던 유성룡은 그날의 상황을 다음과 같이 인상적으로 기록하고 있다. 그는 관왕묘 조성이 얼마 지나지

---

45 조재곤, 2002, 22~25쪽.
46 金龍國, 1965 참조.

않아 평수길(平秀吉)이 죽고 왜군이 다 되돌아가게 된 것도 우연한 일이라고만 할 수 없다고 기록하였다.

상(像)은 흙으로 빚어 만들었는데 얼굴의 붉기가 잘 익은 대추와 같고 봉(鳳)의 눈에다 수염을 길게 드리웠는데 배 밑까지 닿았다. 좌우의 소상(塑像) 2인은 큰 칼을 짚고 서서 모시고 있는데 관평(關平)과 주창(周倉)이라고 한다. 엄연히 마치 살아 있는 것 같았다. 이로부터 모든 장수들이 출입할 때마다 참배하며 우리 동국을 위하여 신의 도움으로 적을 물리쳐 달라고 빌었다. 5월 13일 묘에 크게 제사를 드렸는데, 이 날이 관왕의 생신이라고 하였다. 만약 뇌풍(雷風)의 이변이 있으면 신이 이른 징조라고 했다. 이날 날씨가 청명하였는데, 오후에는 검은 구름이 사방으로 일어나 큰 바람이 서북쪽으로부터 불어오고 뇌우가 함께 오다가 잠시 후에 그쳤다. 사람들이 모두 기뻐하면서 '왕신(王神)이 강림하였다'고 하였다.　　　－雜著,『西厓先生文集』卷16,「記關王廟」

북관왕묘(北關王廟)는 관우를 제향하기 위하여 고종 20년(1883) 가을에 사묘를 서울 북쪽에 세우고 그해 10월에는 고종이 왕세자를 데리고 친히 전작례를 행하였다. 남관왕묘의 방식에 따라 건축된 북관왕묘는 서울 숭교방 동북의 혜화문 안 명륜동의 홍덕골 옛 보성고등학교 자리에 있었다. 고종은 임진왜란과 정유재란 시기 일본군을 물리치는 데 도움을 준 명나라와 수사제독 진린(陳璘)을 기념하기 위하여 북관왕묘를 조성하고 1887년에 비문을 작성하였는데, 당시 글씨는 협판내무부사 친군 전영사 민영환이 썼다. 북관왕묘 설치 내력을 기록한「북묘묘정비(北廟廟庭碑)」에 의하면, 임오년 여름에 병변이 일어나 역도가 대궐

서울 숭인동 동관왕묘 정전

을 범하여 재앙의 기미가 예측할 수 없었는데 곧 그들이 해산되어 차례차례 사로잡아 법에 붙였다. 그 후 3년째인 갑신년 겨울에 역란이 일어나는 위기 상황에서도 고종이 북묘(北廟)로 거처를 옮겨 피신하였고 행차가 무사히 돌아오고 종사가 편안해진 것은 신령의 도움이 보이지 않게 작용한 것으로 이해하였다. 그 결과 장차 대대로 억만 자손이 이에 의지하고 기대어 민생은 길이 편안하고 국가는 더욱 발전할 것으로 전망하였다. 결국 1882년 임오군란과 1884년 갑신정변의 국가적 위기를 극복한 왕실의 힘이 관우의 도움을 받은 것으로 해석하였던 것이다.

1899년 2월 13일 남관왕묘(南關王廟)에 화재가 나서 여러 건물이 불타고, 관왕의 모습을 빚은 인물상의 팔 부분도 많이 부서지게 되자, 황제의 명을 받은 표훈원 총재 민영환은 직접 둘러보고 머물면서 그날 밤 위령제를 올린 일도 있었다. 그해 5월 25일에는 새롭게 묘우(廟宇)를 조성하고 소상(塑像)까지 완성하여 황제가 조서를 내려 음력 4월 19일(5월 28일) 대신을 파견하여 예식을 행하고 아울러 당일 동관왕묘와 북관왕묘까지 제문을 올리게 하였다.47 그 자리에는 군부대신 서리 비서원경을 파견하였다. 동남북 관왕묘 춘추 제향 시 축문은 다음과 같은 형식이었다.

황제는 신 모관 아무개를 보내어 삼가 현령소덕의열무안관제(顯靈昭德義烈武安關帝)께 삼가 제사하여 말씀드립니다. 엄정한 신령이시여, 위엄 있는 무공입니다. 신령스런 위무를 펼치시어 우리 동토(東土)를 도우소서. 삼가 희생과 폐백·예제·자성, 맛있는 음식을 공경히 진설하여 정결하게 올립니다. 흠향하소서. －『國譯 大韓禮典(上)』, 200~201쪽

비슷한 기간 과거 선조 대 남원·안동·성주·고금도·평양 등지에 설립된 지방의 여러 관왕묘도 장례원에서 향사의 절차를 마련하고 헌관(獻官) 등을 파견하여 해당 부에서 정성껏 관리하도록 하였다.48 안동과 성주의 사례를 보면 이보다 몇 년 앞선 1894년까지 영일현의 염태세(鹽駄稅)를 각각 내어 수리비를 마련하였음을 알 수 있다.49 그런데 당시 고금도 관왕묘의 축문에서는 임진왜란과 정유재란 시 명나라 장수로 이순신과 함께 노량해전·남원전투·고금도전투에서 활약하다 사망하거나 전공을 세운 등자룡·이신방·진린을 이순신과 함께 배향한 사실이 확인

---

47 『掌禮院日記』, 광무 3년 5월 25일.
48 『掌禮院日記』, 광무 3년 4월 21일.
49 『別啓』, 乙未年 1월 초일 「別報」.

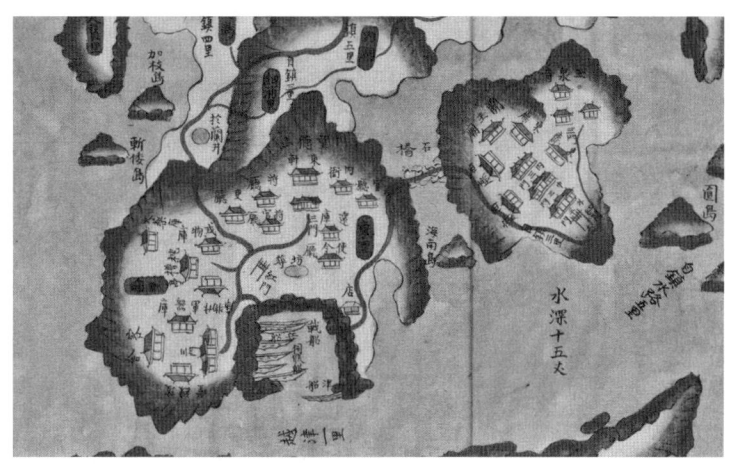

1872년 강진현 고금도 지도(우측 섬 상단이 관왕묘)

된다. 남원 관왕묘에서는 이신방·장표·모승선을 배향하였다.[50] 이는 임진왜란 당시 충무공 이순신의 활동을 매개로 전라도 일대에서 활동한 명나라 장수들의 치제를 통한 국난 극복의 염원을 담은 것으로 보인다. 예조의 정식에 따라 지방의 관왕묘들은 관찰사가 관내를 순력할 때 봉심(奉審)하고, 7년씩 기한으로 하여 개수하는 관행을 마련하고 시행 중에 있었다.[51]

고종황제가 관왕묘를 중시했던 이유는 "순수하고 충성스러우며 지조있고 의로운 영혼은 천년토록 늠름하여 없어지지 않고, 알맞고 바르며 굳세고 큰 기백은 천하에 차고 넘쳐 오가면서 말없이 나의 나라를 도와 여러 번 신령스러운 위엄을 드러냈으니

---

50 『國譯 大韓禮典(上)』, 199쪽.
51 『別啓』, 乙未年 1월 21일 「別報」; 乙未年 3월 초9일 「別報」.

경모(敬慕)하고 우러르는 성의를 한껏 표시해야 할 것이다"[52]라고 직접 언급한 부분에 잘 나타난다. 국난 극복과 '충의(忠義)'라는 유교적 사회 통합의 아이콘으로서 관우가 필요했던 것이다. 1901년 12월 의정 윤용선의 제안으로 황제는 관우를 그간 '현령소덕무안관왕(顯靈昭德武安關王)'에서 관제(關帝) 즉, 현령소덕의 열무안관제(顯靈昭德義烈武安關帝)로 칭호를 높였다.[53]

궁내부대신 임시서리 찬정 윤정구의 건의에 따라 윤정구와 장례원경 이근수, 농상공부대신 민종묵, 궁내부주사 유영호, 장례원주사 이철우, 농상공부주사 서상면 등을 서울 3개 처의 관제묘에 가서 미리 봉심(奉審)하도록 하였다.[54] 상보관(上寶官)은 부장(副將) 중에서 뽑아 거행하도록 하였다. 그 결과 음력 1월 16일을 기해서 숭호 의식을 거행하였는데, 제문은 황제가 직접 지어 보냈다. 동묘(東廟) 상보관에는 호위대총관 민영휘, 남묘(南廟) 상보관에는 원수부 회계국총장 민영환, 북묘(北廟) 상보관에는 원수부 군무국총장 이종건을 각기 파견하여 치제하고 이들과 아래로는 수복(守僕)·원역(員役)에 이르기까지 차등있게 시상하였다. 또한 옥보(玉寶)를 조성(造成)할 때의 감동(監董)인 궁내부대신 윤정구와 장례원경 이근수와 조병필, 농상공부대신 민종묵 등도 시상하였다.[55] 이는 황제의 제안이 아니라 여러 대신들이 발의한 내용을 그대로 하라는 칙지를 받든 것이다. 그러나 이후 통감부 시절인 융희 2년(1908) 7월 23일 칙령 제50호「향사이정에 관한

---

52 『高宗實錄』, 고종 38년 8월 25일.
53 『掌禮院日記』, 광무 5년 12월 18일.
54 『掌禮院日記』, 광무 6년 1월 30일;『承政院日記』, 1901년 12월 21일.
55 『承政院日記』, 1902년 1월 16일.

건」제7조에 따라 이날부터 모든 관제묘의 제사가 폐지되고 서울의 북관제묘는 국유로 이속되었다. 동·남관제묘와 안동·성주·완도·남원·전주·개성·평양의 지방 관제묘들은 해당 지방관청에 부속시켜 인민들의 신앙에 따라 별도로 관리하는 방법을 정하게 하였다.[56] 지금에 이르러서도 일부 무속인에게는 관우와 관우 사당(동관왕묘와 지방의 일부 사당)은 '군신(軍神)' '전신(戰神)'으로서의 의미보다는 '재물의 신[財神]'으로 여전히 숭배와 제사의 대상으로 존재하고 있다.

칭경 40주년 기념예식 준비

1902년 3월 19일 황제는 의정부와 궁내부 예식원·장례원에서 그해 가을에 거행하기로 준비한 즉위 40주년 기념 경축 의식 절차를 논의하고 보고하라는 지시를 내린 바 있었다. 이 기념행사의 공식 명칭은 '어극 40년 칭경예식(御極四十年稱慶禮式)'으로 그해 10월 18일(음 9월 17일 계천기원절)에 시행하기로 결정된 것이었다. 이 행사는 서구 제국들이 시행하는 것과 비슷한 방식으로 대한제국 황제의 위상을 세계 각국에 과시하려는 의도에서 준비되었다.

1887년 영국 빅토리아 여왕 희년제(jubilee, 즉위 50주년제)의 경우 10년 후인 1897년에 다시 거행될 정도로 아주 성공적이었는데, 이것은 영국과 다른 나라들에서 잇따랐던 왕국이나 제국

---

56 『掌禮院稽制課日記』, 50쪽.

칭경 40주년 기념비각

의 행사에도 영감을 주었다. 당시 이는 고관대작들이 아닌 공중(public)을 겨냥해서 거행되었다는 특징이 있었다.[57]

황제의 명에 따라 5월 초에 외부는 일본·영국·미국·독일·러시아·프랑스·벨기에·이탈리아 등 각국 주재 공사들에게 주재국 정부에 축하사절을 파견을 조회하고 보고하라고 훈령하였다. 또한 표훈원에서는 기념식 때 나눠줄 금장(金章)과 은장(銀章) 등 기념장(記念章)을 만들었다. 이 행사는 민영환이 주도적으로 간여하였는데, 그는 7월부터 예식원장 겸 칭경예식사무위원장으로 활약하였다. 1897년 영국 빅토리아 여왕 60주년 기념행사의 흥행이 매우 성공하였음을 원용한 것이다. 민영환은 특명전권공사로 1897년 6월 22일 기념식에 참석하고 런던에 40여 일간 체류

---

57   에릭 홉스봄, 박지향·장문석 외, 2004, 526~527쪽.

하면서 영국의 상황을 두루 살펴볼 기회가 있었다.[58]

서울의 광화문 사거리에는 즉위 40년을 기념하는 2층의 기단 위에 정면 3칸, 측면 3칸의 비전(碑殿)이 세워졌다. '대한제국대황제보령망육순어극사십년칭경기념비송(大韓帝國大皇帝寶齡望六旬御極四十年稱慶紀念碑頌)'이라는 전액(殿額)은 황태자의 글씨를 새긴 것이다. '망육순'은 당시 51세의 황제가 60세를 바라본다는 뜻이자 기로소(耆老所)에 들어가게 된 것을 기념하는 의미까지 포함하고 있다. 고종의 기로소 입소는 태조·숙종·영조 이후 네 번째였고, 관련 행사는 특히 영조의 전례를 따라서 거행하였다.[59] 비문은 의정 윤용선이 짓고 글씨는 육군부장 민병석이 썼다. 음력 9월 18일 조야송축소(朝野頌祝所)를 대표하여 상량문은 홍문관 학사 남정철이 짓고 의정부 참정 김성근이 썼다. 여기에는 황제 즉위는 단군(檀君)과 기자(箕子) 이래 수천여 년 제업(帝業)이 비롯되고 송(宋)나라와 명(明)나라 이후 대일통(大一統)의 실마리였다고 기록되어 있다.[60]

또한 즉위 40주년을 기념하고 황제의 찬란한 업적을 찬양하고자 석고(石鼓) 설치를 계획하였고 그로부터 7년 후인 1909년에 원구단 경내에 3개의 석고가 완성되었다. 석고는 '돌 북(stone drum)'으로 오직 신과 황제만이 울릴 수 있는 것으로 석고 테두리에는 황제를 상징하는 용의 문양을 새겨 놓았다. 이 일을 위해 모든 관료들은 자신의 한 달 치 녹봉을 포기해야만 했고, 전국의 유지들도 기부를 강요받았다. 이때 함경도는 2만 5천량을 내야

---

58 『使歐續草』, 건양 2년 6월 5일~7월 17일(이민수 역, 민홍기 편, 2000, 249~272쪽).
59 김문식, 2009, 240~241쪽.
60 「紀念碑閣 上樑文」, 독립기념관 소장 자료.

했는데 그 결과 덕원부에도 1,100냥이 할당되었다.⁶¹ 그해 5월 미국 공사 알렌은 국무성으로 보낸 보고서에서 작년의 흉작으로 기근이 생겨 수천 명이 기아에 허덕이고 수백 명의 사망자가 나왔는데도 불구하고 황제는 사치하면서 초대받은 외국사절 용으로 커다란 양옥 두 채와 축하연을 위한 매우 넓은 회의장을 건축하면서 돈을 헛되이 쓰는 것을 멈추지 않는다고 지적하였다.⁶²

정부 회의를 거쳐 1902년 3월 20일 의정 윤용선은 예식에 관해 결정된 별단을 보고하고 윤허를 받았다. 별단에 따르면, 10월 18일 황제 폐하 즉위 40년을 칭경할 때 대소 신하들과 백성들이 모두 칭송하는 경축 의식을 설행할 것인데, 외부대신은 행사 6개월 전에 서울 주재 각국 공사와 영사들에게 예식 날짜를 알려 본국 정부에 통보하게 하였다. 총 12일 간의 경축연 계획이 각국 공사관에 전달되었는데, 그 내용은 다음과 같다.

10월 14일   제물포에서의 사절 접견
10월 15일   국가 원수들의 서한을 제출하기 위한 사절과 열강 대표의 황제 알현
10월 16일   폐하가 사절과 열강 대표에게 연회를 베풂
10월 17일   사절과 대한제국 고관 간의 교차 방문
10월 18일   원구단에서의 대관식. 동일 저녁 폐하가 외국 사절과 열강 대표에게 연회를 베풂
10월 19일   한국 관리들이 황제께 축하인사를 올림. 동일 저녁 폐하가

---

61   『尹致昊日記』, 1902년 9월 7일.
62   Allen to Secretary of State, 31 May 1902, *Korean-American Relations*, Vol. Ⅲ, pp.171~172(와다 하루키 저, 이웅현 역, 2019, 623~624쪽 참조).

사절에게만 연회를 베풂
10월 21일   황태자가 사절에게 연회를 베풂
10월 22일   궁전 정원에서의 축연
10월 23일   군대사열. 동일 저녁 대한제국 연대 병사들의 연회를 베풂
10월 24일   연극 상연. 동일 저녁 내부대신이 연회를 베풂
10월 25일   가든파티. 종백부(宗伯府)에서 연회를 베풂
10월 27일   작별 알현. 동일 저녁 황실이 연회를 베풂

–『프랑스외교문서』,「즉위 40주년 기념식 프로그램의 전달」,
주한 공사 콜랭 드 프랑시 → 외무대신 델커세, 1902년 8월 11일

예식원에서는 황제의 칙령으로 위원을 정해 분장(分掌)하여 거행하기로 하였다. 또한 경축 의식 당일에는 원구단에 고유제(告由祭)를 친행(親行)하기로 하였다. 고유제 때는 황태자가 규례대로 모시고 참석하며, 종친들과 문무백관은 예문대로 예식을 진행하기로 되었다. 의식 이튿날에 황제는 경운궁의 중화전(中和殿)에 나아가 황태자 및 종친·문무백관과 함께 예식을 진행하기로 하였다. 이어 예식원에서는 관병식(觀兵式)과 원유회(苑遊會) 및 각종 연회를, 각 부부원청에서도 규례대로 행사를 설행할 예정이었다.[63]

관병식을 위해 대구·전주·강화·원주 진위대의 병정을 불러 모아 서울의 병정과 함께 훈련을 시키기로 하였다. 각국 대사의 원유회 장소는 창덕궁으로 정하였다.[64] 7월 24일에는 예식원

63 『掌禮院日記』, 광무 6년 3월 20일.
64 『漢城新報』, 1902년 7월 27일.

장 민영환을 사무위원장으로 겸임하게 하고 이하 궁내부특진관 박정양을 비롯한 114명의 위원을 임명하였다.[65] 외국인 사무위원으로는 법규교정소 의정관 브라운과 샌즈(William F. Sands; 山島), 수륜원 부총재 가토 마스오, 광무(鑛務)검찰관 트레물레(A. Tremoulet; 攄來物理)를 임명하고, 정동(貞洞)에서 제반 사무 협의를 위한 제1차 회의도 개최하였다. 관병식을 위한 훈련장은 흥화문 대궐로 정하였다. 민영환의 칭병으로 사무위원장은 민병석으로 교체되었다가 다시 궁내부 서리대신 윤정구로 바뀌었다.[66] 예식 비용은 궁중에서 연전에 각 부가(富家)에 빌려준 돈을 징수하고 내장원과 전환국 및 기타 각 군수의 미납조를 독촉하여 징수하고 그래도 부족하면 지방채(地方債)를 모집한다는 소문도 돌았다.[67] 연일 사무위원 회의를 통해 1백만 원으로 경비를 계상하여 그중 엽전 300만량은 내장원경 이용익이 준비하고 계자(啓字)로 금년 삼남(三南) 결세(結稅) 중에 배정 준비하게 하여 1등 군에는 10만량, 2등 군에는 7만량, 3등 군에는 5만량, 4등 군에는 3만량으로 외획(外劃) 자문[尺文]을 발송하였다.[68] 대 원유회장은 경복궁 내 북악산 아래의 관풍루 부근으로 확정하였고, 한성신상경축회(漢城紳商慶祝會)를 시민 대표 기관으로 만들어 민병석을 사무위원장, 이창구를 부회장으로 결정하였는데, 이 회를 통해 칭경기념비를 건설할 계획도 갖고 있었다.[69]

그러나 공교롭게도 그해 7월 하순부터 평북 의주의 콜레라[虎

65 『漢城新報』, 1902년 7월 30일.
66 『漢城新報』, 1902년 8월 1일, 6일, 13일, 27일.
67 『漢城新報』, 1902년 8월 27일.
68 『漢城新報』, 1902년 8월 27일.
69 『漢城新報』, 1902년 8월 30일.

列刺] 발생을 시작으로 8월부터는 평안도·황해도·경상도까지 창궐하였다. 이에 7월 23일 평양에 검역소를 설치하였고, 같은 달 26일에는 조칙으로 경무청에서 임시위생원을 특설하고 내·외국인 의사를 소집하였다. 궁내부에서는 고문관 샌즈와 남필우를 평양에 급파하였다.[70] 그러나 방역 과정에서 감염된 자도 적지 않았고, 8월 23일에는 평남 진남포에서 콜레라 환자 139명 중 76명이 사망하였고 24명이 완쾌하였고 8월 25일 평양에서는 환자 3명 중 1명이 사망하는 등 콜레라가 만연하는 추세였다.[71] 9월에는 함경도 원산에도 환자가 발생하였다. 그럼에도 불구하고 황제는 행사에 대한 미련을 버리지 못하였다. 칙령으로 내부에서는 각 도부군(道府郡)에 훈령하여 오는 칭경예식일에 일제히 연회를 베풀고 축하하도록 지시하였다.[72] 9월 6일 밤에 칙령을 내려 칭경예식 때 군부와 경무청 관리는 체발하고 전·현직 육군부장 이하도 단발할 것을 명하였다.[73] 또한 영건도감의 보고로 중화전 보수 공사를 위해 각 공장(工匠)과 역부가 부족하여 칭경예식 공사 외에는 일제의 공역을 정지시켰다.[74] 영건도감의 훈령을 받은 경무청에서도 여타의 모든 공역을 정지시키고 서울 각 서(署) 내 공장을 모두 영건도감에 소속시켰다. 그러나 서울에도 괴질이 창궐하여 동변의 수구문과 서변의 소의문으로 시체가 계속 나가고 인심도 크게 놀랄 지경이 되었다. 사망자가 매일 나오면서 도성 내의 민심도 떠들썩하고 더불어 우역(牛疫)까지 유행

---

70 『漢城新報』, 1902년 7월 30일.
71 『漢城新報』, 1902년 8월 20일, 27일.
72 『漢城新報』, 1902년 9월 3일.
73 『제국신문』, 광무 6년 9월 8일.
74 『漢城新報』, 1902년 9월 10일.

하는 바람에 물가도 급등하였다.[75]

결국 같은 달 황제는 의지를 접고 기념식은 다음 해 다시 날을 택해서 거행하라고 지시할 수밖에 없었다. 9월 20일자로 각국에 기념식 연기를 통보하였고, 당일 조칙에서는 괴질 대비책으로 은화 5천 원을 특별히 하사하고 임시위생원으로 하여금 의사를 불러 진료와 예방법을 강구하는 한편 내부로 하여금 좋은 약을 빨리 구입하여 이 약으로 전국 각도 각군에 널리 알려 진심으로 보호하게 할 것을 당부하였다. 또한 칭경예식은 명년을 기다려 택일하여 거행할 것을 분부하고 이어 임시 혼성여단을 해산하여 정상한 각 부대를 되돌려 보낼 것을 명하였다.[76] 그 결과 이듬해인 1903년 4월 30일에 의식을 거행하기로 하면서 준비를 진행하였다. 1903년 1월 11일에는 9품 박진술을 사무위원으로 임명하였다.[77] 2월에는 사무위원장 윤정구와 이용익 이하 여러 위원이 사무소에 모여 향후 방안을 토의하였고, 황제 칙지로 혼성여단을 다시 편제하여 진위대와 시위대 병정 각 1,500명씩 3,000명으로 부대를 만들도록 하였다.[78] 3월에는 예식원에서 일본에 위원을 파견하여 대례복 주문 제작을 추진하였다. 그리고 300여 종의 필요한 물품을 청국에서 구매하도록 하였다. 칭경예식 당일 황제의 대사 접견과 연회장은 신축 양관(洋館)인 돈덕전(惇德殿)으로, 황태자의 친연(親宴)은 준원전(濬源殿)으로 정하였다. 혼성여단에 편제된 지방의 징상병(徵上兵)도 모두 입성하였다.

75 『漢城新報』, 1902년 9월 21일, 28일.
76 『承政院日記』, 1902년 8월 19일;『官報』, 광무 6년 9월 21일「號外」.
77 『漢城新報』, 1903년 1월 15일.
78 『漢城新報』, 1903년 2월 5일, 25일.

4월 27일 각국 사신 영접부터 4월 30일 행례(行禮), 5월 7일 각국 사신 알현 및 대수장(大綬章) 수여에 이르기까지의 각 일자별로 구체적인 예식 절차도 모두 정해졌다.[79] 4월 초에는 사무위원들이 날마다 회동하여 대사 영접과 각종 절차에 대한 논의를 마쳤다.[80]

그러던 중 4월 10일 영친왕이 천연두를 앓게 되자 추후 날짜를 잡아 시행하도록 다시 지시하였고, 그 결과 예식원에서 각국 공사에게도 이를 통보하고 공정도 일시 중지하였다.[81] 그럼에도 불구하고 황제의 의지는 지속되었던 것으로 보인다. 예컨대 당시 황실에서는 영친왕의 병세가 금세 평순하게 호전된 '국가의 일대 경사'로 판단하고 대궐 각 문 안팎에 동화 수백 원을 뿌리고 감옥문을 열 예정이라는 풍문도 있었다.[82] 황제는 영친왕의 환후가 회복된 것으로 판단하여 음력 3월 27일(양 4월 24일) 친히 임하여 칭경조서를 반포한 후 하례를 받고 그날 원구단·종묘·영령전·경효전 등에서 고유제 계획을 다시 세웠다.[83] 그러나 행사는 계획대로 이루어지지 않았다. 5월 15일 황제는 러시아 황제 니콜라이 2세에게 칭경 40주년 예식을 위해 특파사신으로 전 주한공사 베베르를 파견해준 데 대해 감사를 표하면서 다시 예식 기일을 정해 통보해 주겠다는 내용의 국서를 보낸 바 있었다.[84] 행사

79 『漢城新報』, 1903년 3월 6일, 15일, 22일, 27일, 29일.
80 『漢城新報』, 1904년 4월 3일.
81 李潤相, 2003b, 117~120쪽.
82 『漢城新報』, 1903년 4월 18일.
83 『漢城新報』, 1903년 4월 21일.
84 「1903년 高宗이 俄羅斯國에 보낸 國書」, 광무 7년 5월 15일(한국학중앙연구원 장서각 고문서).

를 위해 입경하였던 강화진위대 병정들은 5월 25일 열차로 인천으로 출발하여 26일 강화로 귀대하였다. 같은 날 고성·대구·개성·청주진위대 병정들도 모두 되돌아갔다.[85]

연기된 칭경예식일이 그해 9월 21일로 정해졌다는 설이 나돌았다. 이는 후일 음력 8월 6일 즉, 9월 26일로 다시 바뀌었다.[86] 그러나 7월 5일부터 영친왕의 병이 다시 악화되어 궁금(宮禁)하고 대소신하들의 입궐을 다시 금지하고 각 부부원청과의 긴급 업무는 전화로만 시행하였다.[87] 9월 초에는 준비 중인 원유회와 관병식을 폐지하였다.[88] 9월 26일의 행사도 결국 무산되었다. 급기야 그해 말부터 의주 용암포(龍巖浦) 사건을 시작으로 러시아와 일본 간의 전쟁 기운이 감돌면서 내외 정세는 급격히 위축되었고 설상가상 이듬해인 1904년 2월 초 러일전쟁이 발발하게 되자 모든 준비는 중단되었다.

성대하게 치러진 명성황후 국장

1895년 10월 을미사변(乙未事變)으로 일본인들에게 살해된 왕후(王后) 민씨(閔氏)의 국장이 준비되었다. 먼저 황제는 1897년 11월 6일에 조서를 내려 고 왕후에게 명성황후(明成皇后)라는 시호를 책봉하고 빈전을 경운궁 내의 경효전(景孝殿)으로 삼고 능

---

85 『漢城新報』, 1903년 5월 28일, 6월 21일.
86 『漢城新報』, 1903년 7월 3일, 8월 18일.
87 『漢城新報』, 1903년 7월 7일.
88 『漢城新報』, 1903년 9월 8일.

은 홍릉(洪陵)으로 명명하였다. 한편 재능을 지닌 숨은 인재를 발탁하고 사형죄를 지은 자는 세 번 심리하고, 모반·강도·살인·간통·사기·절도의 6범 외의 범죄자에 대해 감형하고, 외롭고 가난하고 병든 백성의 구휼하는 등의 은전을 내외에 알리도록 하였다.[89] 시호를 '명성'으로 정한 것은 사방에 밝게 임하는 것을 '명(明)'이라 하고, 예악(禮樂)이 밝게 갖추어진 것을 '성(成)'이라 한다는 의미였다고 한다.[90] 이어 다섯 번의 연기 끝에 우리 역사상 처음으로 황후(皇后)의 예를 갖추어 1897년 11월 22일에 국장이 성대하게 치러졌다. 이는 이해에 영선사를 파견하여 중국의 역대 능제(陵制)를 조사한 후 명나라 황제릉의 석상 설치를 준용하고 나머지 장례 절차는 우리나라의 규례를 따르고자 한 대한제국 황제의 의지를 반영한 것이었다.

상이 이르기를, '명(明)나라의 능제(陵制)대로 하려 한다면 사력(事力)이 미치지 못할 것이니 여러 가지 석의(石儀)를 적당히 줄이는 것이 좋을 듯 하다. 정유년(1897)에 사람을 보내어 명나라 제도를 살펴보게 하였더니 모든 석물이 아주 굉장하였다 한다. 그런데 청(淸)나라가 선 이후에도 하나도 훼손된 것이 없이 각별히 보존되고 있으니 청나라가 명나라를 대우하는 것이 또한 후하다고 하였다. 모든 석물을 모두 동네 어귀에 벌려 세우고 또 토성(土城)을 쌓았다고 하였다. 우리나라의 힘으로 명나라 제도를 그대로 따르자고 하면 설사 한두 해를 허비하더라도 역사를 끝내기 어려울 것이다. 또 한(漢)나라 문제(文帝)가 수릉(壽陵)을 지은 것은 길

---

89 『承政院日記』, 1897년 10월 12일.
90 鄭喬, 『大韓季年史』上, 건양 2년.

명성황후 국장 반차도

이 100여 척(尺)에 너비 90척으로서 그 역사가 방대하니 어떻게 이렇게까지 할 수 있겠는가? 진(晉)나라의 문공(文公)이 수도(隧道)를 내고 장사지낸 일은 꼭 예법에 맞는다고는 할 수 없다. 대체로 장사지내는 것은 우리나라의 규례대로 하는 것이 합당할 듯하다.' 하였다.

-『高宗實錄』, 고종 37년 8월 31일

당시 국장의 절차를 보면, 관[玄宮]을 내릴 때 황제는 별전에서 황태자는 내정에서 망곡(望哭)하였고. 도성 내의 백관들은 숙목문(肅穆門) 밖에서 4배(四拜)를 하고 일반인들은 경운궁 인화문(仁化門) 밖에서 예를 행하였다. 이미 그해 3월에는 홍릉의 침전을 일자형으로 조성하게 하였고,[91] 5월에는 의정부 참찬 조병호에게 침전 상량문(上樑文)을 정서(正書)로 작성하게 하였다.⁹² 발인 3일 전에는 천지·종묘·영령전·사직·경모궁에 고유제를 지내고, 국장 전날인 11월 21일 오전 9시 장례 행렬이 경운궁을 출발하였다. 각각의 상단(商團)을 나타내는 깃발이 선두에 섰다. 황제가 공식 행사 때 타는 가마와 6개의 가마가 뒤를 따랐다. 황제는 러시아 의장대 하사관들의 경호를 받으며 궁을 나섰다. 2쌍의 방상씨(方相氏)를 쓴 네 사람이 뒤를 이었고, 8개의 목조 말이 붉은색 가마를 끌었다. 황색 옷을 입은 180명이 온갖 색상으로 장식된 거대한 직사각형의 상여를 메고 뒤를 이었다. 상여 양쪽에서 두 사람이 계속 종을 울렸고 상복을 입은 궁녀들이 조랑말을 타고 울면서 상여 뒤를 따랐다.⁹³

발인 시에는 운구가 지나는 돈례문·금천교·인화문·신교·혜정교·이석교·초석교·흥인문·동관왕묘·보제원 앞길·세천교·청량리·삼각산 망견처(望見處)에서 제사를 지냈다. 이때 황제는 위상에 따른 복장을 갖추고 교(轎)를 타고 궁을 나왔고 황태자도 그 뒤를 따르는 형식을 갖추었다.⁹⁴ 여기에는 5천 명의 군인, 4천 명의 등을 든 사람 등 수많은 인원이 참석하였는데, 거리에는 일정한 간격으로 아치가 세워졌다.⁹⁵ 11월 22일 황후의 국장은 오전 6시 인화문 밖부터 장지인 동대문 밖 홍릉(洪陵)까지 상복을 입은 군중들이 운집한 가운데 각국 공영사와 고문관들과 육해군 관원들이 대례복들을 갖추고 인화문 밖에 모여 대여(大輿)가 지

91 김이순, 2010, 48~52쪽.
92 『承政院日記』, 1897년 5월 5일.
93 『尹致昊日記』, 1897년 11월 21일.
94 韓永愚, 2001(b), 52~53쪽.
95 L. H. 언더우드, 신복룡 역, 1999, 242쪽.

나갈 때 영송하였다. 오전 7시에 황후의 유해가 매장되었다. 오후 2시 후에 신련(神輦)이 환어하였고, 황제는 오후 5시에 대궐로 돌아왔다.[96]

황후의 성대한 국장은 신민들에게 황실에 대한 경외심을 고취시키고, 동시에 일본제국주의의 만행으로 비명횡사한 '국모시해(國母弑害)'에 대한 백성들의 적개심, 나아가서는 애국심 고취와 긴밀한 관련이 있는 것으로 당대인들도 그렇게 생각한 듯하다. 반면 『독립신문』은 황후 국장의 의미를 완전히 달리 해석하였다. 예컨대 이틀 후에 예정된 국장에 대해서, '대한 사기 오백 년에 명성황후 폐하께서 처음으로 황후의 존호를 받으셨은즉 대한 사기에 이왕에 없던 일'이라며 기본적인 사항에는 동의하면서도, 청일전쟁 이후 일청평화약조(시모노세키조약을 말함)의 그날부터 "대한국 대황제 폐하께서 세계 제왕들과 동등 임금이 되시고 오백 년에 처음으로 명성황후 폐하께서 세계 황후들과 같은 지위에 나아가셨는지라" 하고 "황후 폐하께서 처음으로 자주독립국 국모가 되셨고 처음으로 황후의 존호를 받으셨으니 어찌 사기에 거룩히 기록지 아니 하리오"[97]라면서 근대적 국제 관례와 형식만을 강조하여 일반인들의 인식과는 전혀 다른 논조를 보였다.

1898년 5월 9일에는 황제가 양주에 있는 태조 고황제의 건원릉과 문조 익황제의 수릉, 황후의 능인 홍릉에 나아가 절을 하고 친히 제사를 지냈다.[98] 이후 황후의 제사에는 전국의 각계각층

---

96 『독립신문』, 1897년 11월 25일.
97 『독립신문』, 1897년 11월 20일.
98 鄭喬, 『大韓季年史』上, 광무 2년.

명성황후 국장 장면

이 참여하였고,[99] '고금(古今)을 참작'하여 향축(香祝) 제조를 임명하는 등 묘역은 각별하게 관리되었다. 중대 급의 파수와 별도로 서원(書員) 이하 수호군, 파수 순검 등이 배치되었고, 도로 공사 등에는 능 인근 석관현·대종암·소종암·청량리·회릉동·제기리·제기현·금천교의 주민들과 연화사·개운사·대원암의 승려들까지 동원되었다.[100] 1899년 10월 29일 황후의 생일에 황제는 직접 경효전에 가서 전작례를 행하였고 황태자도 작헌례를 행하였다.[101] 1900년 2월에는 황제와 황태자가 참석한 가운데 종묘에서 명성황후의 존호를 추상하는 전례를 거행하기도 하였다.[102] 1902년 3월에는 백관이 입참한 가운데 황태자가 황비(皇妃) 가상존호(加上尊號) 책문(冊文)을 올렸다. 황후의 능은 이후 여러 차례의 논의를 거쳐 1901년 양주 금곡으로 이장이 결정되었고 그해 9월에 새로운 상량문이 작성되었다. 그러나 재정 마련의 어려움으로 지연되다가 급기야 1904년 러일전쟁으로 공사가 중단되었다. 이후 1919년 고종황제 사망 후 금곡 홍릉에 합장되었다.

99 『帝國新聞』, 1898년 9월 29일.
100 『洪陵日記(洪陵尙膳房謄錄)』, 광무 2년 12월 29일(국립중앙도서관 한古朝.51-나240)
101 『帝國新聞』, 1899년 10월 30일.
102 『제국신문』, 광무 4년 2월 5일.

근대국가로서의 정체성 확립

'애국가'와 다양한 국가 작성

에릭 홉스봄은 1973년 인도 정부의 공식 해설서에 따르면, 국기·국가·국가 문장은 독립 국가가 그 자신의 정체성과 주권을 선포하는 데 사용하는 상징들이며, 경외와 충성을 명령하는 것들이며, 여기에는 한 민족의 완전한 배경과 사상과 문화가 녹아 있다고 하였다.[103] 그는 또한 영국 국가의 "신이여 국왕을 보호하소서"라는 구절은 효과적인 정치적 훈령으로 작용한 것으로 보았다.[104]

대한제국은 1900년 12월 19일 칙령 제59호로「군악대설치건」을 반포하여 시위대(侍衛隊) 내에 황실 전속 군악대를 설치하고, 1902년에는 대한제국의 국가(國歌; national anthem)를 제정하였다. 그 일환으로 독일인 프란츠 폰 에케르트(Franz von Eckert)

---

[103] 에릭 홉스봄, 박지향·장문석 역, 2004, 36쪽.
[104] 에릭 홉스봄, 박지향·장문석 역, 2004, 500쪽.

를 음악 교사로 초빙하였다. 그는 일본 정부 초청으로 1879년 해군군악대 창설에 참여하였고 오랜 기간 일본에서 음악교사 등으로 활동하였다. 그 과정에서 1880년 일본의 국가인 '기미가요(君が代; きみがよ)'를 심의하고 완성한 바 있었다. 민영찬(閔泳瓚)은 마침 그해 1월 프랑스 파리에서 개최된 만국박람회 부원으로 임명되어 참석하였고 박람회 이후 주한 독일 영사 하인리히 바이페르트(Heinrich Weipert; 瓦以壁)의 요청으로 독일 현지에서 에케르트의 초빙 문제로 교섭하였다. 같은 해 12월 초빙을 확정하였고, 에케르트는 1901년 2월 19일 서울에 도착하여 군악대 음악 교사로 부임하고 6월 14일 초빙 계약을 체결하였다. 에케르트는 군악대 연습에 진력하여 그해 9월 황제의 만수성절에 초연을 할 수 있을 정도로 발전시켰다. 그는 대한제국의 국가 작성에도 관여하였다.

유럽풍의 옷을 완벽하게 갖추어 입은 30여 명의 악사들로 이루어진 악단은 훌륭한 독일인 지휘자 프란츠 에케르트(Herr Franz Eckert)의 지휘 아래 연주를 하고 있었다. 이 지휘자는 군악대를 결성하기 위해 일본에서 여러 해를 보낸 뒤 하루아침에 다른 유럽인들과 같이 해고되어 그 후 한국에서 자신의 소임을 다하고 있었다. 그는 우선 한국의 국가를 작곡했으며 2년간의 부지런하고 끈기있는 작업을 통해 이 악단을 결성하게 되었는데 우리나라[이탈리아] 지방에서 연주하는 많은 악단들 못지않았다. ―까를로 로제타니, 윤종태·김운용 역, 1994, 97쪽

대한제국 초기에는 독립협회와 각급 학교·교회 등에서 다양한 형태의 애국가·무궁화가·독립가·계몽가·진보가 등을 불

렀다. 『독립신문』에도 서울 순청골의 최돈성, 학부 주사 이필균, 제물포의 전경택, 누동 한명원, 묘동 이용우, 북서 순검 윤태성, 달성회당 예수교인, 남동 곽기렴·최병희, 평양학당 김종섭, 평양 보통문 안 학당 이영언, 농상공부 기사 김철영, 김화군 주재 진위 제2대대 정교 고관직 및 부교 인응선, 부인회(찬양회) 등에서 만든 다양한 '애국가' 가사가 소개되었다.[105] 1898년 9월 1일 독립문에서 열린 개국기원절 경축식에서도 무관학교 학도들이 '애국가'를 불렀으나 공식적인 국가는 모두 아니었다.

그러던 중 대한제국의 국가는 1902년 1월 27일 국가 제정의 조칙이 나오면서부터 본격적인 준비를 시작하였다.

> 백성들의 마음을 분발시키고 선비들의 기풍을 분발시켜서 그것으로 충성을 분발하고 나라를 사랑하게 하는 방법에는 성악(聲樂)보다 더 좋은 것이 없다. 국가(國歌)의 절주(節奏)를 제정함이 마땅하다. 문임(文任)에게 지어 비치도록 하라. ―『高宗實錄』, 고종 39년 1월 27일

이에 따라 의정부에서는 8월 14일 원수부와 궁내부·내각 등에 군가를 만들어 올리라는 조회를 하달하였다.[106] 준비 절차를 거쳐 그해 원수부 회계국총장 민영환의 서문을 붙여 애국가의 가사와 악보를 출간하였다. 악보는 에케르트가 작성하였는데 그 내용은 다음과 같다.

---

105 李潤相, 2003(b), 95쪽.
106 『起案』5, 照會 제30호, 광무 6년 8월 14일.

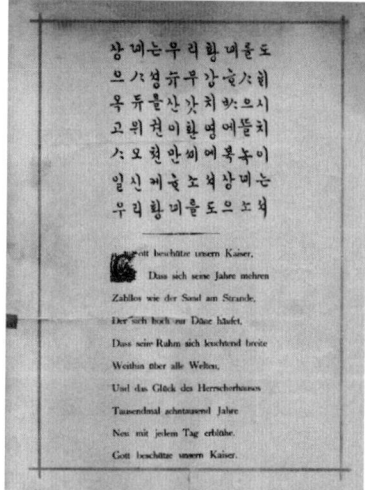

대한제국 애국가 표지와 가사

상제(上帝)는 우리 황제를 도우사 성수무강(聖壽無疆)하사 해옥주(海玉籌)를 산 같이 쌓으시고 위권(威權)이 환영(寰瀛)에 떨치사 오천만세(五千萬歲)에 복록(福祿)이 일신(日新)케 하소서 상제는 우리 황제를 도우소서.

국가 가사의 서두와 말미에 영국 국가 가사 내용 즉, 'God Save the King'의 우리 식 직역인 '상제는 우리 황제를 도우사(소서)'로 되어 있다. 가사에서 함의하는 내용은 오로지 황제의 축수와 권력 강화를 기반으로 한 만세의 번영에 초점이 맞추어져 있고, 나라와 영토, 국민 통합 등에 대한 언급은 보이지 않아 '황제 찬가'일뿐 엄밀한 의미의 국가로서의 규정성은 떨어진다. 그런데 이때 제정된 국가는 지금의 국가와는 달리 단일한 것만은 아니었는데 민영환 작사, 에케르트 작곡의 '애국가' 외에도 국가를 만들고자 하는 노력은 지속되었던 것으로 보인다. 즉, 그해 8월 14일 의정 윤용선이 '분충(奮忠)'과 '애국'을 장려하기 위한 목적으로 국가를 만들어 궁 내부에 올리도록 군무국 등에 조회한 사실도 있었다.[107] 그러나 이후 논의가 어떤 과정으로 진행되었는지는 알 수 없다.

결국 국가가 제정되었음에도 불구하고 민간에서 제작한 다양한 애국가와 더불어 러일전쟁 시기까지도 민영환 작사의 '애국가'는 각급 학교 등에서 통용되었다. 그러나 어려운 한자 투의 가사 때문에 일반인들에게 제대로 보급되지 못하였다. 그러던 중 러일전쟁 이후에 비교적 내용이나 곡조 상 부르기 쉬운 '무궁화가'가 개사(改辭)되고 점차 '이별의 노래(Auld Lang Syne)'의 곡조에

---

[107] 『各司謄錄(近代編)』, 起案 05, 1902년 8월 14일.

맞춘 새로운 민간의 애국가가 국내외에 널리 전파되었다.[108] 이와 같은 추세는 일제 강점기까지도 계속되었다.

국기와 각종 깃발 제정

우리보다 근대 의전체계가 앞서있던 서양의 경우 19세기 후반 이후 나라를 사랑하고 공경한다는 차원에서 각 학교 등을 중심으로 국기(national flag)에 대해 경례 의식을 거행하기 시작하였다.[109] 일본은 1870년 메이지 정부가 일본 선박에 '히노마루(日の丸; 일장기)' 게양을 의무화하였다.[110]

우리나라의 경우 공식적인 국기는 1882년 일본에 파견된 수신사(修信使) 박영효(朴泳孝) 일행이 처음으로 태극사괘기를 사용하면서부터 시작되었다.[111] 그러나 당시의 국기는 외교 의전용에 한정된 극히 제한적 범위 내에서 사용되었고 전래 중국의 태극팔괘도(太極八卦圖)에 익숙했던 일반인에게는 다소 생소한 것일 수도 있었다. 결국 국기가 일반인에게 널리 배포되고 일상화되기까지는 그로부터 적지 않은 시간이 소요되었다. 이후 대한제국 직전인 건양 원년(1896) 3월 30일 외부(外部)로부터 '국기' 3개를 전달받은 러시아 황제 니콜라이 2세 대관식 파견 특명전권공사 민영환 일행이 5월 20일 모스크바 주재 대조선국 공관 옥상에 이

---

108 李潤相, 2003(b), 96쪽.
109 선숭챠우(沈松僑) 외, 조우연 역, 229쪽.
110 다카시 후지타니, 한석정 역, 2003. 82쪽.
111 이태진, 1998; 한철호, 2008.

박영효 태극기(위)와
독립문 기공식에서의 태극기(아래)

를 걸었던 사실이 확인된다.[112] 이듬해인 건양 2년(1897) 빅토리아 여왕 즉위 60주년 기념식에 참석하기 위해 영국으로 간 민영환 특사 일행은 각국의 예에 따라 그해 6월 18일 런던 공사관 문 위에 국기를 걸었다.[113]

이 시기는 국가애국주의(state-patriotism)라는 애국담론 차원에서 집단적 일체감을 고양하기 위해『독립신문』과 독립협회를 중심으로 국기 게양 캠페인이 추진되었다. 건양 원년(1896) 9월 『독립신문』논설에 따르면, 외국에서는 각 공립학교에서 매일 아침 학도들이 국기 앞에 모여 서서 국기에 경례하고 그 나라 임금의 사진에 대해 경례하며 만세를 부르게 하는 것이 학교 규칙에 제일 긴요한 요목이라 주장하였다. 또한,

> 국긔라 ᄒᆞ는거슨 그 나라를 몸 밧은 물건이라 그러ᄒᆞᆫ즉 국긔가 곳 님군이요 부모요 형뎨요 쳐ᄌᆞ요 젼국 인민이라 엇지 쇼즁ᄒᆞ고 공경홀 물건이 아니리요
> — 『독립신문』, 건양 원년 9월 22일 「논설」

라면서 조선 정부와 학교에서 국기를 학교 앞마당 앞에 하나씩 세워 매일 학도들이 그 앞에 모여 경례하고 애국가 하나를 지어 이 노래를 아침마다 공부하기 전에 부르게 할 것을 주장하였다. 국기를 소중한 물건으로 생각하고 매일 국기에 경례하고 애국가를 부르게 할 것도 희망하였다.

독립협회에서 그해 11월 22일 돈의문(서대문) 밖 독립문 정초

---

112 『海天秋帆』, 1896년 5월 20일.
113 .『使歐續草』, 1897년 6월 18일.

식 때 문 주위에 푸른 나무로 홍예를 만들어 좌우에 태극국기로 단장하고 조선가(朝鮮歌)와 진보가(進步歌)를 불렀다.[114] 대한제국 시기에 비로소 민간에서도 국가 공식 경축일과 각종 경축 행사에 국기를 게양하는 것이 일반화되었다. 즉, 1897년 8월 22일 황제 탄신일 때 서울 시민들이 각처에 국기를 달았다. 1898년 독립협회와 황국협회는 각기 회표(會票)를 만들었는데, 양 협회 모두 중앙에 태극으로 국기를 그려 넣고 그 주위에 한문으로 '독립협회 충군애국(獨立協會忠君愛國)' 8자를, '대한 황국협회 충군애국(大韓皇國協會忠君愛國)' 10자를 새겨 넣었다.[115] 1899년 3월 19일 황태자 탄신일과 1900년 4월 20일 태조 고황제 영정 봉안 때는 부상(負商) 수백 명이 태극국기를 들고 광화문 앞 황토현에 도열한 일도 있었다.[116]

1899년 5월 훈련원에서 개최된 관립외국어학교의 연합운동회 때 남녀노소 수만 명이 모여 중앙에는 대한 국기를 동·서·북 3면에는 각국 국기와 각 급 학교기 및 오색기를 세웠다.[117] 스키아시는 이를 새로 태어난 대조선국·대한제국 아래에서 경축회, 국기 게양, 만세 제창, 토론회 등을 통한 '충군애국' 사상의 함양 ='국민' 의식 형성을 도모하려 한 운동으로 규정하였다.[118] 당시 국기의 게양과 국가 제창이 병행하여 진행되었다. 집단의 억울함을 호소하는 데 태극국기가 동원되는 경우도 있었다. 1900년 2월 24일 연강(沿江)의 뱃사람[航人] 수백 명이 각기 태극국기를

---

114 『大朝鮮獨立協會會報』 제2호, 건양 원년 12월 15일.
115 鄭喬, 『大韓季年史』 上, 광무 2년; 숭실대학교 한국기독교박물관 소장 자료.
116 李潤相, 2003(b), 94쪽.
117 『독립신문』, 1898년 5월 31일.
118 스키아시 다쓰히코, 최덕수 역, 2014, 243쪽.

들고 남대문 밖에 모여 농상공부 선세위원의 가혹한 수세에 대해 항의한 일이 있었다.[119]

그런데 당시 제작된 태극기의 규격은 균일하지 않아 혼선이 빚어졌던 것으로 보인다. 그 결과 예컨대 1900년 경부(警部)에서는 각 서(署)에 훈령하여 각급 회(會)와 사(社)에서 국기를 제조할 때 흰 바탕에 길이 2자[尺], 폭은 1자 8치[寸], 태극문양은 청홍색 7치로 하라고 지시하였다.[120] 그러나 이것도 표준 규격화된 것은 아닌 듯하다. 이후 1902년 일본 공사의 한국 국기 규격 문의에 대해 외부대신 박제순은 조회하여 국기의 규격은 길이 5자 3치, 폭 3자 6치, 8괘는 길이 7치, 폭 2치라고 회답한 바 있다.[121] 외국 주재 한국공관의 경우 국기를 게양하는 날과 게양하는 위치가 정해진 규범이 없어 혼선을 빚기도 하였다.[122]

한편 1902년 8월에는 조칙을 내려 국기·어기(御旗)·예기(睿旗) 및 친왕기(親王旗)·연대기와 기병대기 등 각 군대의 군기(軍旗)를 제정하게 했고 1902년 소요 경비 3천 원과 1903년 6,599원 3전(錢) 6리(釐)는 예산외 지출로 마련하였다.[123] 갑작스러운 황실의 각종 깃발 제작은 원래 칭경 40주년 행사를 염두에 둔 것이었다. 어기는 황제를 상징하는 깃발, 예기는 황태자를 상징하는 깃발, 친왕기는 의친왕과 영친왕 등 황족을 상징하는 깃발이

---

119 『日新』, 광무 4년 2월 25일.
120 『제국신문』, 광무 4년 12월 8일.
121 『舊韓國外交文書』제5권, #6616(광무 6년 1월 14일); #6617(광무 6년 1월 20일).
122 『外部訓令附報告』2, 보고 제18호, 「국기 게양일과 게양 장소를 지시해달라는 보고」(주차청국특명전권공사 박제순→의정부찬정외부대신임시서리 성기운, 광무 7년 9월 28일).
123 『承政院日記』, 1902년 8월 18일; 『宮內府去來案文牒』6, 「기장조성비의 예산외 지출 요청」, 광무 6년 8월 30일; 광무 7년 10월 12일.

었다. 비단으로 제작된 어기는 중앙에 음양태극장의 원을 그리고 그 주위에 팔괘를 비치하고, 바탕 테두리에는 황제를 상징하는 황색으로 표현하였다. 어기는 규장각에 소장되어 있지만 예기와 친왕기는 일제 강점 이후 인멸되어 현재로서는 확인할 수 없다.

황제는 대원수의 군복을 착용하고 군대를 수시로 사열하였다. 이를 위해 처소를 특별히 설치하고 궁내부·의정부·원수부로 하여금 우리나라의 전상(典常: 언제나 지켜야 할 법도 또는 도리)을 살피고 각국의 규식을 참고하여 제도를 만들어 올릴 것을 명하였다. 이를 위해 의정부 의정 윤용선을 기장조성소(旗章造成所) 감동대신(監董大臣)으로, 원수부 총장 민영환과 궁내부 서리대신 윤정구를 감동당상(監董堂上)에 임명하였다. 그 결과 1년 이상의 준비 과정을 거쳐 1903년 10월 27일 기장조성소 감동당상 민영환이 상주하여 황제 폐하·황후 폐하·황태자 전하·황태자비 전하·영친왕 저하의 기장(旗章)을 조성하고 음력 9월 13일로 택일하여 거행할 것을 청하여 윤허를 받았다. 만수성절·개국기원절·흥경절 등 국가의 주요 경절에는 관공서와 학교에서 모두 국기를 걸어 경축하였다.

5대 경축일 행사

대한제국 시기에는 국가 경축일로 황제 탄생일인 음력 7월 25일을 만수성절(萬壽聖節)로, 황태자 탄생일인 음력 2월 8일을 천추경절(千秋慶節)로, 황제가 계해년(1863)에 처음 국왕으로 즉위한 날임과 동시에 1895년 조선독립 서고일인 음력 12월 13일을 홍경절(興慶節)로, 황제로 즉위하고 하늘에 고한 음력 9월 17일을 계천기원절(繼天紀元節)로 제정하여 정부와 민간에서 기념행사를 개최하였다. 이는 중국의 고래의 경절을 문자 그대로 원용한 것이다. 또한 태조 고황제 즉위일인 음력 7월 16일을 개국기원절(開國紀元節)로 제정하였는데, 이 행사만 조선왕조 개국 이래 지속된 전통이었다. 그런데 이 중 만수성절·천추경절·개국기원절은 이미 갑오개혁 시기부터 시행된 국가 경일이었고, 대한제국 성립 이후에 계천기원절이 새로 제정되었고, 홍경절은 「홍범 14조」를 제정하고 「독립서고문」을 선포하고 사직에 고한 음력 12월 12일을 대신한 것이다.[124] 국가의 경축일로서 이날들을 모두 공휴일로 제정하고 정부뿐 아니라 민간에서도 큰 행사를 열었다. 이미 갑오개화파 정부에 의해 청일전쟁 종전 조약인 「시모노세키 조약」 직후인 1895년 7월 16일 처음으로 개국기원절 경축연회가 열렸고, 이해부터는 국왕이 태어난 날에 만수성절이라는 용어를 사용하기 시작하였지만 국경일 차원의 본격적인 국가 의례화한 기념행사는 대한제국 시기에 들어오면서부터였다.[125]

중국의 경우 황제의 탄신일을 만수절(萬壽節)이라 하였는데 이는 '만수무강'을 뜻하는 것으로 전국적인 경축일로 황제를 축수(祝壽)하는 중요한 의전의 하나였다. 만수절은 봉건시대 군주의 생일로서 역대 왕조는 '백성의 부모'라는 의식으로 매우 중시했다. 당(唐) 왕조 이전 제왕들의 생일에는 고정된 절일이 형성

---

[124] 임현수, 2006, 198~199쪽.
[125] 정근식, 2000, 188쪽; 임소연, 2010, 57쪽.

되어 있지 않았는데 현종 개원 17년(729) 상서 좌승상 원건요(源乾曜) 등의 건의로 현종의 44세 생일인 8월 5일을 '천추절(千秋節)'로 하기를 청했고, 이후 덕종을 제하면 모두 자기 생일의 명칭을 갖게 되었다. 이를테면 숙종은 '천성지평절(天成地平節)' 무종은 '경양절(慶陽節)' 등이라 하였다. 황제의 생일 명칭은 당대에는 천추절·천장절(天長節)·천성지평절·경성절(慶成節)·가회절(嘉會節) 등으로, 후한에서는 가경절(嘉慶節), 후주에서는 천청절(天淸節), 송대에는 장춘절(長春節)·건명절(乾明節)·수령절(壽寧節)·승천절(承天節)·건원절(乾元節)·수성절(壽聖節)·동천절(同天節)·흥룡절(興龍節)·천령절(天寧節)·건룡절(乾龍節), 금대는 천수절(天壽節), 원대는 성절(聖節) 등으로 각기 명칭이 달랐다. 그러다가 명·청대에 와서 비로소 만수절(萬壽節)로 불렸다.

이날은 전국이 3일 간 놀면서 조야가 같이 경축 행사를 거행하였다. 명대에는 황제의 탄신일인 만수절과 원단(元旦)·동지(冬至)를 3대 경절로 칭하였다. 청대에는 황제의 탄신 행사가 빈번하고 성대하였는데, 황제 중 강희제의 60수전과 건륭제의 80수전이 가장 유명하다. 이후 자희태후(慈禧太后; 서태후)의 70대수 의식이 성대하게 거행되었다. 청대의 각 황제들은 탄생 10년을 주기로 '1대경(大慶)', 매년 '1소경(小慶)'으로 하여 기념하였다. 만수절 당일, 황제는 어전에서 왕공(王公)과 백관(百官)의 하례와 예물을 받았다. 이날에는 도살을 금지하였고 전후로 며칠 동안은 형법을 집행하지 않았다. 문무백관은 공식적인 관복을 입었고 도성의 장인(匠人)들은 채색화와 포필(布匹) 등을 사용하여 주요 가도를 포장하였다. 각 지방의 문무백관들도 향안(香案)을 설치하고 도성을 향해 예를 행하였다.

중국에서는 원래 당 현종의 탄생일인 매년 8월 5일을 '천추절(千秋節)'로 부르기 시작하면서부터 유래한 것으로, 개원 17년(729) 이후 매년 8월 5일 현종은 양귀비(楊貴妃)가 있는 흥경궁(興慶宮)에서 성대한 연회와 악무(樂舞)를 거행하여 문무백관 및 장안 백성들과 함께 같이 즐거워하였다 한다. 이후『청사고(淸史攷)』에 의하면 옹정(雍正) 6년 '귀비(貴妃) 혹 태자(太子)의 생일'이라 하여 황제가 아닌 황태자 내지 귀비의 탄생일로 의미가 바뀌었다.

일본의 경우 메이지 정부에서 1873년 11월 처음으로 공휴일[일본은 '축일(祝日)'로 명명함]을 제정하였는데, 그 중에는 전설의 일본국 개국시조인 진무덴노(神武天皇)의 즉위일인 기원절(紀元節)과 메이지 천황의 생일인 천장절(天長節) 등이 있다. 매년 2월 11일의 기원절은 당일 오전 9시 황령전(皇靈殿)에서 천황이 친제의식을 거행한 후 황후·황태자·황태자비가 차례로 참배하였다. 오후 5시 다시 황제가 참배한 후 고관과 외국 공사들을 풍명전(豊明殿)에 초대하여 성대한 연회를 개최하였다. 이날 각급 관공서에서도 의식이 거행되었다. 매년 11월 3일의 천장절 당일에는 황령전과 신전(神殿)에서 의전을 행한 후 관병식(觀兵式)을 거행하거나 친왕 이하 여러 신하에게 연회를 베풀었다.[126]

기원절은 전후 1948년에 폐지되었다가 1966년에 '건국기념일'로 법안이 개정되었고 메이지의 생일인 11월 3일도 1948년부터 '문화의 날'로 바꾸었는데, 모두 현재 일본 정부 지정공휴일로 되어 있다. 그런데 이와 같은 국가기념일에는 중앙과 지방정부의

---

[126] 河野省三, 1916, 16~20, 48~55쪽.

일본의 기원절 기념식장(1940)

공식·비공식의 거대한 행정 조직망의 작동에 의해 대중의 참가, 특히 매일 등교를 해야 하는 학생들이 가장 효과적으로 동원될 수 있었다.[127]

당시 우리의 경우도 이와 별반 다르지 않았던 것으로 보인다. 개국기원절·흥경절·만수성절·천추경절·계천기원절은 대한제국 시기 국가의 대표 경축일로 관공서와 각급 공립과 사립학교는 이날을 각기 휴일로 정하였다.[128] 이 외에 일요일과 신년의 전일과 신년 첫 1일부터 3일까지가 당시 통상적인 휴일의 범주에 속하였다.[129] 당시 외국어학교의 경우 음력 12월 25일부터 정월 15일까지를 음력 명절과, 한식 전날부터 한식 당일까지, 추석 전

127　다카시 후지타니, 한석정 역, 2003. 268쪽.
128　『畿湖興學會月報』 제7호 「私立學校規則」, 1909년 2월 25일.
129　『國譯 韓國誌』, 607쪽.

날부터 추석까지 휴학일로 정하였다.[130] 5대 경절에는 감옥 등에서도 복역(服役)을 면제[131]해 주었고 신문도 휴간하였다. 한편 1900년 제정된 전문 317개조의 「육군법률」에는 앞의 5대 경절 외에 태황태후(太皇太后)·황태후(皇太后)·황후(皇后)의 생일까지를 경절의 범주에 넣고 있었음을 알 수 있지만 실제로 기념행사가 이루어지지는 않은 것으로 보인다.[132] 그런데 '홍경절'은 중국과 일본에서는 비슷한 용어와 용례를 찾아볼 수 없고 오직 대한제국에만 있는 국가경절이었다. 당시에는 '5대 경축일'이나 '5대 경절'이라는 용어가 쓰이지는 않았다. 그냥 해당하는 한 날씩을 'ㅇㅇ경절' 'ㅇㅇ성절' 'ㅇㅇ기원절' 등으로 불렀을 뿐이다. 또한 후일 대부분의 연구자들도 '홍경절'을 경절에 포함시키지 않았으나 필자는 홍경절까지 포함하여 대한제국 시기의 국가 지정 '5대 경축일'로 명명해 보았다.

만수성절

우리나라의 경우 이미 대한제국 성립 이전인 1888년부터 국왕과 왕후 탄신일에 만수성절 명칭을 사용하였고 이는 갑오개혁 시기에도 지속되었다. 그러나 그 명칭은 국내에서만 사용한 것으로 청국은 이를 인정하지 않아서, 예컨대 1889년 청국에 보내는 초대장에는 제후국의 의전용어인 '천추경절'로 표기하였다.[133]

---

130 『宮內府來文』 47, 「通牒」: 「學部令 제11호, 外國語學校規則」(비서원승 丁奎秊─의 정부주사 李道相, 광무 4년 6월 29일).
131 『官報』, 광무 2년 1월 19일 「監獄規則」.
132 『各部請議書存案』 16 「陸軍法律頒行請議書 第一號」(議政府贊軍部大臣陸軍參將 尹雄烈─議政府參政 趙秉稷, 광무 4년 9월 3일).
133 스키아시 다쓰히코, 최덕수 역, 2014, 194~199쪽.

그간 매년 만수성절 기념식은 단지 대궐 내에서 왕실 잔치로만 치렀다. 그러나 이미 갑오개혁 시기부터, 당일 서울 도성 안 인민들이 축수하여 집집마다 문 앞에 국기를 달고 밤에는 구등(球燈)을 달아 비추었고 관아에서는 구등과 각등(角燈)을 달고 즐거워하였다.[134] 도쿄의 조선 공사관에서도 이날을 경축하여 후원에 연회장을 만들고 공사 고영희를 비롯하여 유학생과 빈객이 모여 축사를 낭독하고 일동이 대군주 폐하 만세를 제창하였다.[135] 아관파천 기간에도 대군주는 러시아 공사관에서 만수성절을 축하하는 각국 사신을 일본·미국·러시아·프랑스·독일·영국 공사 순으로 접견하였다. 이날 미국과 러시아 공사관 참서관, 각부 고용 구미 고문관도 알현하였다.[136] 당일 왕실에서 흥선대원군과 여흥부대부인 민씨, 친형인 이재면 등이 러시아 공사관으로 갔으나 고종의 회피로 접견은 성사되지 않았다. 그러던 중 건양 연간에 가면 선교사와 교회를 중심으로 처음 민간 차원의 만수성절 기념식이 개최되었다.[137] 1896년 장로교 선교사 언더우드(Horace Grant Underwood) 주관으로 1천여 명의 기독교인들이 모화관(慕華館)에 모여 '대군주 탄신 경축회'를 열고 애국가를 부르고 기도를 하였다.[138] 1897년 8월 23일 오후 3시에는 훈련원에서 배재학당 교장 아펜젤러(Henry Gerhart Appenzeller) 주도로 1천여 명이 모인 가운데 '대군주 폐하 탄신 경축회'가 개최되었다. 이때 한성판윤 이채연(李采淵)과 전 학부협판 윤치호와 서재필이 연설하였

134 『漢城新報』, 1895년 9월 15일.
135 『漢城新報』, 1895년 9월 27일.
136 『漢城新報』, 1896년 9월 4일.
137 任善和, 2000, 77쪽.
138 『독립신문』, 1896년 9월 3일.

고 행사가 끝난 후 일제히 대군주와 왕태자를 위한 만세와 천세를 불렀다.139 『독립신문』도 논설을 통해 이날을 경축하였다.

> 뎨일 이군ㅎ는 근본은 님군의 디위가 셰계에 더 놉흔 이가 업도록 ㅎ는 것이요 둘지는 님군의 셩심이 편안ㅎ시게 ㅎ는 것이요 셋지는 나라에 아모죠록 환란이 업셔 나라 쥬쵸가 몃 쳔년이라도 지팅토록 ㅎ는 것이요 넷지는 님군과 빅셩 스이에 졍의가 싱기도록 일을 ㅎ여야 홀 터이라
>
> -『독립신문』, 1897년 8월 21일 「논설」

즉, 모든 사람들은 각기 응당 '애군(愛君)' '애국(愛國)'의 마음을 가지고 각 관사와 집집마다 국기를 달아 대군주와 조선을 위하는 마음을 내외에 표해야 한다고 주장하였다. 이해의 만수성절에는 제물포와 평양 등지에서 남녀노소 3백여 명이 모여 경축회를 열어 만세를 부르고 '독립가'도 부르면서 즐거워하였다 한다.140

대한제국 성립 이듬해인 1898년부터는 독립협회를 중심으로 하는 만수성절 기념식이 처음 개최되었다. 1898년 9월 10일(음력 7월 25일)에 성대하게 거행된 만수성절에 대해 독립협회 핵심 인사인 정교는, "독립협회에서 만백성이 경축하는 연회를 처음 만들어 충군애국하는 정성을 드러냈으니 사람들이 모두 크게 기뻐하였다"141고 기록하였다. 평양에서는 김종섭이라는 사람이 "우리나라가 단군 기자 때부터 자주독립이란 이름도 알지 못

---

139 『독립신문』, 1897년 8월 26일; 『尹致昊日記』, 1897년 8월 23일.
140 『독립신문』, 1897년 8월 26일; 『독립신문』, 1897년 9월 2일.
141 鄭喬, 『大韓季年史』 上, 광무 2년 9월 10일.

경운궁(현 덕수궁) 중화전

하다가 오늘날 우리들이 독립가를 부르는 것이 모두 우리 대군주 폐하의 성신 문무하신 덕택이라"고 연설하였다. 각급 학교 학도들도 경운궁에 모여 황제폐하의 만수무강을 기원하고 축하노래를 불렀다.[142]

다음 해인 1899년 음력 7월 25일 만수성절 이전인 음력 7월 22일 아침 면복(冕服)을 입은 황제가 중화전(中和殿)에서 종친과 문무백관의 하례를 받았는데, 4품 이상은 조복(朝服)을, 5품 이하는 흑단령(黑團領)을 입고 예를 갖추게 되어 있었다. 이때 각급 관원들이 무릎 꿇고 조아리는 예를 갖추었다.[143] 만수성절 당일에는 관청과 민가, 학교와 교회 등에 태극기가 게양되고 각종 축하 연회도 개최되었고 황제는 각 관청과 군인·경찰·시전(市廛)과 상무사(商務社)·부랑인[流丐(유개)] 등에게 황실 내탕금을 나누어 주기도 하였다.[144] 혜민원에서는 거지 400여 명에게 옷 한 벌씩을 제공하기도 하였다. 경축하는 의미에서 이날 신문도 하루 휴간하였다. 외부에서는 각부 대신과 대한제국 주재 외국 사신들을 초청하여 연회를 베풀고, 각급 학교에서는 경축회를 개최하고 학생들도 태극기를 흔들고 축가와 만세를 부르는 등 전국적인 축제 분위기를 연출하였다.

지방에서는 관청 주도로 기념행사가 거행되었다. 당시 한 전직 관리의 일기에 따르면 전라남도 해남군의 경우 군수가 1899년 음력 7월 25일(양 8월 30일) 대황제의 만수성절에 연회

---

142 『駐韓日本公使館記錄』「京城學堂年報 進達 및 保護金의 件」(加藤 공사→靑木 외무대신, 1899년 4월 7일).
143 『掌禮院日記』, 광무 3년 8월 6일.
144 『皇城新聞』, 1899년 8월 31일.

황제의 50세 만수성절 기념 은장
앞면(왼쪽)과 뒷면(오른쪽)

잔치를 베풀고 고을 안의 많은 사람들을 초청하였는데, 참석자들은 광대[才人]의 기예를 구경하고 배우들의 창가(唱歌)를 들으면서 각각 다담상(茶啖床)을 받았다. 또한 저녁에는 가녀(歌女)의 노래를 들으며 겸상(兼床)해서 마주 보며 식사를 하였고, 술과 국수 등 야참까지 제공되어 새벽까지 놀다가 흩어졌다는 것이다.[145] 인천 등 각 개항장에서도 각국 영사와 신사(紳士)·상인들을 초대하여 연회를 개최하기도 하였다.[146]

만수성절 행사는 해마다 성대하게 개최되었고, 1903년 영친왕의 환후가 더욱 심해지는 상황에서도 형을 집행해야 할 죄인들은 그해 8월 이내에 모두 거행하도록 한 것을 제하면 이전과 같은 형태와 규모로 거행되었다. 오히려 이해에는 만수성절 후 1주일간 궁중잔치를 베풀기로 되어 있어 각 아문 사무도 휴무할 예정

---

[145] 閔建鎬, 김동석 역, 2011, 834~835쪽. 이 행사는 이틀 후까지도 이어졌다(같은 책, 836쪽).
[146] 이정희, 2017, 142~143쪽.

이었다.[147] 만수성절 경축행사는 러일전쟁 이후에도 지속되었다. 다만 1904년의 경우 명헌태후(明憲太后, 헌종의 계비인 효정왕후)의 국상중인 관계로 각국 공사의 폐현을 제하면 약식 의례로 거행하고 궁내부대신이 주관하여 입식연회를 개최하였을 뿐 외부의 야회는 시행하지 않았다.[148] 한편 충남 선비 김명구 등 고종황제와 동갑인 임자(壬子, 1852) 생 여러 명이 홍산 만수산(萬壽山) 후록에 만수무량단(萬壽無量壇)을 건축하고 매년 음력 7월 25일 만수성절에 모여 황제의 축수를 기원하였다 한다.[149] 러일전쟁 이후에도 황제의 탄생일에 온 신민이 송축하여 '대황제 폐하 만만세'를 외치면서 황제가 나라를 아름답게 안정시키고 만백성을 품고 보호하기를 희망하였다.[150] 1906년 2월 통감부 설치 이후 일부 축사에서는 황제의 축수(祝壽)·복록(福祿)과 함께 제국과 국민, '독립만세' 등을 넣어 당시 인민들의 간절한 염원을 은유적으로 표현하기도 하였다.[151] 이 행사는 1907년 7월 황제의 강제 퇴위 이후에도 이어졌지만 융희 2년(1908) 7월 23일 칙령 제50호 「향사이정에 관한 건」 제7조에 따라 그해부터 양력 9월 8일로 대체되었다.[152] 1908년 9월 8일 만수성절 당일 오전 10시 일본 동경 유학생들이 유학생 감독부에 모여 국기를 걸고 만세삼창 등의 축하 의식을 거행하였다는 기록이 있다.[153]

147 『漢城新報』, 1903년 8월 20일; 9월 13일; 9월 20일.
148 『漢城新報』, 1904년 9월 3일.
149 『漢城新報』, 1905년 4월 4일.
150 『皇城新聞』, 광무 9년 8월 31일.
151 『皇城新聞』, 광무 10년 9월 14일.
152 『掌禮院稽制課日記』, 50~51쪽.
153 『大韓學會月報』 제7호, 융희 2년 9월.

천추경절

황태자의 탄생일인 1874년 음력 2월 8일 천추경절도 중국 황실의 예제를 원용한 것이다. 그런데 대한제국이 성립되기 이전까지 천추경절은 만수성절에 비해 그 중요성과 상징성이 작았던 까닭에 크게 조명을 받지 못한 듯하다. 1897년 천추경절에 대해 『독립신문』은, "어져씌는 왕태즈 뎐하의 탄일이라 신민의 경축 흔 날이로디 죠션 각 젼과 여렴가에셔들 국긔를 달아 경스로온 거슬 보이지 아니 ᄒ니 보기에 남의 나라 사롬이 북그렵더라"[154] 면서 국가의 경사스러운 날임에도 불구하고 국기를 달지도 않는 등 경축하는 분위기가 형성되어 있지 않음을 탄식하였다. 다음 해 2월 28일의 천추경절에 즈음해서도 『독립신문』은 각 가호와 관사에 국기를 달아 경축하는 마음을 표하고 황태자 '전하의 만수무강을 비는 것이 신민의 도리'[155]일 것이라 하였다. 1899년 음력 2월 8일 천추경절 당일 황실의 의식은 면복을 입은 황태자가 함령전(咸寧殿)에서 종친과 문무백관의 하례를 받았는데, 이때 4품 이상은 조복(朝服)을, 5품 이하는 흑단령(黑團領)을 입고 예를 갖추게 되어 있었다.[156]

1899년 3월 19일 독립관에서 천추경절 경축회를 계획하였지만 군부와 경무청이 이를 저지한 일도 있었다. 이는 천추경절 경축 의식 자체보다 1898년 12월 만민공동회와 독립협회 해산령으로 회원들의 활동을 탄압하는 과정에서 발생한 것이다.

독립기념관 소장 『수문견록(隨聞見錄)』 중에 아래와 같은 3건

---

154 『독립신문』, 1897년 3월 11일.
155 『독립신문』, 1898년 2월 26일.
156 『掌禮院日記』, 광무 3년 3월 14일.

의 만수성절과 천추경절 경축가가 적혀 있다. 이는 정순임(鄭順姙)이 기록한 것으로 말미에 관립 영어학교(英語學校) 세칙 15조가 첨부되어 있는 점으로 보아 관립 한성영어학교의 만수성절·천추경절 경축가로 판단된다.

만수성절 경축가

대한제국(大韓帝國) 오날 날은 만수성절(萬壽聖節) 죠흘시고
북두성(北斗星)을 앙첨(仰瞻)하니 상뇌광채(祥雷光彩) 눌려 있고
남산수(南山壽)를 청축(請祝)하니 보옥잔(寶玉盞)이 벼려 있네
신추(新秋) 칠월(七月) 호시절(好時節)에 우시연풍(又是年豊) 상서(上瑞)
로다
가기창창(佳氣蒼蒼) 봉궐하(鳳闕下)에 천관운집(千官雲集) 숭호(崇呼)
로세
팔채미상(八彩眉上) 기쁜 기운 사해춘광(四海春光) 이 아닌가
노래자(老萊子)의 반윤무(班潤舞)는 성자신손(聖子神孫) 계계(繼繼)
로다
벽하주(璧霞酒)와 왕모도(王母桃)로 억만사년(億萬斯年) 축하(祝賀)하세
석상영지(石上靈芝) 연상별(蓮上鼈)은 황상성수(皇上聖壽) 휴징(休徵)
이라
학도(學徒)들아 학도(學徒)들아 모학교(某學校)의 학도(學徒)들아
경축(慶祝)하세 경축(慶祝)하세 만수성절(萬壽聖節) 경축(慶祝)하세
성심위주(誠心爲炷) 현등(懸燈)하니 당년기상(當年氣像) 홍류(虹流)로다
해옥주(海屋籌)를 객첨(更添)하니 제천성수(齊天聖壽) 무강(無疆)이라
만세(萬歲) 만세(萬歲) 만만세(萬萬歲) 대황제(太皇帝) 폐하만세(陛下萬歲)

천추경절 경축가

학도(學徒)들아 학도(學徒)들아 영어학교(英語學校) 학도(學徒)들아
경축(慶祝)하세 경축(慶祝)하세 일심(一心)으로 경축(慶祝)하세
갑술(甲戌) 이월(二月) 초팔일(初八日)에 동방예성(東方睿聖) 나셨으니
서일상운(瑞日祥雲) 오늘 날은 천추경절(千秋慶節) 좋을세라
천안희색(天顔喜色) 일선(一鮮)하니 사해춘광(四海春光) 이 아닌가
전국신민(全國臣民) 도무(蹈舞)하니 구여송축(九如頌祝) 즐겁도다
총명예지(聰明睿智) 천성(天性)으로 우내형세(宇內形勢) 통찰(洞察)하사
우리 성왕(聖王) 총명(補聰)하여 부강기초(富强基礎) 정(定)하시니
그 은덕(恩德)을 갚자 하면 천장지구(天長地久) 한(限)이 없네
벽하선주(碧霞仙酒) 왕모도(王母桃)로 억만사년(億萬斯年) 축하(祝賀) 하세
석상영지(石上靈芝) 연상별(蓮上鼈)은 동궁성수(東宮聖壽) 휴징(休徵) 이라
재천열성(在天列聖) 도우셔서 보록무강(寶錄無疆) 하옵소서
만세(萬歲) 만세(萬歲) 만만세(萬萬歲) 대황제(太皇帝) 폐하(陛下) 만만세(萬萬歲)
천세(千歲) 천세(千歲) 천천세(千千歲) 황태자(皇太子) 전하(殿下) 천천세(千千歲)

천추경절 경축가

경축(慶祝)일세 경축(慶祝)일세 천추경절(千秋慶節) 경축(慶祝)일세
갑술(甲戌) 이월(二月) 초팔일(初八日)에 동방성인(東方聖人) 나셨어라
선이지(仙李枝)에 꽃침이니 대한건곤(大韓乾坤) 빛나도다
거룩하고 높으도다 우리 동궁(東宮) 예덕(睿德)이여

성효출천(誠孝出天) 지극토다 양심양지(養心養志) 하옵시니
대순증자(大舜曾子) 큰 효행(孝行)을 금일(今日)에야 알지로다
총명예지(聰明睿智) 천성(天性)으로 천하형세(天下形勢) 통찰(洞察)하사
우리 성상(聖上) 보총(補聰)하여 부강기초(富强基礎) 정(定)하시니
그 은덕(恩德)을 갚자 하면 천장지구(天長地久) 한(限)이 없네
풍화일난(風和日暖) 좋은 시절 만민도무(萬民蹈舞) 즐겁도다
학도(學徒)들아 학도(學徒)들아 영어학교(英語學校) 학도(學徒)들아
경축(慶祝)하세 경축(慶祝)하세 동궁수복(東宮壽福) 경축(慶祝)하세
일일수만(一日壽萬) 구오복(九五福)은 천추만세(千秋萬世) 누리소서

— 필자 미상, 『隨聞見錄』(독립기념관 도서관)

천추경절 당일 하루의 경축 의식은 대체로 다음과 같은 순으로 이루어진 것으로 보인다. 즉, 오전 10시에 각국 공사 이하 영사·고문관 등이 함령전에 등원하여 황제와 황태자를 배알하고 축하를 표하였다. 이들이 폐현을 마친 후 11시부터 각부 대신이 배알한 후 모두 모여 서양식 점심을 대접받았는데, 이때 군악대가 연주를 하였고 연회 과정에서 관기의 무용도 있었다. 예식원장의 주선으로 70여 명의 내·외빈이 서로 소개를 주고받았고 궁중 내의 연회가 끝난 오후 9시부터 다시 외무대신이 각국 사신과 고등관들을 모두 초대하여 성대한 야회(夜會)를 개최하였다. 이날 각 학교에서는 교사와 학도 수천 명이 모두 의복에 꽃을 꽂아 경축을 표하는 한편 일제히 대안문 앞으로 나아가 천세를 불렀다. 그 다음으로는 부상(負商)들이 모여 천세를 불렀다. 도성 내 가로에는 국기를 달아 경축일을 표하고 밤에는 각 골목과 정부 부처에 등을 달아 불을 찬란하게 밝혔다. 구경꾼이 남녀노소

없이 정동 공사관 일대를 비롯한 가로에 많이 모여들었는데, 이
때 궁중풍악이 울렸고 여염집 도처에서도 풍악으로 화응하는 등
경축 분위기가 만연하였다.157

그러나 천추경절은 1907년 7월 고종황제의 강제 퇴위 이후 황
태자가 융희황제로 등극함에 따라 그해 8월 궁내부대신 이윤용
의 건의에 따라 건원절(乾元節)로 개칭하여 거행되었다. 융희 2년
(1908) 7월 23일 칙령 제50호「향사이정에 관한 건」에 따라 매년
음력 2월 8일이었던 것을 그해부터 양력으로 환산하여 3월 25일
로 변경되었다. 1908년에는 2월 8일의 양력 날짜인 3월 10일 경
축식을 하였으나 이후 1909년과 1910년 2년 동안만 건원절 행사
가 있었고 대한제국의 멸망 이후 자동 소멸되었다. 순종 재위 기
간에는 통감부에서 양력 9월 19일 황후 탄신일인 곤원절(坤元節),
8월 27일 황제 즉위 예식일, 11월 18일 황제 등극을 종묘와 사직
에 고한 묘사서고일(廟祠誓告日)을 새로운 경절로 제정하였다.158

흥경절

고종이 국왕으로 등극한 1863년 음력 12월 13일을 기념하는 한
편 1895년 음력 12월 12일 갑오개화파 정권에서 제정한 독립서
고일(獨立誓告日)을 대체한 것으로 1896년부터 흥경절(興慶節)로
명명되었다. 1896년 12월 9일 궁내부대신 이재순(李載純)이 "음
력 12월 13일은 계해년(1863)에 성상께서 왕위에 오르신 날이고
또 재작년에 사직에 고한 날이니, 이를 합하여 나라의 명절로 칭

---

157 『漢城新報』, 1903년 3월 8일.
158 『掌禮院稽制課日記』, 50~51쪽.

하고, 매년 이날을 홍경절(興慶節)이라 부르겠습니다"[159]라고 한 요청을 국왕이 받아들임에 따라 고종의 등극일임과 동시에 1년 전 제정된 종묘에 조선의 독립을 서고한 두 경축일을 합쳐 홍경절로 한 것이다.[160]

그런데 당시 일반인들에게는 독립서고일의 의미가 더 강하게 작용하였던 듯하다. 독립서고일은 1895년 5월 10일 "짐은 개국 503년 12월 12일에 종묘와 사직에 맹세하여 종래의 청국의 간섭을 끊어버리고 우리 대조선국의 고유한 독립 기초를 굳건히 하며 또한 이 시모노세키조약(馬關條約)을 통하여 세계에 빛나게 드러내게 되었다"[161]는 청일전쟁의 「시모노세키조약」으로 조선이 청국의 속방(屬邦)에서 벗어난 날을 독립 경축일로 정하여 영구한 경사스러운 날로 삼아 해마다 백성과 함께 축하하겠다는 유시(諭示)로부터 시작된 것이다. 이 독립서고는 갑오개혁 시 성문화된 「홍범(洪範) 14조」 제1조의 "청에 의존하는 생각을 끊어 버리고 자주독립의 기초를 확실히 세운다"[162]는 내용을 반영한 것이다. 김윤식(金允植)도, "오늘 우리 정부는 독립경회(獨立慶會)를 위해 동궐 후원에서 원유회(園遊會)를 베풀었다"고 기록하였다. 농상공부대신 김가진을 위원장으로 하는 당일 경축연회에는 각국 공·영사와 각국 신사·상인과 그 부인들이 초대되었고 우리나라의 칙·주임관들까지 거의 1천여 명 정도 참여한 규모 있는 행사였다. 주합루와 연경당·승재정·용산정 등 각처에는 잔칫상이

---

159 『承政院日記』, 1896년 12월 9일.
160 黃玹, 『梅泉野錄』 제2권, 건양 원년.
161 『高宗實錄』, 고종 32년 5월 10일.
162 『官報』, 開國 503년(1894) 12월 12일.

종묘서고문

차려졌고, 위로 창덕궁 옥류천에 이르기까지 둥근 등을 걸었다. 을미의숙(乙未義塾) 등 각처 학도들이 '독립가'를 부르고 만세도 제창하였다. 이날의 행사는 우리나라에서는 조사(朝士)와 부인들이 처음으로 같이 참석한 것으로 밤늦게까지 계속되었다.[163] 근대 국경일이 처음 시작된 것이었다.[164]

그러나 아관파천 이후 정치 주도층이 변하면서 그간 갑오개화파가 '독립서고일'을 기념하여 만든 홍경절의 존치에 관한 논의가 있었던 것으로 보인다. 그 결과 홍경절은 국가 제일(祭日)에 추가하는 문제에 관해 조정 대신들 사이의 논의를 거쳐 1897년 양력 1월 11일에 "음력 12월 13일은 금상(今上) 폐하(陛下)께서 등극하신 날이며, 또 재작년에 독립을 종묘에 고한 날이므로 이 날을 홍경절이라 칭하고 국제일(國祭日)에 추가한다"고 발표함

---

163 金允植, 『續陰晴史』(卷七), 高宗 32年 5月.
164 정근식, 2000, 187~188쪽.

으로써 국가경절로 확정되었다 한다.[165] 이후 『독립신문』에서도 1897년 1월 15일 당일은 조선독립 서고일이자 대군주의 등극 24주년으로 '독립하고 애국하는 도리'로서 각 관부와 상점과 개인들은 모두 집에 조선 국기를 게양하여 조선 사람이 임금을 사랑하고 자주를 즐거워하는 것을 보이는 것이 나라에 크게 도움이 될 것이라 하였다.[166] 서재필(徐載弼) 역시 각 학교 학도들은 이날 마음과 정성을 다해 경축회를 하고 노래를 부르고 축사를 읽고 미국 독립선언문을 번역하여 공부하고 만세를 부르고 국기를 높이 달 것을 권유하였다. 그는 '세계에 흉악훈 고싱을 다히 보고 다시 고국에 도라온 사룸의 눈에서 눈물이 나옴을 금홀 슈 업더라'며 이날을 감격해하였다.[167]

독립협회나 서재필은 모두 이날을 국왕 즉위일로서라기보다는 '대청독립'의 의미에 방점을 두었다. 그러나 그 의식은 오래가지 못했고 아관파천 이후 정국 변동 상황에서 『독립신문』 등의 논리는 대중의 지지를 받지 못하였다. 반면 일반인들은 합절(合節)보다는 국왕 등극일로의 의미만으로 이해하였고 실제 행사도 그런 방향에서 진행되었다. 음력 12월 13일의 '어극' 경축을 위해 당일은 정부 각 부처들도 임시로 쉬었고 신문도 휴간하였다.[168] 매년 음력 12월 13일 흥경절 경축 행사는 통감부 시기인 1906년에도, 황제가 강제 퇴위당한 1907년 당일에도 각급 학교를 중심

---

165 『駐韓日本公使館記錄』「三. 本省往復報告 (1) 施政一班・任免一束・雜件」, 1897년 1월 18일.
166 『독립신문』, 1897년 1월 14일 「논설」.
167 『독립신문』, 1897년 1월 19일 「논설」.
168 『日新』, 광무 3년 12월 15일; 『제국신문』, 1901년 1월 31일.

으로 개최되었다.[169] 흥경절은 융희 2년(1908) 7월 23일 칙령 제 50호 「향사이정에 관한 건」에 따라 그해부터 국가 경절에서 영구히 제외되었다.[170]

계천기원절

계천기원절은 국왕이었던 고종이 대한제국의 황제에 즉위한 것을 기리기 위한 경축일이다. 그런데 중국에서 '계천(繼天)'은 '하늘의 뜻을 지키고 계승한다[秉承天意]'는 뜻이었다. 한나라 양무(揚雄)의 「법언(法言)/오백(五百)」에 "성인은 총명하고 깊고 아름다워서 하늘을 이어 만령을 헤아린다[聖人聰明淵懿 繼天測靈]"로 되어 있고, 후한(後東) 시기 반고(班固)의 「동도부(東都賦)」에는 "천지의 원기를 체득하여 제도를 수립하고 하늘의 뜻을 이어받아 흥작한다[체원입제(體元立制) 계천이작(繼天而作)]"로, 남조송(宋) 안언지(顔延之)의 「황태자석전회작(皇太子釋奠會作)」이라는 시에는 "대인이 자랑할 만한 좋은 물건은 하늘의 뜻을 이어받아 성인의 도를 만나는 것이다[대인장물(大人長物) 계천접성(繼天接聖)]"라 한다.

우리나라의 경우 광무 원년인 1897년 12월 2일 궁내부대신 민영규의 주청에 따라 국왕이 황제위에 오른 음력 9월 17일(양 10월 12일)을 경일(慶日)로 정하여 계천기원절(繼天紀元節)이라 칭하게 하였다.[171] 황현(黃玹)에 따르면 황제가 즉위한 당(堂)의 이름을 태극전(太極殿)이라고 하였으나 그 후 중화전(中和殿)으로 개칭하

---

169 池圭植, 『荷齋日記』, 1906년 12월 13일; 1907년 12월 13일.
170 『掌禮院稽制課日記』, 48~51쪽.
171 『承政院日記』, 1897년 11월 9일.

고, 달력은 명시력(明時曆), 국기는 태극기, 즉위일은 계천기원절이라고 하였다 한다. 경축일 당일에 든 비용은 5만 원이었으며, 어보(御寶) 제조에 소요된 금은 1천 냥으로 그 가격은 4만 5천 원이라는 것이다.[172] 처음 행사는 1898년 10월 31일 거행되었는데, 독립협회도 독립관에서 경축 모임을 열고 당일 종로의 만민공동회로 나갔다. 회장 윤치호는 황제 즉위일인 이날을 '온 나라 동포가 다시 태어난 날'로 설명하였다.[173] 신문에서는 계천기원절 준비 상황을 다음과 같이 기술하였다.

[준비경회(準備慶會)] 명일(明日)은 계천기원절(繼天紀元節)이라. 궁내부(宮內府)에서 구성헌(九成軒)에 경축회(慶祝會)를 설(設)ᄒ고 각부(各部) 대소(大小) 관인(官人)과 회연(會宴)ᄒ고 각국(各國) 공영사(公領事)들은 폐현(陛見) 후(後)에 대관정(大觀亭)에서 야연(夜宴)을 설(設)ᄒ고 외부(外部)에셔는 호위대(扈衛隊)에 위탁(委托)ᄒ야 화구(火球)를 제조(製造)ᄒ야 희구(戱具)를 다비(多備)ᄒ다더라.

-『皇城新聞』, 1899년 10월 20일

계천기원절 날 외부에서는 각국 외교사절을 초빙하고 연회에 원수부와 헌병대·육군법원 등에 소속된 무관들도 참석하였는데, 이들은 무관복장을 착용하거나 부득이한 경우 소례복(小禮服)을 입고 머리에는 갓[笠]을 쓰도록 되어 있었다.[174] 1903년의 경우를 보면, 행사는 다음과 같이 진행되었다.

172 黃玹, 『梅泉野錄』, 제2권, 광무 원년.
173 鄭喬, 『大韓季年史』上, 광무 2년 10월.
174 『外部各官廳來去文』「輪牒」, 1901년 10월 25일.

[경절송축(慶節頌祝)] 작일(昨日)은 제7회(第七回) 계천기원(繼天紀元) 경절(慶節)이라. 천기청명(天氣淸明)하고 시후가량(時候佳良)흔데 대내(大內)에셔난 영친왕(英親王) 저하(邸下) 진후(疹候)가 재복(纔復)하셧심으로 백관(百官) 진하(陳賀)난 권정예(權停例)로 행(行)하셧고 각(各) 부부원청(府部院廳)과 각(各) 군대(軍隊)에셔도 전일(前日)과 여(如)히 성악(聲樂)과 경연(慶宴)을 성장(盛張)치 못하고 약간(略干) 배반(盃盤)으로 경축(慶祝)을 표(表)하얏고 외부(外部)에셔난 각(各) 외국(外國) 공영사(公領事)를 청격(請邀)하야 설연(設宴) 경축(慶祝)하얏고 각(各) 학교(學校) 학도(學徒)와 상무사(商務社) 인원(人員) 등(等)은 애국가(愛國歌)를 제창(齊唱)하며 대안문(大安門) 전(前)에셔 산호만세(山呼萬歲)하얏고 각(各) 신문사(新聞社)에셔도 일제(一齊) 만만세(萬萬歲)를 경축(慶祝)하고 도성내외(都城內外) 각(各) 상민(商民) 전포(廛舖)에도 연례(年例)를 의(依)하야 만호(萬戶) 천문(千門)에 태극기(太極旗)를 고징(高懲)하고 만수등광(萬壽燈光)이 명월(明月)과 영롱(玲瓏)한데 사녀아동(士女兒童)이 경절(慶節)을 송축(頌祝)하고 오희유락(娛戱遊樂)하더라.　　　　　　-『皇城新聞』, 1903년 11월 6일

계천기원절 당일에는 각 부부원(府部院)과 학교·상회(商會)의 신상(紳商)과 여러 인사들은 술을 마시며 연주 및 가무를 즐겼다.[175] 경기도 광주 분원(分院)의 공인(貢人) 지규식(池圭植)도 자신의 일기에 "오늘은 곧 대황제(大皇帝) 폐하께서 황제에 즉위하신 보위 4회 경절(慶節)이다. 조정과 민간이 함께 기뻐하

---

[175] 『皇城新聞』, 1900년 11월 9일.

계천기원절 당일 독립문에 태극기 게양

였다"고 적었다.[176] 1898년 각 부부(府部)와 각 협회에서 경축회를 거행하는데 황제가 각 부에는 100원, 군부에는 496원, 독립협회에는 200원을 하사하였다.[177] 1901년에는 각 부부원에 40원씩 내탕전을 지급하여 기악(妓樂)으로 연회를 베풀고 경축케 하였다.[178] 또한 상무사(商務社)는 80원, 종로 각전(各廛)에는 40원씩, 철도회사와 기타 제생사(濟生社) 등에게는 20원씩 하사하였다.[179] 이날은 신문들도 휴간하였다. 계천기원절 경축 행사는 러일전쟁을 거쳐 통감부 시기까지도 이어졌다.[180] 그러나 앞의 만수성절의 경우와 마찬가지로 일부 경축사에서는 이날 '대황제 폐하, 대한제국 만세'와 더불어 '2천만 동포 만세'로 기원하기도

176 池圭植, 『荷齋日記』, 1900년 9월 17일.
177 『제국신문』, 광무 2년 10월 29일.
178 『皇城新聞』, 1901년 10월 29일.
179 『皇城新聞』, 1901년 11월 6일.
180 『西友』「會錄」, 1906년 12월 1일.

하였다.[181] 그러던 중 융희 2년(1908) 7월 23일 칙령 제50호 「향사이정에 관한 건」에 따라 그해부터 처음 황제로 등극한 날짜에 맞추어 양력 10월 12일로 대체되었다.[182] 1909년 전 학부대신 이재곤, 전 법부협판 김석규, 시종원경 윤덕영 등 여러 전 현직 관인들과 사립 중교의숙(中橋義塾) 총무 송순두 등 학교 교원들이 계천기원절 경축시를 지어 순종 황제에게 시첩(詩帖)을 헌정하기도 하였다.[183]

개국기원절

태조 이성계가 조선을 개창한 개국기원절은 조선시대 내내 특별한 행사를 치르지 않았던 것으로 보인다. 그러던 중 서양의 관례를 참고하여 갑오개혁 시기인 1894년 군국기무처에서 공사(公私) 문서에 개국기년(開國紀年) 사용을 결정하였고, 1895년에 내무아문 대신 박영효의 주도로 처음으로 경절로 정해서 기념하였다. 그런데 이는 청으로부터의 독립과 자주는 물론 더불어 '소중화'를 명분으로 이어지던 명(明)으로부터의 '정신적 독립'까지 포함되어 있었다. 반면 개화파 정부는 일본이 조선의 자주와 독립을 돕는 것으로까지 규정하였다.

> 제86조 명과 청국을 존숭ㅎ지 말고 아조(我朝)의 개국기원이 정ㅎ얏슨 즉 제반 명문과 계서등항(契書等項)에 청국연호를 기(記)치 물(勿)홀 사.

---

181 『皇城新聞』, 광무 10년 11월 5일.
182 『掌禮院稽制課日記』, 50~51쪽.
183 李載崑 等, 연도 미상, 『繼天紀元慶祝詩帖』, 국립중앙도서관, BC古朝45-가234.

제87조 인민에게 일본이 아(我)의 독립자주를 조(助)ᄒ는 형편을 효유
홀 사.

-『訓示』, 內務衙門, 개국 504년 3월 10일

1895년 첫해 행사는 오후 3시의 각국 공사 부부 동반으로 고종을 알현하는 접견례와 오후 8시의 국왕과 왕후, 세자가 참석하는 경복궁 경회루 연회로 나뉘어 있었다.[184] 이후 해마다 이날에는 궁중은 물론 일반에서도 성대한 의식을 거행하였다.

개국기원절(16일)에 경회루에서 잔치를 베풀었다. 이때 각국 공사들은 부부 동반하여 고종을 알현하고 각부의 칙임관도 아내와 함께 잔치에 참석하였다. 이것은 서양의 풍속을 따른 것이다. 16일은 태조가 개국한 날이므로 지난해부터 이날을 개국기념일로 정하여 명절로 삼았다. 이것도 서양의 법이다.

- 黃玹, 『梅泉野錄』 제2권, 고종 32년

저잣거리마다 국기를 달았고 밤에는 등불을 켜서 경사를 칭하였다.[185] 궁내부대신 이경직을 총재사무로 임명하여 그의 주도로 경복궁 경회루에서 잔치를 베풀었다. 그런데 일각에서는 이날을 조선독립 기념일로 이해하고 있는 듯하다. 평양의 한 기록에서는 1895년 음력 7월 16일을 처음으로 '국조독립자주기원절(國朝獨立自主紀元節)'로 삼은 날로 기록하였다.[186]

1897년 8월 13일에는 독립관에서 독립협회 주도로 민간 차원의

---

184 이정희, 2012, 145~146쪽.
185 『漢城新報』, 1895년 9월 13일.
186 『平壤誌』下, 「平壤新續」(발행 연도 미상, 국립중앙도서관 고문서), 117쪽.

506주년 개국기원절 기념식이 거행되었다. 이날 기념식의 의의에 대해 『조선그리스도인회보』는 다음과 같이 언급하였다.

> 첫째는 그 님군에게 충성하고 나라를 사랑하는 마음을 표함이오, 둘째는 그 조상의 공로와 사업을 잊지 말고 본받기를 기약함이요, 셋째는 전국 아동으로 하여금 그 사기와 영광을 알게 하여 어려서부터 충군애국지심을 도탑게 함이요, 넷째는 천만인으로 하여금 비록 성품과 면목과 생애와 지처는 다 다르나 섬기고 위하기는 한 님군 한 나라인줄 알게 함이라.
>   - 『조선그리스도인회보』, 1897년 8월 11일

이날의 행사 절차를 보면, 정부관인과 학도와 일반인은 물론 각국 공영사와 그 부인들이 많이 모인 가운데 독립관에 국기를 달고 배재학당 학생들은 축수가와 무궁화 노래를 불렀다. 또한 독립협회 회장 안경수를 비롯하여 한성판윤 이채연, 미국 교사 아펜젤러, 학부협판 윤치호, 탁지부대신 심상훈, 서재필 등이 각기 연설을 하였다. 또한 외국 부인들의 악기연주와 합창과 배재학당 학생들이 '나라 사랑하는 노래(애국가를 말함)'를 부르고 마지막 다과회를 끝으로 마무리되었다.[187] 이날의 행사에 대해 『독립신문』은 "조선이 새 사기를 만드는데 그 사기는 이왕 사기보다 몇백 배가 더 굉장하고 흠선할 만할 줄로 아노라"고 부연하였다.[188] 특히 개국 506회째인 이해의 개국기원절 행사는 서울을 온통 치장함으로써 성대히 거행되었던 것으로 기억되고 있다.[189]

---

[187] 『독립신문』, 1897년 8월 17일.
[188] 『독립신문』, 1897년 8월 19일.
[189] W. E. 그리피스, 신복룡 역, 1999, 615쪽.

1898년 9월 1일에도 개국기원절 경축 행사가 개최되었는데, 11시부터 1시까지는 독립문에 내국인 3천여 명이 모여 경축식과 다과회를, 오후 3시부터는 독립관에서 고위관료와 외국인 중심으로 별도의 기념식을 거행하였다.[190] 이날의 광경에 대해 정교는, "도성 가득히 남녀가 구름같이 모여들어 구경했는데, 어깨를 부딪치고 땀을 뿌리며 곧바로 인산인해를 이루었으니, 실로 우리 대한제국의 새로운 시대가 열린 이래로 하나의 성대한 모임의 축하연이었다"고 기록하였다.[191] 이날 영은문 옆에는 소나무로 문을 만들고 그 끝에 황금색으로 '기원경절(紀元慶節)'이라는 글자를 새긴 현판을 걸고 아래 문에는 한 쌍의 국기를 교차해 세웠다. 독립관 안에는 태극기는 물론 청국·일본·영국·미국·독일·러시아·이탈리아·프랑스·오스트리아 국기를 매달아 놓았다. 붉은 천에 '개국기원경축(開國紀元慶祝)'이라는 금빛 글자를 써서 가로로 걸어 놓았다. 또 다른 기록을 보면, "7월 16일은 즉 개국기원절(開國紀元節)로 독립관에서는 일찍부터 각부 관원, 독립협회 회원, 각 학교 학원(學員) 및 서울의 사녀(士女)가 모여 모화관(慕華館)에서 경축하고 독립문(獨立門) 앞에 연회소를 만들어 각 학도가 다음에 기원가(紀元歌)를 부르고 일제히 만세(萬歲)를 제창하였으니 참으로 성대한 모임이고 성대한 일이다"[192]고 감격하였다. 『제국신문』은 「개국긔원졀을 경츅」이라는 제목의 경축시를 기재하였다.

190　이정희, 2012, 160~161쪽.
191　鄭喬, 『大韓季年史』上, 광무 2년 9월 1일.
192　필자 미상, 『叢瑣』 10책. 『제국신문』은 다음 날 논설로 이를 경축하였다(『제국신문』, 광무 2년 9월 2일).

우리 태조 고황제 금자를 꿈꾸시고
임신년에 천명받아 한양성에 개국일세.
그 때가 어느 날고 칠월이요 십육일세
열성조 계승하사 억천년 무강일세.
복록이 모여들고 옛날이 이 새로우사
우리 황상 영덕으로 대한이 중흥일세.
독립기초 확정하여 자주독립 개명이라
개국기원 경축하니 태산반석 평안일세.
이천만 구 동포들은 충군애국 목적이라
영세보호 우리나라 성은에 목욕일세.
대한제국 만만세요 동궁전하 천천세라.

- 『제국신문』, 광무 4년 8월 11일

그런데 이 신문 논설이 묘사하는 1898년 9월 1일 개국기원절 상황이 매우 자세하다. 즉, 독립문 앞에 차일을 높이 치고 국기를 세우는 한편 사방으로 울타리를 만들고 앞에는 푸른 솔가지로 홍예를 틀어 문을 내고 붉은 글자로 '기원경축' 4글자를 써서 현판을 달고 그 문으로 출입하게 하였다는 것이다. 독립협회 회장 윤치호의 개회 설명과 회원 정교의 기원절 기념 연설, 부회장 이상재의 '대한 전진'에 관한 연설이 있었다. 이후 황실에서 보낸 악대가 경축가를 연주하고 각 학교 학도들은 '기원가'를 합창하였다. 또한 군복을 입은 200여 명의 무관학교 학도들이 구령에 따라 도열한 후 애국가를 크게 불렀다. 이들은 황제와 황태자·인민·독립협회 회원 등을 위해 각기 만세와 천세를 부르고 준비된 음식을 나누어 먹은 후 오후 2시에 폐하였다. 오후 3시 반 경에는 외국인 부인과 각국 공사와 영사, 장관과 군인, 진신과 신사 총 93명을 초대하여 성대한 연회를 열었다.[193] 이날 행사에 훌륭한 다과가 나왔고 손님에게는 융숭한 접대와 함께 큰 연꽃 한 송이씩을 주었다.[194]

이 개국기원절 행사 또한 다른 경축일과 마찬가지로 러일전쟁 이후에도 계속 이어졌다. 1904년 8월 26일 당일에 궁중에서는 문무백관의 하례를 받고 각 부부원청에서는 업무를 정지하였다.[195] 1906년의 기사는 "오늘은 곧 우리 태조 황제께서 개국하신 기원절(紀元節)이다. 학교에서 점등(點燈)하고 애국가를 부르며 온종일 경축하고 밤이 깊은 뒤 집회를 마쳤다"고 되어 있다.[196] 이때까지도 태조 이성계의 조선 개국을 경축하는 이유는 일찍이 잠저(潛邸)에 있을 때 하늘의 신인(神人)으로부터 금빛이 나는 자 즉, 금자[金尺]를 받았고 처음으로 단군(檀君)과 기자(箕子)의 직책을 이었으며, 나하추[納哈出]를 물리치고 홍건적(紅巾賊)을 소탕하여 강토를 다시 보전하게 되었음이 회상되고 있기 때문이었다.[197] 러일전쟁과 통감부 설치, 고종 퇴위·군대 해산으로 이어지는 당시의 망국적 상황에 견주어 볼 때 태조는 피폐해지고 '망해가는 나라'를 바로잡고 5백년을 이어가게 한 구국과 영광의 인물로 기억되고 있었던 것이다.[198]

고종황제의 강제 퇴위 직후『황성신문』은 논설에서 나라가 망

---

193 『제국신문』, 광무 2년 9월 3일.
194 매티 윌콕스 노블, 손현선 역, 2010, 137쪽.
195 『漢城新報』, 1904년 8월 26일.
196 池圭植,『荷齋日記』, 1906년 7월 16일(음).
197 『皇城新聞』, 광무 9년 8월 17일.
198 『大韓每日申報』, 융희 2년 8월 27일.

해가는 당시의 엄연한 현실에서 그간 황실 중심의 국가 기념과 정월 보름·추석·중양절 등 절기로 명절을 구분하는 중국 방식에 회의를 제기하였다. 그리고 이를 '구 명절'로 규정하였는데 이제는 그 대안으로 '독립의 생일, 입헌의 생일, 국기의 생일' 등 '신세계의 신사상과 신인물의 신사업'으로 '신 명절'을 만들어 이를 2천만 국민의 '국민경절'로 부를 것을 제안하였다.[199] 개국기원절은 앞의 계천기원절과 마찬가지로 1908년 7월 23일 칙령 제50호에 따라 그해부터 양력 8월 14일로 대체되었다.[200]

199 『皇城新聞』, 융희 원년 8월 17일.
200 『掌禮院稽制課日記』, 50~51쪽.

근대적 의전제도 마련

사례소 설치와 『대한예전』 편찬

대한제국은 새로운 체제와 국가 전례를 마련하고 이를 성문화하기 위한 별도의 기구가 필요하였다. 이에 사례소(史禮所)라는 임시기구를 설치하고 '고금전례'를 참작하여 즉, 과거부터 통용되던 예제를 고쳐 제국의 시스템에 맞춘 『대한예전(大韓禮典)』이라는 새로운 전례를 마련하였다.

사례소는 1897년 6월 3일 내부대신 남정철(南廷哲)의 건의에 따라 설치되었는데, 그 목적은 조선 역대 왕조의 치적을 정리하고 황제 즉위 시의 예법을 마련함과 동시에 새롭게 황제국의 위상에 걸맞는 국가의 전례를 정비하기 위한 것이었다. 설립 당시 사례소는 남정철을 위원으로 이종원·남정필·김인식을 부원으로 임명하였고 중추원으로 이속하여 7월 1일부터 김응수·장지연 등을 추가로 임명하여 본격적인 업무를 개시하였다. 이때 선발된 직원(直員)은 진사 김응수·장지연·민긍훈, 전 도사(前都事) 조진규·안철수, 전 교리 이범세, 유학(幼學) 윤희구·권필·동병

『대한예전』(전 10권)

연·신면휴, 전 주사 권대연이었고, 과원(課員)은 중추원 주사 백남규, 내부 참서관 현은, 주사 최시명, 장례원 주사 이희상 등이었다.[201] 그 결과 설치된 지 불과 3달 만에 황제 즉위 의례와 부속 의주를 제정하여 이를 토대로 10월에 황제 즉위 의식을 거행할 수 있었다.[202] 이들 구성원 중 남정철과 장지연을 비롯한 많은 구성원들은 동도서기 계열의 개신유학자들로 대한제국 성립에 적극적이었다.

이 사례소에서는 『국조오례의(國朝五禮儀)』 등 조선의 전례와 명나라의 『대명집례(大明集禮)』·『대명회전(大明會典)』 등 내외의 각종 전적을 참고하여 전 10권의 『대한예전』을 편찬하였다.[203] 『대한예전』의 편찬 목적은 그 수편(首編)에 잘 표명되어 있다.

---

201 『高宗實錄』, 고종 34년 7월 1일.
202 임민혁, 2010, 389쪽.
203 임민혁, 2010, 391~392쪽.

신민(臣民)들은 하늘의 마음이 어디에 있는지 다들 알고서, 서로 이어서 황제의 대위에 오르실 것을 청하니, 폐하께서 겸양하신 것이 수십 번이다가 비로소 윤허하셨다. 이에 음력 정유년 9월 17일에 원구단에서 친히 천지에 제사지낸 연후에, 황제위에 오르시고 태극전으로 돌아가셔서 백관의 하례를 받으셨다. 드디어 국호를 고쳐서 대한이라 하고, 건원하여 광무라 하며 태행왕후를 추가로 책봉하여 황후로 삼고 왕태자를 책봉하여 황태자로 삼았다. 나머지는 모두 그에 의거하여 온갖 법도를 일신하니, 이것이 대한예전을 지은 까닭이다.

『대한예전』중 특히 제1권은 황제 즉위 의례 등 즉위 관련 의식을 중심으로 정리되어 있다. 여기에는 황제 즉위 명분으로 마련한 역사와 영토 개념, 단군을 시작으로 역대 군왕과 삼성사(三聖祠)·관왕묘·장충단(獎忠壇)의 치제(致祭) 등이 주로 다루어졌다. 제4권은 황제의 깃발과 관복의 복식·문양 등을, 제5권은 의장(儀仗)과 악기·악장(樂章) 등을 정리한 것이다. 제6~8권은 길례(吉禮), 제9~10권은 가례(嘉禮)로 되어 있다. '길례' 항목 중 대사(大祀)는 원구·종묘·영령전·사직단·대보단에서, 중사(中祀)는 선농·선잠·우사·문묘·경모궁·둑제·관왕묘에서 거행하였는데 각기 제사악이 사용되었다.[204] 『대한예전』에 따르면 1899년 원수부 설립 이전부터 황제가 서양 각국의 예에 따라 '육군대례복'(후일의 '대원수 예복')을 착용하는 체계도 마련하고 있었다.[205]

---

204 임미선, 2010, 69쪽.
205 이경미, 2012, 157, 161~162쪽.

설치 당시 중추원으로 옮겼던 사례소는 1898년 2월 종로 탑골공원 옆 전 상무회의소 자리로 이전되었다. 그러나 국사 편찬은 원래 예정된 역대 전적을 정리하고 편찬하는 작업을 제대로 이루지 못하였고 다만 『대한예전』 작성으로 최소한의 설립 목적만을 달성하고 설치된 지 1년 4개월여 만인 1898년 10월 25일 폐지되었다. 이는 "지금 나라의 비용이 궁색하여 시급한 경비(經費)도 지불할 수 없으니, 급하지 않은 일에 거액의 비용을 허비해서는 안 된다"[206]는 황제의 조령에 따른 것이었다. 황제의 명분은 정부 재정의 취약성이었지만 반면 『독립신문』에서는 건의소청·도약소·진민소 등과 함께 '나라에 이롭지 못하고 전국 인민에게 큰 폐막'이 되었기에 해체한 것으로 정리하였다.[207] 이는 같은 날에 조치가 한꺼번에 취해진 것에 따른 것으로 이해해 볼 수 있을 것이다.

당일 황제는 무명잡세 금지의 조령(詔令)과 함께 관리와 선비들이 한 해가 지나도록 충훈부(忠勳府)의 빈 관청에 건의소청(建議疏廳) 또는 도약소(都約所)를 만들어 "각 도에 통문(通文)을 돌려 혹 학교의 재산을 거두어들이기도 하고 혹은 이름을 붙여 돈을 강제로 빼앗음으로써 가난한 백성들의 원성을 사고 있는데, 이것도 부족하여 각부(各府)와 부(部)들에 통문을 돌려 재물을 내어 도와줄 것을 요청"한다고 지적하면서 경무청으로 하여금 '한가하게 놀며 세월을 보내는 자들'을 모조리 다 쫓아 보내도록 하였다. 또한 진민소(賑民所)는 '굶주리고 있는 백성들을 구제하는 것을 임무'로 삼고 있어 그 의도는 아름답지만 오늘날은 그렇지

---

206 『承政院日記』, 1898년 9월 11일.
207 『독립신문』, 1898년 10월 27일.

않아서 중앙과 지방의 상민(商民)들에게 푼돈을 끊임없이 강제로 거두어 여러 사람들의 원망이 위에 돌려지고 있다고 지적하였다. 그 대안으로 장정으로서 식량을 자급자족할 수 있는 사람들은 각각 돌아가 생업에 종사하도록 하고, 늙고 병들어서 의지할 데 없는 사람들은 며칠 분의 식량을 주어 고향으로 되돌려 보내며, 각 도에 훈령을 내려 장사치들에게 징수해가는 버릇을 엄격히 단속하도록 하였다.[208]

사례소는 역대 전례(典禮)와 의문(儀文)을 집대성하여 편찬하려는 야심 찬 목적으로 설치된 기구였지만 당시 대한제국 정부의 재정 궁핍이 변수였다. 사례소에 대해서는 "하는 일은 더없이 중요하여 다른 것과 다르므로 하루 이틀 사이에 그 일을 마치도록 요구할 수는 없다"고 하여 앞의 건의소청 등과는 차원이 다른 것임은 분명히 하면서도 폐지는 사실화하였다. 그렇지만 간행 사업 중『문헌비고(文獻備考)』만 박용대·김택영·장지연 등에 의해 계속 추진되었고 이후 1908년『증보문헌비고(增補文獻備考)』로 이름을 바꾸어 완간될 수 있었다.[209]

훈장제도 시행

훈장제도는 국가에 공을 세운 관리나 군인·일반인에게 수여함으로써 그 공을 기리고 애국심을 고취하려는 데 목적을 두고 만

---

208 『承政院日記』, 1898년 9월 11일.
209 『韋庵文稿』卷之三, 疏,「擬進皇禮篇疏」, 광무 3년 3월; 卷之十一, 附錄,「家狀」; 黃玹,『梅泉野錄』제6권, 융희 2년.

러시아 니콜라이 2세 대관식 때 받은
훈장을 패용한 특명전권공사 민영환

든 것이다. 다른 한편으로 외국의 원수나 외교관 등에게 이를 수여함으로써 외교관계를 돈독히 하는 효과도 있었다.210 이미 1896년 7월 『독립신문』은 훈장제도 시행의 이점으로 ① 정부가 돈이 덜 들어 좋고, ② 타는 사람들이 돈이나 필(筆)·육필(肉筆)보다 더 중히 여겨 생색이 더 되고, ③ 훈장이 생겨야 대군주가 각국 제왕에게 친구같이 훈장을 보내고 또 각국 제왕들도 대군주에게 훈장을 보내 서로 동등해질 것이며, ④ 외국의 유명한 사람들에게 훈장을 보내면 외국 제왕들도 조선 신민 중 공이 있는 사람에게 훈장을 보낼 것이므로, 그리하면 조선인민도 외국인민과 동등하게 될 것이므로 외국과 교제하고 나라를 다스리는 데 큰 도움이 될 것이라 지적하였다.211

그러나 그 당시까지도 특별한 훈장제도는 마련되지 않았다. 그러던 중 대한제국 황제는 1899년 6월, "무릇 나라를 위해 공훈을 세운 자는 반드시 칭찬하여 격려하고 특별히 총애하는 것은 대개 그 보이는 것을 아름답게 하고 그 명예를 넓혀 사람들로 하여금 사모하여 정성을 다하고 충심을 본받게 함이라. 본 조정의 녹훈(祿勳)은 일찍이 제정하여 지켜온 법이 있으되 복식의 표창은 아직 그 제도가 없으니 정부에서 훈장조규(勳章條規)를 삼가 만들고 나에게 알려 칙지(勅旨)를 기다리라"212는 조칙으로 훈장제도 마련을 지시하였다. 이 칙령에 따라 의정부 회의를 거쳐 표훈원이 설립되었다.

1899년 7월 4일 칙령 제30호 「표훈원관제(表勳院官制)」 반포

210 이윤상, 2002(b), 97~98쪽.
211 『독립신문』, 건양 원년 7월 28일 「논설」.
212 『承政院日記』, 광무 3년 5월 10일.

로 업무를 개시하였다.[213] 표훈원은 훈위·훈등·연금·훈장·기장·포장 및 기타 상여(賞與)에 관한 사항과 외국훈장·기장의 수령 및 패용(佩用) 등에 관한 사항을 제정하는 곳으로 총재 1인, 부총재 1인, 의정관 15인 이내, 참서관 1인, 주사 2인을 두었다. 또한 훈장을 제조하기 위해 별도로 제장국(制章局)을 설립하였는데, 국장 1인, 기사 3인, 기수 5인을 두었다. 표훈원 총재는 각 부(府)와 부(部)의 칙임관 1등 중에서 겸임시켰다. 이때 민영환은 초대 표훈원 총재로 대한제국의 훈위·훈등·훈장·포장·연금 등에 관한 일을 관장하였다. 표훈원에서 만든 훈장은 7종으로 금척대수장(金尺大勳章)·서성대훈장(瑞星大勳章)·이화대훈장(李花大勳章)·태극장(太極章)·팔괘장(八卦章)·자응장(紫鷹章)·서봉장(瑞鳳章)이었다.[214] 연금은 표훈원 총재가 연금증서를 작성하여 수여하였다. 이듬해인 1900년 4월 「훈장조례(勳章條例)」가 반포되어 대훈위(大勳位)·훈(勳)·공(功)의 세 종류로 구분하였고, 이 조례 반포 즈음에 황제는,

옛날 태조고황제가 용잠(龍潛)에 있을 때 꿈에서 금척(金尺)을 얻어 창업(創業) 수통(垂統)하였으니 실로 이에 조(兆)하여 재성천하(財成天下)하는 의(義)를 취한 것이다. 이에 최상 대훈장 이름을 금척, 그 다음을 이화대훈장…그 다음 문훈(文勳)은 태극·팔괘 2장(章)으로 하여 8등급으로 나누었는데, 대개 국표(國標)에서 취한 것이다. 그 다음 무공도 역시 8등급으로 나누어 자응장이라 하였는데, 역시 대개 고황제

---

213 『官報』, 광무 3년 7월 6일.
214 이강칠, 1999, 15~22쪽.

의 탁월한 무공의 고사에서 취한 것이다.

-『高宗實錄』, 고종 37년 4월 17일

라며 태조 고황제 이성계의 건국 설화 고사를 인용하여 금척대훈장·이화대훈장·태극팔괘장·자응장 등 훈장제도 마련의 역사적 당위성을 설명하였다.

내국인에 대한 훈장 수여는 1900년 4월 청안군 이재순, 원수부 회계국 총장 민영환, 의정부 찬정 이하영, 법부대신 권재형, 탁지부대신 조병식, 외부대신 박제순, 의정부 찬정 이윤용에게 태극장을 준 것부터 시작되었다. 이들의 공통점은 공사로 외국에 파견되었거나 조약 체결을 담당했던 관리들이었다는 데 있다. 1901년 1월에는 영돈령원사 심순택, 궁내부특진관 민응식, 육군부장 심상훈, 특명전권공사 이범진, 궁내부특진관 민영찬, 통신원총판 민상호 등도 등급에 따라 훈장을 받았다.

훈장은 내국인에게 수여하는 동시에 같은 기간인 그해 4월 주일 공사 이하영으로 하여금 일본 천황에게 훈장을 전달하게 하였다. 반면 대한제국도 외국으로부터 훈장을 받았는데, 1896년 러시아 니콜라이 2세 대관식에 특명전권공사로 파견된 민영환 일행은 6월 7일 모스크바에서 제정러시아 궁내부에서 보낸 훈장과 금전을 각기 받았다. 공사인 민영환은 푸른 비단으로 어깨띠를 두르고 흰 보석을 박은 상등 훈장과 황제와 황후의 초상이 새겨진 금화를 받았다. 윤치호를 비롯한 참서관과 수행원들은 꽃 모양의 차등 훈장과 은화를, 민영환의 종인(從人) 손희영은 니콜라이 2세의 초상이 새겨진 차등 훈장을 각기 받았다.[215] 민영환 특사 일행이 러시아에서 훈장을 받은 사실에 대해『독립신문』

대한제국 훈장(왼쪽부터 3등 팔괘장, 7등 태극장, 3등 태극장)

에서는, "처음으로 죠션 관인을 외국 데왕이 훈장을 주어 기명 흔 나라 수신과 굿치 대졉을 밧으스니"라며 감격적으로 기술하였다.[215] 민영환이 조선 관복을 입고 여기에 푸른 비단으로 어깨띠를 두른 뒤 러시아의 표(票)를 새기고 흰 보석을 박은 훈장을 가슴에 차고 찍은 기념사진이 지금도 남아 있다. 고종은 1897년 4월 일본 천황으로부터 대훈위 국화대수장을 받았고, 1901년 4월 영국 빅토리아 여왕으로부터 대수훈장을, 그해 5월, 10월, 1902년 7월에는 독일·벨기에·이탈리아 황제로부터 각각 대수훈장을, 1903년 11월에는 프랑스 대통령으로부터 훈장을 전달받았다.[217]

215 『독립신문』, 건양 원년 12월 31일 「논설」.
216 『海天秋帆』, 1896년 6월 7일.
217 李潤相, 2003(b), 100쪽.

1901년 황실의 연회에 초대받았던 각국 공사와 영사 및 참석자들에게도 황제의 명으로 훈장과 증서가 수여되었다.[218] 1902년 표훈원 총재 민영환의 주청에 따라 러시아 전권대신 베베르, 일본국 특명전권판리대신 이노우에 카오루(井上馨)에게 훈1등 태극장을, 프랑스 전권대신 코고르당(Cogordan; 戈可當), 프랑스 공사 프랑시(Plancy; 葛林德), 독일 사신 젬부쉬(Zembsch; 曾額德), 이탈리아 전권대신 크라비오사(Craviosa; 管樂所), 벨기에 전권대신 방칼(Vangal; 方葛)에게 훈2등 태극장을 하사하였는데, 명목은 이들이 우리나라와 조약을 체결하고 교환한 사신들이라는 것이다.

외부에서는 각국의 훈장제도 관련 자료들을 주문하여 표훈원에서 참고하도록 하였다.[219] 표훈원은 1905년에 잠시 표훈사(表勳司)로 개칭되었다가 곧 복원되어 1910년까지 존속되었다. 서훈 사무는 다음과 같이 세분되었다. 첫째는 주한 외국인에 대한 훈장의 수여이다. 한국에 주재하는 각국 외교관과 군 장성에게 훈장이 수여되었다. 둘째는 항일의병 진압을 위해 주둔한 일본군 장교 및 하사관·군의 등에 대한 훈장 수여이다. 일부 은행지점장을 비롯한 민간인도 포함되었다. 셋째는 한국 관리들에 대한 수여로 주요 대상은 고위관료와 지방관이다. 넷째는 일반인·후궁·상궁 등에게도 서훈되었다.

218 지그프리드 젠터, 권영경 역, 2007, 219~224쪽.
219 『漢城新報』, 1903년 1월 13일.

친왕제와 봉작제

중국의 경우 친왕(親王)은 작위제도 중 왕작(王爵)의 최고 등급으로 이를테면 영어의 Prince에 해당한다. 서진(西晉) 시기부터 왕작을 나누어 친왕과 군왕(郡王)으로 양분하였는데, 친왕은 오로지 황자(皇子)와 황제의 형제에게만 봉해졌다. 당대에 이르러 황제의 형제와 아들을 왕으로 삼아 모두 봉국(封國)의 친왕으로 삼았다. 명대에는 친왕의 정식 명칭을 '○왕'으로 하여 황제의 아들 중 태자를 제외하고는 모두 친왕으로 봉했다. 이는 청대에도 계승되었다. 일본은 고대 아스카(飛鳥) 시대 율령제(律令制)가 행해지면서 천황의 아들과 형제들에게 '친왕'의 위계를, 헤이안(平安) 시대 이후는 천황의 적자를 '친왕'으로, 서자는 '왕'으로 책봉했다. 메이지(明治) 시대 이후 천황의 직계 자손 중 3대 이내의 황자와 황손을 '친왕'으로 칭했다.

우리나라는 고종이 황제를 칭하고 국호를 대한제국으로 바꾼 후 처음으로 친왕의 위호를 사용하면서부터 황태자를 제한 황제의 아들들을 친왕에 봉하였다. 황제는 광무 4년(1900) 7월 조서를 내렸다.

> 옛날 제왕이 천명(天命)을 받아 여러 아들을 책봉하여 세운 것은 종손(宗孫)과 지손(支孫)을 융성하게 하고 나라를 반석처럼 굳건히 하기 위해서였다. 지나간 시대를 두루 보더라도 모두 이 방법을 따랐었다.
>
> -『承政院日記』, 1900년 7월 23일

그러면서 예조로 하여금 옛 제도를 널리 상고하여 둘째 황자 이강(李堈)과 셋째 황자 이은(李垠)에게 작호(爵號)를 내릴 것이

흥친왕 이재면(왼쪽)과 소년 시절의 영친왕(오른쪽)

니 태묘에 미리 고하고 좋은 날을 받아 준비하라고 명하였다. 그 결과 강은 '의왕(義王)'으로 은은 '영왕(英王)'으로 봉하고 금책(金冊)·금인(金印)과 칠장복(七章服)을 하사하였다. 의왕과 영왕은 의친왕(義親王)·영친왕(英親王) 등의 호칭으로도 불렸다. 1900년 8월의 궁내부 관제 개정으로 황태자비궁에 친왕부(親王府)를 두고 업무 및 회계를 담당하게 하였다. 일제의 강제 병합 직전에는 흥선대원군의 장자이자 고종황제의 친형 이재면(李載冕)도 이름을 이희(李熹)로 개명하고 일시 흥친왕(興親王)에 책봉되었다.

한편 황실의 종친은 '봉작(封爵)'의 형식을 채용하였다. 이 제안 역시 앞의 황실의 4대조 추숭과 마찬가지로 1898년 1월 중추원주사 백남규의 상소에서 처음 시작되었다.

송나라 조정에서는 다섯 개 등급으로 나눈 작위를 갖추고 이를 근거로 하여 관복(官服)으로 금인(金印)에 홍포(紅袍)를 입은 조신(朝臣) 이상은 개국(開國)·자작(子爵)·남작(男爵)·공작(公爵)·후작(侯爵)이라는 칭호가 있었는데, 때로는 성이 다른 왕에 관한 작위도 있었습니다. 명나라에 이르러서는 성이 다른 사람을 왕으로 한 것은 단지 태조(太祖) 때 공신(功臣) 몇 사람이 있을 뿐이고, 그 나머지는 공작·후작·백작(伯爵)이라는 세 등급으로 나누었으며, 공로가 없는데 봉한 경우는 없었습니다. 한나라의 후(侯)는 나누어 준 토지가 있었고 명나라의 작(爵)은 해마다 받는 녹봉이 있었으며, 모두 철권(鐵券)을 주어 대대로 물려주는 상으로 삼도록 하였기 때문에 그 법이 대단하였습니다. 당나라와 송나라 제도 역시 비록 공훈에 따라서 제정되었지만, 중엽 이후로는 높은 반열과 높은 품계를 으레 봉하여 주면서도 채지와 녹봉은 주지 않고 후손들에게도 미치지 않았으니, 그 법이 가볍게 되었습니다.

—『承政院日記』, 1898년 1월 3일

그는 작위를 봉하는 제도를 시행한 후에야 등급의 위엄을 명백히 하고 근본 원칙을 존중할 수 있게 되니, 전 세대에 부끄러운 것이 없고 여러 나라들에 광휘를 빛낼 수 있을 것이라고 주장하였다. 그러기 위해서는 조속히 조서(詔書)를 반포하고 훌륭한 의식을 거행하여 한 시대의 의례제도로 정해야 한다는 것이다. 그러나 조선의 독립과 대한제국의 성립은 중국 측에서 보면 구래의 주종관계가 소멸된 것으로 이에 대한 강한 불만이 제기되고 있었다. 그 결과 대한제국 출범 직후부터 친왕제와 봉작제도 준비를 예견하고 결국 이는 '화근을 부를 것'으로 전망하고 있었다.[220]

1899년 8월에는 궁내부대신 임시서리 학부대신 이건하(李乾夏)의 건의에 따라 사망한 황실의 종친은 군(君)으로 추증하고 나머지 종친들에게는 각기 군(君)·도정(都正)·정(正)·부정(副正) 등의 관직을 주어 봉작(封爵)하였다. 이는 전주 이씨 중 왕실에 계보를 둔 사람들인 선원파(璿源派)를 대폭 등용하기 위해 황제의 사촌 형제들에게 직책을 주기 위한 목적이 있었다. 이때 장헌세자 후손인 판돈녕부사(判敦寧府事) 이재원(李載元)에게 완림군(完林君)을, 예조 판서 이재긍(李載兢)에게 완영군(完永君)을 추증하고, 궁내부 내대신(宮內府內大臣) 이재완(李載完)에게 완순군(完順君)을, 부장(副將) 이재순(李載純)에게 청안군(淸安君)을 봉작하고, 정3품 이재근(李載覲)에게 인양도정(仁陽都正)을 추증하고, 정3품 이재각(李載覺)에게 의양도정(義陽都正), 정3품 이재성(李載

---

[220] "한국의 국왕이 만약 국호마저도 바꾼다면, 그 부친 등은 모두 왕으로 봉해질 것이며, 그러면 기타의 신하들 또한 후작으로 봉해질 것이니 아마도 이는 화근을 부를 것이다."(「任內往來文件; 與總理衙門往來文件」, 光緖 23년 9월 24일).

星)에게 경은도정(景恩都正)을 봉작하고, 홍문관 응교(弘文館應教) 이재덕(李載悳)에게 덕안정(德安正)을 추증하고, 9품 이재규(李載規)에게 예양부정(禮陽副正)을 봉작하였다.²²¹ 그런데 이 시기 봉작 제도는 유교 전통적 봉작으로, 이는 서구식 봉작이나 이전 중국 송나라 시기와 일본 메이지 시기에 사용하던 '공(公)·후(候)·백(伯)·자(子)·남(男)'과도 다른 개념이었다. 일본이 원용했던 서구식 작위는 식민지 시기에 이루어졌다. 일본의 작위제도는 일찍이 1884년 『한성순보』에도 소개되었다. 이에 따르면 당시 일본은 화족(華族)을 나누어 공(公)·후(候)·백(伯)·자(子)·남(男)의 5등의 작위(爵位)를 주고 여기에 메이지 유신 공신을 화족에 끼게 하였는데, 화족의 합계가 모두 529명으로 공작 11명, 후작 24명, 백작 76명, 자작 324명, 남작 74명, 무작 20명이라고 기록하였다.²²²

장충단 건립

1884년 갑신정변 핵심 인물인 박영효(朴泳孝)는 그로부터 4년 후인 1888년 망명지 일본에서 국왕에게 올린 건백서에서 "개국 이래 나라를 위해 죽어 간 장수와 병졸의 후손들을 특별히 가엾이 여겨 보살피시고, 또한 그 영혼들에게 제사 지내서 장수와 병졸들의 사기를 북돋아 줘야 합니다"²²³라고 하였다. 이는 조선왕조

---

221 『承政院日記』, 1899년 8월 17일.
222 『漢城旬報』, 1884년 7월 22일 「各國 近事」.
223 일본 외무성, 『日本外交文書』21권, 292~311쪽 참조.

개창 이래 국가를 위해 자신을 희생한 장졸들의 후손에 대해 국가가 복지와 치제(致祭)에 정성을 다할 것을 주장한 것이다. 그러나 국사범으로서 그의 건의는 현실 정치무대에 전혀 반영될 수 없었다.

군부대신 시절인 1897년 1월 19일 민영환(閔泳煥)이 각 부대의 장관과 관원을 인솔하고 새문[新門] 밖 천연정에 제물을 배설하고 축문을 지어 전 연도에 의병 진압 차 출동하여 전투 과정에서 사망한 병졸의 제사를 지낸 바 있었다. 이때의 신문 기사를 보면 사망한 병정의 일가친척이 감격하며 돌아갔다는 내용이 있다.[224] 또한 1월 21일에 민영환은 친위대 각 대대 영관과 위관을 데리고 을미사변 시기 전사한 부령 홍계훈(洪啓薰)의 집에 가서 빈소에 제물을 올리고 축문을 지어 위령제를 지낸 바 있었다.[225] 그해 12월 8일 황제도 조서를 내려 비서승과 예관을 보내 을미사변 때 경복궁에서 횡사한 충숙공 이경직(李耕稙)과 충의공 홍계훈의 사판(祀版)에 제사를 지내도록 한 일도 있었다.[226]

그러던 중 1900년 5월 31일에 황제는 다음과 같이 지시하였다.

난리에 뛰어들어 나라를 위해 죽은 자에 대해 반드시 제사를 지내어 보답하는 것은 귀신을 위로하여 기쁘게 하기 위한 것이며 또한 군사들의 기세를 고무하기 위한 것이다. 갑오년 이후로 전사한 병졸들에 대해 미처 제사를 지내주지 못하였으니 이것은 참으로 잘못된 것이다. 생각하건대 울적하고 원망에 쌓인 혼백들이 의지하여 돌아갈 곳이 없어 통곡

---

224 『독립신문』, 1897년 1월 21일.
225 『漢城新報』, 1897년 1월 30일.
226 『掌禮院日記』, 광무 원년 12월 8일; 『독립신문』, 1897년 12월 11일.

장충단비(전면)

하는 소리가 저승에 흩어져 있지 않은지 어떻게 알겠는가? 여기까지 말하고 보니 내 가슴이 아프다. 제사 지내는 절차에 대해 원수부로 하여금 알리고 명령을 받아 처리토록 할 것이다.

-『高宗實錄』, 고종 37년 5월 31일

이러한 명에 따라 원수부 군무국과 장례원 주도로 나라의 전례와 고사를 참조하여 옛 남소영 터(현 서울시 중구 장충동)에 장충단(獎忠壇)이 착공되어 그해 11월 10일 완공되었다. 원수부 군무국 등에서는 '향사절목(享祀節目)'을 마련하고 인원을 구성하여 매년 음력 9월 19일에 '장충단제'를 실행하기로 하였다.[227] 장충단은 고종 32년(1895) 8월에 일어난 명성황후 살해 사건 당시 경복궁에 난입한 일본 낭인(浪人)들을 물리치는 과정에서 순사한

227 『掌禮院日記』, 광무 4년 10월 28일.

훈련대 연대장 홍계훈, 궁내부대신 이경직과, 1895년 11월 춘생문(春生門) 사건으로 일제가 처형한 전 시종 임최수, 참령 이도철과 1894년 동학농민전쟁 당시 농민군 진압 과정에서 희생된 군인 중 영관 염도희와 이경호, 대관 김홍제(통위영)·이학승(장위영)·이종구(진남영) 등의 영혼을 위로하기 위해 만든 제단이다. 춘생문 사건은 을미사변에 대한 반동으로 11월 28일 친미·친러파의 관리와 군인에 의해 기도된 것으로 을미사변 이후 친일정권에 포위되어 불안과 공포에 떨고 있던 국왕을 미국 공사관으로 옮기고 친일정권을 타도하고 새로운 정권을 수립하려다 미수에 그친 사건이다. 이 사건으로 처형된 임최수·이도철 외에 이민굉과 이충구 등은 종신유배형, 이재순·안경수·김재풍·남만리 등은 태(笞) 100, 징역 3년의 처벌을 받게 되었다.

장충단 준공 날에 맞추어 처음 제사가 열렸는데, 『황성신문』에서는 그날의 상황을 아래와 같이 적었다.

(장충단제) 재작일 정오에 남소영에 장충단을 설치하고 갑오 이후 전망장졸을 제사 지낼 새 솔가지로 홍예문을 세우고 대한국기(大韓國旗)를 4면에 높이 꽂고 단상 제1위에 홍계훈(洪啓薰) 씨, 제2위에 이경직(李耕稙) 씨요 그 외에 전망자(戰亡者)도 일체 위패를 설치하고 각 부부원(府部院) 대소 관인과 각 부대 장졸과 무관학도들이 일제히 모여 군악(軍樂)을 크게 불렀는데 망자(亡者) 친속(親屬)도 많은지라 하오 4시 정도에 산회하였더라.   -『皇城新聞』, 1900년 11월 12일

장충단 단호는 황제가 내렸고 앞면의 '장충단(獎忠壇)'이란 글자는 황태자인 순종이, 뒷면 장충단비(獎忠壇碑) 비문은 당시 표

훈원 총재이자 원수부 회계국 총장, 육군 부장 민영환이 쓴 것이다. 지금의 국가보훈처에 해당하는 표훈원은 장충 사업과 긴밀하게 연결되어 있었다. 장충단을 지을 때 민영환이 쓴 비문의 내용은 다음과 같다.

삼가 생각하건대 우리 대황제 폐하께서는 자질이 상성(上聖)처럼 빼어나고 운수는 중흥(中興)을 만나시어 태산 반석과 같은 왕업을 세우고 위험의 조짐을 경계하셨다. 그러나 어쩔 수 없이 가끔 주춤하기도 하셨는데 마침내 갑오·을미의 사변이 일어나 무신(武臣)으로서 난국에 뛰어들어 죽음으로 몸 바친 사람이 많았다. 아! 그 의열(毅烈)은 서리와 눈발보다도 늠름하고 명분과 절의는 해와 별처럼 빛나니 길이 제향을 누리고 기록으로 남겨야 마땅하다. 그래서 황제께서 특별히 충성을 기리는 뜻을 표하고 이에 슬퍼하는 조서를 내려 제단을 쌓고 비를 세워 표창하며, 또 계속 봄·가을로 제사를 드릴 것을 정하여 높이 보답하는 뜻을 보이고 풍속으로 삼으시니 이는 참으로 백세에 보기 드문 가르침이다. 사기를 북돋우고 군사들의 마음을 분발시킴이 진실로 여기에 있으니 아! 성대하다. 아! 성대하다.

그런데 1901년 1월 육군법원장 백성기(白性基)는 임오군란과 갑신정변 때 살해된 정승과 재상들은 군인이 아닌 이유만으로 장충단에 올려지지 못하였다면서, 이들과 더불어 갑오년 '동학의 변란' 때 읍재(邑宰)로서 지역을 지키다가 또는 조정의 명령을 수행하다가 죽은 자들도 장충단에 하나의 사당을 세워 함께 제사를 지낼 것을 건의하였다. 이때 거명된 사람들은 임오군란 시의 영의정 이최응, 판서 김보현·민겸호, 참판 민창식과 갑신정변 시의 찬성 민태호, 판서 조영하, 참판 윤태준·이조현, 환관 유재현 등이었다.228 상소의 내용이 상당히 일리가 있다며 이를 받아들인 황제는 1882년 임오군란 당시 구식 군인들에게 피살된 사람들과 1884년 갑신정변 시기 개화파에 의해 희생된 인물도 배향하도록 장례원에 지시한 바 있었다. 일찍이 갑신정변 직후부터 민태호 등 정변에서 희생된 사람들을 포상하고 비를 세우고 사당을 건립하자는 많은 사람들의 요청이 있었다.229

장충단에서는 봄과 가을에 각각 춘계·추계 초혼제(招魂祭)를 거행하였다. 1900년 가을에 제1회 초혼제를 지냈다. 1901년 5월 9일 제2회 초혼제에는 원수부 부장 민영환이 일본군 경성주차대장 보병 제16연대 제1대대장 타니 오카하시(谷岡端)를 비롯한 대한제국 주둔 외국 군대 지휘관에게도 초대장을 보내 이들이 부관들을 이끌고 참례한 적도 있었다. 당일 장충단 제전을 목격한 그의 기록을 통해 다음과 같은 사실을 알 수 있다. 장충단 제단에서 거행된 이날 행사에는 각국 공사와 영사관원, 고용인 등 수십 명의 외국인들이 참석하였다. 한국인들은 군부대신 권재형을 비롯하여 원수부 장관, 무관학교 교장, 각급 장교, 서울 주둔 7개 중대(시위대 3, 친위대 3, 평양대 1), 무관학교 생도, 유족과 함께 일반 군중도 행사를 보기 위해 많이 참여하는 등 성황을 보였다.

행사는 오전 11시 내빈 영접을 시작으로 정오에는 헌작(獻酌)과 제문 낭독, 12시 30분 각 부대의 참배 예식, 오후 1시 입식(立食), 2시 30분 무관학교·시위대·친위대·평양대의 순서로 각 부

---

228 『承政院日記』, 1900년 12월 28일.
229 『日省錄』, 1885년 11월 16일(유학 홍필순, 유학 장영구 등 상소).

대의 분열식이 진행되었다. 타니에 따르면 각 계급별로 구성된 제단은 정면에는 영관(領官), 우측에는 위관(尉官), 좌측에는 하사(下士) 이하의 위패가 배열되어 있었다는 사실을 알 수 있다. 그는 장충단을 일본의 야스쿠니 진자(靖國神社)에 비유하였다. 그러나 위관 약 120명의 이름을 확인하였지만 하사 이하는 그 성명이 기재되어 있지 않았다는 점도 부기하였다.[230] 장충단에는 홍계훈을 비롯한 을미사변 희생자와 갑신정변과 동학농민전쟁 당시 사망한 영관과 대관 등 일부 군인을 제하면 을미사변 당시 희생된 궁녀들의 명단도 제시되어 있지 않았다.

대체로 '나라를 위해 목숨을 바친' 사람들을 추모하기 위해 기념공원(memorial park)을 만들어 의식을 거행하고 기념비(monument)를 세우는 것이 근대사회의 한 형태였다. 여기에는 순사(殉死)한 사람과 군인 등이 포함되는 것이 당시 각국의 상례였다. 일본과 중국도 도쿄의 야스쿠니 진자나 각지에 설립된 '대한충렬사(大漢忠烈祠)' 등을 통해 애국심과 복종, '상무(尙武)'라는 가치를 체현하고 있었다.[231] 기념공원과 기념비 설치 문제로 보면 우리의 경우 일본·중국과 일부 공통적인 요소를 가지고 있었지만 가장 중요한 인적 요소에서 계급적 차별성을 극복하지 못하고, 결국 하급 군인과 하층민들은 배제되어 있다는 점에서 국가적 추도 의식의 제한성을 노정하고 있었던 것이다.

---

230 『明治34年自1月至6月 密受々領編冊附錄 韓国駐箚隊長報告』「5月 25日 京城報告 (附錄) 韓國獎忠壇第二回祭典記事」(防衛省防衛研究所, 『陸軍省大日記』),
231 小野寺史郎, 2011, 8쪽.

서경 행궁 건축

이궁으로서 서경(西京)을 건설하여 대한제국과 황실의 권위를 높이자는 논의는 1902년부터 본격적으로 시작되었다. 이는 그해 5월 1일 궁내부 특진관 김규홍의 장문의 상소로부터 촉발된 것이었다. 그러나 이보다 이미 몇 달 앞선 1901년 12월경부터 행궁 건설의 풍문은 회자되고 있었다. 그것도 평양부를 서경으로 개칭하는 것뿐 아니라 경주군과 남원군까지 확대하여 각기 동경(東京)과 남경(南京)이라 칭하는 행궁 즉, '3경(三京)을 영축(營築)'하기로 되어 있었다는 것이다.[232] 그러나 서경 외에 동경과 남경의 '3경 체제'는 소문에 그쳤고 이후 또 다른 행궁 건설도 없었다.

김규홍은 중국의 경우 고대의 주(周)나라를 시작으로 한(漢)과 당(唐)나라 등 천하를 다스렸던 나라들은 모두 두 개의 수도를 세웠으니, 이는 하늘과 땅의 조화를 받들고 천하의 요충지를 확보함으로써 자손만대에 국운을 장구히 이어갈 수 있게 하려는 의도에서 나온 것이라 주장하였다. 이후 명(明)에 이르면 관직을 설치하고 나누어 다스려 그 제도가 더욱 완비되었는데 이러한 제도는 동양뿐 아니라 서양 여러 나라에서도 두고 있는 제도라는 것이다. 우리의 경우 태조 고황제가 한양으로 정도한 뒤에 간혹 개성으로 돌아가 머물렀던 것도 두 개의 수도를 두고자 했던 까닭이었다고 예를 들고 있다. 그는 지금 황제국을 선포하였음에도 두 개의 수도를 두지 못하는 것은 도리가 아니라고 주장하였다.

예컨대 평양은 우리나라에서 제일 먼저 문화를 꽃피웠던 곳으

---

[232] 『日新』, 辛丑(광무 5년) 12월 29일.

로 고조선의 단군을 시작으로 고구려의 장수왕, 고려 태조가 연이어 도읍을 정하여 1천여 년 동안 나라를 소유해 온 곳으로 지금에 이르기까지도 인구와 물산이 풍성하고 취락이 웅장하고 화려하다고 하였다. 또한 이곳은 땅으로는 중국 연경과 계주에 맞닿아 있고 뱃길로는 등주와 내주와 통해서 물품과 재화가 몰려드는 곳이라는 것이다. 그 결과 일찍이 고려 태조는 '서경의 수덕(水德)이 우리나라의 명맥을 조화롭게 한다'고 하였으며 당시부터 장락궁(長樂宮)·대화궁(大和宮) 등의 행궁(行宮)을 건축하였고 조선 태조 때는 영숭전(永崇殿)을 지어 임시 처소로 삼았음을 강조하였다. 따라서 김규홍은 이궁(離宮)으로 서경을 건설하고 군대를 두어 수비를 한다면 나라의 위엄과 황실의 기초를 굳건히 할 뿐 아니라 지리적 중요성이 더 커지고 백성들도 충성을 바치려 할 것이므로 동서양 각국과 같이 황제의 나라로서 당당하게 두 개의 수도를 두어야 할 것이라고 주장하였다.[233]

이에 대해 황제도 그간 천년의 파묻힌 사적을 자세히 진술한 것은 확실한 근거에서 나온 것으로 논의를 물어 조치할 것이라 답하였다. 황제의 답변은 이미 사실을 기정사실화한 상태에서 신속한 실행을 위한 진행 절차를 준비하고 있었던 것임을 엿볼 수 있다. 김규홍의 상소 5일 후에 황제는 마치 기다리고 있었던 것처럼 다음과 같은 조령을 내렸다.

평양(平壤)은 기자(箕子)가 도읍했던 천 년의 역사를 가진 고장으로, 예법과 문화가 모두 이곳에서 시작되었다. 이것이 비록 사람이 이룩한

---

[233] 『承政院日記』, 1902년 5월 1일.

것이긴 하나, 그 고장이 지닌 영험도 논할 만하다. 주(周) 나라에는 동경(東京)과 서경(西京)이 있었고, 명(明)나라에는 남경(南京)과 북경(北京)이 있었으며, 요즈음 외국의 경우에도 두 개의 수도를 세우고 있다. 그리고 고려 때의 역사를 상고해 보면 특별히 평양에 서경을 두고 송경(松京)과 함께 양대 수도로 삼았는데, 이는 모두 나라를 공고히 하여 반석처럼 안정시키려는 것이었다. 짐은 이에 대하여 생각해 온 지가 오래되었는데, 마침 중신(重臣)이 글을 올려 논하였다. 이에 평양에 행궁(行宮)을 두고 서경이라고 부름으로써 나라를 천만년 동안 공고히 지킬 터전으로 삼고자 한다. 더구나 이것은 그곳 백성들이 모두 바라고 기꺼이 응하는 일인 데야 더 말할 것이 있겠는가. 이것은 매우 중대한 공사이니 의정부의 신하들로 하여금 해당 도의 관찰사와 자세히 의논하여 보고하게 하라.

－『承政院日記』, 1902년 5월 6일

대한제국 황제는 역대 중국과 여러 나라에서 두 개의 수도를 두고 있었다는 사실을 제기하면서 오랜 기간 이를 염두에 두고 있었는데 이제서야 정부 논의에 부치게 되었다는 점을 피력하였다. 이에 따라 행궁 건설을 위해 평안남도 관찰사 민영철이 사업의 총책임자인 서경감동당상(西京監董堂上)에 임명되었다. 한편 50만량의 내탕전을 평양지역에 하사하여 서경 건설에 기여한 주민들에게 나누어주도록 하였다. 다음 달인 6월 5일 민영철은 군부 포공국장 엄주익, 평양부윤 팽한주 등을 서경감동으로 임명하면서부터 본격적인 역사를 시작하였다.[234] 황제는 6월 10일에는 평양으로 떠나는 민영철을 함녕전에서 접견하고 예로부터

---

[234] 『承政院日記』, 1902년 6월 5일.

제왕의 나라에 두 개의 수도가 있는 것은 그 유래가 오래된 것이라 강조하면서 공사에 힘쓸 것을 당부하였다. 또한 흉년으로 고통을 받고 있는 평안도 백성들을 위한 방책을 마련할 것도 지시하였다. 이에 민영철은, "부(府)에 내려가자마자 즉시 공사를 시작하면 틀림없이 공사 형편이 너무 방대해서 전관(專管)하기 어려울 것입니다. 부근 수재(守宰)들 중에서 총명하고 실무에 밝은 사람 몇 사람을 별감동(別監董)으로 차하(差下)하여 힘을 합쳐 가지고 공사를 끝내게 하는 것이 좋을 듯합니다"라고 건의하는 한편, 터를 잡는 중대한 일을 직접 현장에서 살피고 경비 문제를 알아보겠다고 답하고 물러났다.[235]

서경을 축조하자는 논의는 김규홍의 상소가 있기 직전부터 세간에 알려져 있었던 것으로 보인다. 윤치호는 같은 해 4월 28일자 일기에, 김정식이라는 자가 황제에게 평양에서 예언자를 만났는데 그가 중국과 일본의 양경제(兩京制)처럼 우리나라도 평양에 서경이라는 이궁을 건설해야 한다고 주장하면서 그 비용은 황실의 비용 지출이 없이도 가능하다고 주장하여 관철시켰다는 것이라 썼다. 서경 건설과 관련한 김정식의 구체적인 활동상은 알 수 없지만 실제로 삼화감리에 임명되었고, 이궁 건설에 관한 5월 6일 황제의 조령이 아래 내용과 매우 흡사한 점으로 보아 정황을 충분히 짐작해볼 수 있다.

새로 경흥감리에 임명된 변정상 씨가 얼마 전 임지로 부임하던 길에 들렀다. 그는 나에게 삼화감리였던 김정식이라는 사람이 체포된 이유를

---

[235] 『承政院日記』, 1902년 6월 10일.

들려주었는데, 다음과 같은 내용이었다. 김정식은 자신이 평양에서 이인(異人) 또는 예언자를 만났다고 고종에게 말했다. 그 이인이 자신에게 충고하기를, 고대의 중국이나 일본에서 양경(兩京)을 두었던 것을 본떠 고종황제는 반드시 평양 외성(外城)에 이궁(離宮)을 건설하고 그것을 서경(西京)이라고 불러야 한다고 했다. 김정식은 고종황제가 만약 자신에게 서경 이궁을 건설할 권력을 주기만 한다면 자신은 고종황제에게 비용을 청구하지 않고 서경 이궁을 건설함으로써 자신의 충성심을 증명하겠다고 말했다. 손쉽게 속아 넘어간 고종황제는 김정식을 삼화감리에 임명하였다. 이렇게 되어, 김정식은 강제 모금과 다른 부정한 방법을 통해 돈을 거두어들여 서경 이궁을 건설하려 했다. 하지만 분명히 그의 행운은 다른 사람들의 질투를 유발했다. 김정식이 이인이라고 했던 그 자가 자신의 뜻인지 아니면 다른 사람의 사주 때문인지 모르지만, 어쨌든 고종황제에게 자신은 절대 이인이 아니며, 예언이나 이궁 등은 모두가 김정식이 돈을 착복하기 위해 꾸민 음모라고 말해 버렸던 것이다. 고종황제는 이인을 찾았다고 말했던 김정식을 체포하라 명령했다.
　　　　　　　　　　　　　　　－『尹致昊日記』, 1902년 4월 28일

그런데 당시 일본 공사관의 첩보에 따르면, 평양에 서경 설치론이 한참 대두되어 마침내 각의에 상정되고 칙지를 거쳐 궁전 건조 공사를 실행하기에 이르자 농상공부대신으로의 전임이 여의치 않게 된 민영철이 이 공사를 담당하는 것이 다른 것보다 훨씬 이득이 많을 것으로 보고 적극 참여하게 되었다고 분석하였다.[236] 평양에 도착한 민영철은 음력 6월 3일 풍경궁의 태극

---

[236] 『駐韓日本公使館記錄』「馬山三浪間 鐵道敷設에 관한 件」, 1902년 6월 24일.

건설 중인 평양 풍경궁

전·지덕전·중화전과 황건문·건원문·대유문 등에서 고유제(告由祭)를 거행한 후 본격적으로 공사에 착수하였다.237 그 과정에서 그해 10월 황제는 민영철 소견 자리에서 "동서 두 수도를 두는 것은 서한(西漢) 이래로 흔히 있는 전례인데 지금까지 미처 두지 못한 것은 제도에 흠으로 되며 이제 와서 시작하는 것은 오히려 늦은 것이다. 전각과 행랑, 각 처소는 그저 거처할 만하게만 짓고 굳이 크게 지을 필요는 없다"고 당부하였다.238

서경 공사 과정에서 황제와 황태자의 초상화인 어진(御眞)과 예진(睿眞)이 1902년 9월 17일 서울을 출발하여 9월 24일 평양의 객사에 봉안되었다. 서경 봉안 시 황제는 평안남북도 군민에게 2년 기한으로 전결세의 1/3을 견감하라는 조서를 내렸고, 자비 부담과 노고를 아끼지 않은 연로의 각 군민들에게 1903년 가을

237 『承政院日記』, 1902년 8월 7일.
238 『高宗實錄』, 고종 39년 10월 6일.

분 호세(戶稅)를 특별히 감액할 것을 탁지부에게 지시하였다.[239] 1903년 여름 탁지부에서는 1902년 9월 24일부터 1903년 6월 말까지 풍경궁(豊慶宮) 관원 이하 월급과 경비로 3,909원 82전 2리를 지급하였다.[240] 그해 윤5월에 숭령전·숭인전·대성전이, 9월에는 기자릉(箕子陵)이 중수되었다.[241]

11월 6일 풍경궁의 태극전과 중화전이 완공되자 어진은 정전인 태극전으로, 예진은 중화전으로 옮겨졌다.[242] 11월 18일에는 「궁내부관제」 중 '서경풍경궁 직원 증치 건'을 마련하여 태극전·중화전 등 풍경궁 전반 관리와 어진·예진 호위를 전담할 직원을 두었다. 직원은 칙임의 정리사(整理使)와 정리부사, 주임인 참서관, 판임인 주사·총순 등 총 12명을 선임하였다. 그런데 풍경궁의 일체 사무를 총괄하는 정리사는 궁내부 외에는 각 부부원(府部院) 장관과는 평행 조회하고 각 지방장관에게는 훈령할 수 있도록 규정하여 막강한 권한을 부여하였다. 정리사는 사약(司鑰) 1명을 비롯하여 청사(廳使) 4명까지 총 126명을 관장하도록 규정하였다.[243]

풍경궁 공사는 기존 관청과 기자궁의 남은 터가 있는 평양 내성이 아닌 외성에 조성하였다. 일부 연구에서는 이는 천년고도로서의 평양의 역사를 이어가려는 황실의 의도와 평양진위대 증설과 관련한 국가적 영건 사업의 의지가 반영된 것으로 추정하고

---

239 『漢城新報』, 1903년 1월 20일;『起案』 6, 「조회 제13호」 광무 7년 1월 28일.
240 『宮內府來去案文牒』 8, 「照會 제42호」, 광무 7년 8월 3일; 「照覆 宮內府」, 8월 7일.
241 『平壤誌』 下, 「平壤新續」(발행 연도 미상, 국립중앙도서관 고문서), 120쪽.
242 『平壤誌』 下, 「平壤新續」, 120쪽.
243 『官報』, 광무 7년 11월 20일.

있다.[244] 1902년 7월부터 1903년 6월까지 1개년 간 풍경궁 총 공사 비용은 평안남북도 각 군에서 거두어들인 6,731,368량(兩)의 향례전(鄕禮錢)과 3,320,000량의 원조전(願助錢)에 크게 의존하고 있었다. 향례전과 원조전의 비율은 약 70:30이었다.[245] 결국 지역민들의 비용 갹출과 인력 동원에 크게 의지하였기 때문에 개개인들의 부담은 과중했던 것으로 보인다. 그 과정에서 관찰사 민영철은 서경 향대부(鄕大夫) 첩지(帖紙)를 도내 각 군에 억지로 팔아 엽전 300만량을 마련하였고 각 군의 신향(新鄕)과 구향(舊鄕) 1명당 3천량씩 거두어들였다는 것이다.[246] 후일의 기록에 따르면 공사 경비 200만 원은 평안남북도와 황해도의 각 촌·읍에서 1인당 평균 2원 가량 부과 징수하였다고 한다.[247]

당시 평양 외천방(外川坊)에 사는 김원규(金元奎)는 「풍진록(風塵錄)」이라는 글에서, 근래 서경 건립 공사 비용을 마련하기 위해 향참정기(鄕參定記) 1장에 300원을 받고, 농가에 소가 있거나 성안의 기와집에 살면서 천금(千金) 가산이 있으면 낱낱이 보고하라는 엄명이 추상(秋霜)같다고 하였다. 이를 위해 순검들이 성군작대(成群作隊)하여 여염집에 출몰하니 큰 곡소리에 사람들이 모두 늙고, 매몰찬 몽둥이와 몰인정함에 호랑이보다 더 무서워하니 한 도(道)의 사람들이 도대체 무슨 죄가 있기에 향첩(鄕帖)을 강제로 발급하고 양반 첩문 또한 횡횡한다고 탄식하였다.[248] 평안도내 각 군에서는 어제(御製) 서경(西京) 향대부향안(鄕大夫鄕

---

244 김윤정·서치상, 2006, 268~269쪽.
245 김윤정·서치상, 2006, 270쪽 참조.
246 『漢城新報』, 1903년 3월 29일.
247 평안남도 편, 1936, 『平壤小誌』, 68쪽.
248 『漢城新報』, 1902년 8월 13일.

案)을 30원부터 200원까지 강제로 징수하여 인민이 흩어질 지경이고 관찰사가 또한 각 군에 엽전 1만여 량씩 걷어들여 백성들이 지탱하기 어려울 정도이며, 평양부호가 영조(營造) 관리를 두려워하기를 호랑이보다 더 심하다고 하였다.[249] 비용 부담을 위해 생활이 구차한 사람들 중에는 가옥과 토지를 매각하거나 혹 농우(農牛)를 파는 경우도 적지 않았다고 하였다.[250] 또 다른「서도견문기(西道見聞記)」에 따르면 가산을 동리에 맡기고 거지가 된 자, 가산을 모두 버리고 밤에 도주한 자, 조금 전량(錢兩)을 정리하여 외국으로 이주하는 자, 갈 곳 모르고 방황하면서 하늘을 보며 길게 탄식하는 자도 있으니 그 참혹상은 차마 보기 어렵다는 것이다.[251]

그런데 서경 행궁 공사는 청일전쟁 이후 황실의 민심수습책도 포함되었던 것으로 보인다. 예컨대 1903년 12월 태극권과 중화전의 어진 이봉을 보고 온 의정 이근명은 "신이 관찰사로 재임할 때는 난을 겪은 지 얼마 되지 않아서 기왓장만 나뒹구는 곳이 태반이고 유민(流民)이 안착하지 않아 시정(市井)이 쓸쓸해서 매우 심란하였는데, 지금은 여염집이 즐비하고 백성들의 물력이 번성한 것이 옛 모습을 거의 회복하였습니다. 다만 외국인이 사는 집이 전에 비해서 조금 많아졌습니다"[252]라고 황제에게 보고하였다. 여기서 '난'은 1894~1895년의 청일전쟁 시기 한국 땅에서 청일 간 가장 치열했던 전투인 평양성 전투를 말한다. 서경 공사

---

249 『漢城新報』, 1902년 8월 22일.
250 『漢城新報』, 1902년 9월 12일.
251 『漢城新報』, 1903년 2월 5일.
252 『承政院日記』, 1903년 12월 10일.

의 완료를 눈앞에 둔 상황 묘사였다. 같은 해 12월 8일 러시아 공사 파블로프는 극동태수 알렉세예프에게 보내는 보고서에서 한국의 비밀 정보에 의하면 황제의 거처를 서울에서 최근 궁전 건설이 완료된 평양으로 옮기는 문제가 제기되었다고 하였다.253

그러나 1904년 2월 시작된 러일전쟁으로 인해 평양지역이 10년 만에 또 다시 전화에 휩싸이게 되자 계획대로 완료되지 못하고 중단되었다. 그런데 서경 공사는 공사 과정에서도 이후에도 많은 논란이 야기된 대규모 국책사업이었다. 당시 황현은 민영철이 궁역(宮役)을 빙자하고 평안도 사람들의 '가죽을 벗기고 살을 베어내어[剝割]' 백성들의 재산 1/3을 몰수하여 이를 견디지 못하고 유민(流民)들이 줄을 이어 1천리의 길이 소란하였는데, 토목비로 다 사용되지 않았다는 것이다. 이때 민영철은 백성들이 격변을 일으킬까 싶어 어진을 이봉(移奉)한다고 하면 민심이 진정될 것으로 생각하고 이 사실을 황제에게 알려서 시행하게 되었다고 주장하였다.254

러일전쟁 직후인 1905년 2월 전 서경감동당상 민영철은 황실의 내탕전과 여러 고을에서 자원하여 도와 서경 공사를 하였음이 자명함에도 불구하고 그간 자신은 공적인 일을 빙자해 사욕을 채운다는 세간의 의심과 비난을 막을 수 없었다고 하였다. 그는 당시의 지출과 잔고를 낱낱이 책으로 기록하여 황제에게 올렸음을 회고하였다. 이때 황제는 마침 어려운 시기를 만나 궁궐 공사를 끝맺지 못하였음에 아쉬움을 표하면서 당시 수입과 지출 문제

253 와다 하루키, 이웅현 역, 2019, 953쪽.
254 黃玹, 『梅泉野錄』 제3권, 광무 7년.

는 투명하게 이루어졌다고 민영철의 주장을 재확인해주었다. 끝내지 못한 공사는 의정부로 하여금 조치하도록 할 예정이라는 점도 밝혔다.[255] 대한제국의 황제는 나라가 망해가기 직전까지 서경 공사의 꿈을 접지 않고 있었던 것이다.

255 『高宗實錄』, 고종 38년 2월 17일.

친위단체의 설립과 운영

황제국으로서 근대국가의 길을 가고자 한 대한제국은 황제권 강화를 위한 여러 가지 제도적 장치를 마련하였다. 이때 정책 추진 과정에서 보부상들의 역할이 특히 주목된다. 당시 황실 측의 입장을 충실히 반영해줄 수 있는 가장 전형적인 집단은 보부상 조직 즉 보부상단이었는데, 이들은 동원의 대상으로 활용되었다.[256] 그러나 흥선대원군 집정기, 민씨 집정기, 대한제국 시기 각기 동원 논리에 차이가 있었다. 프랑스·미국의 연이은 침략과 그에 대한 응전으로 대표되는 대원군 집정 시기는 외세의 물리적 위협에 대해서 비타협 논리로 일관하였다. 민씨 집정기는 대외적 위기 의식을 열강과의 타협책을 통하여 극복하려 하였으나 반면 이를 사회통합 차원으로 발전시키지 못하였고, 정부에 대한 백성들의 불신만 높아졌다. 대한제국 시기는 '제국'의 위상을 강조하기 위한 일환으로 대중 조작 및 상징화와 관련된 각종 사업

---

[256] 동원(mobilization)은 집단이 행동을 전개하는 데 필요로 하는 자원에 대해 집합적 통제력을 획득해 가는 과정이라고 정의할 수 있다. Charles Tilly, 1978(진덕규 역, 1995, 25쪽).

을 추진하였다.257 특히 황제 즉위부터 러일전쟁에 이르는 기간 보부상의 역할은 더욱 강화되었다.

대한제국 시기에 전개된 주요한 사업들은 부국강병을 목표로 근대화를 추진하는 것으로, 강력한 억압 기구를 활용하여 황제권에 도전하는 민권 확산의 움직임을 분쇄시키면서 한편으로는 외세의 노골적인 침략을 일정하게 저지하였다. 그 과정에서 대한제국 정부는 지주제와 관 주도의 상업체제를 강화하면서 이를 기반으로 한 개혁을 추진하였다. 그것은 결국 '신민(臣民)'을 지배하고 황제권 중심의 근대 국가체제를 완성하고자 하는 제도적 장치의 마련이었다. 그 과정에서 갑오개혁 이후 형해화되었던 보부상의 전국 조직을 다시 부활시켰고, 보부상들은 정부와 황실의 입장에 부응함과 동시에 이 시기의 새로운 변화 추세에 조응하여 상인의 입장에서 일정한 역할을 담당하고자 하였다.258

황국협회와 '보호황실'

대한제국 성립 이후 고종과 집권관료들의 근대화 구상은 제국주의 열강의 침략에 대응할 수 있는 부강한 국가를 건설하기 위해 자본주의 경제체제를 목표로 개혁을 수행하였던 것으로, 어느 정도의 성과가 있었던 것도 사실이다. 그러나 특히 최대의 재야 정치단체인 독립협회와는 일정한 거리가 있었다. 당시 정국 담

---

257 대한제국 초기 황제권의 상징화 및 위상강화 작업에 대해서는 도면회, 1996; 서진교, 2001; 李潤相, 2003(a), 2003(b) 참조.
258 조재곤, 2003(a) 참조.

당자들에게 있어 독립협회에 대한 일정한 견제가 필요하였으며, 그들과는 다른 각도에서 또 하나의 정치·경제체제를 구상하게 되었다. 한편 보부상들은 1894년 갑오개혁 시기 상리국(商理局) 해체 이후 전국적 규모의 상단(商團) 부활을 위해 지속적인 운동을 전개하였다. 그러한 움직임들이 서로 연결되면서 광무 2년(1898) 6월 30일 황국협회(皇國協會)가 결성되었다.

대한제국의 정치 구도는 주도권을 둘러싼 이해관계로 관료주의(bureaucracy)를 옹호하는 세력과 황제 권력(imperial crown)을 보위하려는 세력, 그 가운데서도 신세력과 구세력이 갈등 구조를 겪고 있었다. 그간 이를 단순히 서구나 일본과 관련시켜 친미파·친러파·친일파 등으로 구분하여 논의의 폭을 상대적으로 축소시켰다. 황국협회는 이기동·고영근·홍종우·길영수(吉永洙) 등 대한제국 초기 황실 측근 세력[259]이 주도하고 대신·협판 등 정부 고관들이 지원하였다.[260] 특히 궁중 관료적 특징을 가진 황실 측근 세력들은 황실의 권위 회복과 국가적 이익을 중요시하는 자들이었다. 황제의 재정 담당 역할을 하였던 이용익의 '오른팔'로 지목받던 이기동과 길영수는 홍종우와 더불어 세간에서 그들의 성과 이름 중에서 한 글자씩을 따서 '홍·길·동'이라 불리었다. 그런데 '홍길동'은 조선 중기 허균(許筠)의 소설 주인공인 홍길동(洪吉童)과 마찬가지로 미약한 입지로 출발하였음에도 불구하고 대한제국 초기 다방면에 걸쳐 고종의 의지에 적극 부응하던 황실파 관료였다. 이들은 우리나라가 근대국가로 나가는 데

---

[259] 『駐韓日本公使館記錄』 7, 「內閣員卜寵臣ノ軋轢」 機密 제3호, 明治 30년 1월 20일.
[260] 菊池謙讓, 1937, 516쪽.

큰 장애물은 다른 나라로부터의 도전이라 이해하는 경향이 강하였다.

이를 해결하기 위해서는 개혁의 방안을 황제권의 절대화를 중심으로 하는 근대화로 설정하고, 효율적인 관세, 엄격한 법률의 적용, 황제 중심의 관료제 운용, 군사력 강화, 정부 주도의 상업체제 확립 등을 통하여 전통적인 제도를 새롭게 변용하고 강화하고자 하였다. 이러한 논리를 설정하는 데 가장 앞섰던 인물은 보부상과 연합하여 상무의회(商務議會)와 황국협회를 결성하고 황국협회 평의원으로서 민선의원 설립운동을 주도하였던 홍종우였다. 우리나라 최초의 프랑스 유학생 출신인 그는 서구 근대문물을 수입하는 데 적극적이었으며 자주적 국가체제를 지향하던 인물이었다.[261]

홍종우는 파리 유학 시절 『다시 꽃이 핀 마른 나무(le Bois sec refleuri)』라는 제목으로 한국 소설(Roman Coreen) 『심청전』을 프랑스어로 번역하는데, 그 서문에서 다음과 같이 말하고 있다.

나의 이 글은 공화국에 사는데 습관이 된 프랑스인들을 대상으로 하고 있다는 것을, 내가 모르는 바는 아니다. 그러나 그들은 우리 선조가 세운 정부의 형태에 우리가 집착하는 것을 탓하지 않을 것이라는 것을 나는 확신한다. 그것은 기질의 문제이다. 국민의 관습에 미치는 기후의 영향에 대해서는 오래 전에 증명된 바 있다. 인디언들이 에스키모인과 같이 옷을 입지 않는다고 하여 아무도 그들을 책하려 하진 않는다. 마찬가지로 나라마다 다른 정체(政體)가 존재하게 되는 것이다. 우리는

---

[261] 조재곤, 1992 참조.

우리 정부 형태를 그대로 지켜나가면서, 이번에는 우리가 유럽 문명을 이용하고자 한다. 이 일에 있어 우리를 돕고자 하는 자에게 우리는 우리의 존경심과 사랑을 바칠 것을 미리 약속한다.

- 「새 資料」『韓國學報』22, 봄호, 부록, 1981, 144~145쪽에서 재인용

황국협회 발기인에는 을미사변 이후 의병에 관계하던 허위를 비롯하여 강릉과 여주 의병장인 민용호·심상희와 남포의병 참여자 김흥(광)제, 홍주의병 참여자 이상천·황보연·채광묵 등도 포함되었다.262 근왕적 입장에 있었던 이들은 아관파천 이후 재기를 도모하는 한편 도약소(都約所)와 건의소청(建議疏廳) 등을 설립하고 주도하면서 강한 정치적 성향을 보이던 인물들이었다.263 황국협회는 정부 고관들이 후원하였는데, 그러한 사람들로는 조병식·심상훈·민영기·신기선·한규설 등이 거론되었다.264

황국협회는 7월 7일 전 훈련원에서 열린 발회식 자리에서 "나라를 문명부강(文明富强)하게 하는 도리는 황실을 존숭하고 충군하는 대의를 밝힌다"라고 설립에 즈음하여 입장을 천명하였다. '농상공 실업을 주의로 할' 것을 취지로 창설된 황국협회는 매월 첫째, 넷째 일요일 두 차례의 통상회와 매년 3월과 9월 총회를 열고 각 지사와 지방지회를 설치할 것을 정하였다. 또한 회장 이하 17명의 칙임을 포함한 107명의 임원을 두기로 하였다. 그런

---

262 閔龍鎬, 1984년 국사편찬위원회 복간본, 120쪽; 朴敏泳, 1998, 87쪽; 이상찬, 1999, 223~224쪽.
263 徐珍敎, 1992 참조.
264 菊池謙讓, 1937, 516쪽.

황국협회 회표

데 황제가 직접 임명하는 칙임 간부를 무려 17인이나 두려는 것으로 보아 황실에서 이들에 대한 영향력을 강하게 적용시키려는 의도를 가졌음을 알 수 있다. 황태자도 이날 1천 원을 하사하였다.

발회식 날 황국협회에서는 구리 패찰과 은으로 회표를 만들어 회원들에게 나누어주었다. 가운데 태극 문양로 장식한 8각의 패찰 테두리에는 '보호황실(保護皇室)'이라 양각하였다. 배꽃 무늬의 회표 역시 가운데 둥그렇게 태극 문양을 넣고, 회표 둘레에는 '대한황국협회충군애국(大韓皇國協會忠君愛國)'이라는 10글자를 양각하였다.[265] 이 패찰과 회표는 현재 숭실대학교 한국기독교박물관에 소장되어 있다. 당시 묘사된 창립식 광경을 보면, 전 훈련원 대청의 전후좌우를 울타리로 막고 소나무로 만든 출입문 좌우에는 태극기를 달고 대청 북편 또한 태극기 한 쌍을 달았다. 회원들은 옷깃에 작은 태극기를 꽂았다. 회장 선출 직후 모든 회원들이 태극기를 향하여 만세를 부르고 전국 동포를 위하여 천세를 불렀다 한다.[266]

전 농상공부대신 정낙용을 초대회장으로, '황제가 총애하고 아끼는' 시종 이기동을 부회장으로 공천하였으며, 현영운을 총무원

[265] 『독립신문』, 광무 2년 7월 7일.
[266] 『독립신문』, 광무 2년 7월 9일.

으로 정하였다. 당시 중추원 의관인 홍종우는 황국협회 평의원이었으며 황제의 재정통인 이용익도 일시 회원으로 있었다.[267] 정낙용이 사임한 9월 이후 이기동과 고영근이 각기 회장과 부회장을 하였다. 이 시기 독립협회의 핵심 인물인 정교는 다음과 같이 밝혔다.

> 1898년 9월 앞서 황제는 독립협회를 꺼려하여 법부 민사국장 이기동으로 하여금 한 회를 만들게 하고 황국협회라 칭하였다. 부상 수천인을 회원으로 모집, 기동이 회장이 되었다. 고영근[본래 민영익의 겸인(傔人)으로 민비에게 총애를 얻어 궁중을 출입하였는데, 관직이 차함병사·중추원 1등 의관에 이르렀다. 당오전(當五錢)을 주조하여 인민에게 독을 입히고, 궁인 엄씨와 통하여 낳은 아들을 민가에서 길렀다]이 부회장이 되었다. 조관(朝官) 및 사민(士民)이 따라서 입회하는 자가 많았다.
>
> - 鄭喬, 『大韓季年史』上, 광무 2년 9월 24일

'이천만 동포를 총대한'[268] 단체를 자임하였던 황국협회는 창설되자마자 급격히 세력이 확대되었다. 그것은 협회 창설을 주도하였던 법부 민사국장 이기동이 그해 10월 법부협판이 됨에 따른 것이었다. 황국협회의 세에 힘입어 중추원 의관이 되려는 자들이 많았고 군대의 장교가 된 사람도 있었다. 황실에서도 몰래 그들을 도왔고, 정부의 주요 관료들도 대체로 우호적이었기 때문에 그 세력은 더욱 커지게 되었다.[269]

---

267 『독립신문』, 광무 2년 8월 9일.
268 『미일신문』, 광무 2년 7월 19일.
269 鄭喬, 『大韓季年史』上, 광무 2년 10월 25일.

이 기간 독립협회 주도로 중추원 개편 논의가 무르익고 있었다. 독립협회는 증폭되는 서울 시민들의 여론을 기반으로 중추원 의관의 반수와 부의장을 회원으로 임명하게 하여 의회제의 기초를 마련하고자 하였던 것이다.[270] 11월 28일 정부는 중추원 의관 명단을 발표하였다. 당시 임명된 중추원 의관 50명을 각 계열별로 분류하면 다음의 〈표 1〉과 같다.

당초 일반의 예상과는 달리 독립협회(만민공동회) 계열에는 17명만 의관으로 임명하였고, 그 나머지 32명은 친황제적 입장을 가진 황국협회 출신으로 충당하였음을 알 수 있다. 이들 양 단체와 계열을 달리하는 보수적인 도약소의 송수만의 입장은 황국협회와 유사하다. 만민공동회 계열인 고영근과 신해영도 초기에는 황국협회 회원이었다.

대한제국 시기의 '5대 경절(慶節)'로는 태조 이성계가 조선을 창건한 개국기원절(開國紀元節: 음력 7월 16일), 황제 즉위 경축일인 계천기원절(繼天紀元節: 음력 9월 17일), 황제의 생일인 만수성절(萬壽聖節: 음력 7월 25일), 황태자 생일인 천추경절(千秋慶節: 음력 2월 8일), 1863년 국왕 즉위일인 흥경절(興慶節: 음력 12월 13일)이 있었는데 정부뿐 아니라 민간에서도 이때 크게 행사를 열었다. 특히 보부상들은 자신들의 조직을 총동원하여 대대적인 행사를 거행하였다.

그 실례를 살펴보면, 1898년 9월 1일 황국협회 회원들이 동소문(혜화문) 밖 삼선평에서 개국기원절 경축 예식을 거행하였는데, 규칙과 절차가 있어 이를 보는 사람들이 매우 칭찬을 하였다

---

[270] 이방언, 2010, 68~96쪽 참조.

표 1 중추원 의관의 계열별 분류

만민공동회 계열	황국협회 계열	기타
고영근, 윤시병, 남궁억, 유맹, 현제창, 윤하영, 홍재기, 양홍묵, 정항모, 최정덕, 신해영, 이승만, 어용선, 홍정후, 조한우, 변하진, 손승용	이남규, 홍종억, 이교석, 홍종우, 이관제, 심은택, 이시우, 원세성, 윤이병, 이병응, 김병일, 박하성, 이기, 김규필, 송달현, 김영우, 윤시영, 정인목, 이덕하, 최석창, 김연식, 박영락, 윤석영, 유석준, 이준덕, 강상기, 유도수, 도진삼, 박래병, 이병소, 김상범, 이규환	송수만
17명	32명	1명

*鄭喬, 「大韓季年史」 上. 광무 2년 11월 29일자에 의해 작성.

는 기록이 있다.[271] 1898년 음력 9월 17일의 계천기원절에 황국협회에서 경축 예식을 거행하였고, 1903년 11월 5일 제7회 계천기원절에 상무사원들은 각 학교 학도들과 애국가를 제창하고 대안문 앞에서 만세를 불렀다.[272] 이러한 각종 행사에 보부상들은 총대위원을 두어 회원들뿐 아니라 일반인들로부터 의연금을 거두어 비용으로 충당하였다.

1898년 음력 7월 25일 만수성절 당일 황국협회 회원 김수제는 동료 수백 명을 이끌고 새문 밖 새 절로 가서 경축가를 지어 풍악으로 즐긴 후 홍사초롱을 들고 돌아오는 길에 경축가와 만세를 부르기도 하였다. 그때 고상궁이라 하는 궁녀가 그 예식을 보고 "백성이 나라를 위하여 이렇게 하는 사람은 처음 보겠다" 하면서 대단히 칭찬하였다 한다.[273] 1899년 8월 30일 만수성절 시 부상(負商)들은 호적(胡笛)과 소고(小鼓)로 가로에서 춤을 추고 경축하였고, 황제는 군경·상무사(商務社)·시전(市廛) 등에 내하금을 지

---

271 『독립신문』, 광무 2년 9월 3일.
272 『皇城新聞』, 광무 7년 11월 6일.
273 『믹일신문』, 광무 2년 9월 21일.

급하였다.[274] 1902년 6월 26일(음) 만수성절에도 상무사원들이 피리를 불고 노래를 부르며 큰 도로에서 경축례를 행하였다.[275] 1903년 9월 16일 만수성절에는 상무사의 부상들이 생가무동(笙歌舞童)하여 도로를 왕래하다가 경운궁 대안문 앞에 모여 만세삼창을 하였는데, 각 상민들도 각기 가게 문전에 태극기를 게양하고 축하하였다.[276] 천추경절에는 부상들이 태극기를 들고 피리를 불며 대안문 앞에서 만세를 불렀다.[277]

황국협회 회원 윤석준은 "우리는 아무쪼록 일심(一心)하여 상(上)으로는 대황제 폐하 성덕(聖德)을 세계만국에 봉양(奉揚)하고 이천만 동포의 생명재산을 보호하는 데 사(死)하는 것이 영(榮)한 줄로 지(知)하노라" 하였다.[278] 황국협회에서는 '우흐로는 충애를 기약하고 아래로 실업을 권면'함을 목적으로 하였고,[279] 이후 상무회사의 부사무 박유진·김광희 등은 '상무 조직하는 뜻은 원래 상민이 사사를 경영하라는 계교가 아니라 실상 황실을 보호하자는 충성이온데'[280]라 하여 황실을 보위하는 상인 집단으로서의 자신들의 위치를 설정하였다.

한편 황국협회는 당시 「헌의육조」 제1조에서 "황제의 권한을 공고히 한다"라고 천명했던 독립협회(만민공동회)와 마찬가지로 황제 중심의 군주제를 인정하였다. 그렇지만 일정한 위치에 오

274 『皇城新聞』, 광무 3년 8월 31일.
275 『日新』, 광무 6년 7월 26일.
276 『皇城新聞』, 광무 7년 9월 17일.
277 『皇城新聞』, 광무 5년 3월 28일.
278 『皇城新聞』, 광무 2년 11월 8일.
279 『미일신문』, 광무 2년 12월 10일.
280 『독립신문』, 광무 3년 4월 13일.

른 사람들만을 중심으로 하는 상원을 구상했던 그들과는 달리 다양한 각 계층의 의견을 수렴할 수 있는 하원 중심의 정치체제를 구상하였고, 1898년 10월 12일 「민선의원(民選議院) 설립(設立)의 건백서(建白書)」를 정부에 제출하였다.[281]

그러나 모든 백성을 황제의 '신민(臣民)'으로 보았던 황실과 정부는 일반민의 정치 참여를 전혀 인정하지 않는 입장이었고, 위와 같은 논의들은 하나의 안에 지나지 않았다. 더욱이 이러한 주장이 전개되기 바로 직전인 1898년 11월 정부는 「의뢰외국치손국체자처단례(依賴外國致損國體者處斷例)」를 제정하여 황제권에 대한 도전을 제거할 법적 근거를 마련하였다. 같은 달 정부에서 참정 조병식 등의 발의로 독립협회와 관계있다는 이유로 『제국신문』·『독립신문』·『미일신문』·『황성신문』의 폐간 논의가 있다가 중지된 일도 있었다.[282] 그해 12월 말 독립협회·만민공동회 활동을 강압적으로 분쇄하고 계엄정국이 막 전개되는 시점이었다. 나아가 황제의 초법적 권한을 강조한 「대한국국제」의 제정을 준비하던 상황에서 이러한 논의가 더 이상 확대되기는 현실적으로 어려웠다.

1898년 12월 독립협회 회원들과 황국협회 보부상들 간의 혈투를 문제 삼아 급기야 황제의 해산 칙령과 연이은 군인과 경찰 파견 탄압에 의해 두 단체 모두 강제로 해산되었다. 이후 독립협회는 완전히 해체되었지만, 황국협회는 이듬해 6월 상무사(商務社)로 기능을 확장하면서 부활하였다.

---

281 『日本外交文書』 제30권 「韓國ニ於ケル紛擾事件槪要差進ノ件」, 441쪽.
282 鄭喬, 『大韓季年史』 上, 광무 2년 11월.

황제 친위세력, 보부상단

대한제국 시기 정부에서는 황제권의 강화와 치안 유지를 위해 군제의 전면적인 개편과 군인 양성이 절실하였다.[283] 그 결과 근대적 고급 군인양성소로 무관학교를 설립하고 황제를 정점으로 하는 군사기구인 원수부를 창설하였다. 그런데 당시 권한이 한층 강화되어 있었던 보부상들은 새로 만들어진 무관학교와도 긴밀한 관련을 맺고 있었음은 다음의 노래를 보면 잘 알 수 있다. '무관학교 신군가'라는 이 노래는 내용상 정식 군가로는 보이지 않고 길영수와 보부상에 관한 내용이 주종을 이룬다. 그것은 무관학교 학도 150여 명이 당시 규정을 어기고 길영수가 참위에 임명되자 자퇴 청원운동을 하던 과정에서 일종의 풍자노래로 작성된 것이다.

기초로세 기초로세 대한제국 기초로세
평양립(平壤笠) 진목추(眞木椎)는 대한제국 기초로세
하여보세 하여보세 부상반수(負商班首) 하여보세
길과천(吉果川) 반수(班首)님은 좌적진고와식(坐摘眞苽臥食)일세
두평양(頭平壤) 수목추(手木椎)가 승어학교(勝於學校) 무예(武藝)로세
반모실총(半毛室銃) 던져두고 대진목추(大眞木椎) 깎어보세
다행일세 다행일세 대한군대(大韓軍隊) 다행일세

-『皇城新聞』, 광무 3년 1월 23일

---

[283] 조재곤, 1996; 서인한, 2000 참조.

여기서 평양립(平壤笠·平凉笠 혹은 平凉子·平壤子라고도 부름)은 보부상들이 머리에 쓰는 '패랭이'를, 목추는 지게 작대기 겸 호신 도구로 그들만이 사용하는 '물미장(勿尾杖)'을 말하는 것이다. 길 과천 반수는 당시 과천군수이자 13도 부상도반수인 길영수를 가리킨다. 한성판윤을 한 바 있는 길영수는 황제의 의중을 파악하여 전국 보부상을 이끄는 데 중심적인 역할을 한 '황실파 관료'였다. 당시 보부상들은 정부의 준군사적 조직으로 기능하였고, 황실에서는 전 황국협회 회장 이기동을 참령에, 길영수를 참위에 각기 임명하여 예하 부대와 병사를 관장하게 하였다. 이렇듯 보부상 우두머리 길영수가 군대와 긴밀한 관련을 맺고 있었기 때문이 무관학교 일각에서 이 같은 형태의 '군가'가 나온 것으로 보인다. 무관학교장 이학균의 설득으로 자퇴운동은 무마되었지만 학도들은 일명 '길영수 방망이[吉椎]'라는 제목의 군가로 바꾸어 불러 유행시켰다고 한다.[284]

그런데 황실에서는 원수부 설치 당시 부상(負商) 중 연소자로 2개 대대를 모집하고자 하였다.[285] 1900년 1월에는 각 지사 두령들이 신임 상무사 도사장 심상훈에게 상무영 설치와 각 항구 수세전담을 요청한 사실이 있었는데,[286] 앞의 내용은 정책에 반영되어 5월 보부상으로 상무영[商務營; 상비대(常備隊)]을 설치하고 '포도등절(捕盜等節)'을 관장하게 하였다. 해당 두령은 과거 영장례(營將例)에 의거하여 상무영으로부터 자주통부(紫朱通符)와 마

---

[284] 鄭喬, 『大韓季年史』下, 광무 3년 1월.
[285] 『日新』, 광무 3년 7월 29일.
[286] 『皇城新聞』, 광무 4년 1월 15일.

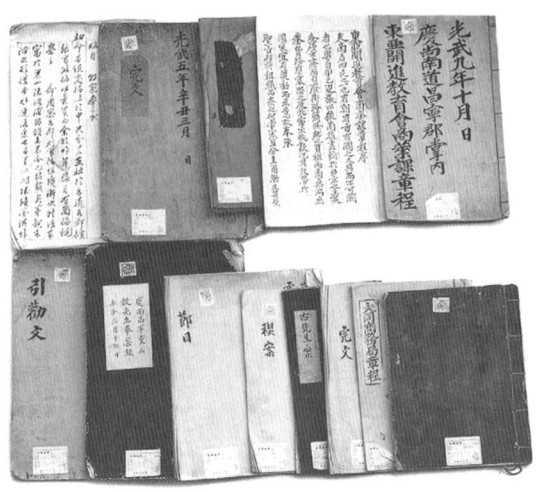

경상남도 창녕 보부상 문서

패(馬牌)를 받아갔다.[287] 상무영은 각 지사 부상 중 3명씩 모집하고, 군액 1천여 명을 선발하는 한편 대의 장관을 상무사장으로 하고 비용은 내장원 둔토로 배정하였다.[288] 상무영에서는 연간 90만 원의 예산을 가지고 윤번으로 군사훈련을 시켰다.[289] 그 후 1903년에는 보부상 중 20세 이상인 자를 조사하여 8개 대대로 나누어 원수부에 편제하였다.[290]

'충의'와 '위국'을 강조하는 과정에서 보부상단은 대대적으로 동원되었다. 이는 그들 스스로 나라의 공적 임무를 담당하는 '공

[287] 『皇城新聞』, 광무 4년 5월 21일.
[288] 『皇城新聞』, 광무 4년 5월 11일.
[289] 『日本外交文書』 33권 「韓國事情報告ノ件」, 1900년 6월 15일, 98쪽.
[290] "自元帥府 編商民爲兵 作八大隊 以東別營爲駐箚之所", 黃玹, 『梅泉野錄』 卷之三, 광무 7년.

원(公員)'을 자임하는 것에서도 기인하겠지만, 당시 정부 측의 보부상 동원의 구조와도 긴밀히 맞물려 있는 것이었다. 일찍이 국가적 차원에서 집권층의 보부상 조직에 대한 관심과 자신들의 지배 아래 두고자 하는 최초의 시도는 조선에 대한 제국주의 열강의 무력 침투와 그로 인하여 국가의 위기 의식이 첨예하게 노출되는 과정에서부터 시작되었다.

이는 1866년 병인양요 시기 부상과 흥선대원군의 관계에서 알 수 있다. 당시 군사 동원 구조의 무기력한 점을 절감한 대원군은 대대적인 '의병' 모집에 힘을 기울이는 한편, 보부상의 강고한 조직체계에 주목하였다. 기존의 군사력과 함께 이들의 물리력으로써 프랑스군을 축출하고자 하였다. 대원군은 프랑스 군대의 강화도 침공 직후 그 타결 방안의 일환으로 일반민들의 '부의(赴義)'를 대대적으로 권유하는 한편, 재지상인들의 강고한 조직체계로서 보부상 집단을 주목하였다.[291] 대원군 정권 이래 대한제국 시기에 이르기까지 각 기간별 정권 담당자들은 전국 각처에 산재한 보부상들을 국가 체계에 흡수하기 위해서 양자 간의 결합 명분을 모색할 필요성이 있었다. 그리하여 그들에게 만들어준 『절목』·『완문』 등에서 태조 이성계 이래 역대 보부상들은 임진왜란·병자호란 등의 시기에 군량미 운송 등을 통해 '충성을 다해 나라에 보답'하였다는 점을 기록으로 남겼다.[292] 그러면서 이들에게 '국

---

[291] 『巡撫營謄錄』, 高宗 3년 9월 12일.
[292] 보부상의 전설적 활동과 일화는 그들이 활발히 활동하던 19세기 후반부터 일제 식민지 시기 많은 논자들에 의하여 제시되었다. 그러나 이들은 몇몇 단편적인 자료나 당시 전설로 내려오던 것을 그대로 받아들이고 있기 때문에 실제와는 큰 차이가 있다. 보부상의 연원과 활동에 관련하여 많은 일화를 비교적 상세히 기록한 1883년의 『惠商公局 序』에서도 이들에 관한 이야기들이 어느 때부터

가를 위하고 충의(忠義)에 힘쓸 것' '국가를 위해 나아갈 때는 일제히 마음을 합해 힘을 같이 하고 총알같이 받들어 행할 것' '끓는 물과 불 속이라도 밟고 들어갈 것[부탕도화(赴湯蹈火)]'을 당부하였다. 그것은 예시한 것처럼 국가의 위급한 상황과 대규모의 역사(役事)가 있으면 보부상들도 충성으로써 공공의 이익에 봉사하고 '의로운 길'에 앞장서야 한다는 것이다.

이에 따라 보부상들은 그들 고유의 업무인 상업 활동 외에 아울러 정부 외각 치안부대의 성격을 가질 수 있게 되었다. 이후 임오군란·갑신정변·동학농민전쟁·독립협회·만민공동회 문제 등 당대의 주요한 정치적 사건에 '병사로서 상인을 보호하고 상인으로서 병사를 보호한다' 즉, '병이호상(兵以護商) 상이호병(商以護兵)'의 치안부대[상병단(商兵團)]로서 깊이 개입하였다. '보호황실'을 종지로 하는 대한제국 시기 상무사의 보부상들 역시 나라의 유사시나 정부에서 그들을 필요로 할 때 적극 참여하기로 되어 있었다.

> 충의(忠義)로써 분발하여 국가를 보위할 일. 충효는 곧 인도(人道)의 강기(綱紀)라. 하물며 우리 상민(商民)의 전후 노고가 남들과는 다르지 않겠는가? 무릇 국가에 일이 있을 때에는 위험을 피하지 않고 다투어 어려운 곳에 간 것이 한 둘에 그치지 않았다. 이와 같이 조직된 후에 외화(外禍)와 내란(內亂)을 가리지 않고 비록 끓는 물과 불 속이라도 밟

시작되었는지 알 수 없다는 점을 가장 먼저 서술하고 있다. 그럼에도 불구하고 아직까지도 역사적 정황과 관련한 사료 비판은커녕 최소한의 확인 작업도 없이 액면 그대로 받아들여 역사적 실체와는 너무나 다르게 해석하는 사람들도 있어 독자들을 혼란스럽게 하는 경우가 종종 보인다. 이에 대해서는 조재곤, 2003b, 1~7쪽 참조.

고 들어가는 것이라도 반드시 남들에게 양보하지 않으니, 혹은 이에 태만하면 반드시 중벌(重罰)하여 일벌백계(一罰百戒)할 것이다.

- 『商務社章程』 제6조

근대적 경찰제도로서 경무청과 경부가 설치되었지만 지방까지는 제 기능을 발휘할 수 없었던 당시 보부상들은 준 군사적 조직으로 기능하면서 지방군과 연합하거나 단독으로 영학당(英學黨)·'동비여당(東匪餘黨)'·활빈당(活貧黨) 체포에 참여하였다. 1899년에는 전라도 고부·정읍 등지의 영학당 체포에 보상단(褓商團)이 참여하였다.[293] 1900년 3월 상무사 도공사원 이규환은 1894년 농민군 패퇴 이후 각지를 돌아다니며 잠복 활동하던 '동학여당'을 탐지하는 과정에서 무주 덕유산을 본거지로 하면서 재기를 도모하던 여산대접주 고문선을 체포하였다.[294] 이어 이규환은 상무사의 보부상들을 이끌고 전북 임피의 오성산에서 고문선의 패거리인 김준홍 등 수 명을 체포하고, 그들이 소지하고 있던 깃발과 책자 등을 압수하였다.[295] 계속해서 4월 병정 60명과 부상 70명, 포군 20명이 속리산에 들어가 서청을 비롯한 농민군 잔류자 43명을 잡아 경무청으로 압송하기도 하였다.[296] 같은 기간 충청도 서해안 비인과 남포의 예처럼 50~60여 명의 지방 보부상들이 유회원(儒會員)들과 더불어 무리를 지어 병정 복장을 입고

293 『司法稟報』「井邑古阜郡所捉匪類崔永年等二十九人處辦質稟; 附 供案」, 1899. 7. 12.
294 『司法稟報』「茂朱德裕山東學黨山沒及礪山居東學徒高文詵詗捉處辦質稟事」, 1900. 3. 15;『皇城新聞』, 광무 4년 3월 30일.
295 『司法稟報』「五成山東學徒更起者金準弘等七人捕捉擬律宣告後處辦質稟事」, 1900. 4. 2.
296 『皇城新聞』, 광무 4년 4월 16일.

활빈당 체포를 위해 접전을 벌이는 경우도 적지 않았다.[297]

　보부상 동원의 또 다른 사례를 들어보면 다음과 같다. 1899년 2월 서울 남대문 밖 관왕묘(關王廟)의 화재로 정전이 소실되었는데 궁내부에서 중건할 때 서울의 보부상 수백 명이 자원의 형식으로 부역하였다. 그 내용을 당시의 신문에서는 "수백 명이 무리를 이루어 서로 간에 춤을 추며 꽹과리를 치고 피리를 불며 그 질탕한 풍류는 참으로 한 시대의 태평기상(太平氣像)이라고들 하더라"고 적었다.[298] 보부상들은 황제의 각종 능행(陵行)과 전주의 태조 이성계 어진(御眞) 운반 시에도 호종 역할을 자임하였다. 1900년 3월 22일 함흥의 태조 고황제 영정을 봉안할 시 강원도 철원·금화군의 부상 및 한성 내외의 부상 수백 명이 각각 자비로 갖춘 노란 옷을 입고 태극국기(太極國旗)를 들고 광화문 앞 황토현 대로에 도열하였는데 매우 위엄이 있었다고 한다.[299] 신연(神輦)을 운반할 때 험한 길과 가파른 비탈을 모두 이들이 메고 넘었다.[300] 그 공로로 그해 5월 상무사원 200여 명을 가자(加資)하였다.[301] 1899년부터 상무사에는 보부상들로 야간 순찰을 담당하게 하고,[302] 1903년 4월에는 서울 내의 각 부상 지사에서 건장한 사람 수 명씩을 선택하여 경운궁 부근 일대를 파수하였다.[303]

---

297 『雲林別錄』, 81쪽.
298 『皇城新聞』, 광무 3년 2월 20일.
299 『日新』, 광무 4년 3월 23일.
300 『高宗實錄』, 고종 37년 4월 20일.
301 『皇城新聞』, 광무 4년 5월 26일.
302 『皇城新聞』, 광무 3년 10월 20일; 『皇城新聞』, 광무 3년 11월 13일.
303 『皇城新聞』, 광무 7년 4월 22일.

당시 영어교사이자 선교사로 조선에 와 있던 H. 헐버트도 보부상을 비롯한 상인조합들이 황제의 권위와 관련된 각 방면의 정부사업에 동원되고 있음을 지적하였다.

서울의 여러 가지 조합들은 정규적인 세금이 없고 다만 종종 다방면의 정부사업을 돕도록 요청을 받는다. 때때로 그들은 황제의 행차가 있는 도로를 고쳐야 하며, 국상(國喪)이나 황실(皇室)에 혼례(婚禮)가 있을 때에 각 조합은 행열(行列)에 따르는 호화로운 깃발을 마련하여야 하며 조합원들은 상여꾼으로 활동하여야 한다.

- Homer B. Hulbert, 申福龍 역, 1984, 230쪽

대한제국 정부는 독립협회 활동이 가장 고조되었던 기간인 1898년 11월 22일 법률 제2호로「의뢰외국치손국체자처단례」를 제정하여 민권운동이 서양 각국과 연결되는 것을 차단하려고 하였다. 이러한 정황과 관련하여 황제권에 도전하는 세력을 분쇄하면서 황실을 보호해야 한다는 보부상들의 입장 표명은 이 시기 주요 정치적 사건에 대한 그들의 동향을 통해서도 알 수 있다.

예컨대 1899년 6월 서울의 부상 40~50명은 외부에 청원서를 올려 왕후를 살해한 '을미변란' 후에 일본으로 도망간 자들을 처벌하자고 하였는데, 만국공법 중 교환하는 조례에 근거하여 행하자고 하였다.304 부상 200여 명도 기어이 복수를 하고 말 것이라 다짐하였다.305 서울 상무사 조동임방(棗洞任房)에서는 각 지

---

304 『皇城新聞』, 광무 3년 6월 28일 ; 『時事叢報』, 광무 3년 6월 30일.
305 『皇城新聞』, 광무 3년 6월 30일.

역의 부상 두령을 소집하고 서명운동을 전개하기도 하였다.306 1900년 나유석과 원직 등 상무사의 간부들은 1898년 대한청년애국회사건 주도자로서 망명지 일본에서 귀국한 안경수와 1895년 왕후 민씨 살해 관련자로 역시 귀국한 권형진을 극률에 처하라고 청원하였고,307 평리원 재판장 이유인에 의해 전격 처형당한 이들의 시체를 내어놓으라고 수차례에 걸쳐 중추원에 헌의하였다.308

근대 과도기에서 정부는 특정한 상인을 특별하게 대우하면서 그들로부터 여러 가지 반대급부를 받는 한편 정치적으로 결속력을 갖추어 새로운 변혁운동에 대항하였다. 대한제국 시기는 정권을 지탱하는 새로운 한 축으로서 상인층의 역할이 크게 돋보이던 기간이었다. 특히 보부상들은 흥선대원군 집권 이후부터 역대 정권과 관련을 꾸준히 맺으면서 성장하던 계층이었고, 이들의 근왕적 성격은 대한제국 시기에는 황국협회와 상무사라는 황제의 재야 친위세력(Imperial Party)으로서 황제를 중심으로 한 근대국가 설립에 일정한 역할을 하였다. 보부상들은 황제의 보장이 있는 한 강한 영향력을 발휘할 수 있었지만, 한편으로는 이들은 황제권의 침해에 대단히 민감하였다. 따라서 최종 결재권자인 황제를 둘러싸고 이를 제약하고자 한 세력과 정치투쟁을 벌였다. 또한 황제의 권리뿐 아니라 국권까지 제약하려 한 일본에 강력하게 저항하였다.

대체로 우리의 근대사 인식에서 '개화 대 수구'라는 이분법적

---

306 『時事叢報』, 광무 3년 7월 2일.
307 『皇城新聞』, 광무 4년 2월 21일.
308 鄭喬, 『大韓季年史』下, 광무 4년 5월 29일.

접근 구도가 일반화되어 있었고, 그 결과 이제까지의 보부상에 대한 인식은 후자의 측면만이 강조되어 왔다. 물론 보부상들이 당시 다른 계층에 비해 보수적 성격을 가졌기 때문에 그런 면에서 하나의 전형성을 가진 집단으로 부각될 수 있겠지만, 이런 시각으로는 그들에 대한 설명을 제대로 하기 어렵다고 생각된다.

황국협회와 상무사로 대표되는 대한제국 시기의 보부상 조직은 자주적 근대국가 수립을 위해 제국주의 침탈을 적극 저지하면서 구제도와 새로운 제도의 절충·보합을 유지하고 대한제국의 토대 구축에 주력하였다. 이 시기 우리나라도 상원과 하원의 설립 논의가 전개되면서 점차 입헌정체로 이행하려는 움직임을 보였다. 그런데 보부상들은 황제가 유지하고자 하는 법과 질서, 다시 말해 권력기구 강화를 통한 황제권 수호와 절대화에 필요한 법과 질서를 생각하고 있었다. 이러한 것이 결합되어 '군민일체주의' 아래에 황제를 중심으로 하는 새로운 체제를 마련하려고 하였다. 결국 실패로 귀결되었지만 대한제국 정부와 그 외곽 세력들은 과거의 봉건적 전제군주제를 탈피한 절대주의 국가체제에 비견되는 황제 주도의 근대적 국가체제를 공고히 하려는 노력을 보였다. 그 가운데 보부상들의 적극적인 활동이 있었던 것이다.

'근심과 어려움이 있을 때 서로 구제함[환난상구(患難相救)]' '병들면 도와서 치료하고 죽으면 장사 지냄[병구사장(病救死葬)]' 외에 당시 보부상들이 선언적으로 사용하던 주요 용어로는 '충의' '충애' '충효' '보호황실' '충군애국' '끓는 물에 뛰어들고 타는 불에 들어감[부탕도화(赴湯蹈火)]' '이천만 동포의 생명재산 보호' '군사로서 상인을 보호하고 상인으로서 군사를 보호함(병이호상 상이

호병[兵以護商 商以護兵])' 등을 들 수 있다. 황제권 강화를 추구하던 대한제국 정부와 황실의 의지와 맞물려, 국가와 황실·동포를 위해 '멸사봉공'한다는 내용으로 축약될 수 있는 이러한 단어들은 상징적인 의미를 벗어나 실제로 적지 않은 효력을 발휘하였다.

그러나 다방면에 동원된 보부상단은 조직적인 행동으로 정부와 황실의 별동대 역할을 하였기 때문에 외국인들에게까지도 황실의 '발톱과 어금니[조아(爪牙)]'로 비쳐졌다.[309] 그 결과 상업활동 면에서라기보다는 정치적 측면에서 당대인들에게 많은 비판을 받게 되었다. 또한 이들의 지속적인 정치 참여는 역설적으로 자신들의 생명을 단축시키는 결과를 초래하였다. 1904년 러일전쟁 이후 식민지에 준하는 새로운 상황이 도래하자 민원(民怨)의 대상이었던 보부상들은 더 이상 '나랏일' 한다는 명분으로 조직을 지탱하기 어렵게 되었고, 결국 서로 간에 '보호'해주던 대한제국 황실과 운명을 같이하게 되었다.

---

[309] "(보부상은) 그 이름은 본시 商務에 종사하는 것이지만 그 본업은 도리어 완급의 일이 있을 때 왕실의 藩屛으로 장차 爪牙가 되는 데에 이르렀다"(信夫淳平, 1901, 60쪽).

3

황제 권력의 법률적 기반
「대한국국제」의 제정

대한제국의 역사적 성격을 파악하는 데 가장 기초가 되는 법률체계는 1899년 8월 17일 반포된 「대한국국제(大韓國國制)」다. 이 '국제'는 대한제국 성립 직전에는 교전소(校典所), 대한제국 시기에는 법규교정소(法規校正所) 등의 입법기구 설치와 인원 구성, 법률 제정을 위한 준비 등 일련의 과정을 통해 완성되었다.

그간 이 「대한국국제」에 관해서는 많은 연구가 있었다.[1] 주요 필자별로 논점과 쟁점을 중심으로 간단히 정리하면 다음과 같다. 법사학자 전봉덕은 「대일본제국 헌법」의 각 조문과 비교하여 「대한국국제」는 그것을 추수한 것이라고 보는 견해를 피력하였다. 코쿠분 노리코(國分典子)는 「대한국국제」는 기본적으로 독일 내지 일본의 군주제 헌법을 답습한 것이지만, '전제군주제'라고 명기한 것은 적어도 형태상으로 입헌군주제였던 일본과 독일의 당시 국가체제와 결정적으로 다르다는 점을 강조하였다. 서

---

[1] 주요 선행 연구는 다음과 같다. 田鳳德, 1981; 國分典子, 1996; 徐珍敎, 1996; 金泰雄, 1997, 2013; 도면회, 2014; 장영숙, 2015.

진교는 「대한국국제」가 지나치게 서둘러 작성될 수밖에 없었던 이유로 독립협회 타파 이후에도 여전한 신변 위협과 일본과 러시아의 움직임 등 황제의 지위와 대한제국의 위기 상황 타개책으로 이 법률을 마련하였던 것으로 추론하였다. 김태웅은 「대한국국제」와 같은 법제적 규정은 황제 주도의 근대주권국가를 수립하려는 것이자 이를 통해 주권의 소재와 작동 방식을 법률적으로 확보하였다고 주장하였다. 도면회는 1898년까지 국내외적으로 권력 행사에 제약을 받아온 고종의 황제권 강화를 위한 방어적인 자구책이자 국제법을 인용하여 대한제국의 독립을 선언한 것으로 이해하였다. 장영숙은 메이지 시기 「대일본제국 헌법」에서 표현된 일본의 천황제와 「대한국국제」의 차이점과 유사성을 비교 분석하는 데 초점을 두면서 양국 군주제도의 상관성을 검토하였다.

「대한국국제」에 대한 정확한 이해는 대한제국의 성격 규정을 해명하는 것과도 관련된 중요한 문제이다. 그간의 대체적인 연구는 대한제국 정부의 국제법 지식과 국내 정치 투쟁과의 연관 속에서만 연구가 진행되어 왔다. 한편 「대한국국제」는 기본권 보장이나 의회제도 같은 절차가 배제되어 있는 것을 이유로 근대적 의미의 헌법으로 볼 수 없다는 견해[2]도 있지만 대다수 논자들은 헌법적 요소를 가지고 있다는 데 동의하고 있다. 그런데 우리나라 역사상 이 '국제'와 비슷한 형태의 법률은 찾아볼 수 없고 다만 19세기 전 기간에 걸쳐 서양과 일본에서 제정된 여러 형태의 흠정헌법과 유사한 내용이 많이 적기되어 있다. 그렇다면 과

---

2 김효전, 2009, 214~215쪽.

연「대한국국제」는 어떤 사람들이 무엇을 근거로 하여 만들었는가에 대한 의문이 들지 않을 수 없다. 그러나 아직까지도 명확한 해답을 찾을 수 없었다.

이러한 점에 유념하면서 기존의 연구와는 달리 이 글에서는「대한국국제」의 국외적 계기를 찾는 방법을 통해 서양적 근대(성)의 연쇄 과정에 초점을 맞추어 분석을 진행하고자 한다. 첫째, 19세기 이후 서구 각국의 흠정헌법과「대일본제국 헌법」에 큰 영향을 준 프랑스의 1814년「헌법헌장」을 비롯한 주요국의 흠정헌법 제정과 이를 이어받고 전파하는 과정을 살피고자 한다. 둘째,「대한국국제」의 9개 조항 작성에 이들 각국 헌법이 직간접적 영향을 준 것으로 판단하고 이에 해당하는 법률을 각 조항별로 비교 분석하여 그 유사성과 차별성을 정리할 예정이다. 셋째, 결론에서 필자가 생각하는「대한국국제」의 뿌리 찾기 즉, 출자(出自; descent)-계승(繼承; succession) 관계에 대한 의견을 제시할 것이다.

군주권 확립을 위한 법률 제정

교전소의 설치

고종은 러시아 공사관에서 경운궁으로 돌아온 직후인 건양 2년 (1897) 3월 16일 전·현직 대신들을 불러 이들로부터 정치 현황과 민심의 동향 및 제반 시폐(時弊)와 그 해결책에 관한 의견을 청취하였다. 이 자리에서 그는 신법과 구법을 절충하면서 법전을 편찬하자는 의정부 의정 김병시(金炳始)의 건의를 받게 되었다. 김병시는 "먼저 고금(古今)을 참고하고 손익을 참작하여 한 편의 법전(法典)을 휘성(彙成)하여 영구히 변경하지 않는 금석지전(金石之典)을 만들어야 합니다"라고 주장하였다. 황현에 따르면 교전소는 남정철의 건의로 신구 전적(典籍)을 절충하여 분류한 서적 1책을 만들려는 의도로 설치된 것이었다.[3] 그 결과 국왕은 당시의 상황을 국정(國政)을 새롭게 운영할 '일대 경장(更張)의 기회'로 생각하고, 신구 관제를 절충하고 제반 법규 정비를 위

---

3   黃玹, 『梅泉野錄』 제2권, 광무 원년.

한 하나의 기관을 특설하고 인원을 선정하라는 조칙을 내렸다.[4] 이에 따라 그것을 담당할 기구로 중추원에 교전소(校典所)가 설치되었고, 같은 달 23일 의정 김병시, 궁내부특진관 조병세(趙秉世)·정범조(鄭範朝)를 교전소 총재대원에 임명한 것을 비롯하여, 찬정 김영수(金永壽)·박정양(朴定陽)·윤용선(尹容善), 외부대신 이완용(李完用)을 부총재대원에, 각 부 고문관인 미국인 르젠드르(Charles W. LeGendre; 이선득, 李善得)·그레이트하우스(Clarens R. Greathouse; 구례, 具禮), 영국인 브라운(John M. Brown; 백탁안, 柏卓安)과 서재필(徐載弼)을 교전소 위원으로 임명하였다. 이 기간 교전소 창설과 각종 법률 규칙, 장정 제정 등의 준비에 대해 『독립신문』은 '조선 인민에게 큰 경사'라면서 이를 교정하기는 대단히 어렵고 교정 후에도 시행하는 일이 더 중요하다는 점을 지적하였다.[5]

이들은 4월 12일 오후 2시 경운궁 안의 외국 공사 휴게소에서 제1차 회의를 열어「교전소의사규칙(校典所議事規則)」(전문 16조, 부칙 3조)을 제정하고 매주 월요일과 목요일 오후에 정례회의를 개최하기로 결정하였다. 또한 4월 15일 오후 2시의 제2차 회의에서는 김가진(金嘉鎭)·권재형(權在衡)·이채연(李采淵)·성기운(成岐運)·윤치호(尹致昊)·이상재(李商在)·고영희(高永喜) 등과 같은 개화 행정관료를 지사원(知事員)으로 선정하여 실무를 담당하게 하였다.[6] 그리고 이들을 중심으로 같은 달 19일의 제3차 회의에서 참서관과 관제조사위원·형률조사위원 및 보조원을 두었

4 『承政院日記』, 건양 2년 2월 14일.
5 『독립신문』, 건양 2년 3월 30일.
6 『日省錄』, 1897년 4월 15일;『독립신문』, 건양 2년 4월 27일.

으며 국한문기록위원[김중환(金重煥)]·영문기록위원[박용규(朴鎔圭)]도 임명하였다.[7] 이날 회의에서는 브라운의 주장으로 위원을 뽑아 신구 법률을 조사·보고하기로 결정하여 형률조사와 관제조사위원으로 박정양·김가진·성기운·권재형·그레이트하우스 5명을 선출하였다. 또한 '교전소의사규칙'을 작성하되 국한문은 이상재가, 영문은 서재필이 맡기로 결정하였다. 교전소에서는 관리를 임면하는 법률과 규칙 조사를 위해 5명의 별위원을 두었고, 추가로 구성한 5명의 별위원을 각 재판소와 경무청에 파견하여 형법 시행 등에 관해 조사 후 보고하도록 하였다.[8]

교전소는 대한제국 성립에 즈음하여 보수적인 분위기가 점증하는 가운데 새로운 기운을 받아들여 국가의 면모를 일신하려는 조야의 여론을 바탕으로 하여 법률을 제정함으로써 향후 정국을 국왕 중심의 구도로 재편하고자 만들어진 것이라 할 수 있다. 예컨대 구성원을 보면 알 수 있듯이 교전소는 어느 특정 세력이 주도한 것이 아니었다. 즉, 정치적 성향으로 볼 때 김병시·조병세·정범조·김영수 등 정부 내의 원로 관료세력, 아관파천을 주도하여 친러·친미내각을 형성시킨 이완용·박정양 등 이른바 정동구락부 세력, 외국인 고문관 그룹이 참여하고 있었다. 특히 국제법과 세계 대세에 밝은 외국인 고문관 등을 참여시킨 데에는 서양의 근대적 법체계를 도입하고자 하는 목적이 있었다.

그러나 이 같은 의도로 설립한 교전소는 그 본래의 사업을 달성하지 못했다. 교전소가 이렇다 할 활동을 할 수 없었던 원인은

7 『독립신문』, 건양 2년 5월 1일.
8 『독립신문』, 건양 2년 4월 22일.

여러 가지 면에서 찾아볼 수 있지만, '제국의 개조(Reorganization of the Empire)' 과정에서 위원들 간의 정치적 이해와 입장 차이가 가장 큰 이유였다고 할 수 있다. 특히 여기서 쟁점이 된 것은 군주권의 위상을 어떻게 설정할 것인가였다.

고종이 애초 의도한 바와 달리 중추원고문 서재필은 교전소를 의회정치로 넘어가는 중간단계의 입법기관으로 삼아, 박정양 및 개화파 소장관료를 중심으로 교전소의 작업을 통해 법률과 규례 제정의 체계화를 이루어 오히려 군주권을 제약하고자 노력하였다. 이 때문에 방향을 달리하는 르젠드르와 브라운 등 다른 위원들의 강력한 반발로 갈등을 일으켰다.[9] 급기야 위원들 중 총재대원 김병시와 조병세를 비롯하여 병을 칭하는 상소를 올리고 사직한 자들도 많았고 또한 회의에 참석치 않는 자도 있었다. 일본공사 가토 마스오가 외무대신 오쿠마 시게노부에게 보고한 바에 따르면 교전소 총재 김병시가 사표를 내고 고향으로 가서 쉬게 되자 위원들은 사분오열하는 양상이 되어 부총재 민영준을 시작으로 위원 김가진·김영수·성기운·권재형·윤용선·김중환이 차례로 사임하였다 한다.[10] 정부와 인민들 사이에서 교전소 활동을 원하지 않는 자도 많았다 한다. 고종 역시 입헌군주제의 입장을 가진 서재필이 교전소를 주도하는 것을 기피하여 4월 말의 회의를 끝으로 교전소의 활동은 별다른 성과없이 흐지부지되었다.[11] 때문에 예정된 '교전소의사규칙'도 완성시키지 못하였던 것으로 보인다. 그렇지만 교전소는 명목상 계속 유지되었으며, 공식적

9 『尹致昊日記』, 1897년 7월 2일.
10 『駐韓日本公使館記錄』「任免一束·雜件」, 1897년 5월 18일.
11 『독립신문』, 건양 2년 5월 11일; 慎鏞廈, 1976, 56쪽 참조.

으로 해체된 것은 법규교정소 설립 직후인 1899년 7월 10일 법규교정소 총재 윤용선의 주(奏)에 의해서였다. 이때까지 교전소 관원으로 활동하고 있는 자도 있었다. 다만 6월 22일자에 대군주가 조서(詔書)에서 '서품통편(敍品通編)'을 시행하라는 짤막한 기사가 나온다.[12] 황현은 이를 교전소에서 진상한 것으로 정리하였다.[13] '서품통편'은 품계나 관직을 주는 내용에 관한 자료집성을 말하는 것인데 현재는 전하지 않는 것으로 보인다.

'국제'의 제정 및 선포

법률 제정을 통한 군주권의 확립 문제는 그 후 칭제건원(稱帝建元)으로 대한제국이 성립된 이후에도 초기에는 이렇다 할 진전이 없었다. 비록 황제국가를 선포하기는 했어도 아직까지 황제권이 그에 걸맞을 정도로 명실상부하게 확립된 것이 아니었기 때문이었다. 고종이 황제로서 위치를 부각시킬 수 있었던 것은 1899년 이후부터라 할 수 있다. 정부는 1898년 12월 군대와 경찰과 보부상(褓負商)까지 동원해 강제로 해산시킨 독립협회·만민공동회 등의 경험을 되돌아보고 재야민권운동을 통한 황제권에 대한 간섭과 견제를 완전히 배제하려고 하였다.

이 기간에는 통치기강의 확립도 강조될 수 있을 만큼 황제권이 비약적인 성장을 보였다. 그 일환으로 황제를 중심으로 하는

---

12 『承政院日記』, 1897년 5월 23일; 『官報』, 건양 2년 6월 24일.
13 黃玹, 『梅泉野錄』 제2권, 광무 원년, 5월.

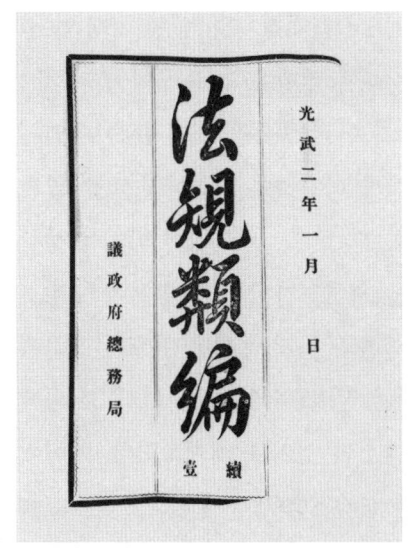

『법규류편』
(1898년 의정부 총무국 간행)

만세불변의 법률 제정을 통하여 그것을 공고히 할 필요성이 문제로 제기되었다. 이에 선행 작업으로 그해 3월 의정부에서는 총무국장 홍종우의 주관 아래 건양 연간부터 그해까지 반포된 주요 법규를 모아 『법규류편(法規類編)』이라는 자료집으로 간행하는 한편 이를 각계에 보급하여 현실 업무에 적용하고자 하였다. 4월에는 전 학부대신 신기선이 신구 전장(典章)과 법률을 일체 교정하자는 청원이 재가를 받게 되었다. 그러나 당시 그는 연좌법(連坐法)과 노륙율(孥戮律)의 부활을 주도한 정부 내의 가장 수구 보수적인 인물로 알려져 있었고, 그 결과 외국 공사들의 반대로 신기선 주도의 일련의 공안 관련 법률 제정은 이루어질 수 없었다.[14] 결국 다른 방식이 필요했던 것이다.

14　徐珍敎, 1996, 47~49쪽.

황제는 같은 해 6월 23일에 조서를 내리기를 "근년 이래 한 생각으로 다스림을 꾀하여 새 시대에 적합한 것을 구하고자 힘써 왔다. 전장(典章)과 법도(法度)가 아직 중용을 얻지 못하고 있는 것은 정령(政令)과 제도의 설치가 미진하여 그러한지 일을 맡은 신하가 그 직을 다하지 못하여 그러한지. 높고 장한 발전을 생각하고 마땅히 일대 경장(更張)을 가하고자 정부에 명하여 교정소(校正所)를 임시로 설치하니, 법률과 사리에 밝은 자를 선정하여 법규를 논의하고 정하여 인민에 신뢰를 세우도록 하라"고 황제 직속의 법률 제정 기관인 교정소의 설치를 지시하였다.[15] 이에 따라 정부회의를 거쳐 7월 2일 교정소를 새롭게 법규교정소(法規校正所)라는 명칭의 기구로 개칭하고 구성원을 선정했다. 법규교정소의 사무소는 포덕문(布德門) 안 서양식 건물에 마련하였다. 소요 경비는 탁지부의 예비금을 사용하도록 하였다. 이때 정해진 인사들은 다음과 같다.

총재   의정부의정 윤용선(尹容善)
의정관 중추원부의장 서정순(徐正淳), 궁내부대신 이재순(李載純), 궁내부특진관 조병호(趙秉鎬)·윤용구(尹用求), 학부대신 민병석(閔丙奭), 의정부찬정 권재형(權在衡), 군부협판 주석면(朱錫冕), 특명전권공사 성기운(成岐運), 한성판윤 김영준(金永準)

또한 7월 10일에는 남아 있던 구 교전소(校典所) 관원을 모두 해임시키고 아래와 같은 인원들로 실무자를 다시 선정하였다.

15   『承政院日記』, 광무 3년 5월 16일.

실무위원	법부 법무국장 신재영(申載永), 중추원의관 김익승(金益昇)·한영복(韓永福), 군부대신 관방장 한진창(韓鎭昌)
주사	외부 최문현(崔文鉉), 의정부 장홍식(張鴻植)·김중연(金重演), 궁내부 최홍준(崔泓俊), 농상공부 홍재하(洪在夏), 법부 유원성(柳遠聲)

-『官報』, 광무 3년 7월 11일

그리고 7월 13일 궁내부특진관 이종건(李鍾健), 의정부찬정 이윤용(李允用), 중추원의관 이근명(李根命), 비서원경 박용대(朴容大)를 의정관으로 추가 선정하였고, 8월 1일에는 과거 교전소의 구성원이었던 의정부 찬무(贊務) 르젠드르, 탁지부고문 브라운, 법부고문 그레이트하우스를 다시 법규교정소 의정관에 임명하였다. 다음 날인 8월 2일 주차영덕의공사관(駐箚英德義公使館) 참서관(叅書官) 고희경(高羲敬)과 궁내부 물품사장(物品司長) 현상건(玄尙健)을 법규교정소 위원으로 새로 임명하였다.[16] 이후부터 법률과 칙령의 제정이나 폐지에 관한 안건은 모두 법규교정소로 넘겨 의견을 거친 후에 법부를 경유하지 않고 직접 상주하기로 결정을 보았다. 법규교정소는 고종황제의 관심도와 그 인원 규모에 있어서 유명무실했던 과거 교전소에 비해 월등한 위상을 차지하였다. 이 기간 고종의 입장은 황제권 강화에 집중되어 있었다고 해도 과언이 아니며 이것이 곧바로 법규교정소 인사에 반영되었다. 법규교정소의 총재와 의정관의 면면을 보아도 의정부찬정 권재형과 육영공원 출신으로 주로 외부(外部)에서 관료생활을 하

---

16 『祕書院日記』, 광무 3년 6월 26일.

던 고희경과 프랑스어와 영어에 능통하였던 궁내부 물품사장 현상건 외에는 의정부 구성원을 주축으로 한 대체로 보수적이거나 황실 측근의 인물들로 포진해 있었다.[17] 의정관 중에 교전소 위원이었던 박정양·이완용·서재필·윤치호·이상재 등 개명관료와 독립협회 계열이 철저히 배제되었다.

일찍이 1896년 법부협판과 고등재판소 판사, 1897년 농상공부협판, 교전소 지사원을 역임한 권재형은 대한제국 성립 즈음인 건양 2년(1897) 9월 25일 『공법회통』 제84~86조에 기초하여 우리나라도 서양의 제국(帝國)들처럼 제호(帝號)를 자주적으로 결정할 수 있다고 주장하면서 황제 즉위 상소를 올렸다.[18] 이를 통해 볼 때 그는 국제법에 대한 일정한 인식이 있었음을 알 수 있다. 결국 '법률과 사리에 명달한 자'는 권재형 및 각부 외국인 고문관에 불과하였다. 그러나 법률 제정에 그레이트하우스를 비롯한 르젠드르·브라운 등 외국인 고문관들의 참여 문제와 「대한국국제」 제정에서의 위치도 보다 면밀하게 분석할 필요가 있다.

그간 「대한국국제」를 분석한 많은 연구자들은 구미 법률전문가들의 법규교정소 참여 문제를 적극적으로 해석하여 '국제' 작성에 그들의 역할이 큰 것으로 이해하였다. 그러나 예컨대 법부 고문 그레이트하우스는 이미 1년 이상의 알코올 중독으로 정상적인 업무 수행을 하지 못하고 치료 요양 중에 있었는데 법규교정소 구성 3개월 후, 「대한국국제」 제정 2개월 후인 1899년 10월 21일 사망하였다.[19] 따라서 그가 실제 교정소 회의와 법률 작성

17 현상건에 관한 최근의 연구는 백옥경, 2015이 있다.
18 『承政院日記』, 건양 2년 8월 29일.
19 김현숙, 1998, 101~104쪽.

에서 어떤 구체적 활동을 하였는지, 그의 입장이 반영된 것인지는 알 수 없다. 결국 법부고문이자「대한국국제」를 염두에 둔 실제의 법률 작성에서 그레이트하우스의 기용은 별다른 효과를 거두지 못하였던 것으로 보인다. 또한 르젠드르와 브라운 등 외국인은 형식상 포진에 불과한 것이었다. 르젠드르의 모국인 미국은 민주공화제, 브라운의 모국인 영국은 당시 입헌군주제로 추구하던 바도 확연히 다른 것이므로 그들의 실제 활동은 없었던 듯하다.[20] 르젠드르 역시 그레이트하우스 사망 1달여 전인 1899년 9월 1일 사망하였다. 이들은 모두 마포 양화진 외국인묘원에 안장되어 현재에 이르고 있다.

1897년 9월 25일 권재형이 국왕에게 올린 황제 즉위를 위한 상소문에서 제시한 '공법(International Law)' 제84~86장의 원래 내용은 다음과 같다.

> **제84장** 국가가 비록 공평하게 행한다 말하나 거듭 귀함과 비천함의 구별이 없을 수 없고 또한 존칭을 만들어 쓸 수 없으면 이름과 실상에 따라 스스로 응해 서로 칭한다. -(해설) 대체로 명위(名位)와 존비(尊卑)는 원래 나라의 권세(權勢)를 보아 임의로 고치거나 바꿀 수 없는 것이다. 예전 서인도 바다의 어떤 섬의 흑노(黑奴)가 모반하여 스스로 추장을 세우고 망령되게 스스로 황제를 칭해서 결국 여러 나라의 웃음거리가 되었다. 170년

---

20 전봉덕은「대한국국제」제정에는 미국인 고문들의 영향보다는『공법회통』등 서구 공법이론과 일본의 명치헌법에 큰 영향을 받은 것으로 이해하고 있다(전봉덕, 1991, 110~117쪽). 서진교도 고문관들의 역할은 크지 않으며 단지 참여하였다는 상징성에 불과하다고 보고 있다(서진교, 1996, 51쪽).

전 부룬디[백난정(伯蘭丁), Burundi] 한 군(郡)의 주장이 스스로 왕을 칭해 당시 그 참람되고 망령된 것을 나무라지 않는 자가 없었으니 그 이름이 실제 부합하지 않았던 것이다. 예전 폴란드 즉, 지금의 포국(布國)이 이전에 존호를 걸었던 것은 실로 선견지명이 있었던 것이다. 지금은 다시 의심하여 논하지 않는다. 140년 전 러시아[俄國] 군주가 황제로 개칭하니 이때부터 각국이 기뻐하지 않아 20여 년이 지나 바야흐로 인정하였다. 이에 따라 러시아의 권세가 날로 늘어나게 된 까닭이다. 이래 프랑스와 오스트리아가 모두 제호를 칭했으나 이를 방해하는 사람이 없었던 것도 그 까닭이다. 60년 전 해사공(海司公)이 왕호를 개칭하고자 하자 다섯 대국이 엑상프로방스[애극사(艾克司), Aix-en-Provence]에서 회의 시 모두 윤허하지 않고 장정을 정하였다 한다. 이후 구주 각국은 칭호를 바꾸고자 하면 마땅히 여러 대국의 논의를 거쳐 허가를 받아야 바야흐로 가하게 되었다.

제85장 그 관할하는 것이 한 나라에 그치지 아니하거나 본국의 경계(境地)가 끝없이 넓고 광활(遼闊)하면 황제를 칭하는 것이 혹 가능하나 아니면 참람하고 망령됨에 속하는 것과 같다. -(해설) 이로서 작은 나라가 망령되게 스스로 존대하여 이 존호를 멋대로 칭할 수 없음을 알 수 있다. 중고(中古) 시기에 게르만[日耳曼] 총주(總主)가 스스로 로마국[羅馬國]을 계승한다 말하고 인하여 서제(西帝)로 칭했다. 1801년 러시아 군주 뾰트르 1세가 스스로 로마국을 계승한다 말하고 인하여 동제(東帝)로 칭했다. 프랑스 군주 나폴레옹 1세가 스스로 샤를마뉴[사이만(沙爾曼), Charlemagne]를 계승한다 말하고 인하여 황제를 칭

했다. 1804년 오스트리아 군주가 황제를 칭했다. 1852년 프랑스 군주가 다시 황제를 칭했다. 여러 나라가 비록 구주(歐洲)를 통일할 수 없었지만 그 권세 또한 한 나라에 국한된 것은 아니다. 지금 게르만이 다시 황제를 칭하는 것은 여러 나라(衆邦)를 통할함에 따른 것이다. 그 가운데 왕과 제후를 칭하는 것은 무릇 몇 나라인지 알지 못하기에 따라서 황제를 칭하여 다시 높임을 보여준 것이다.

제86장 국가의 임금(國主)은 반드시 황제의 칭호를 쓸 필요는 없다. 바야흐로 황제를 칭하는 나라와 더불어 균형있게 행한다면(平行) 비록 왕과 제후와 백성이 정치하는 큰 나라(民政之大國) 또한 같은 반열에 있는 것이라 할 수 있다. -(해설) 영국은 비록 군주로 칭하나 그 지위는 황제와 동렬이다. 따라서 천하의 각국이 이보다 더 큰 공을 세운 것은 없었다. 미국은 비록 민정(民政)을 행하나 만약 황제를 칭할 뜻이 있다면 그 누가 능히 제어하겠는가? 영국 군주를 조사해보니 1877년에 인도 황제를 겸하여 칭하였으니 대체로 원 시대(元代)에 그랬던 것을 계승하였다고 말한 것이다.

-『公法會通』(天),「(卷一)論邦國自主之權」, 建陽 元年 5월 9일, 學部 간행, 82~84쪽

한편 갑오년(1894) 이래 여러 정치적 사변을 겪으면서 가장 큰 문제가 되었던 것은 군주권의 법적·제도적 뒷받침이 없었다는 점이다. 특히나 대한제국 선포 이후 일정 기간이 지난 시점에서 황제권의 안정과 정착화의 필요는 통치권자의 입장에서는 매우 절실한 문제로 작용되지 않을 수 없었다. 이에 법규교정소에

서는 구법을 버리고 새로운 제도를 많이 채용하여 법률을 제정하기로 하였는데 그것은 대한제국의 헌법이라 할 수 있는 '국제(國制)'를 반포함으로써 완수되는 것이라고 보았다. 이 시기 법규교정소 창설의 가장 큰 목적은 '국제'의 제정에 있었다.[21]

왜냐하면 모든 법령의 제정과 폐지를 담당한다는 그 초기의 거대한 목적과는 달리 법규교정소는 몇 가지 법령 제정을 제하면 「대한국국제」의 제정 외에 주목할 만한 활동이 없기 때문이다. 이후 법규교정소와 관련된 『실록』의 기록을 살펴보면 아래와 같다. 1899년 7월 17일 「성균관관제」 개정과 7월 18일의 주·판임관 시험 및 임명 규칙 개정에 관해 강구하라는 조서를 받았고, 10월 6일 의정부에서 법규교정소 수리비 및 청비(廳費) 1,827원 8전 2리를 재가받았다. 1900년 3월 무관 및 사법관 임명규칙을 제정하였고, 6월 4일 한성판윤 이채연을, 그해 9월 15일 내부대신 이건하, 협판 민경식, 법부 법률교사 프랑스인 크레마지(Laurent Crémazy; 김아시, 金雅始)를 의정관으로 임명하였다. 같은 달 18일 교정소로 하여금 '복식기용(服食器用)'과 관련된 조례(條例)를 상정(詳定)하여 재가를 받아 시행하도록 하라는 조칙이 있었지만 그 실행 여부는 불명확하다. 이어 그해 11월 7일 궁내부특진관 조병식을 부총재로 임명하였고, 이듬해인 1901년 1월 19일 궁내부협판 이지용을 의정관으로 임명한 기록을 끝으로 더 이상의 인사 기록은 없다. 법규교정소 기구와 관련된 마지막 기록은 1902년 3월 의정 윤용선이 상주하여 법규교정소를 잠시 정부에 합설하자고 하여 황제가 이를 따른 것이었다. 이후 명목만

---

21 『皇城新聞』, 광무 6년 1월 14일.

남은 법규교정소는 1904년 2월 「한일의정서」 체결 직후 정부기구 개편 시 해체되었다. 이상으로 보아 실제 제반 법률 제정과 집행은 일찍부터 법부의 소관으로 넘어간 듯하다. 건양 2년 교전소에서 담당하고자 하였던 형률 제정도 1902년 1월에 가서야 그 기초가 끝나 정부회의에 상정될 수 있었다.

따라서 주로 실무위원들과 고문관을 중심으로 이를 뒷받침할 작업이 곧바로 추진되었고 그것은 그해 8월 중순 완성되었다. 황제는 1899년 8월 17일 조서에서 다음과 같이 지시하였다.

> 나라는 반드시 국제를 반시(頒示)하여 정치와 군권이 어떠한 것인가를 밝힌 연후에 가히 신민(臣民)으로 하여금 꼭 지키고 행하여 어김이 없게 하는 것인바 본국에서는 오히려 일정한 법을 반시한 적이 없어 모자라는 전례(典例)가 되지 않는다고 할 수 없으니 법규교정소로 하여금 국제를 의논하여 등문(登聞) 취지(取旨)하라.
>
> -『承政院日記』, 광무 3년 7월 12일

이에 그날 총재 윤용선 이하 서정순과 르젠드르 등의 의정관, 현상건을 비롯한 위원 등 법규교정소 전 임원이 황제를 알현하면서 미리 준비된 「대한국국제」 의주본(議奏本)을 제출함으로써 그 내용이 공표되었다. 윤용선은 "나라를 세운 초기에는 반드시 정치(政治)가 어떠하고, 군권(君權)이 어떠한가 하는 것으로 일정한 제도를 만들어 천하에 소상히 보인 뒤에야 신하와 백성에게 그대로 따르고 어김이 없게 하는 것입니다…조칙을 받들어 뭇 의논을 취하고 공법(公法)을 원용 참조하여 국제(國制) 일편(一編)을 의정(擬定)하여 우리나라의 정치가 어떤 정치가 되며 군권(君

權)이 어떤 군권이 되는가를 밝히는 것이 진실로 법규의 큰 두뇌요 큰 관건입니다. 이 제도를 한 번 반포하면 온갖 법규가 쉽게 결정될 것이니 그것을 교정하는 데 무슨 문제가 있겠습니까? 이에 본 소에서 모여 의논하였으므로 삼가 표제(標題)를 개록(開錄)하여 폐하의 재가를 청합니다"[22]라고 하면서 황제에게「대한국국제」가 법규교정소의 회의를 거쳐 가결되었다는 사실을 보고하였다. 곧바로 황제는 이 주본이 중의(衆議)와 같고 외국인 또한 옳다고 말하였는가를 물었고 윤용선이 그렇다고 답하였다. 이에 재가하여 당일 반포됨으로써「대한국국제」는 비로소 법률적으로 효력을 발휘할 수 있게 되었다.

대한제국 헌법,「대한국국제」

1899년 대한제국 광무(光武) 3년 8월 17일 공포된「대한국국제」는 총 9개조로 구성되었다. 대한제국 헌법의 의미를 갖는「대한국국제」에는 황제의 육해군 통수권(5조), 계엄·해엄령 발포권(5조), 법률의 제정·반포(6조)와 사면·감형·복권(6조) 등 일체의 법률권을 황제에 귀속시키고, 관제 개정과 긴급칙령 발포(7조), 문무관의 출척·임면권(8조), 외국과의 조약·선전·강화·사신 파견(9조), 작위·훈장·영전 수여권(8조) 등을 규정하였다.[23] 이에 따라 입법·사법·행정·외교권과 군사권의 모든 절

---

22 『承政院日記』, 광무 3년 7월 12일.
23 『承政院日記』, 광무 3년 7월 12일.

대적 권한을 황제 한 사람에게 집중시킬 수 있게 되었다.

「대한국국제」는 대황제가 친히 정한 국가 기본법이라는 의미에서 '국제'라고 한 것이다. 조선 후기 현종 1년(1660) 당시 원로정치인인 백헌(白軒) 이경석(李景奭)은 "국제(國制)는 곧 성조(聖祖)께서 정한 것이고 열성(列聖)들이 준행하여 온 것"[24]이라 규정한 바 있다. 이로 보면, 즉, '국제'는 국왕(군주)이 정하는 '흠정헌법' 요소이자 고전이나 『대명률(大明律)』과는 다른 차등 개념 즉, 국가의 제도, '아국(我國) 제도(制度)'의 뜻으로 해석할 필요도 있다. 1908년의 한 잡지에서 흠정헌법과 민정헌법을 잘 구분하여 정리한 내용이 있어 이를 자료로 제시한다. "흠정헌법이라 흠은 전독(專獨)히 규정흠과 기관의 협찬을 경(經)흠을 불문ᄒ고 군주제정에 재(在)흔 자를 칭흠이오. 민정헌법이라 흠은 직접 혹 간접으로 국민제정에 계(係)흔 자를 위(謂)흠이니 국민의 간접제정에 계(係)ᄒ다 흠은 민선의회에서 의정흠이라. 보로사[普魯土(프러시아)], 오지리[墺地利(오스트리아)], 일본과 ᄀᆺᄒᆫ 헌법은 흠정에 속ᄒ고 백이의[白耳義(벨기에)], 불란서[佛蘭西(프랑스)], 서서[瑞西(스위스)]와 ᄀᆺᄒᆫ 헌법은 민정에 속ᄒ니라."[25]

조선왕조 초기부터 지속적으로 사용되어 오던 '국제'란 용어는 대체로 나라의 기존 법도 또는 법규·불문법 같은 의미로 보인다. 이는 「대한국국제」 제출 당일 의정 윤용선의 주본에서도 확인할 수 있다.

---

24 『顯宗改修實錄』, 현종 1년 5월 3일.
25 필자 미상, 『大韓學會月報』 제6호, 「雜著: 各國憲法의 沿革及年代參考의 大略」 1908년 7월호, 25~26쪽.

옛날 우리 태조대왕(太祖大王)은 천명을 받들어 왕업을 창시하여 왕통을 전하였으나 아직도 이러한 법을 정하여 반포하지 못한 것은 거기까지 손을 쓸 겨를이 없었기 때문입니다. 우리 폐하는 뛰어난 성인의 자질로서 중흥의 업적을 이룩하여 이미 보위에 올랐고 계속하여 국호를 개정하였으니, '주(周) 나라는 비록 오래된 나라이지만 그 명이 새롭다.'는 것입니다. 억만 년 끝없는 행복이 실로 여기에 기초하였으니 선왕조에서 미처 하지 못한 일이 오늘을 기다린 듯합니다.

-『承政院日記』, 광무 3년 7월 12일

그것은 또한 대한제국 고유의 헌법 명칭으로 군주주권의 전제정치 국가라는 역사성을 천명한 것이다. 그러나 '국제'라고 명명한 것은 그때 당시 우리나라에는 법률을 제정할 의회가 없는 상태였기 때문에 '헌법'이라 하지 않고 '국제'라는 용어를 채택할 수밖에 없었던 역사적 현실을 반영한 것이다. 서양 사정에 밝은 황제와 법규교정소 위원들이 헌법 개념을 쓰지 않은 이유는 스스로도 헌법이라고 명명하기에는 자신감이 없었던 것이 아닐까 한다. '국제'는 국내 민인들에게 공개적으로 반포한 흔적도 없고 단지 주본의 형식으로만 공포되었고 주한 외교사절단에게 통지하지도 않았다. 서울 주재 외교관뿐 아니라 동시대 사람들도 이 같은 성문헌법 제정을 중대한 일로 여기지 않았다 한다.[26]

이「대한국국제」가운데에서 우선 주목되는 것은 서구의 국제법인『공법회통(公法會通)』을 참고하여 제3·6·7·8·9조항에 '공법(公法)에 위(謂)한 바'라고 단서를 붙이고 있다는 점이다. 즉,

---

26 W. E. 그리피스, 신복룡 역, 1999, 615~616쪽.

만국 공통의 법률에 기반하여 대한제국의 법률을 만들었다는 뜻이다. 요컨대 대한제국이 국제공법(Public International Law)에 의지하면서 세계만방에 황제국가로서의 독립성과 위상을 과시하려 했던 것을 여실히 보여준다. 이는 서양적 민주주의와 법사상을 독특한 동양적 권위주의와 국가주의로 각색하여 받아들인 것이라 할 수 있다.[27] 『공법회통』은 1868년 간행된 독일의 법학자 블룬츨리(Johannes C. Bluntschli; 步倫)의 책을 1880년(光緖 6년) 중국 북경에서 윌리엄 마틴(William A. P. Martin; 丁韙良)이 한역(漢譯)한 것인데, 우리나라에서는 건양 원년(1896) 5월 학부 편집국을 통해 중국판을 재출간하여 민간에 배포하였다.

고종의 이러한 입장은 '국제'의 제정에 참여한 사람들, 특히 외국 공사와 고문관들이 국제의 제정에 서양의 절대주의사상을 끌어들여 황제권을 수호하려는 고종에게 이론적 근거를 마련해 준 것이다. 이미 러시아의 절대적인 영향력 아래 있던 아관파천 기간 왕실의 정치적 자문 역할을 수행하고 있던 러시아 공사 카를 이바노비치 베베르는 고종에게 러시아의 국가평의회(Государственный Совет)와 비슷한 기관의 신설을 법률로서 공포하라고 권유한 바 있었다.[28] 그런데 당시 주한 미국 공사관 서기관 알렌(H. N. Allen)은 베베르가 고안한 이 기구를 'Privy Council(추밀원)' 즉, 군주의 자문기관으로 해석하였다.[29]

1896년 9월 24일 내각을 폐지하고 그간의 형태와는 다른 '구

27　崔鍾庫, 1993, 417, 427~428쪽.
28　АВПРИ(제정러시아 대외정책문서보관소), ф.191, оп.768, д.72, л.89; 김영수, 2012, 235쪽.
29　김영수, 2012, 236쪽.

장(舊章)을 따르되 신규(新規)를 참고하는' 의정부를 설립하였다. 이날 반포된 「의정부관제」 모두에 "대군주 폐하께서 만기(萬機)를 통령(統領)하사 의정부(議政府)를 설치하시니라"라고 명기하여 국정 운영의 주체는 대군주임을 분명히 적시하였다. 의정부는 대군주의 재가를 받고 국정 운영을 보좌하는 기구일 뿐이었다. 대군주의 권력 행사와 관련한 의정부의 의정(議定) 관련 규정은 '관제' 제4조의 1~4항, 11~12항에 적시되어 있다.

1항   법률과 규칙과 제도를 신정하는 사항.
2항   현행 법률과 규칙과 제도를 폐지 혹 개정하거나 혹 의의(疑義)가 유하면 해명하는 사항.
3항   외국과 개전하거나 강화하거나 약조를 의정하는 사항.
4항   내지에 요란이 유할 시에 안무(接撫)함을 위하여 특별한 방법을 의정하는 사항.
(중략)
11항   대군주 폐하께서 특명하사 회의에 하부하시는 사항.
12항   대군주 폐하의 재가를 경한 법률과 장정을 반포하는 사항.

-『韓末近代法令資料集』Ⅱ,「詔勅 內閣을 廢止하고 議政府를 復設하는 件」,

建陽 원년 9월 24일, 177~178쪽

그런데 이 문제에 대해 베베르는 후일(1903) "이 기구(의정부)의 임무는 새로운 법령 공포, 비상조치 채택, 국가 세입세출표 검토, 전반적인 중대 사안 심의 등이며, 이 기구는 우리나라[러시아] 국가평의회(Государственный Совет)의 예를 따라 설치되었으며 그 규정이 의정부(Ыйй-чжіон-бу)의 기초가 되었습니다"라고 본국에 보고하였다.³⁰ 그는 의정부를 '국가평의회'로 표현하였다. 정부 정책에 대체로 비판적이던『독립신문』에서도 "의정부쟝졍 [「의정부관제」를 말함: 인용자]인즉 훌륭ᄒ게 된 법률이니 이 쟝졍을 가지고 이 일을 졀ᄎ잇게 ᄒ여 보기를 ᄇ라노라"라면서 긍정적인 평가를 한 것이 이색적이다.³¹ 1896년 9월 24일의「의정부관제」는 대한제국 시기인 1898년 6월 18일 개정되었는데, 일부 직제가 변동되었고 '대군주 폐하'가 '대황제 폐하'로 바뀌었을 뿐 특별한 내용 변경 없이 그대로 유지되었다.³²

또한 대한제국 성립 직후인 1898년 4월 법부 고문관 르젠드르(Charles W. LeGendre)는 윤치호와의 대담 시 정부 측 입장을 대변하여 '가장 개명된 자들(the most enlightened elements)'로 구성된 자문위원회(Consultation Board)의 설치를 제시하였다. 그는 그렇지만 현재 대한제국이 처해 있는 상황으로 볼 때 '완전한 대의정부(thoroughly representative government)'는 적합하지 않으며 현실은 마치 30년 전 메이지 유신 당시의 일본과 유사하니 메이지 정부처럼 절대주의 정책을 추진해야 된다고 생각하고 있었다.³³ 한편 그는 대한제국이 강력한 정부를 가지지 못하면 프랑스혁명과 같은 민중혁명을 초래할 것이라 경계하였다.

1898년 당시 독립협회와 만민공동회에서도 황제권 강화 문제를 적극 지지하였다.『독립신문』은 만민공동회의「헌의 6조」에 대해 "황권을 높이고 국토를 보존하고 인민의 생명과 재산을 보

---

30 「Записка о Корее до 1898-го года и после; 1898년 전후 한국에 관한 간략 보고」(АВПРИ,ф.150,оп493,д.14,л.123-144); Белла Пак. 2013, л.297.
31 『독립신문』, 건양 원년 12월 29일「논설」.
32 『官報』, 광무 2년 6월 21일.
33 『尹致昊日記』, 1898년 4월 14일.

제정러시아 국가평의회(1901)

호하는 큰 강령"³⁴으로 평가하였다. 그러나 이듬해인 1899년 「대한국국제」에서는 의회(의정원) 설립을 통한 입헌군주제를 추구하던 독립협회와 같은 구상("의정원이 따로 있어 국중에 학문이 높고 지혜있고 좋은 생각이 있는 사람들을 뽑아 그 사람들을 행정하는 권리는 주지 말고 의론하여 정책을 결정하는 권리만 주어…"³⁵)은 전혀 있을 수 없었다.

「대한국국제」와 비슷한 기간인 1899년 작성된 것으로 추정되는 글에서 해학(海鶴) 이기(李沂)는 당시 세계 정치체제를 동양(중국) 구래의 정치체제와 견주어 다음과 같이 언급하였다.

34 『독립신문』, 광무 2년 11월 3일.
35 『독립신문』, 건양 2년 1월 16일.

지금 천하에는 국가(國家)로 호칭한 나라가 많이 있다. 그 정치체제(正治體制)는 대개 세 가지로 공화주의(共和主義)·입헌주의(立憲主義)·전제주의(專制主義)이다. 우리 동양(東洋)에는 비록 이런 명칭이 있지 않지만 그 시대별로 상고해 보면 당우(唐虞) 이상은 공화정치(共和政治)를 하였고 삼대(三代) 시대에는 입헌정치(立憲政治)를 하였으며 진한(秦漢) 이후에는 전제정치(專制政治)를 하였다. 이 세 가지 중에서 공화정치처럼 좋은 것은 없지만 전제정치도 좋지 않다고 말할 수 없다. 만일 성인(聖人)이 다시 태어난다면 반드시 이 두 가지 중에서 하나를 택할 것이다.

— 李沂,『海鶴遺書』卷二,「急務八制議」, 20~21쪽

그는 당우(唐虞) 즉, 요순(堯舜) 시대를 국왕이 없는 공화의 치세, 하은주(夏殷周) 삼대를 입헌의 치세, 진한(秦漢) 이후를 전제의 치세로 보면서 이상적인 정치가 행해지는 공화정치 시기를 가장 좋다고 보았다. 그러나 현실은 삼대를 본받는 일 즉, 입헌정치에 있다고 주장하였다. 반면 전제정치의 폐단은 백성을 무시한 '극한 상황'에 이르게 한 것으로, '백성을 두려워하는 마음을 가지고 백성들을 가까이하는 정치'와 '개혁'을 통해 이를 해결해야 할 것으로 보았다.

전제군주제의 정치체제였던 대한제국 정부는 황제권 강화정책으로 일관하고 있었다. 황제권 수호와 절대화에 필요한 법과 질서를 유지하기 위해 '공법'이라는 만국 공통의 법률로 외피를 쓴 근대적 법률체계로 표현한 것이 바로「대한국국제」이다.「대한국국제」의 각 조문은 황제의 무한한 권리만을 강조하였다. 특히 '국제'의 제3조에서의 '무한하온 군권'은 입헌군주제가 아니라 절대군주제적 정치체제임을 천명한 것이었다. 또한 제2조의 '전

제정치'나 제4조의 '대황제의 항유하옵신 군권' 및 '그 하고 안 하고를 물론이고 신민(臣民)의 도리를 실(失)한 자'라 함은 매우 막연한 조항이지만 황제의 통치권에 제한을 가하는 일체의 민권운동을 봉쇄할 정치적 목적에서 나온 것이다. 제6조의 '대황제가 법률을 제정'한다는 규정도 황제가 입법권을 가지고 의회의 설치를 용납하지 않겠다고 천명한 것이며, 오직 황제권만이 무한하며 신성불가침의 절대적인 것이라는 입장이었다.

「대한국국제」에 영향을 준 군주제 국가의 헌법

「대한국국제」와 각 조항이 함의하는 내용을 이해하기 위해서는 이 '국제'에 직간접적인 영향을 준 군주대권을 규정하고 있는 대표적인 국가의 법률체계 예컨대, 「프랑스 헌법」 및 「헌법헌장」 (1814)과 러시아의 「러시아제국 법전」(1832) 및 이에 근거한 「국가기본법」(1906)의 연쇄와 「프로이센 헌법」(1850)과 「도이치제국 헌법」(1871), 「대일본제국 헌법」(1889) 등 각국의 헌법 제정 과정과 내용을 살펴볼 필요가 있다. 이들 법률은 모두 해당 시기의 정치적 역관계를 반영하여 제정된 것이다. 입헌주의적 성격을 갖고는 있지만 군주권의 우월을 인정하고 있어 기본 성격은 구래의 절대주의적인 입장에 근접하였다.

「프랑스 헌법」과 「헌법헌장」

군주 권력의 절대화와 관련한 여러 조항은 프랑스혁명의 혁명과 반혁명 진행 과정에서 생산된 일련의 법률을 통해 내용을 살필

수 있다. 이들 중 러시아 원정 실패 후 각국 동맹군에 의해 나폴레옹 1세(Napoléon Bonaparte)가 폐위되고 1814년 4월 6일 제정된 '원로원헌법(Constitutionnelle Sénatoriale)', 즉 「프랑스 헌법」은 원로원의 의결을 거쳐 부르봉 왕가의 복구, 즉 왕정복고의 절대군주제 통치 구조를 규정한 것이다.36

전 29조항으로 구성된 헌법에서 군주권 관련 내용을 중심으로 보면, 프랑스의 정체는 왕정(monarchique)이며, 장자상속의 순서에 따라서 남자에서 남자로 세습한다(제1조), 행정권은 국왕에 속한다(제4조), 국왕은 은사권을 가진다(제17조), 국왕의 인신은 불가침이며 신성하다(제21조) 등이 핵심이다.

그러나 나폴레옹 몰락 후 망명지에서 파리로 돌아온 국왕 루이 18세(Louis XVIII)는 5월 2일 '생 투앵 선언(Déclaration de Saint-Ouen)'으로 이에 대한 재가를 거부하고 원로원과 입법회의에서 선출한 위원회에 수정을 명하였다. 그 결과 제정된 것이 같은 해 6월 4일의 「헌법헌장(Charte Constitutionnelle)」이다. 결국 '원로원헌법'은 전혀 시행되지 못했다. 이 두 법률을 비교하면, '원로원헌법'은 군주와 국민의 계약 즉, 군주제는 국민에 의하여 요청된 것이고 헌법은 국민의 대표에 의해 군주에게 부과된 규범의 모든 것이었다. 반면 '헌장'에서 군주제는 그 고유의 정당성에 의하는 것으로 국민으로부터 독립된 존재였다. 또한 헌법은 군주가 자비로운 은사의 하사품으로 제정하는 것이며, 이에 의해 국민에게 특정의 자유와 보호를 허락하는 것이었다.37

36 「프랑스 헌법」과 「헌법헌장」 각 조항의 내용은 김충희 역, 2015, 490~502쪽 참조.
37 모리스 뒤베르제(Maurice Duverger), 문광삼·김수현 역, 2003, 112~118쪽.

이 '헌장'은 구 귀족과 신흥 부르주아의 타협의 산물로 앞의 「프랑스 헌법」을 보완하는 성격을 갖는 것으로, 왕정복고를 통해 프랑스혁명으로 타파된 신분제도 부활과 군주 권력의 재강화를 보인다. 이는 국왕의 '자유의사'에 근거하여 승낙으로 만들어졌지만,[38] 혁명 전의 앙샹 레짐(Ancien Régime)의 복구를 의미하지 않음을 보장하였다.[39] 「헌법헌장」은 프랑스의 군주제를 재확립한 것으로 행정권은 국왕에 속했지만 자유·평등·민법전, 국유재산의 향유와 같이 혁명으로 말미암은 몇 가지 획득물은 보장되었다.[40] 「헌법헌장」 중 '국왕의 통치형태'에서 군주권력의 여러 내용들은 다음과 같이 규정하였다.

제13조 국왕의 인신은 불가침이며 신성하다. 대신은 책임을 진다. 집행권은 국왕에만 속한다.
제14조 국왕은 최고의 국가원수이다. 국왕은 육해군을 지휘하며, 선전을 포고하고, 평화조약·동맹조약과 통상조약을 체결하고, 모든 행정직을 임명하며, 법률의 집행과 국가의 안전에 대해서 필요한 규칙과 명령을 제정한다.
제15조 입법권은 국왕·귀족원과 대의원이 공동으로 행사한다.
제16조 국왕은 법률을 제안한다.
제17조 법률의 제안은 국왕의 임의로, 귀족원 또는 대의원에 제출한다.
제22조 국왕만이 법률을 재가하고 공포한다.

---

38 게오르그 옐리네크(Georg Jellinek), 金孝全 역, 1980(원제: Allgemeine Staatslehre), 511쪽.
39 노명식, 1980, 189쪽.
40 다니엘 리비에르, 최갑수 역, 2013, 299~300쪽.

루이 18세와 「헌법헌장」
제정 기념 메달(1814)

또한 '헌장'의 '사법질서에 대해서'에서도 다음 내용을 규정하였다.

제57조 모든 사법은 국왕에서 나온다. 사법은 국왕의 이름으로 국왕이 임명하는 재판관이 행사한다.
제67조 국왕은 은사를 하거나 또는 감형할 권리를 가진다.

「헌법헌장」의 '국왕의 통치형태' 중 제13조와 제14조가 가장 핵심 내용이다. 특히 제14조는 국왕의 대권에 대한 여러 조항을 통합하여 제시하고 있는 것이 특징으로 칙령을 통해 국왕은 의회의 표결 없이 법률을 정할 수 있었다.

1814년 4월과 6월의 「프랑스 헌법」과 「헌법헌장」의 골간은 프랑스혁명이 루이 18세의 뒤를 이은 샤를르 10세(Charles X)를 무너뜨린 1830년 7월 '영광의 3일(Trois Glorieuses)' 이후 민주공화제로 귀결됨에 따라 더 이상의 논의는 나올 수 없게 되었다. 이 점에 대해 1908년 7월 간행된 『대한학회월보(大韓學會月報)』 제 6호의 필자 미상 논문 「각국헌법의 연혁급(及)연대참고의 대략」에서, "불국(佛國) … 1814년에 지(至)ᄒᆞ야 입헌군주적으로 제정

혼 헌법이 발포되얏시나 총(總)히 의회의 발안권을 탈ᄒᆞ야 전제적이 태심(太甚)혼 고로 동 1830년에 개정이 유ᄒᆞ고…"라 하여 1814년 프랑스「헌법헌장」의 전제군주권적 성격과 그 개정에 대해 간략히 소개하고 있다.

그러나 이 내용들은 후일 1850년「프로이센 헌법」제정 시에 유사하거나 대동소이한 내용이 많이 구성되어 있는 것으로 미루어 크게 반영된 것으로 보인다. 19세기 흠정헌법(欽定憲法)이라는 최초의 헌법 유형인「헌법헌장」은「프로이센 헌법」과 이후「대일본제국 헌법」을 제정하는 데 크게 영향을 주었다는 데는 학계의 별다른 이견이 없다.[41] 1908년 저술된 것으로 추정되는 『헌법(憲法)』 117~118쪽에서 김상연(金祥演)은 프랑스혁명은 이후 프랑스 헌법 및 1848년의 독일 헌법, 벨기에 헌법, 프로이센 헌법에 큰 영향을 준 것으로 이해하고 있다.[42] 뿐만 아니라 19세기 초 제정러시아 법률가 스페란스키(Сперанский)의 러시아 헌법 제정을 위한 법전 편찬에는 프랑스의 법률체계가 큰 영향을 주었고 이는 이후 1906년「국가기본법」의 중요한 구성요소가 되었다.

41 安田寬, 1998 참조.
42 원문은 김효전, 1996, 354쪽에서 확인.

「러시아제국 법전」과 「국가기본법」

러시아 정부에서 공식적으로 황제를 칭하기 시작한 것은 18세기 초 표트르 1세(Пётр I Алексеевич) 때 원로회의에서 '임페라토르(Император, 황제)' 칭호를 바치면서 시작된 것이었다. 그런데 당시 러시아 법률은 '차리즘(царизм)'을 정점으로 하는 절대주의적 흠정헌법이었지만 역대 법률에 대한 체계적인 정리는 되어 있지 못했고 유럽의 다른 나라와 같은 독자적인 헌법과 황제의 대권만을 정리한 기본법은 없었다.[43] 이에 19세기에 들어 알렉산드르 1세(Александр I Павлович)는 법률학자인 미하일 미하일로비치 스페란스키(Михаил Михаилович Сперанский)에게 헌법 초안의 작성을 명하였다. 그 결과 법전편찬위원회 위원장을 맡은 스페란스키는 1809년 10월 서구를 모델로 한 '국가개조안'을 완성하였으나 정치적 공격을 받아 12년간의 시베리아 유형에 처해졌다. 이후 그는 복권되어 니콜라이 1세(Николай I Павлович)에 의해 1826년 법전편찬위원에 임명된 후 6년간의 노력을 거쳐 1832년 『러시아제국 법전』 제1판 8권 3만 6천조를 공포하였다.[44] 이 법전은 로마노프 왕조 2대 황제 알렉세이 미하일로비치(Алексей Михайлович) 재위기인 1649년에 제정된 법전을 대치하는 것으로,[45] 이로써 러시아도 근대적 법전 체계가 갖추어지게 되었다. 니콜라이 1세의 명령대로 법령집은 새로운 것이 아닌 "이미 존재

---

[43] 大杉鑑二, 1902, 184쪽.
[44] 伊藤滿, 1984, 57쪽.
[45] Dominic Lieven, 2006, p.439.

하고 있는 것들을 철저히 수집하고 정비"하는 것이었다.[46] 그런데 1809년 스페란스키가 입안할 때 프랑스 헌법 용어의 러시아어 번역에 부심하였다고 알려졌다.[47] 이후 1814년 8월 알렉산드르 1세도 국가평의회에 프랑스법전을 모델로 하여 그간 진행된 스페란스키의 민법 초안을 재검토하라는 명령을 내린 바 있다.[48]

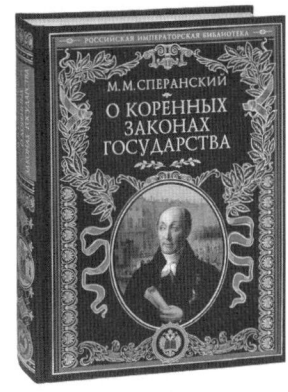

제정러시아 「국가기본법」 법전
(표지 인물은 스페란스키)

이때 작성된 '제국헌법(안)'의 주요 내용은 국가의 내적 및 외적 안전에의 배려, 영토의 보전(제15조), 선전과 조약의 체결(제16조), 육해군의 통수, 지휘관의 임명(제17조), 대사·공사·전권의 임명(제18조), 행정권, 판사의 임명(제19조), 은사(제21조), 훈장의 제정과 수여, 귀족위(貴族位)의 수여(제23조), 규정·규칙·명령의 제정과 발포(제33조) 등이다.[49] 또한 스페란스키는 새로운 정부 최고기구인 '국가평의회(Государственный Совет)' 창설을 구상하고 있었는데, 이는 황제에 소속된 국가 최고의 자문기구로서 차르의 입법·사법·행정상의 절대적 권력을 보존 강화하는 기능을 통한 군주 중심의 국가

---

46 세르게이 표도로비치 플라토노프, 김남섭 역, 2009, 411~412쪽.
47 池本今日子, 2006, 178쪽.
48 이시연, 2009, 161쪽.
49 이케모토 교우코는 이같이 황제에게 모든 절대적 집행권을 전속시켜 그 권한을 규정한 점에서 이 '헌법안'은 나폴레옹헌법과 1814년 6월 프랑스의 「헌법헌장」에 가깝다고 보았다. 池本今日子, 2006, 186, 202쪽.

운영 체계를 지향하는 것이다.[50] 요컨대 스페란스키의 법은 농노제 유지의 기반 위에서 황제가 의장을 임명하고 의원의 과반수도 그가 임명하게 되어 있는 등 황제가 특권을 거의 무한하게 행사하는 것으로 정부는 특권이 없는 자문기구에 불과한 것이었다. 1810년 창설된 국가평의회는 대신들, 시종무관장, 고위 관료들과 의장으로 구성된 국가 최고 자문기관이자 법안 심의기관이었다.[51] 정부가 제출한 법안의 심사와 법률 제정에 관한 의견 제시 등을 통해 최고재판소 역할을 수행하였던 프랑스 나폴레옹 1세의 참사원(Conseil d'Etat)을 본 따 창설[52]한 이 조직의 위원장에는 스페란스키가 임명되었으나 구성원들은 황제 알렉산드르 1세가 직접 임명하였다.

1896년 상트페테르부르크에서 러시아 정부가 영어·프랑스어·독일어 3개 국어로 간행한 것으로 일명 '러시아국에 관한 정치가 필휴(必携)'로 불리던 『로국사정(露國事情)』의 주요 내용을 보면, 제1장 '통칙(通則)'에 러시아제국 국가 조직의 원칙은 이 제국의 근본적 법률(제국기본법)에 정하여 두고 있다. 이 법률의 제1조에 따르면 "러시아 황제는 독재로서 무한한 권한을 가지는 군주로서 주권의 전체는 황제의 일신(一身)에 모아진다"라고 되어 있다. 제2장 '국가의 주권'에는 국가의 제 권한은 모두 주권자인 황제에 속하고, 어떠한 국가기관도 독립적으로 새로운 법을 세울 수 없다고 되어 있다. 또한 군주는 국가주권의 대표자로서 모든 작위 및 특권의 원천이 되는 귀족의 품위를 부여하고, 세습의

---

50 오두영, 1996, 134~135쪽.
51 이시연, 2009, 160쪽.
52 니꼴라이 V. 랴자노프스키, 김현택 역, 1994, 16쪽.

'피의 일요일' 중심 무대였던
상트페테르부르크 알렉산드르광장

위호 및 기타 훈위, 승관(僧官) 등의 품위를 주는 권한은 모두 군주에 속한다고 하였다. 황제는 해군과 육군을 지휘하고 문무 관직을 임명하고, 군주의 은혜의 원천으로서 사법상의 사면 혹은 경감하는 권리와 특사, 감형을 명할 권리도 소유하였다.[53]

그러던 중 1904년 러일전쟁의 발발과 전쟁 반대와 헌법 제정을 호소하는 민중봉기 과정에서 상트페테르부르크에서 1905년 1월 22일의 이른바 '피의 일요일(Кровавое воскресенье)' 사건이 발생하였다. 이에 자극을 받은 니콜라이 2세(Николай Александрович Романов)는 그해 10월 30일 이른바 '10월 선언'을 통해 입법정체의 승인과 의회(дума)의 개설을 공약하였다. 그 결과 1906년 4월 23일 전문 5장 82개조로 된 러시아제국 헌법인「국가기본법(Коренный Закон Государства)」이 제정되고 5월 6일 발포되었다.

「국가기본법」의 제1장은 「지상(무상) 독재권」(제4조~26조)으로서의 황제의 대권사항을 명기한 것이다. 제2장은 러시아 신민의 권리와 의무이다. 1906년 개정 법률은 이전 스페란스키 초안을 바탕으로 황제가 '최고 주권'을 소유하고 그의 명령에 따를 것을 법률로 위임한 것이다. 통치자의 특권은 개인적으로 불가침하면서, 황제는 모든 입법을 통해 절대 거부권을 보유하고, 모든 입법을 발의하고 러시아의 관리 및 대외 업무를 장악하고, 전쟁을 선포하고 평화조약을 협상하고, 군대의 최고 명령을 행하고, 사면을 부여하고 사법절차를 파기할 수 있는 권리와 장관을 해임하고 직무와 성격과 범위를 결정한 것이다.

---

53 渡邊爲藏 編, 1899, 5~9쪽.

즉, 제1장 첫머리의 제4조 "러시아 황제는 전제적인 그리고 무제한 군주다. 두려움뿐만 아니라 양심을 위해서도 이 권력에 복종하는 것은 신명(神明)이 명하는 바이다"라고 되어 있어, 황제의 절대적 권한을 보여준다. 이 법에서는 입법, 사법, 행정의 3권에 대해서도 모두 황제의 직접 행사에 위임하고 있는데, 개별 법조항을 보면 입법권의 경우 모든 법률은 황제가 발안하고 재가하고 그 집행도 황제의 인가가 있어야 한다(7조, 8조, 9조).[54] 행정권 전반과 명령발동권(10조, 11조), 외교 강화 및 육해군 통수권(12조, 13조, 14조, 15조), 관리임명권(17조, 18조), 영전수여권(19조), 은사권(23조), 사법 및 사면권(22조, 23조) 역시 황제의 유일한 권한이었다.[55]

「프로이센 헌법」과 「도이치제국 헌법」

프로이센 국왕 프리드리히 빌헬름 4세(Friedrich Wilhelm IV)는 1848년 3월의 혁명으로 자유주의자들로 구성된 정부를 출범시켰으나 그해 가을에 보수주의자들이 기회를 다시 잡아 11월 보수주의 정부를 수립하였다. 그러나 당시 헌법제정 국민회의는 진보적인 헌법 초안을 제시하며 국왕과 대립하였다. 이에 국왕과 보수주의자들은 1848년 12월 5일 의회를 해산하고 국왕 단독의 흠정헌법을 공포하기에 이르렀다. 외견적 입헌주의를 특질로

---

[54] 伊藤滿, 1984, 69쪽.
[55] 鈴木安藏, 1936, 54쪽; 伊藤滿, 1984, 69~70쪽.

하는「프로이센 헌법」은 부르주아지와의 타협으로 혁명의 민주주의를 반영하였음에도 불구하고 전반적인 내용은 국왕 중심의 보수적인 특징을 갖는다.[56]

1849년 2월 26일 소집된 양원은 이 헌법을 승인한 후 개정 절차에 들어갔고, 이듬해인 1850년 1월 31일 헌법으로 공포하였다. 이「프로이센 헌법」은 '국가의 영토', '프로이센인의 권리', '국왕'의 순서로 되어 있다. 그런데 당시 유럽 국가들, 특히 독일의 여러 국가의 모범이 되었다고 평가할 정도로 1814년 프랑스의「헌법헌장」은 독일지역에 큰 파급력을 미쳤다.[57]「프로이센 헌법」은 1차 세계대전 시기까지 일부 조항의 개정을 제하면 장기간 효력을 가졌다.[58] 일본은「프로이센 헌법」에서 부족한 부분을 보다 군주적인 색채가 강한 1818년 바이에른 헌법을 참고하여 자신들의 헌법을 제정하였다.[59]

「프로이센 헌법」의 국왕 대권 조항을 정리해 보면, 국왕은 국가의 주권자로 최고의 권위를 갖고(제43조), 행정권은 국왕 한 사람에게 속한다는 것을 규정함과 동시에 대신의 임면은 다른 문관 무관들과 함께 국왕의 대권에 의한다는 뜻을 명기하여 의회중심주의, 정당내각제를 엄격하게 배격하였다(제45조). 국왕은 군대를 통수하는데, 통수권에 대해서는 의회의 간섭 배제를 명시하였다(제46조). 또한 국왕은 문관·무관 일체를 임면하고(제47조), 선전·강화·조약 체결도 국왕의 대권에 속했다. 다만, "외

---

[56] 鈴木安藏, 1936, 211쪽.
[57] 크리스티안 프리드리히 멩거(Christiam-Friedrich Menger), 김효전·김태홍 역, 1992, 255쪽.
[58] 양태건 역, 2013, 208쪽.
[59] 양태건 역, 2013, 210쪽.

국 정부와의 조약 혹은 통상조약 또는 그를 위한 국가에 부담을 지우거나 혹은 국민 각자에게 의무를 부과시킬 때에는 그 유효를 위해 양 의원의 동의를 요한다(제48조)"고 규정하였다. 국왕은 의회의 해산 및 정회의 권한을 가지고 있지만(제51, 52조), 의안 발안권은 국왕과 의원이 공유하였다(제64조). 국왕은 법률적 효력과 같은 긴급칙령과 계엄령을 발포할 수 있었다(제111조).[60]

이후 1870년에 시작된 보불전쟁(普佛戰爭)에서 승리한 독일은 프로이센을 중심으로 하는 통일제국을 형성하고, 역대 프로이센 국왕에게 연방을 통치하는 '독일황제(Deutscher Kaiser)'라는 칭호를 부여하였다. 독일제국은 1871년 1월 1일 성립되었고, 같은 해 4월 통일 독일 헌법인 「도이치제국 헌법: Verfassung des Deutschen Reiches」이 제정되었다. 이 「도이치제국 헌법」은 연방영토, 제국입법, 연방참사회, 연방장(聯邦長)으로서의 독일 황제의 규정을 차례로 두었다. 이 헌법은 일명 '비스마르크 헌법'이라고도 하는데 이 역시 군주권을 중심으로 하는 흠정헌법으로 1850년 「프로이센 헌법」을 대체로 준용한 것으로 일본의 「대일본제국 헌법」에도 큰 영향을 주었다. 국가의 원수(Staatsoberhaupt)로서 황제는 제국의 재상과 각료·관리에 대한 임면권, 국제법상의 제국대표권, 제국참의원과 공동으로 선전·강화를 결정할 권한, 제국법률의 재가·공포(명령)권, 제국참의원의 동의에 기초한 제국의회 해산권을 가졌다.[61] 이 헌법의 특징은 연방의 수장인 독일황제의 명의를 가진 프로이센 국왕이 관

---

60 鈴木安藏, 1936, 211~223쪽.
61 크리스티안 프리드리히 멩거, 1992, 313쪽.

리임면권·입법권·군권·외교권 및 의회 견제권을 갖는 전제체제로 의회는 실권이 없었다.62

「대일본제국 헌법」

메이지 초기 일본 정치가들은 영국의 의회주의적 군주제, 프랑스의 제2제정(帝政), 벨기에의 입헌군주제, 독일의 외견적 입헌군주제 등을 검토하고 이를 토대로 일본식의 군주제를 만들고자 하였다.63 그러나 1881년 이른바 '메이지 14년의 정변'으로 영국식 의원내각제 채용을 주장하던 오쿠마 시게노부 등이 프로이센식의 군주제를 선호하던 이토 히로부미(伊藤博文)와 이노우에 고와시(井上毅) 등에 의해 정부에서 축출되었다. 이후 천황 지배의 최초의 일본 헌법 제정은 이토 히로부미에 의해 고안되었다. 그는 메이지 천황을 중심으로 하는 일본 제국의 헌법 마련을 위한 벤치마킹 차 유럽으로 갔는데, 이때 일본의 실정에 가장 적합한 사례로 독일의 헌법을 상정하였다. 이토는 베를린에서 독일 헌법학을 공부하였다.

그가 공부한 「프로이센 헌법」은 1850년 제정되었고, 1871년 「도이치제국 헌법」이 발포되었다. 독일형 입헌군주제는 입법권은 국왕과 의회가 공통으로 행사하며, 국왕은 의회를 통과한 법안에 대한 거부권을 갖고 있었다. 또한 국왕은 법률과 동등한 효

---

62 「獨逸帝國憲法(1871年)」, 東京專門學校 發行, 1897, 85~108쪽.
63 長谷川正安, 2016, 46~47쪽.

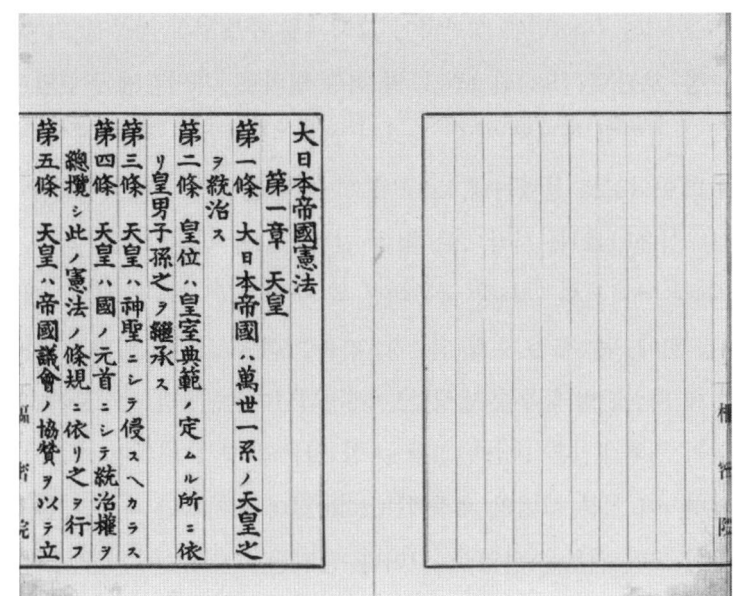

「대일본제국 헌법」(1889)

력을 지니는 긴급칙령 발령 권한이 있었다. 귀국한 이토는 이노우에 고와시·이토 미요지(伊藤巳代治)·가네코 겐타로(金子堅太郎)를 법률 기초안 작성에 참여시켰고 독일인 뢰슬러(Karl F. H. Roesler)와 모쎄(Albert Mosse)의 법률 자문도 받았다.[64] 그런데 당시 헌법의견서를 실질적으로 작성한 이노우에는 1871년 「도이치 제국 헌법」보다 1850년 「프로이센 헌법」에 주목하였다. 그 이유는 「도이치제국 헌법」이 연방제를 취하고 있어 일본이 준용하기에 적합하지 않은 것으로 판단했기 때문이었다.[65]

64 함동주, 2009, 136~137쪽.
65 방광석, 2008, 116쪽.

그 결과 1888년에 성안하여 그해 4월 추밀원의 자문을 거쳐 수정·보완 후 1889년 2월 11일 천황 명의로 「대일본제국 헌법」이 흠정헌법 형태로 제정·공포되었다. 이 헌법은 일명 '메이지 헌법'이라고도 불렸는데, 고문(告文)·헌법발포(憲法發布) 칙어(勅語)·상유(上諭)를 시작으로 제1장 천황, 제2장 신민의 권리 의무, 제3장 제국의회, 제4장 국무대신 및 추밀고문, 제5장 사법, 제6장 회계, 제7장 보칙 등 전 7장, 전문 76개조로 되어 있다. 이와 함께 황실전범과 부속 법령들도 제정되었다. 천황의 신성불가침권과 천황대권은 1945년 8월 15일 일본의 항복 때까지 계속되었다. 이 일본 헌법의 제정에는 1880년대 풍미하던 자유민권운동이 크게 역할을 하였다. 그러나 '군민공치(君民共治)'의 민주적인 의회제도나 경제적 자유주의를 주창하면서 「민선의원설립건백서」를 정부에 제출하였던 이타가키 다이스케(板垣退助)를 비롯한 자유민권파들과 천황 친정이라는 군주 중심의 입헌정체를 실현하고자 했던 메이지정부의 국가체제 구상은 같을 수 없었다.[66]

자유민권운동이 완전히 종식된 이후 이토는 군주제 아래에서 입법부와 행정부가 균형을 취하는 안정적인 입헌체제, 즉 '군주입헌체제' 수립의 길을 모색하였다.[67] 이 일본제국 헌법 조문에는 천황의 절대적 권한이 제시되었다. 근대 천황제 분석의 권위자인 야스마루 요시오(安丸良夫)는 절대군주제란 "봉건적인 성격을 가지는 군주제가 자본주의적 생산양식의 발전에 대응하여 그 '절대적 성질'을 강요하고 관료제와 군대를 독자적으로 발전시킨

---

66 스즈키 마사유키, 유교열 역, 2005, 25~26쪽.
67 방광석, 2008, 152쪽.

군사권력"⁶⁸으로 규정하였다. 그렇지만 천황은 조정자에 머물렀고 실제 이를 행사한 것은 메이지 유신 이래 정권을 주도해온 이토 히로부미나 야마가타 아리토모(山縣有朋) 등 초헌법적 중신인 겐로(元老)들이었다. 「대일본제국 헌법」 역시 서구의 군주국 헌법처럼 대권의 범위가 매우 넓게 규정되어 있는 것이 특징이다. 예컨대, 다음의 조항이 그러하다.

1. 의회의 개회·폐회·정회 및 중의원의 해산권(제7조)
2. 법률에 대신하여 칙령을 발포하는 권한(제8조)
3. 명령 발포권(제9조)
4. 관제규정의 결정 및 문무관 임면(제10조)
5. 육해군의 통수권(제11조)
6. 육해군의 편제 및 상비병액의 결정(제12조)
7. 선전·강화·조약 체결(제13조)
8. 계엄선고권(제14조)
9. 작위·훈장 기타 영전의 수여(제15조)
10. 대사·특사·감형 및 복권을 명하는 권한(제16조)

— 樞密院, 『大日本帝國憲法』, 明治 22년 2월 11일

「대일본제국 헌법」은 천황이 국가 권력의 주체라는 점을 보다 선명히 하고 「프로이센 헌법」보다 군주권을 강조한 내용으로 정리하였다.⁶⁹ 천황은 제국의회의 협찬에 의해 입법권을, 국무대

---

68 야스마루 요시오, 박진우 역, 2008, 25쪽.
69 鈴木安藏, 1935, 92~94쪽; 鈴木安藏, 1936, 287, 289쪽.

신 등의 보필에 의해 행정권을, 재판소에 의해 사법권을 행사하는 통치권을 모두 관장하는 자로서, 그 대권은 법률의 재가·공포, 의회의 소집·개폐·해산, 긴급칙령, 관제, 육해군 통수 편성, 선전강화, 외교, 계엄선고 등 광범위하게 미쳤다.[70] 그러나 군주의 절대권을 강조하는 과정에서 헌법 내에 어전회의·겐로의 전근대적 제도와 의회·재판소 등 근대적 제도가 공존하는 이중성이 있다.[71] 이 법은 이후 헌법학자 미노베 다스키치(美濃部達吉) 등이 국체라는 말을 빌려와 입헌정치의 가상 아래 실제로 전제정치를 시행하려는 '천황=국가최고기관'설을 제기하여 일본 내에서 오랜 기간 논쟁이 되기도 하였다.

「대한국국제」와 각국 헌법 비교

「대한국국제」를 『만국공법』 및 서양 제국과 일본 등 각국의 군주권과 관련한 흠정헌법 조문과 해당 조별로 대조하면서 비교 분석하면 유사성과 차이점을 다음과 같이 정리할 수 있을 것이다.[72] 이 글에서의 각국 법전 원문 내용은 앞에서 인용한 해당 서적 및 논문과 도바시 유시로(土橋友四郎)의 『일본헌법 비교대조 세계각국헌법(日本憲法 比較對照 世界各國憲法)』(有斐閣, 1925) 등을 참조한 것이다. 이하 각각의 표에서 '韓'은 「대한국국제」, '佛'은 「프랑

---

70 大石嘉一郎·宮本憲一 編, 1975, 108쪽.
71 長谷川正安, 2016, 47~48쪽.
72 「대한국국제」 각 조항 해설에 관한 그간 연구 중 전봉덕(田鳳德)의 「大韓國 國制의 制定과 基本思想」이 가장 자세하다. 그러나 전봉덕의 분석은 「대일본제국헌법」과의 비교에만 중점을 둔 것으로 종합적인 이해에는 적지 않은 문제점이 따른다.

표 2 정체(政體)

韓	제1조: 대한국(大韓國)은 세계만국(世界萬國)에 공인되어 온 바 자주독립(自主獨立)하온 제국(帝國)이니라.
佛	헌장 제1조: 프랑스의 정체는 왕정(monarchique)이며, 장자상속의 순서에 따라서 남자에서 남자로 세습한다.
日	제1조: 대일본제국은 만세일계(萬世一系)의 천황(天皇)이 통치한다. 제3조: 천황은 신성하여 범할 수 없다.
露	제1조: 러시아 제국(帝國)은 유일한 것이고 또한 불가분(不可分)한 것이다.

스 헌법」 및 「헌법헌장」, '普'는 「프로이센 헌법」, '日'은 「대일본제국 헌법」, '露'는 「제국기본법」의 약칭이다. 각국 헌법 내용 중 특히 밑줄 친 부분이 「대한국국제」와 유관하거나 유권 해석이 가능한 조항들이다. 이하에서는 그런 내용을 중심으로 살펴보기로 하자.

〈표 2〉는 '대한(大韓)'이라는 국호(國號)를 통한 자주(自主)와 독립(獨立)의 황제국(皇帝國)이라는 정체(政體)를 세계만방에 천명한 것이다. 이 조항은 『공법회통』제65장과 제66장의 '조금도 다른 나라에 의지할 필요가 없'고, '한 나라가 스스로 서고 스스로 주장하는 권리는 다른 나라를 거리낄 필요가 없다'는 조문을 차용한 것이기도 하다.

제65장 국가[邦國]는 조금도 다른 나라에 의지할 필요가 없다.
제66장 천하를 나누어 국가가 되었고 합쳐서 세계의 모든 사람이 되었으니 한 나라가 스스로 서고 스스로 주장하는 권리[自立自主之權]는 다른 나라를 거리낄 필요가 없다.

— 『公法會通』(天),「(卷一)論邦國自主之權」, 71쪽

그런데「대일본제국 헌법」이 주로 모범으로 삼고 있는「프로이센 헌법」에서는 이와 유사한 조항이 보이지 않는다. 그러나「프로이센 헌법」서문에 '신의 은총에 의한 프로이센'이라고 되어 있는데, 이렇게 표현한 것을 국민주권이 아닌 국왕의 군주주권에 기초함을 의미하는 것으로 보는 견해도 있다.[73] 이와 관련하여 독일의 경우 다만 1871년 제정된「도이치제국 헌법」제11조에 "연방의 수장은 독일 황제의 명의를 가진 프로이센 국왕이 맡는다"고 규정하는 조항을 추가하였다. 각국 헌법 중 일본만 '만세일계(萬世一系)'를 넣어 일본 황실의 혈통이 단 한 번도 단절된 적이 없다는 점과 신성불가침의 권리를 특별하게 제시하였다.

「대한국국제」의 제1조 관련 조항에서는 모든 나라들이 자국의 사정에 조응하는 왕정·천황제·황제국 등을 통한 '군주국' 체제를 강조한다. 다만 대한제국만이 다른 나라에는 없는 '자주독립'의 국가라는 점을 명기한 것이 차이점이다. 청일전쟁 이후 독립문 건립과 마찬가지로 이는 청국을 인식한 것이다. 이를 검토하기 위해서는「한청통상조약」체결 과정을 살펴볼 필요가 있다. 1899년 9월 11일의「한청통상조약」은 고종이 황제 즉위 이후 체결한 최초의 국가 간 조약이었다. 황제는 조약 체결에 한 달 앞서 대한제국의 대내외적 위상을 분명히 하고 자신의 조약체결권을 명시한 대내외용 법규가 필요하다고 인식한 것으로 보인다.[74] 다시 말해「대한국국제」는 청국과의 협상이 막바지에 도달한 1899년 6월 하순부터 필요성이 인식되어 8번째 회담인 7월 18일

---

73 양태건 역, 2013, 213쪽.
74 殷丁泰, 2005, 49쪽.

표 3 　국체(國體)

韓	제2조: 대한국의 정치는 5백 년 전부터 전래하시고 이후 만세불변(萬世不變)에 이르실 전제정치(專制政治)이니라.
佛	헌법 제21조: 국왕의 인신(人身)은 불가침이며 신성하다. 헌장 제13조: 국왕의 인신은 불가침이며 신성하다. 대신은 책임을 진다. 집행권은 국왕에만 속한다.
普	제43조: 국왕의 인신은 불가침이다.
日	제3조: 천황은 신성하여 범할 수 없다.
露	제5조: 황제의 신체는 신성하여 범할 수 없는 것이다.

부터 박차를 가하여 조약이 정식 체결되기 24일 전인 8월 17일에 마무리된 것으로 판단된다.

　이러한 맥락에서 '국제' 제1조의 '자주독립'이라는 말의 효과는 명백해진다. 즉, 1882년 「조미수호조규」에서 이홍장이 강요한 미국에 대한 조회문 "조선은 내정과 외교는 자주지만 청의 속방(屬邦)이다"라는 글귀를 완전히 벗어나 진정한 '자주' 국가가 되는 것이다. '독립'은 1885년 「시모노세키조약」 제1항 "청국은 조선국이 완전무결한 독립자주의 국가임을 확인하고 독립자주를 훼손시킬 수 있는 조선국으로부터의 청국에 대한 조공·헌상·전례 등은 영원히 폐지한다"를 반복하고 있다고 할 수 있다.

　〈표 3〉은 국체(國體)를 표명한 것으로 대한제국이 조선왕조 개창 이래 근 500년간 지속되어 왔고 앞으로도 만세동안 변하지 않을 세습군주 통치의 연결선상에 있음을 표현한 것이다. 정체(政體)를 군주의 '전제정치(專制政治)'로 전면화한 것은 보수적 입장이라도 공의(共議)를 모아 헌법을 제정한 프랑스·독일·러시아·일본 등 입헌군주국의 흠정헌법과는 적지 않은 차이가 있다. 이와 관련하여 1897년 4월 이후 한때 교전소 총재대원으로 있었던

궁내부특진관 조병세는 그해 8월 24일 국왕에게 다음과 같이 진언하였다.

갑오년 이후로 자주(自主)라는 말을 하지만 신은 진실로 이것이 어떤 의미인지 깨닫지 못하겠습니다. 근일에는 법제와 정사, 상벌에 대해 좌우로부터 제약을 받아 제 마음대로 하지 못합니다. 신이 생각해 보건대, 자주권이 예전의 제도를 전부 따르던 갑오년 이전에는 진실로 있었으나 새로운 법식을 구차히 시행한 갑오년 이후에는 있지 않았습니다. 이 때문에 사람들의 마음이 안정되지 못하고, 이에 따라 나라의 규율도 해이해졌습니다. 바라건대, 폐하께서는 과감하게 결단을 내리시고 위복(威福)을 전제(專制)하시어 자주의 도를 다하고자 힘쓰소서. 대체로 나라의 운명이 오래가는 것은 진실로 정치를 올바르게 하는 데에 달려 있는 것입니다. 바깥에서 이러쿵저러쿵 떠든다고 한들 무슨 상관이 있겠습니까?
　　　　　　　　　　　　　　　－『承政院日記』, 1897년 7월 27일

이로써 다른 나라의 간섭을 받지 않는 자주권을 가지는 전제권력을 공고히 해야 한다는 뜻을 피력한 바 있다. 이 기간은 독립협회의 의회 설립 상소와 중추원을 개편하여 의회로 삼아야 한다는 요구가 제출되는 시기였다. 고종은 1898년 11월 만민공동회와 독립협회 회원들에게 다음과 같은 칙어를 내렸다.

이것이 어찌 500년간 전제정치의 나라에 마땅히 있어야 할 일이겠는가?…아! 임금은 백성이 아니면 누구에게 의지하며 백성은 임금이 아니면 누구를 받들겠는가? 이제부터 권한의 범위를 넘어서거나 분수를 침범하는 문제는 일체 철저히 없애도록 하라. 이와 같이 개유(開諭)한

표 4 군주의 권력

韓	제3조: 대한국 대황제께옵서는 무한하온 군권(君權)을 향유하옵시나니 공법(公法)에 위(謂)한 바 자립정체(自立政體)이니라.
佛	헌법 제4조: 행정권은 국왕에 속한다. 헌장 제13조: 국왕의 인신은 불가침이며 신성하다. 대신은 책임을 진다. 집행권은 국왕에만 속한다.
普	제45조: 집행권은 오로지 국왕에게 속한다.
日	제4조: 천황은 국가의 원수로서 통치권을 총람하며 이 헌법의 조규에 따라 이를 행사한다.
露	제4조: 러시아 황제는 전제적인 그리고 무제한 군주다. 두려움뿐만 아니라 양심을 위해서도 이 권력에 복종하는 것은 신명(神明)이 정하는 바이다. 제42조: 러시아 제국은 이미 정한 수속에 따르고, 공포된 법률의 원칙에 의거하여 통치한다.

후에 혹 혼미한 생각을 고집하며 뉘우치지 못하고 독립의 기초를 견고하지 못하게 만들며 전제정치에 손상을 주게 되는 것과 같은 것은 결코 너희들이 충애하는 본래의 뜻이 아니다.

-『高宗實錄』, 고종 35년 11월 26일

그들의 황실에 대한 도전은 태조 이성계로부터 시작한 500년 조선왕조 전제정치의 근간을 훼손하는 것이자 용서 못할 반(反) 독립적 행동으로 간주하였다. 조병세 건의안과 황제 칙어의 확장적 측면에서 「대한국국제」를 이해한다면 제1조가 자주독립의 '황제국'을 규정하는 것이고 제2조는 이를 보다 분명히 해서 군주와 인민이 같이하는 군민공치의 입헌군주국이 아닌 오로지 권력을 황제의 전일적인 지배 아래 둔 전제군주국을 설명하는 것이다. 즉, 여기에서 말하는 '전제정치'는 의회 등을 매개로 군주의 통치권이 제한을 받는 입헌정치가 아니라 황제의 권한이 절대적인 정치체제를 표명한 것이다. 1898년 10월 만민공동회의 「헌의 6조」 가운데 제1조에

"외국인에 의지하지 아니하고 관민이 한마음으로 힘을 합쳐 전제 황권을 공고히 할 것"이라고 주장한 바 있다.

〈표 4〉는 권력의 집행으로, 황제의 통치권은 어떠한 제한도 받지 않는 무한하고 불가침한 독재 권력이며, 또한 대한제국이 공법(公法)에 기초하여 다른 나라의 간섭을 받지 않고 스스로 정치체제를 법률로서 제정할 수 있는 권한을 가지고 있다는 것을 천명한 것이다. 이는 앞의 제2조를 부연 설명하는 것이자 『공법회통』 제18장과 제67장의 내용을 반영한 것이다.

> 제18장 공법에 보면, 국가에는 군주가 있고 없고를 막론하고 군권이 유한하고 무한하고 나라의 크고 작음에 따라 법률도 다르고 같음이 있다. —「論邦國自主之權」, 43~44쪽
>
> 제67장 국가의 주권은 비록 공법으로 제한하는 바가 있다. 그러나 그 밖의 주권을 조종하는 것에 있을 따름으로 다른 나라가 간여하지 않는다. — 나라가 능히 스스로 서야[自立] 바야흐로 나라가 된다. —「論邦國自主之權」, 72쪽

이 조항에서 언급된 '자립정체(自立政體)'는 공법에 보이는 무한 권력을 가진 군주가 있는 다른 나라가 간섭할 수 없는 권력을 가지는 존재임을 확인하는 것이다. 이는 또한 『공법회통』 제68장에서 언급된 '국가의 주권' 첫째 내용에 해당하는 것으로 「대한국국제」 제6~9조에 제시된 네 가지 조항과 함께 "만일 행하여 공법에 거슬리지 않는다면 다른 나라가 함부로 간여할 수

표 5 　신민(臣民)의 의무

| 韓 | 제4조: 대한국 신민(臣民)이 대황제의 향유하옵시는 군권을 침손하는 행위가 유하면 그 기행미행(己行未行)을 물론하고 신민의 도리를 실(失)한 자로 인(認)할지니라. |

없다"[75]고 규정되어 있다.

그런데 「프랑스헌법」과 「헌장」, 「프로이센 헌법」과 「대일본제국 헌법」에서는 국왕(천황)은 국가행정권의 주체라는 취지의 규정만 있다. 「대한국국제」의 이 조항은 "황제권은 다른 세속권과는 달리 신으로부터 부여받은 신성한 고유 권한"[76]이라는 침해될 수 없는 신성불가침의 영역으로 보았던 러시아 스페란스키의 '제국헌법(안)' 제11조의 "주권은 나눌 수 없다. 주권은 군주에 있다"는 조항[77] 및 「국가기본법」 제4조의 앞에 적혀 있는 사항과 가장 일맥상통한다.

〈표 5〉는 황제의 의지에 따라서 신민(臣民)에 대한 총체적 제약을 가할 수 있다는 것을 규정한 것이다. 즉, '신민=군주국가의 인민'으로 「대한국국제」에 신민의 권리 규정은 없고 전반적으로 군주의 대권 사항만 규정한 것으로 미루어 의무 주체·통치 대상으로서의 신민의 지위를 명백히 한 것으로 보인다. '대황제의 향유하옵시는 군권'이라는 것은 통치권, 즉 군주주권하의 황제 친재(親裁)의 정치체제를 의미하는 것이다. 결국 황제권에 대한 어떠한 행위의 도전도 용납할 수 없다는 것을 명시한 것이다. 이 조항은 '신성불가침'한 황제의 권리이자 이를 인정하고 복종해야만 하는 '시민(Citizen)'이 아닌 '신민(Subject)'의 의무를 명기한 것

75 　「論邦國自主之權」, 72쪽.
76 　오두영, 1996, 136쪽.
77 　池本今日子, 2006, 186쪽.

이다. '신민의 도리를 잃은 자'를 '신민의 의무를 행사하지 않은 자'로 유권 해석할 수 있을 것이다.

그런데 이 시기 군주제를 표방하는 서구 국가나 일본 모두는 병역·납세·투표 등에 관한 '신민의 권리와 의무'를 동시에 규정하였다. 이 조항은 프랑스「헌법헌장」제13조,「프로이센 헌법」제43조,「대일본제국 헌법」제3조, 러시아「국가기본법」제5조의 '신성불가침' 규정에 해당하는 것이다.「대일본제국 헌법」제2장 '신민의 권리 의무' 중 제18조의 "일본신민의 요건은 법률이 정하는 바에 따른다" 이하 제32조까지 신민(臣民) 관련 조항으로 되어 있다. 러시아「국가기본법」제2장 '신민의 권리 의무'에서 27조에 "러시아 국민이 되는 자격을 취득하고 상실하는 요건은 법률로 정한다", 28조에 남자의 병역의무, 29조에 납세의 의무 등이 규정되어 있다. 이는「대한국국제」에는 없는 내용이다.

이에 반해 대한제국은 오직 군주에 적대하거나 적대시할 우려가 있는 신민들의 행위를 군주권에 도전하는 것으로 규정하여 강하게 처벌하려는 의지를 보이고 있는 점이 특징이다. 이는 혁명과 쿠데타·자유민권운동 등을 경험한 다른 나라들과 '국제' 제정 1년 전 독립협회와 만민공동회 민권운동의 역사적 경험과 유사함에도 불구하고 황제 권력에 대한 구체적인 방어책을 명기하였지만 통치 대상으로서의 백성의 권리에 대한 법률적 배려는 전무한 것이다. 대한제국의 신민들도 정작 자신들의 운명을 규정한 '국제'의 내용을 잘 알지 못하였다. 오히려 이 조항은 이른바 '김홍륙 독차사건'을 빌미로「대한국국제」제정 이전인 1898년 11월 22일의 법률 제2호「의뢰외국치손국체자처단례(依賴外國致損國體者處斷例)」로 전면화 되었다.

러시아 공사관을 배경으로 서 있는 김홍륙(앞에 면류관을 쓴 사람)

제1조 관인 혹 평민을 물론하고 외국인에게 추부의뢰하여 국체를 손하고 국권을 실케 하는 자는 모두 본 법률에 귀복할 일.

제2조 다음의 범죄자는 기수 미수를 물론하고 대명률(大明律) 적도편(賊盜編) 모반조(謀叛條)에 비추어 처단할 일.

1. 외국정부를 향하여 본국보호를 배청(暗請)하여 적발된 자.
1. 본국비밀정형을 외국인에게 누설하여 적발된 자.
1. 외국인에게 차관 고병(雇兵) 임선(賃船) 등일을 외부와 정부의 준허를 경유치 아니하고 멋대로 주장 논의하거나 혹 거간 통변한 자.
1. 외국인의 소개를 인하여 관직을 도득(圖得)하다가 적발된 자.
1. 외국정형을 장(將)하여 본국에 공동(恐動)하고 종중협잡(從中狹雜)하는 자.

제3조 본 법률은 반포일로부터 시행할 일.

-『日省錄』, 1898년 10월 9일

이는 갑신정변·을미사변 후 일본으로 도주한 망명객들의 움직임을 봉쇄하는 한편, 외세와 결탁해 황제 권력에 도전하는 세력을 제거하기 위한 황실의 방어 장치였다. 그 내용은 '국제'에 반영된 이후에도 계속 수정 보완되었다.

「대한국국제」 제4조의 '신민'으로서의 의무와 군주의 권리를 보면, 다른 나라의 헌법에 여러 항목으로 구성된 별도의 「신민의 권리와 의무」 조항은 있으나 이와 같은 황제 권력에 대한 침손에 대한 행위 이전의 준비 과정 등에 대해서까지 적용하고자 하는 강력한 처벌 규정은 「대한국국제」에만 표현된 유일한 조항으로 보인다. 이는 '의뢰외국치손국체자처단례'의 또 다른 형태를 '국

표 6 육해군 통수, 계엄 해엄권

韓	제5조: 대한국 대황제께옵서는 국내 육해군을 통솔하옵셔 편제(編制)를 정하옵시고 계엄해엄(戒嚴解嚴)을 명하옵시나니라.
佛	헌장 제14조: 국왕은 최고의 국가원수이다. 국왕은 육해군을 지휘하며, 선전을 포고하고, 평화조약·동맹조약·통상조약을 체결하고, 모든 행정직을 임명하며, 법률의 집행과 국가의 안전에 대해서 필요한 규칙과 명령을 제정한다.
普	제46조: 국왕은 군에 대한 통수권을 가진다. 제47조: 국왕은, 법률이 달리 규정하지 않는 한, 군대에서와 여타 국가 공무부문에서의 모든 직위를 임명한다. 제111조: 전시 혹은 사변의 경우에 공공의 안전에 급박한 위험이 있는 때에는 제5조, 제6조, 제7조, 제27조, 제28조, 제29조, 제30조, 제36조의 헌법규정은 시간적·장소적으로 그 효력이 정지될 수 있다. 보다 상세한 내용은 법률로 정한다.
日	제11조: 천황은 육해군을 통수한다. 제12조: 천황은 육해군의 편성과 상비병 액수를 정한다. 제14조: 천황은 계엄을 선포한다. 계엄의 요건과 효력은 법률로 정한다.
露	제14조: 황제는 러시아 육해군의 최고 원수로서, 황제는 러시아 제국의 모든 육해군을 통수(統帥)하는 권한을 갖는다. … 제15조: 황제는 지방의 전시상태, 기타 이상(異常)의 상태에서 이를 선언(宣言)한다.

체(國體)'의 훼손 조항이라는 하나의 헌법조항에 넣은 것으로 해석할 수 있지 않을까 한다.

〈표 6〉은 육해군에 대한 통수의 대권과 계엄 및 해엄권을 규정한 것이다. 이는 과거와는 달리 군령권을 황제에 귀속시켜 그의 칙령이나 조칙을 통하지 않고서는 어느 누구도 명령을 발할 수 없다는 그해 6월 22일의 「원수부규칙(元帥府規則)」을 법률문서로서 추인하는 것이며, 「대한국국제」 선포 바로 다음 날인 8월 18일 군부관제 개정으로 그 실체가 분명하게 드러난다.

「대한국국제」 선포 다음 날인 1899년 8월 18일 군부관제를 개정하여 군부의 개편에 곧바로 착수하였다.[78] 먼저 군부대신의 권

---

78 『韓末近代法令資料集』 II, 「詔勅, 軍部官制 改正」, 광무 3년 8월 18일.

한은 군비(軍備)를 관리하고 각 관해(館廨)와 요새를 감독하는 것에 한정시키고, 대신 및 협판은 문관도 임명할 수 있게 하였다. 이는 협판 이하 군부 임원에게도 똑같이 적용되었다. 29일에는 조(詔)를 내려 군부 직원 봉급을 원수부 봉급 예에 따라 시행하게 하였으며 이와 더불어 대신관방에서는 군인의 봉급, 장교 병적과 문관명부, 인사 및 문관임명, 외국유학생 등 외국과 관계된 사무만 볼 수 있도록 하였다. 이와 같은 군부 권한의 축소는 원수부의 권한 강화와 대비되는 일이다. 황제의 명령발동과 주요 군사정책의 결정은 원수부의 보좌에 의해 이루어졌고, 이후 군령기관인 원수부(元帥府)와 군정기관인 군부(軍部)의 이원화 체제로 나가게 되었다.[79] 11월 21일 조칙에 따라 새로 구성된 무관학교의 교장 또한 원수부 검사국장의 명령에 따를 것을 규정하였다.

한편 「도이치제국 헌법」 제53조에 "황제는 해군을 조직하고 편성하며 사관(士官) 및 관리를 임명한다", 제63조에 "제국 육군은 하나로 합친 군대로 평시와 전시에 황제의 명령에 따른다", 제64조에 "독일 전 군대는 반드시 황제의 명령에 복종할 의무가 있다"[80]고 하여 「대일본제국 헌법」의 해당 조항은 「도이치제국 헌법」의 영향이 컸음을 알 수 있다. 그런데 프랑스 「헌법헌장」과 「프로이센 헌법」에는 계엄에 관한 직접적인 규정도 없다. 오직 1851년 6월 4일의 「계엄법」(제1조~제18조)은 계엄선고의 경우, 효력 등을 규정하고 있다. 그러나 「프로이센 헌법」 제111조에 제

---

79 조재곤, 1996 참조.
80 東京專門學校 發行, 1897, 101, 106, 107쪽 참조.

표 7 법률 제정 반포, 사면권

韓	제6조: 대한국 대황제께옵서는 법률을 제정하옵서 그 반포와 집행을 명하옵시고 만국의 공공(公共)한 법률을 효방(效倣)하사 국내법률도 개정하옵시고 대사(大赦) 특사(特赦) 감형(減刑) 복권(復權)을 명하옵시나니 공법에 위한 바 자정율례(自定律例)이니라.
佛	헌장 제14조: 국왕은 최고의 국가원수이다. 국왕은 육해군을 지휘하며, 선전을 포고하고, 평화조약·동맹조약·통상조약을 체결하고, 모든 행정직을 임명하며, 법률의 집행과 국가의 안전에 대해서 필요한 규칙과 명령을 제정한다. 헌장 제16조: 국왕은 법률을 제안한다. 헌장 제17조: 법률의 제안은 국왕의 임의로, 귀족원 또는 대의원에 제출한다. 헌장 제22조: 국왕만이 법률을 재가하고 공포한다. 헌장 제57조: 모든 사법은 국왕에서 나온다. 사법은 국왕의 이름으로 국왕이 임명하는 재판관이 행사한다.
普	제45조: 국왕은 법률의 공포를 명하고 또한 그 집행을 위해 필요한 칙령을 발한다. 제49조: 국왕은 특사 및 감형을 행하는 권리를 갖는다. 제62조: 입법권은 국왕과 의회 양원이 공동으로 행사한다. 모든 법률에는 국왕과 의회 양원의 동의가 필요하다. 제64조: 법률제안권은 국왕과 의회 각 원에 속한다. 법률안이 의회의 어느 한 원이나 국왕에 의해 거부된 경우에는 동일 회기 중 다시 제출될 수 없다. 제86조: 사법권은 국왕의 이름으로, 독립적이면서 법 이외의 다른 권위에 복종하지 않는 기관인 법원에 의해 행사된다. 판결은 국왕의 이름으로 발포되고 집행된다.
日	제5조: 천황은 제국의회의 협찬을 거쳐 입법권을 행사한다. 제6조: 천황은 법률을 재가하며 그 공포와 집행을 명한다. 제9조: 천황은 법률을 집행하기 위해서 또는 공공의 안녕질서를 유지하고 신민(臣民)의 행복을 증진시키기 위하여 필요한 명령을 발한다. 발한 것은 다만 명령으로서 법률을 변경할 수 있다. 제16조: 천황은 대사(大赦), 특사(特赦), 감형 및 복권을 명한다.
露	제7조: 황제는 제국 참의원과 국가 두마(Государственная Дума)와 공동으로 입법권을 행사한다. 제9조: 황제는 법률을 재가한다. 법률은 황제가 인가하지 않으면 이를 집행할 수 없다. 제11조: 황제는 최고 정치권력의 행사에서 법률에 근거하여 행정 제반 조직 및 집행을 위해 칙령을 발하고 또한 법률의 집행을 위해 필요한 명령을 발한다. 제23조: 황제는 그 주권자의 자비에 의해 죄가 있는 자를 사면하고, 형벌을 경감하고, 중경죄(重輕罪)의 범인에 대한 기소를 중지하고 그 심문 처벌을 면하여 이를 완전히 사면하고 또한 정치상의 의무를 면하게 하는 권한을 갖는다. 또 특별한 경우 일반 법률의 지배를 받는 특권을 수여하는 권한을 갖는다. 다만, 이 경우에 법률이 보호하는 일반의 이익 및 사권(私權)이 이 때문에 어떤 방해도 받지는 않는다.

시한 제5조는 신체의 자유, 제6조는 주거의 불가침, 제7조는 자유재판권, 제27~28조는 자유의사 표현권, 제29조는 집회권, 제30조는 단체 결성권, 제36조는 병력 징발권을 규정한 것으로 이를 전시와 사변 등의 경우에 효력을 정지한다는 규정은 광의의 의미에서 보면 실제 긴급칙령과 계엄령 발포에 준하는 내용을 담고 있는 것이라 할 수 있다.

「대한국국제」의 육해군 통수와 계엄 발포 조항은 「대일본제국 헌법」 제11·12·14조와 유사하고, 러시아의 「국가기본법」 제14·15조의 내용과도 거의 일맥상통한다. 그러나 차이점은 일본 헌법의 계엄의 요건과 효력을 법률로 정한다는 유보조항이 '국제'에는 없고, 일본 헌법과 다른 나라에는 없는 해엄(解嚴)조항이 설정되어 있는 점이다.

〈표 7〉은 입법·사법권 발권의 주체와 사면권을 규정한 것이다. 즉 황제 1인이 법률의 제정·반포·집행 등 모든 입법·사법적 권한을 가지는 것이며, 사면·감형·복권 등에 이르기까지 다른 나라의 현행 법률을 참고하여 황제 스스로 법률과 규례를 제정하는 권한을 행사하겠다는 것이다. 그것은 결국 무한한 법적 권한을 갖겠다는 뜻이다. 「대한국국제」 제6조에 언급된 '자정율례(自定律例)'는 『공법회통』 제68장에서 언급된 '국가의 주권' 두 번째 내용에 해당한다.[81] '국제'의 제6조에서 법률 제정 권한 규정은 프랑스의 「헌법헌장」과 가장 유사하고, 제국의회 협찬 규정을 제외한다면 「대일본제국 헌법」 제5·6·9조의 내용을 합친 것과도 일부 유사하다.

그러나 당시 국민대의제와 양원제를 채택하고 있던 서구의 군

---

81 「論邦國自主之權」, 72쪽.

표 8 관제 개정, 긴급칙령 발포권

韓	제7조: 대한국 대황제께옵서는 행정 각 부부(府部)의 관제와 문무관(文武官)의 봉급을 제정 혹 개정하옵시고 행정상 필요한 각항 칙령(勅令)을 발하옵시나니 공법에 위한 바 자행치리(自行治理)이니라.
佛	헌장 제14조: 국왕은 최고의 국가원수이다. 국왕은 육해군을 지휘하며, 선전을 포고하고, 평화조약·동맹조약·통상조약을 체결하고, 모든 행정직을 임명하며, 법률의 집행과 국가의 안전에 대해서 필요한 규칙과 명령을 제정한다.
普	제45조: 집행권은 오로지 국왕에게 속한다. 국왕은 장관을 임면한다. 국왕은 법률의 공포를 명하고 그 법률의 집행을 위해 필요한 명령을 발한다. 제47조: 국왕은, 법률이 달리 규정하지 않는 한, 군대에서와 여타 국가 공무부문에서의 모든 직위를 임명한다. 제111조: 전시 혹은 사변의 경우에 공공의 안전에 급박한 위험이 있는 때에는 제5조, 제6조, 제7조, 제27조, 제28조, 제29조, 제30조, 제36조의 헌법규정은 시간적·장소적으로 그 효력이 정지될 수 있다. 보다 상세한 내용은 법률로 정한다.
日	제9조: 천황은 공공의 안녕질서를 유지하거나 그 재액(災厄)을 피하기 위하여 긴급한 필요에 따라 제국의회의 폐회의 경우에 법률을 대신하는 칙령을 발한다. 제10조: 천황은 행정 각부의 관제와 문무관의 봉급을 정하며 문무관을 임면한다. 다만 이 헌법 또는 다른 법률에 특례(特例)를 거는 것은 각기 해당 조항에 의거한다. 제31조: 본장에 있는 조규는 전시 또는 국가사변의 경우에 따라서 천황대권이 시행을 방해하지 않는다.
露	제11조: 황제는 최고 정치권력의 행사에서 법률에 근거하여 행정 제반 조직 및 집행을 위해 칙령을 발하고 또한 법률의 집행을 위해 필요한 명령을 발한다. 제17조: 황제는 내각 의장, 대신 및 각 성(省)의 장관, 기타 임면의 방법을 특별히 정하고 관리를 임면한다. 제18조: 황제는 최고권력의 행사에서 관리에 대해 정무상 필요한 제한을 결정한다.

주국들과 일본이 입법권 행사 시 자국의 의회 및 '제국의회의 협찬'을 받게 되어 있던 것과는 달리 황실과 정부에서 의회제도를 염두에 두지 않았던 현실에서 당연히 우리 국제에서는 이런 규정들이 있을 수 없었다. 「프로이센 헌법」은 대사에 관한 규정도, 법률의 재가에 관한 규정이 없다. 사면에 관해서는 러시아 법률이 가장 자세하다. 복권 조항은 「프로이센 헌법」에는 보이지 않는다. 일반 사면을 뜻하는 '대사(大赦)' 관련 법률은 여러 서양 국가들에서는 보이지 않는 일본과 대한제국에 국한된 것이다.

〈표 8〉은 관제, 문무관의 봉급, 행정명령권 조항으로 자주적으로 통치와 행정 행위를 하겠다는 것을 의미한다. 각 부 관제의 제정과 개정, 관리의 봉급 제정, 칙령의 권한을 일상적으로 발휘할 수 있는 황제 고유의 권한을 규정한 것이다. 「대한국국제」 제7조의 '자행치리(自行治理)'는 『공법회통』 제68장에서 언급된 '국가의 주권' 세 번째 내용에 해당한다.[82]

그러나 「프로이센 헌법」 제44조에 "국왕의 장관들이 책임을 진다. 국왕의 모든 통치행위가 효력을 지니기 위해서는 장관의 부서(副署)를 필요로 하고, 장관은 그 부서를 통해 책임을 인수한다"[83]고 하여 장관책임론이 보인다. 그러나 관리의 임면만 규정하였을 뿐 관제 및 문무관의 봉급 관련 규정은 없다. 반면 공무원의 봉급의 제정과 개정 문제는 프랑스와 프로이센, 러시아의 헌법에서는 없고 일본과 한국에서만 보이는 규정이다.

그 다음으로는 헌법상의 국가긴급권 집행을 언급한 것이다. 본격적인 국가긴급권 제도는 1814년 프랑스의 「헌법헌장」 제14조에서부터 시작하는 것으로, 「프로이센 헌법」 제111조에서 제시되어 있는 것처럼 제정(帝政) 시기 독일에서도 이 제도를 강화시켜 법률로 정하였다. 이는 특히 19세기 후반 계급투쟁이 격화되던 시기에 노동운동과 혁명운동에 대한 무기로 기능하였다.[84] 「대일본제국 헌법」 제8조에서 비상 시 입법과 재정상 예외 조치로서의 긴급칙령을 규정하고 있지만, 제국의회 폐회의 경우로만 제한하였다. 대한제국의 경우는 1898년 말 독립협회와

82 「論邦國自主之權」, 72쪽.
83 양태건 역, 2013, 223쪽.
84 矢部明宏·山田邦夫·山岡規雄, 1957, 10~11쪽.

표 9 관리 임면권, 작위 훈장 영전 수여권

韓	제8조: 대한국 대황제께옵서는 문무관의 출척임면(黜陟任免)을 행하옵시고 작위(爵位) 훈장(勳章) 및 기타 영전(榮典)을 수여 혹 체탈하옵시나니 공법에 위한 바 자선신공(自選臣工)이니라.
佛	헌장 제14조: 국왕은 최고의 국가원수이다. 국왕은 육해군을 지휘하며, 선전을 포고하고, 평화조약·동맹조약·통상조약을 체결하고, 모든 행정직을 임명하며, 법률의 집행과 국가의 안전에 대해서 필요한 규칙과 명령을 제정한다. 헌장 제67조: 국왕은 은사를 하거나 또는 감형할 권리를 가진다.
普	제45조: 집행권은 오로지 국왕에게 속한다. 국왕은 장관을 임면한다. 국왕은 법률의 공포를 명하고 그 법률의 집행을 위해 필요한 명령을 발한다. 제47조: 국왕은, 법률이 달리 규정하지 않는 한, 군대에서와 여타 국가 공무부문에서의 모든 직위를 임명한다. 제50조 1항: 국왕은 훈장 및 특권을 수반하는 기타 영전을 수여하는 권한을 갖는다.
日	제10조: 천황은 행정 각부의 관제와 문무관의 봉급을 정하며 문무관을 임면한다. 다만 이 헌법 또는 다른 법률에 특례(特例)를 거는 것은 각기 해당 조항에 의거한다. 제15조: 천황은 작위(爵位)·훈장(勳章) 및 기타의 영전을 수여한다.
露	제19조: 황제는 칭호·훈장, 기타 관리의 특전을 수여하고 그 보유자가 되는 권리를 허여(許與)한다. 황제는 칭호·훈장 및 특전을 수여하는 조건과 수속을 정한다.

만민공동회의 시민운동을 강제 해산시킨 경험이 있었다. 황제의 긴급칙령 발동권을 통한 향후 가능성이 있는 민권운동과 황제 폐위를 위한 여러 움직임 등을 법률로 미리 제압하기 위한 기제로서 이를 활용하려는 의지가 컸던 상황에서 제7조가 작성된 것으로 판단된다.

〈표 9〉는 모든 관리에 대한 임명과 해임에 관한 대권과 작위·훈장·영전 등을 위한 상벌권을 규정한 것이다.[85] 「대한국국제」 제8조에 언급된 '자선신공(自選臣工)'은 『공법회통』 제68장에서 언급된 '국가의 주권' 네 번째 내용에 해당한다.[86] 한 축에서 제시

---

85   李潤相, 2003(b); 지그프리드 겐터, 권영경 역, 2007.
86   「論邦國自主之權」, 72쪽.

표 10 조약 선전 강화, 사신파견권

韓	제9조: 대한국 대황제께옵서는 각 유약국(有約國)에 사신(使臣)을 파송주찰(派送駐紮)케 하옵시고 선전강화(宣戰講和) 및 제반 조약(約條)을 체결하옵시나니 공법에 위한 바 자견사신(自遣使臣)이니라.
佛	헌장 제14조: 국왕은 최고의 국가원수이다. 국왕은 육해군을 지휘하며, 선전을 포고하고, 평화조약·동맹조약·통상조약을 체결하고, 모든 행정직을 임명하며, 법률의 집행과 국가의 안전에 대해서 필요한 규칙과 명령을 제정한다.
普	제48조: 국왕은 전쟁선포권과 강화체결권, 그리고 외국 정부와 기타 조약을 체결할 권한을 가진다. 외국 정부와의 조약으로 통상조약 같은 것과 또는 이 때문에 국가에 부담을 지우거나 국민 각자의 의무를 부과받는 경우에는 그 유효함을 위해 양 의원(議院)의 동의를 요한다.
日	제13조: 천황은 전쟁을 선포하고 강화를 하며 제반 조약을 체결한다.
露	제12조: 황제는 러시아 제국과 외국과의 전반의 관계에 따라 최고지휘권을 갖는다. 황제는 또한 러시아 제국의 국제 정책을 정한다. 제13조: 황제는 전쟁을 선포하고 평화조약 및 기타 조약을 체결한다.

된 관리 임면 문제는 각국의 공통사항이다. 작위·훈장 문제에서 「대한국국제」는 일본과 러시아의 법제와 가장 유사하나 다른 나라들과는 달리 황제의 훈장·작위·영전에 대한 체탈(遞奪)의 권한까지 제시한 것이 특징적이다.

〈표 10〉은 사신 파견, 선전과 강화, 국가 간 조약 체결 등 외국과 이루어지는 모든 사항에 대해 황제가 자주적 권한을 가지는 즉, 외교대권을 규정한 것이다. 「대한국국제」 제9조에서 언급된 '자견사신(自遣使臣)'은 『공법회통』 제68장에서 언급된 '국가의 주권' 다섯 번째 내용에 해당한다.[87] 이 조문은 프랑스를 비롯하여 러시아에 이르기까지 모든 나라가 큰 차이가 없는 것이 특색이다. 반면 전반부에 적시한 사신의 파송주찰(派送駐紮) 문제는 「대한국국제」에서만 유일하게 표현된 것이다. '국제' 제9조에

87 「論邦國自主之權」, 72쪽.

근거해서 대한제국은 그해 9월 11일 우리 역사상 최초로 청국과 대등한 입장에서의 「한청통상조약(韓淸通商條約); 대한국·대청국 통상조약」을 체결하게 되었다. '대한국 황제'와 '대청국 황제'가 대등하게 조약 체결의 주체로 등장하였고 대한제국은 국제법적으로도 독립국 지위를 확인할 수 있게 되었다.[88] 이후에는 벨기에(1901)·덴마크(1902)와도 차례로 호혜평등의 외교관계를 수립하였다.

그러나 이 조항 중 특히 각국과의 조약 체결 문제와 관련하여 후일 1905년 소위 '을사조약' 과정에서 고종황제는 농상공부대신 권중현을 통해 자문과 여론 수렴 등을 이유로 인준 거부 의사를 전하자, 다음과 같은 이토 히로부미의 강한 반박을 받게 되었다.

> 귀국은 전제정치(專制政治)인데 어찌하여 입헌정치(立憲政治)의 규례를 모방하여 대중의 의견을 수렴합니까? 나는 대황제(大皇帝)의 왕권이 무한하여 응당 한마디 말로써 직접 결정하는 것이지 허다한 모면하려는 법을 쓸 필요가 없다는 것을 알고 있습니다.
>
> — 『高宗實錄』, 고종 38년 12월 16일

이토는 전제정치를 하는 국가에서 대황제의 독단으로 조약 체결은 가능하기 때문에 미룰 이유가 없다는 것이다. 황제의 의지력이 빈약한 막연한 책임 전가에 대해 '국제' 제9조에서 규정한 대황제의 조약 체결권을 염두에 둔 이토 히로부미의 '법률에 근거한' 공격이었다. 이 날의 대담을 이토는 아래와 같이 보고하였다.

---

[88] 權錫奉, 1987; 殷丁泰, 2005 참조.

「대한국·대청국 통상조약」

일반인민의 의향을 살핀다는 운운의 말씀에 이르러서는 기괴하기 짝이 없다고 생각합니다. 왜냐하면 귀국은 헌법 정치도 아니며 만기(萬機) 모두 다 폐하의 친재(親裁)로 결정한다고 하는 소위 군주전제국(君主專制國)이 아닙니까? 그리고 인민(人民)의 의향 운운이라 했지만 필시 이는 인민을 선동하여 일본의 제안에 반항을 시도하려는 생각이시라고 추측됩니다. 이는 용이하지 않은 책임을 폐하 스스로 지게 되시리라는 것을 두려워하시기 때문입니다. 왜냐하면 귀국 인민이 유치하고 본디 외교의 일에 어두워 세계의 대세를 알 길이 없습니다.

—『駐韓日本公使館記錄』「韓國特派大使 伊藤의 復命書」, 1905년 12월 8일

실록과는 달리 이 기록에서 '입헌정치'는 거론되지 않았다.

서양 각국과 일본의 근대헌법 제정 과정에서 간략히 살펴본 것처럼 전제적 군주국에서의 헌법 제정과 개정은 공통적인 현상을 갖고 있었는데, 군주가 유지하고자 하는 법과 질서는 군주권 수호와 절대화에 필요한 법과 질서였다. 이런 법률 형태에서는 기존 권력층은 군민공치·만민공치와 같은 정치 질서에 대해 매우 냉담하거나 방어적인 법률적 행위를 취하였다. 따라서 의회를 매개로 한다는 형식 절차를 거치는 경우가 있음에도 불구하고 인민의 동의는 배제되는 것이었다. 「대한국국제」와 같은 법제적 규정은 군주 주도의 주권국가 형태를 마련하려는 여러 국가에서도 나타나는 보편적 현상으로 우리나라에만 국한된 특수한 것은 아니었음을 알 수 있었다. 근대적 헌법 제정의 논의는 이미 1897~1898년 대한제국 성립 직후 독립협회 운동기에 시작되었다가 탄압으로 해산되고 계엄정국이 형성되면서 이후의 논의는 황제만이 독점하게 되었다. 이는 프랑스혁명의 성과를 부정하고자 하는 루이 18세와 독립협회를 와해시킨 대한제국 황제의 입장이 중첩되는 것이다.

　각국 법전(law code)들과 견주어 논의된 「대한국국제」 9개 조항 전체상을 간단히 정리하면 제1조와 제2조는 '자주독립'이라는 용어를 명기하여 강조하였고, 의회가 개설된 다른 나라와는 달리 '전제정치'의 군주국을 명문화한 것에 큰 차이가 있다. 제3조는 러시아의 「국가기본법」과 가장 유사하다. 제4조는 다른 나라 헌법과는 전혀 다르며 「대한국국제」에서만 제시된 유일한 내용이다. 제5조의 육해군 통수 문제는 각국의 법전과 동일하다. 그러나 계엄 문제에 관해서는 일본과 러시아와 입장을 같이 하나 「대한국국제」에서만 유일하게 해엄(解嚴) 문제가 반영된 것이 특징적이다. 제6조의 법률 제정 조항은 프랑스의 헌법과 유사하지만 사면·복권 관련 조항은 일본과 유사하다. 제7조의 문무관의 봉급 지불 규정은 다른 나라에는 없는 일본과 대한제국에서만 공통으로 나타나는 법률이다. 제8조의 내용은 훈장 수여 문제 등에서 일본·러시아와 유사하지만 체탈 권한까지 제시하여 차이를 보인다. 제9조 중반 이후에서 제시한 선전 강화 및 조약체결권은 각국 공통사항이다. 그러나 이 법전은 다음 세대까지 염두를 둔 것이 아닌 자신의 제위시대에 한정된 것이었기에, 왕위계승과 섭정 등에 관한 규정은 없었다.

군주권의 절대화를 추구하던 각국의 헌법들 역시 소소한 부분에서는 차이가 있지만 전반적인 내용은 프랑스의「헌법헌장」의 내용을 모티브로 하면서 러시아·프로이센·일본과 대한제국이 선행 법전들을 참고하여 이를 차례로 자국의 실상과 의도에 맞게 선택적으로 보완 정리하는 순으로 다듬어 간 것으로 판단된다. 즉, 근대사회 전제군주제 국가들의 군주권 강화 내용의 원류는 1814년 4월과 6월 프랑스의 두 가지의 헌법이 모태가 되어 러시아에 전파되었고, 또 한편에서는 프랑스 헌법의 영향을 받은 프로이센(독일)을 매개로 하여 일본에 전파되었고, 여러 가지 군주국 체제의 헌법 내용들이『공법회통』과 융합되어 개별 사안별로 대한제국의 '국제'에까지 크게 영향을 미쳤던 것으로 이해해야 하지 않을까 한다.

결국「대한국국제」는 만국공법을 토대로 하면서 여러 제국주의 국가들의 흠정법전만을 참조한 결과물이라 할 수 있다. 또한 우리나라의 경우 당시의 국제적 역학관계 속에서 아관파천 기간 러시아 공사 카를 베베르가 러시아 국가평의회 입안의 한국식 적

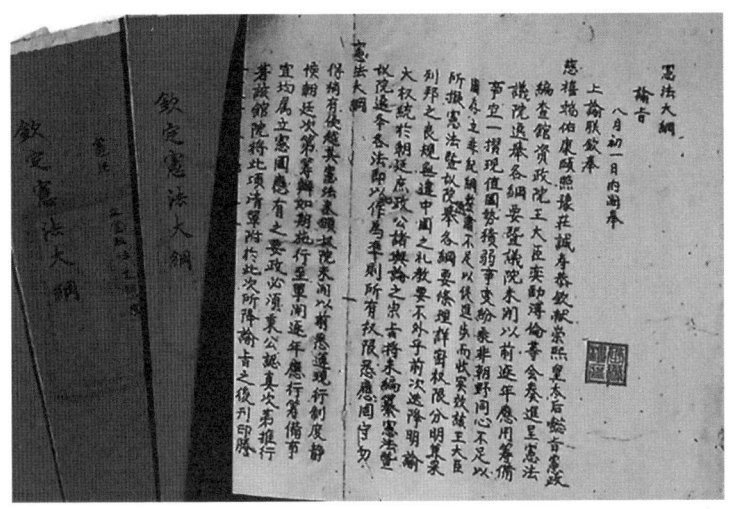

「흠정헌법대강」

용을 권유하고 조선 국왕이 이를 받아들인 것이 신설된 의정부의 관제였다. 베베르는 국가평의회에 기초하여 의정부가 설치된 것으로 정리하였다. 의정부에서 법규교정소 구성을 주도하고「대한국국제」작성을 추진하였던 것이다. 그런데 제정러시아 로마노프 왕조의 흠정헌법의 정리와 집대성은 스페란스키의 1832년 『러시아제국 법전』으로 표출되었고, 이후의 법률 심사와 제정은 국가평의회 구성안을 근간으로 이루어진 것이다. 이를 통해「대한국국제」는 러시아 공사 베베르의 '국가평의회' 설치 권유안을 어떤 형태로든 참고하여 적용하려는 특별한 시도도 있었을 것으로 유추해 볼 수 있을 것이다.

그러나「대한국국제」는 서구와 일본의 법전을 원용한 것으로 보이지만 공통적으로 형식적 입헌주의로 비판받았던 그들의 흠정헌법보다도 역사적으로 더 퇴보한 것이었다. 오직 황제권 강화와 자기방어에만 염두에 둔 것이다. 그럼에도 불구하고 메이지의 일본처럼 '신격화' 단계로까지 발전하지는 못하였다.「대한국국제」에는 다른 군주국의 헌법에서 제시된 긴급재정처분권 등의 재정 문제와 경찰권, 신민(臣民)으로서의 권리, 대의정치(의회) 등은 당초 염두에 두지 않았던 한계도 포함된다. 따라서 여러모로 근대국민국가 형성 문제와는 거리가 있는 법률이었다. 이미 '국제' 제정 1년 이전인 1898년 7월 독립협회의 상하의원 설치를 공론에 붙이자는 건의에 대해 황제는 '본분을 벗어난 망령된 언론'이자 '옳지 않은' 것으로 규정한 바 있다. 중국 역사상 최초의 헌법문서인 「흠정헌법대강(欽定憲法大綱)」(일명 「대청제국헌법」, 1908년 8월 27일 공포)에도 「대일본제국 헌법」 등 다른 나라의 흠정헌법과 마찬가지로 황실의 신성불가침과 군주의 통치 대권과 병행해서 신민의 권리와 의무 조항을 확립하였다.[89] 이로 보면 어떤 나라에도 없는 '신민의 도리'를 강조한 「대한국국제」는 당시 세계사적 조류에서도 가장 반동적인 '헌법' 규정이 아닐 수 없다. 대한제국 멸망으로 결국 주권이 빼앗겼음에도 불구하고 한동안 반발이 적었던 것도 이러한 사정에서 연유하는 것이 아닐까 한다.

---

89   张晋藩, 1982; 殷嘯虎, 1997 참조.

4

황제 권력의 물리적 기반

군사정책의 기조와 군사기구의 운영

1897년 고종의 환궁과 칭제 선포 이후 시작된 대한제국 시기는 과거 갑오·을미 연간 일본의 '보호국화' 정책에 따른 통치권의 형해화 때문에 국왕이 러시아 공사관으로 피신하지 않을 수 없었던 쓰라린 경험을 간직하고 있었고, 한편으로는 그간 고종의 군주로서의 위상과 정치적 권한을 제약했던 왕후 민씨와 대원군이 모두 정계에서 사라진 시기였다. 또한 이 시기는 국제적으로 조선을 둘러싼 러시아·일본 간의 각축기이자 양국 간의 세력균형이 팽팽한 관계로 상대적으로 열강의 정치적 간섭이 완화되는 때였다. 반면 이러한 국제열강의 개입이 소홀한 틈을 타 고종이 황제권을 표방하고 봉건군주국을 '제국'으로 승격시킴에 따라 대외적 자존심을 가장 고양시킨 시기였다. 즉, 대한제국은 우리나라 역사상 자주적 입장의 근대화를 추진하는 최후의 단계이자 절대주의적 성격이 그 어느 때보다도 농후하였으며 황제권 강화를 위한 여러 가지 제도적 개혁을 이루었다.

근대화 과정에서 군사력의 확충 문제는 정권담당자들에게 초미의 관심사였다. 따라서 개항 이후 조선은 각종의 근대적 제도를 도입함과 더불어 지속적인 군사력 증강 정책을 취해 왔으며 1894년 갑오개혁을 통해 외형적으로 근대적 제반 제도를 도입 개편시켰다. 갑오개혁 이후 군사기구의 운용은 여타 기구와 마찬가지로 근대적 형식과 내용을 추구하는 방향으로 개혁되어 가고 있었다. 그러나 내용적으로 보았을 때 당시의 개혁은 일본이라는 외세의 간섭에 의해 진행되었던 것으로 그 근대성에도 불구하고 일정한 한계가 따랐다.

이에 따라 이후의 개혁 방향은 반봉건의 입장을 견지하는 한편 자주적 입장의 근대화 추진이라는 시대적 과제를 남기게 되었다. 그러한 면은 대한제국 시기에 이르러 국내외적 정세 변화에 따라 어느 정도 극복되어 가는 모습으로 나타났다.

대한제국 시기 군사정책의 기조는 강력한 황제권 행사를 위한 정권 유지적 성격과 열강의 침략에 대비하면서 자주적 근대 군제를 성립시키려는 두 가지 입장을 견지하였던 것이라 할 수 있다. 이를 위해 대한제국 정부는 군사력 강화를 꾀하지 않을 수 없었는데, 이는 당시 열강간의 세력균형이 지속될 동안 '강병'을 달성하지 않으면 다시 갑오년 때와 같은 외세의 침략을 허용하게 될 것이라는 위기감이 강력하게 작용하였다고 할 수 있다.

따라서 황제 권력의 물리력으로 작용하는 군사기구와 이의 정책적 운영은 당연히 개편 과정을 겪지 않을 수 없었다. 민의 의식 고양에 따라 중앙에서의 독립협회·만민공동회 등 민권운동과 활빈당·영학당을 비롯한 지방 민중운동의 확산은 기존 통치권을 위협하는 것이었기에 정부로서는 치안 확보가 절대적이었다. 이에 따라 체제 유지의 강력한 보루로서 군대의 육성은 매우 절실한 것이었으며 1899년 이후 황실의 공권력 장악 및 강화 작업과 결부되어 군의 위치도 상승해 나갔다. 그러므로 이에 관한 연구는 한말 근대화 과정에서 정치 권력의 변화상을 밝히는 데 중요한 역할을 할 수 있을 것이다. 나아가 당시 군과 관련한 정책과 운영이 정치적 역학관계에서 어떠한 방식으로 이행해나 가고 있었는가를 살핌으로써 대한제국 정부의 정치적 지향과 역사적 성격도 어느 정도 밝혀질 수 있으리라 생각된다.[1]

---

1   이 시기를 대상으로 다루고 있는 주요 군사 관련 연구 논저는 다음과 같다. 車俊會, 1964; 黃炳茂, 1967; 車文燮, 1973; 鄭夏明, 1975; 鄭求福, 1977; 趙東杰, 1982; 車文燮, 1982; 林在讚, 1982; 林在讚, 1990; 張學根, 1985; 金世恩, 1991; 조재곤, 1996; 서인한, 2000; 육군군사연구소 편, 2012; 양상현, 2006; 김기성, 2013; 문준호, 2018.

군령권 확립과 군비 증강

군제 개혁의 방향

대한제국 시기에는 고종의 황제권 강화 차원에서 군령권이 확립되고 군비가 대폭 강화되었는데, 이 시기 근대화 사업의 대부분이 근대적 무기 도입과 군비 확충에 집중되었다.

아관파천 직후 국왕은 조칙을 내려 이른바 '을미역괴(乙未逆魁)'를 처단하고 그간의 강압에 의해 이루어진 조칙과 고시를 개정하였다. 이후 조선의 정국은 갑오개혁을 추진하던 친일개화파가 대부분 정치 일선에서 물러나게 되고 비교적 보수적인 인물을 중심으로 개혁이 이루어졌다. 특히 러시아와 일본 간에 서로 한국의 내정에 직접 간섭하지 않기로 한 「로젠-니시(西)협정」(1898. 4. 25)을 계기로 황제 권력 강화 정책도 무르익게 되었다.

그러나 대한제국이 출범되자마자 곧바로 황제권이 강화되는 모습을 보여준 것은 아니었다. 아직까지 부국강병의 목표는 지향점에 불과하였으며, 현실적으로 취약성을 면할 수 없었다. '강병(强兵)'이라는 목표 달성의 관건을 쥐고 있는 군대는 특히 더 그러하였다. 이에 따라 가장 시급한 문제는 갑오년 이후 약화된 군사기구를 자주적 입장에서 강화시키는 일이었다.[2] 당시의 정황을 보면 한국 내정에 막강한 영향력을 가지고 있던 러시아 공사 및 푸챠타(Д. В. Путята) 대령은 환궁 직전 국왕 및 군부대신에게 새로 시위대 1천명을 모집하여 러시아 사관(士官)의 주관 하에 훈련에 참여시키라고 주장하였다. 환궁 직후에도 러시아 세력은 궁중 내에 엄연히 존재하고 있었고 적어도 1898년 초까지 대한제국 정부에 영향력을 강하게 행사하여 고종의 군통수권도 제대로 이루어지지 못하였다. 그러나 러시아 사관 초빙과, 환궁 이후에도 계속되는 정부의 이권 양여는 독립협회 등을 중심으로 반러 감정이 가중되는 원인이 되었다. 또 한편으로 러시아는 극동정책 방향 선회와 본국 내부의 강경파·온건파의 대립에 따라 한국에서 발을 빼고 만주에 집중하고자 하였다.[3] 이에 조응하여 강경파 시페이예르(А. Н. Шпейер) 공사가 물러나고 비교적 온건한 인물로 평가되는 마튜닌(Н. Г. Матюнин)이 주한 공사로 부임하였다.

이러한 기회를 이용하여 한국 정부는 대외정책적 측면에서 황제권 강화의 움직임을 본격화하였다. 그 대표적인 예가 친러 계열의 대표적 인물인 김홍륙(金鴻陸) 모살미수 사건에 대한 대처였다.

러시아어 통역관 출신인 김홍륙은 1896년 이범진·이완용 등과 국왕의 러시아 공사관 피신을 추진하였고 이곳에서 국왕과 러시아 공사 베베르와의 통역을 담당하였다. 이때 국왕은 김홍륙

---

[2] 조재곤, 1996; 육군군사연구소 편, 2012 참조.
[3] 崔文衡, 1973 참조.

에게 외교 교섭의 임무를 독점시켰고 그는 종횡으로 세력을 구사하여 곧바로 국왕을 모시는 최고수장인 시종원시종이 되었다. 이후 더욱 총애를 받아 차례로 비서원승·학부협판·귀족원경 등의 지위에까지 올랐다. 그러나 그의 정국 독주는 많은 사람들로부터 지탄을 받았다. 급기야 재야에서는 한선회 등이 일부 대신들과 김홍륙 살해 모의를 한 일이 있었고, 정부 내에서도 1897년 3월 총호사 조병세와 궁내부특진관 정범조 등이 '궁금숙청(宮禁肅淸)이 가장 급한 일'이라면서 김홍륙·이용익을 권좌에서 축출하라고 요청한 적도 있었다. 그러나 그의 권세는 대한제국 출범 이후에도 당분간 계속되어 고종황제가 그를 제거하려고 해도 러시아 공사를 두려워하여 못할 정도였다.

그러나 이즈음 신임 러시아 공사 마튜닌의 내정불간섭 정책에 고무된 황제는 1898년 2월 은밀히 측근인 규장각학사 이재순으로 하여금 중추원의관 송정섭과 밀의하여 김홍륙을 살해하도록 하였지만 그는 가벼운 상처만 입고 생명에는 지장이 없었다. 이와 같은 상황에서 같은 해 3월 김홍륙이 내정과 외무 모두 간섭 조종하는 등 폐해가 극심하다는 방서(謗書)가 서울 거리에 나붙기도 하였다. 같은 달 황실 세력인 법부대신 이유인은 이대준과 더불어 김홍륙 처단을 위한 밀의를 하였다. 그러나 후일 발각되어 이유인은 종신유형에, 이대준은 15년 유배에 각기 처해졌다.

1898년 3월 17일 김홍륙 모살 미수 후 러시아 공사 마튜닌은 "한국 황제 및 그 정부는 러시아의 원조를 필요하다고 인정하는가 아닌가와 사관 및 고문관을 쓰지 않겠다면 이에 러시아는 그것에 대한 필요한 조치를 할 것이다. 24시간 내에 결정할 것을 바란다"라는 조회를 통해 한국 정부에 압력을 가하였다. 마튜닌의 조회에 대해 정부에서는 군사교관은 오직 군대교련에 그치게 하고 재정고문도 실권을 장악할 수 없는 단순한 고문관으로 하기를 희망한다고 답신하였다.[4] 이를 보아 황제는 대외적으로는 단연 사절의 뜻을 확정하였고, 정계의 원로 김병시(金炳始)를 비롯하여 다수의 의견을 들어 사절을 단행하는 데 의견 일치를 보았다. 또한 독립협회를 비롯한 재야에서도 사절론을 주장하였다. 그러나 고종황제는 이후 그해 12월 20일 러시아 공사관을 통해 극비리에 니콜라이 2세에게 서신을 전달하면서 3월에 이루어진 러시아 재정고문과 군사교관의 해고 조치는 자신의 의지에서 나온 것이 아닌 '역도와 간사한 무리들이 계략을 꾸려 인심을 선동'한 '간악한 흉계' 때문이며, 그 사건이 양국 관계를 결정하는 변수가 되지 않기를 바란다는 점을 표명한 바 있었다.[5]

1898년 3월 러시아 재정고문 알렉세예프(K. A. Алексеев)와 푸챠타 군사교관단 철수 이후에 이르러서야 비로소 주체적 입장의 군제 개혁이 실시될 수 있었다. 황제는 곧바로 그간 시행해 온 러시아식 군사교육이 일정한 효과를 보았다고 판단하고, 이제 러시아 사관이 철수하였으므로 '군용(軍容)을 더욱 장(壯)하게 할 것'을 군부에 지시하였다.[6]

갑오·을미년 간에 도입된 근대식 군대가 일본과 러시아 등 외세의 영향을 받아 자주 국방을 위한 군대로서 정립되어 있지 못한 데 대한 반성을 거쳐 본격적인 군제 개혁이 추진되었다. 그

4 『日本外交文書』(31-2)「輓近韓國事情」, 1898년 12월 31일, 452~456쪽.
5 АВПРИ(제정러시아 대외정책문서보관소), Ф.150, оп.493, д.8, лл.358-359/361об.,「친애하는 짐의 좋은 형제 러시아 황제폐하께 삼가 말씀드립니다(敬白朕之良兄弟俄國皇帝陛下)」.
6 『高宗實錄』, 고종 35년 3월 24일.

대원수 복장의 고종황제

결과 1898년 4월 군부대신 이종건이 전년 협판 주석면의 건의에 부연하여 무관학교 설립을 청의하여 재가받았고, 같은 달 26일 군부에서는 참장(參將) 백성기(白性基)를 군법기초위원장으로 임명하고 참령 신태휴(申泰休), 법부 참서관 신재영(申載永), 고등재판소 검사시보 윤성보(尹性普), 군부 마정과원(馬政課員) 정위 김학언(金學顔), 군부 군법국원 이사 홍우형(洪祐亨), 전 주사 어윤적(魚允迪)을 군법기초위원으로 삼아 군법제정을 담당하게 하였다.[7] 6월에는 '육해군(陸海軍) 친총(親總)'에 관한 조칙을 내려 각국 대원수 예에 의거하여 황제가 친히 육·해군을 총관하고 황태자로 원수를 삼아 일체를 통솔하게 하되 출정할 때가 아니고서는 비록 황자(皇子)·황손(皇孫)이라도 대장을 삼을 수 없도록 하여 황제 중심의 군사편제를 마련하였다.[8]

이에 따라 7월 2일 '육군 증설과 해군 정제(定制)'에 관한 조칙을 내려 군부로 하여금 상비군 준비와, 육군 10개 대대 증설, 해군 편제 방법 및 그 경비 확충에 관한 제도적 기반을 마련하도록 하였다.[9] 이는 그동안 명목상으로 유지되어 오던 황제의 군사통수권을 계통적으로 확립하려는 데 목적이 있었다. 그러나 군제 개편과 군비(軍費) 확충의 과제에서 가장 큰 문제는 재정 마련이었다. 대한제국 성립 직후인 1897년 11월 군부협판 주석면(朱錫冕)은 '군정(軍政)의 최선무는 재화와 곡식[財穀]'에 있는 것이므로, 현재의 규칙을 개정하여 탁지부에서 1년에 두 차례 경비를 획정하여 군부에

---

7 『軍部來文』(奎 17786) 제3책, 광무 2년 6월 21일.
8 『韓末近代法令資料集』「詔勅, 陸海軍 親摠에 관한 건」, 광무 2년 6월 29일.
9 『國譯 韓國誌』, 1984, 682쪽; 『韓末近代法令資料集』「詔勅, 陸軍增設과 海軍定制에 관한 건」, 광무 2년 7월 2일.

지급하면 당장의 어려움을 면할 수 있을 것으로 보았다.

현실에서 특히 군부의 경비 마련 문제는 탁지부의 재정형편이 넉넉해질 때까지 몇 년간은 우선적으로 궁내부에서 비용을 획정할 정도로 절박한 당면 과제로 대두되었다.[10] 당시 황실의 군비 확충 정책은 재정을 어떻게 마련하느냐에 따라 그 운용의 효율성도 기대될 수 있는 것이었으므로 군부 재정의 정리와 일원화가 필수 요건이었다. 이에 황실에서는 조칙을 내려 같은 해 11월 13일 군부 소관 역둔토(驛屯土) 및 어염선박(魚鹽船舶) 등의 세를 탁지부로 되돌리고 군비는 별도 예산을 편성하여 지급하라고 하였다.

또한 군제 개혁과 관련하여 그것을 주도할 지속적인 논의기구가 절대적으로 필요하였다. 따라서 1899년 1월부터는 군부 부장(副將)과 참장(參將)을 거친 사람들이 매월 3차례 정기적으로 모여 군무와 군제 개혁의 방향을 논의하였다.[11] 곧바로 2월의 군부 회의에서 제출된 사안은 ① 휴직사관을 수용하고 다시 액외(額外)인을 선용치 아니할 것, ② 전에 정지하였던 무관학도를 현재 설치한 학교에 붙여 졸업 수용할 것, ③ 동학(東學)과 의비(義匪; 의병) 초토 시 군공이 있는 사람을 수용할 것, ④ 군부 내에 교육국을 설치하고 매주 한 차례씩 각 위관(尉官)의 기예를 시험할 것 등이었다.[12] 특히 휴직사관을 다시 기용하는 문제는 갑오개혁 이전 인물의 등용이란 점에서 향후 정책방향의 선회를 예고하였다. 이에 따라 1902년까지도 군부에서는 과거 통위영·장어영 대관

10　장차 신설될 시위 제3대대의 설치 비용을 1899년 11월 궁내부 내장원에서 탁지부에 빌려주는 사례[『訓令照會存案』(奎 19143) 제4책, 광무 3년 11월 24일].
11　『皇城新聞』, 광무 3년 1월 27일.
12　『皇城新聞』, 광무 3년 2월 23일.

표 11 군부의 지방관 군사규정 시험 내용(1899)

날짜	관직(이름)	시험과목
6월 13일	고부군수 조규희(趙珪熙)	육군복무규칙 제4조
6월 14일	초산군수 이민긍(李敏兢)	군부처무규정 제24조
7월 6일	평해군수 홍일섭(洪馹燮) 동복군수 김영학(金永鶴) 고양군수 구본순(具本淳) 시흥군수 이병의(李丙儀)	군부관제 제10조 군부관제 제25조 군부관제 제10조 군부관제 제12조
7월 8일	청도군수 이건용(李建鎔) 신계군수 성석영(成奭永) 해남군수 마준영(馬駿榮) 대정군수 채구석(蔡龜錫)	군부관제 제11조 군부처무규정 제26조 군부관제 제8조 육군복장규칙 제6조
7월 12일	이천군수 이교영(李喬永) 강진군수 정인국(鄭寅國) 영덕군수 권종철(權鍾哲) 완도군수 신관희(申觀熙)	군부처무규정 제23조 군부관제 제22조 군부처무규정 제23조 군부관제 제7조
7월 15일	순천군수 이재현(李載現) 인천부윤 하상기(河相驥)	군부처무규정 제13조 군부관제 제12조

등 갑오년 이전 군인의 이력을 살피면서 추천을 받아 복직시키고 있었다.[13]

한편 군부에서는 의정부의 협조를 얻어 군부대신 서리 주석면의 주관 하에 1899년 6월 13일부터 각 군수와 부윤에게 군부의 규정 전반을 잘 이해하고 있는가를 알아보는 이른바 '면강순통(面講純通)'에 관한 시험을 실시하였다. 『군부래문(軍部來文)』 제6책에 나와 있는 각 군수·부윤 명단 및 이들에게 부과된 시험과목은 〈표 11〉과 같다.

대한제국이 성립되면서 황제의 절대권 확보와 관련하여 그 물리력으로 작용하는 강력한 군대 건설의 필요성은 황제뿐만 아니

13 『皇城新聞』, 광무 3년 3월 4일; 『皇城新聞』, 광무 6년 7월 9일.

라 정계 및 재야에서도 제기되었다. 1897년 11월 군부협판 주석면은 엄격한 군율(軍律) 제정, 무관학교(武官學校) 설립, 지방 진위대(鎭衛隊)의 증액과 탁지부로 하여금 1년 2차의 군부 경비를 지급하게 하고, 재능에 따른 인재 발탁 등을 주장하였다.¹⁴ 당시 독립협회에서도 기왕의 군제에 대한 비판과 자강을 위한 군사력 정비를 건의하였다.¹⁵ 이러한 군제 개혁에 대한 필요와 군사력 강화의 요구는 곧바로 황제 권력 강화를 바라는 황실의 입장과 결부되어 이후 광무연간의 군사정책이 추진되었다고 할 수 있다.

이러한 기초 작업을 통해 대한제국의 군대는 어느 정도 구색을 갖출 수 있게 되었다. 그러나 아직까지 체계적으로 완비된 것은 아니었다. 이 시기 군사문제 전반에 관해 무관 출신으로 군부협판을 역임한 육군참장 백성기는 1900년 4월 상소를 통해 당시까지 완성된 군대의 수준과 문제점을 언급하고 그 해결책을 제시하였다.

백성기는 ① 경외(京外) 각대의 규모를 균일하게 하여 명령체계를 일원화할 것, ② 군법을 시급히 제정하고 별도로 예식을 정해 군의 기강을 바로잡을 것, ③ 군사의 식량확보책으로 경(京) 각대 1년 향미조(餉米條)를 계산하여 삼남빈해(三南瀕海) 생곡(生穀)을 각 군에 분배하여 이를 비축 사용할 것, ④ 갑오 이전 구식군인의 휴직을 줄 것, ⑤ 군인 녹봉의 교정(校正)과 연금제 시행을 강화할 것, ⑥ 각처의 순찰병정은 일체 거두어 돌려보내고 친위 각대 병정 중 문필을 아는 자를 차출하여 헌병(憲兵)을 설치하고 군법국에 부속시킬 것, ⑦ 향관(餉官)의 일을 바르고 엄격하게 하여 군비(軍費)

---

14 『承政院日記』, 광무 원년 11월 6일.
15 『독립신문』, 건양 2년 2월 27일;『독립신문』, 건양 2년 6월 1일;『독립신문』, 광무 원년 9월 21일.

를 허비하지 말 것, ⑧ 군부 포공국(砲工局)에서는 탄환부터 일체를 제조하고 철을 제련하고 총을 만드는 일은 차제에 학습하여 스스로 제조하여 쓸 것, ⑨ 외국 직물을 수입하여 쓰지 말고 우리 면사(綿絲)로서 복장을 스스로 만들 것, ⑩ 정병주의(精兵主義)에 입각하여 증대(增隊)를 정지할 것 등을 주장하였다. 황제도 이와 같은 문제점을 수긍하면서 마땅히 원수부를 경유하고 조처할 것이라고 회답하였다.[16] 이와 같은 백성기의 견해는 대체로 수용되어 이후 일련의 군제 정비가 이루어지는 결과를 가져왔다.

상비군 설치 문제와 징병제 논의

대한제국 시기 군사정책에 있어 새로운 특징으로 대두될 수 있는 것은 병역제도의 개혁 문제이다. 황제는 상비적 군대를 육성할 필요성을 느끼고 있었고 그것은 징병제 실시에 관한 지대한 관심으로 표현되었다. 징병제 실시 문제는 일찍이 1894년 12월 12일(양 1895년 1월 7일) 일본의 강요에 의해 선언된 「홍범 14조」 중 제12조["장관(將官)을 교육하고 병(兵)을 징(徵)하는 법을 사용하여 군제(軍制)의 기초를 확정(確定)함이라"]에 명시되었다.[17]

대한제국 성립 이후 얼마 지나지 않은 시기인 1898년 8월 유학(幼學) 최승호(崔承鎬)는 상소를 통하여 정부의 무능을 질책하면서 '모든 천하의 백성으로 병사가 아닌 자 없다'라 하여 군주 전제권을

---

16 『高宗實錄』, 고종 37년 4월 17일.
17 『官報』1894년 12월 12일.

규정한 상황에서 상비(常備) 문제는 군부보다 오히려 정부에 책임이 있다고 하였다. 그는 "만약 혹은 상비라고 한다면 법부로 하여금 먼저 법령을 행하게 하고 다음에는 호패(戶牌)를 행하여 군적을 밝히면 상비병(常備兵)은 스스로 이루어지는 것입니다. 어찌 액수의 정함이 있겠습니까?"라면서 정부의 대민정책 여하에 따라 상비병 편제문제는 그다지 어렵지 않다고 제안하였다.[18]

그러나 상비군 설치 문제는 그의 견해와 같이 낙관적으로 전개될 수 있는 단순한 것만은 아니었다. 각 부서의 활동이 가장 활발한 기간이기도 한 1901년 8월 원수부에서 외국 위병법(衛兵法)에 따라 귀천빈부를 막론하고 18세 이상은 3년간 의무병역을 지게 하려다가 폐단이 많다는 이유로 시행하지 못하였다. 그 구체적 내용은 알 수 없지만 급작스런 시행책에 양반·관료계열에서는 아직까지도 신분제의 붕괴를 우려하였을 것이고, 농민이나 소상인 층에서는 생산활동에 지장이 있음을 주장하는 등 많은 반발이 예상되는 것임은 의심할 나위가 없다. 일반적으로 근대 국민국가 성립에서 중앙정권에 직속하는 상비군의 존재는 불가결한 것이지만, 일본의 경우 성립 당초 명치정부는 군사력을 결여한 그대로 세이난 웅번(西南雄藩)의 군사력에 의존했기 때문에 도쿠가와 막부 타도를 위한 보신전쟁(戊辰戰爭)과 그 후의 정치개혁을 수행하지 않으면 안 되었다.[19]

당시 일반에서는 의무병 제도를 통한 병역제도의 근대화에 대해 거부하는 입장이었고 기존 군역제의 틀에서 벗어나려는 노력

---

18 『高宗實錄』, 고종 35년 8월 10일.
19 由井正臣, 2009, 199쪽.

은 그다지 보이지 않았다. 따라서 징병제 논의는 일시 중단되는 듯하였다. 징병제 도입에 관한 주장은 1902년 11월 법부협판 이기동(李基東)에 의해 다시 제기되었다. 이기동은 매 결당 30량씩 추가로 세금을 징수하여 징병의 비용으로 삼아야 한다고 주장하였다. 그러나 수세 문제는 의정부 회의에서 원안이 가결되어 실시되었지만[20] 징병제 시행 문제는 더 이상의 발전이 없었다.

그러다가 1903년에 들어 징병제 문제가 다시 본격적으로 대두되었다. 징병제 실시 문제에 강한 애착을 가진 황제는 3월 각국 징병제의 장점과 우리의 법을 참고하여 향후 징병제를 실시하도록 하였다.

> 옛날에는 병농일치 … 토지를 겸병하기 시작하면 그 법이 폐하여졌으며 연혁이 무상하여 정제가 있지 않아서 늘 조발이 있게 되면 번번이 소요케 되며 또한 졸연히 초집하려면 마치 저자 사람들을 모으는 것 같으니 어떻게 그러한 병대(兵隊)를 쓸 수 있겠는가. … 짐은 국방에 유념한 지 오래인 바 각국 병제는 자못 옛것에 맞으며 그 상밀함은 오히려 더 나은 것이다. 육해군제는 참작하여 그 장점을 취하여 편오(編伍)를 정비하였거니와 또한 우리의 법을 참고하여 경외(京外)에 각자 부분이 있어 오위(五衛)에 소속시켜 실로 도총부(都總府) 구제를 준용하였으니 나라가 생긴 이래 일대 경장인 것이다.
> — 『韓末近代法令資料集』「詔勅 徵兵實施에 관한 건」, 광무 7년 3월 15일

---

20 왕현종, 1992, 118~119쪽.

곧바로 원수부에서 17세 이상 40세 이하의 장정을 선비·후비·예비·국민병으로 모집하는 내용의 「징병조례(徵兵條例)」를 반포하였다.21

그런데 「징병조례」는 1889년 개정된 일본의 「징병령」을 많이 차용한 것이었다. 메이지 유신 직후 일본은 1868년 윤4월 24일 「제번징병세목(諸藩徵兵細目)」에서 ① 복역 연한은 3년, ② 연령은 17세부터 35세까지의 건장한 자, ③ 당분간 총기 포단(蒲團) 등은 지참하고 군복·월급·식량은 정부가 지급하는 규정을 만들었고, 1869년 2월 각 번에 「상비편대규칙(常備編隊規則)」을 하달하여 각 번에는 1개 소대의 상비병을 두고, 60명을 1소대, 2소대를 1중대, 5중대를 1대대로 하는 프랑스식 육군 편성 방법을 지시하였다. 같은 해 11월 13일 「징병규칙(徵兵規則)」을 제정하여 '사족졸(士族卒)'의 구 무사층뿐 아니라 '서인(庶人)' 즉, 농공상 인민 등도 모집하여 신분제 개혁을 내포하는 군대를 창출하였다. 1870년 6월 25일 폐번치현(廢藩置縣) 직후에는 병부성 관제를 개혁하여 병부경이 군정과 군령 사항을 모두 관장하는 '군정(軍政)·군령(軍令) 일원주의'를 관철하였다. 이어 1871년 11월 28일에 「전국징병(全國徵兵)의 조(詔)」 및 「태정관유고(太政官諭告)」를 발표하였고, 1872년 1월 10일 「징병령(徵兵令)」을 공포함으로써 근대 군제의 궤도에 오르게 되었다.22

「징병령」은 이후 1889년 1월 22일, 법률 제1호로 개정되었다. 그 핵심 조항은 "제1조 일본국 신민으로 만 17세부터 만 40세의

---

21 『皇城新聞』, 광무 7년 3월 18일.
22 일본 징병제의 정착 과정에 대해서는 由井正臣, 2009, 201~222쪽 참고.

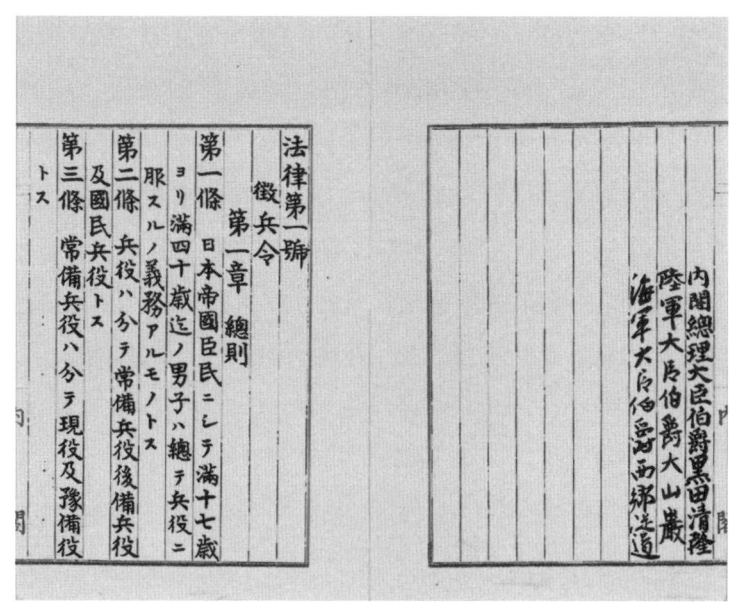

일본 개정 「징병령」(1889)

남자는 모두 병역의 의무를 가진다. 제2조 병역은 상비병역·후비병역·보충병역 및 국민병역으로 나눈다. 제3조 상비병역은 현역과 예비역으로 나눈다. 현역은 육군 3년, 해군은 4년으로 만 20세에 이른 자가 복무하고, 예비역은 육군은 4년 4개월, 해군은 3년으로 현역을 마친 자가 복무한다. 제4조 후비병역은 육군은 10년, 해군은 5년으로 상비병역을 마친 자가 복무한다. 제5조 보충병역은 육군은 12년 4개월, 해군은 1년으로 그 해 소요되는 현역병원을 초과하는 자 중 소요 인원이 복무한다. 제6조 국민병역은 제1국민병역과 제2국민병역으로 나눈다"로 되어 있다.[23]

23 『改正 徵兵規例集』, 1920, 2~4쪽.

그렇지만 대한제국의「징병조례」는 구체적인 시행 항목이 마련되어 있지 않았다. 군사비가 증강되었음에도 불구하고 다수의 상비군을 양성할 만큼 재정적 여유는 없었고, 이에 투여할 예산 또한 확보된 상태에서 추진된 것이 아니었기 때문에 현실적으로 수용되기 어려웠다. 결국 그해 12월이 되도록 징병제도는 실시되지 않았다. 황제 또한 문제를 시인하고 조칙에서 "징병제도는 아직도 겨를치 못하였으니" [24]라 하여 아쉬움을 표하였다.

징병제를 통한 상비적 군주제 군대의 설치 문제는 근대화 과정에 있어서 매우 중요한 것이었다. 이 시기 많은 제국주의 국가들은 이를 통하여 우선 자국의 국방을 공고히 하고 나아가 식민지 경략에 치중할 수 있었다. 상비군 제도가 어느 정도 이루어져야만 근대국가를 달성하는 데 있어서 명실상부한 물리적 기반을 갖출 수 있기 때문이었다.

그러나 곧바로 이듬해인 1904년 초 러일전쟁이 전개되자 대한제국은 그 와중에 휩싸이게 되었다. 또한 전쟁에서 일본이 승리하고 이후 식민지화 정책을 노골적으로 추진함에 따라 상비군을 설치하여 강병을 통한 자주적 국방을 이룩하는 한편, 이를 통한 대한제국이 세계 여러 나라에 명실상부한 '제국'으로서의 존재와 그 힘을 과시할 수 있는 문제는 미해결 과제로 남게 되었다.

대한제국 시기 해양 방위나 수군 문제는 흥선대원군 집권 시절의 그것에도 미치지 못하였다. 따라서 어느 한 제국주의 국가가 침입해 온다면 또 다른 국가의 힘을 빌리지 않고서는 이를 방어하기에는 현실적으로 어려울 정도였다.

---

24 『官報』, 광무 7년 12월 13일;『皇城新聞』, 광무 7년 12월 15일.

해군 육성에 대해서는 1897년 『독립신문』 논설에서 주장된 바 있다. 즉, "죠션은 셰계 만국이 오날늘 독립국으로 승인ᄒ여 주어 죠션 사름이 엇던 나라의게 죠션을 ᄎ지ᄒ라고 빌지몬 아니ᄒ면 ᄎ지홀 나라이 업슬지라. 그런고로 죠션셔는 해륙군을 만히 길너 외국이 침범ᄒᄂ 거슬 막을 ᄭᆰ도 업고 다몬 국즁에 해륙군이 죠곰 잇셔 동학이나 의병ᄀᆺᄒ 토비나 간정식힐몬 ᄒ얏스면 넉넉홀지라"²⁵는 구절이 있다.

황제도 1898년 6월 29일 각국 대원수 예에 따라 직접 육군과 해군을 통솔할 것을 천명하고,²⁶ 이에 7월 2일 조령에서 육군과 해군의 운용원칙을 강구할 것을 지시하였다.

국가(國家)가 사전에 방비를 철저히 하는 것이 제일 급선무이다. 어느 때인들 그렇지 않겠는가마는 오늘에 있어서는 더욱더 그러하다. 때문에 지난번에 육군과 해군을 직접 통솔하겠다고 조칙(詔勅)을 내렸다. 군사의 위력은 수가 많은 데 있는 것이 아니라 어떻게 양성하고 교련하고 운용하는가에 달려 있다. 그러나 많고 적은 상태에 대해서도 살피지 않을 수 없다. 육군은 10개 대대(大隊)에 한하여 우선 증설(增設)하고, 그 경비는 탁지부(度支部)의 재용(財用)이 넉넉해지기 전까지 몇 년 동안은 마땅히 궁내부(宮內府)에서 조치하여 획급해 내려야 할 것이다. 해군은 아직도 정해진 제도가 없는데 비록 미처 겨를이 없어서 그렇다 하더라도 이는 너무 소홀히 하는 것이다. 상비(常備)해야 할 인원과 편제(編制)하는 방법, 그리고 이들을 지원할 계책을 군부(軍部)에서 충분

25 『독립신문』, 광무 원년 5월 25일.
26 『高宗實錄』, 고종 35년 2년 6월 29일.

히 의논하여 미리 운용해 나갈 원칙을 강구하도록 하라

-『高宗實錄』, 고종 35년 7월 2일

그러나 이후 별다른 후속조치가 따르지 않았다. 1901년 4월에는 원수부에서 각 부(府)·부(部)·원(院) 소속 칙임관의 가족과 친척 4촌을 단자(單子)를 올려 사실을 확인하여 응시하게 한 후 100명을 뽑아 외국 해군학교에 유학을 보내려 했으나, 재정 부족으로 일시 정지한 사실만이 확인될 뿐이다.[27]

1903년 3월 15일 황제는 각국의 징병제 문제를 언급하면서 그들의 육군과 해군 제도를 참작하여 장점을 채택하여 일대 경장(更張)을 하자는 원론적인 주장을 제기하였다.[28] 더 나아가 그 해 7월에는 군부대신 윤웅렬(尹雄烈)의 주관 아래 일본 미츠이물산(三井物産)으로부터 3천여 톤 규모의 군함 양무호(揚武號)를 구입하는 한편, 1895년에 폐지되었던 해군영(海軍營)과 통제영(統制營)을 고쳐 해군을 창설하고자 하였다. 윤웅렬은, "지금은 천하 각국이 서로 관계를 가지며 경쟁하고 있으므로 해군(海軍)과 전함(戰艦)이 제압을 하고 방어를 하는 좋은 계책이라고 여기지 않는 나라가 없습니다. 그런데 당당한 우리 대한제국은 삼면이 바다인데도 한 명의 해군과 한 척의 군함도 없어 오랫동안 이웃 나라에게 한심스럽다는 빈축을 사고 있으니 무엇이 이보다 수치스러운 것이 있겠습니까?"[29] 라고 하며 해군 창설을 강조하였다.

그러나 광무연간의 양무호 구입은 국방 강화 차원이라기보다

27 『皇城新聞』, 광무 5년 4월 6일;『皇城新聞』, 광무 5년 4월 26일.
28 『韓末近代法令資料集』「詔勅 徵兵實施에 관한 건」, 광무 7년 3월 15일.
29 『高宗實錄』, 고종 40년 7월 29일.

는 재정 파탄을 노린 일본의 간계와 대한제국 위정자들의 허세가 결부된 일종의 해프닝이었다.[30] 1차분 대금만 20만 원이라는 거금을 지불하면서 추진된 양무호는 일본이 영국에서 구입한 강철 선박을 순양함 또는 연습함 목적으로 변경시키기 위해 선체와 선구를 군용에 알맞도록 '적당히 무장'한 것에 지나지 않았다.[31] 또한 해군 기예에 통달한 자가 한 명도 없었던 현실에서 해군 창설의 구체적 계획안도 마련되지 않았다.

같은 해 8월 7일 의정부 회의 결과 양성해 놓은 병졸도 없고 경비도 구차한 마당에 해군을 설치한다는 것은 매우 타당치 않다는 결론을 보았고, 군함 구입은 군부로 하여금 따로 방략을 세워 조치하자는 의견을 황제에게 제시하여 윤허를 받았다.[32] 후일 1904년 7월 의정부 찬정 권중현(權重顯)도 1903년 12월 군부에서 구입한 총과 탄알을 만들기 위한 기계와 군함 '양무호'의 문제를 언급하면서, 경비가 고갈되고 경상적인 지출도 어려움을 겪고 있는 시기에 거액을 소비하는 것에 대한 문제를 제기하였다. 그러나 러일전쟁 과정에서 이러한 내용은 묻히고 결국 근대적 군함 마련과 해군 창설 계획도 유야무야되었다.

---

30 張學根, 1985, 118쪽.
31 『駐韓日本公使館記錄』「5월 27일 현재 韓國軍部와의 軍艦契約에 관한 교섭전말 통보 건」, 1903년 5월 27일.
32 『高宗實錄』, 고종 40년 8월 7일.

원수부의 설치와 기능 강화

치안 강화를 통한 황권 확보

대한제국 초기 당시의 정치·사회적 불안은 황제가 군의 인사권과 군령권에 강력한 힘을 발휘할 수 없었던 요인이 되었다. 그러나 1898년 12월 경찰과 군사력의 동원에 의해 독립협회와 만민공동회를 해체시킴으로써 황실과 정부정책에 대한 견제세력을 제어하는 데 성공한 이후부터 절대주의 국가에서 볼 수 있는 황제 중심의 강력한 군대 육성의 움직임은 전면에 대두되었다. 그 일환으로 과거 군부대신이 가지고 있었던 권한을 대폭 축소시키면서 이들에게 군령권보다는 일반 사무행정의 권한을 주었고 군령권을 황제에게 귀속시켜 칙령이나 조칙을 통하지 않고서는 어느 누구도 명령을 발할 수 없게 하였다. 그것의 구체적인 표상은 1899년 7월 원수부(元帥府)의 설치로 나타난다.[33]

1899년 6월 22일 조칙으로 제정된 「원수부규칙(元帥府規則)」

---

33 원수부의 기능과 구성에 관한 개략적인 이해는 鄭夏明(1975) 참고.

은 황제 직할의 계통적인 군통수권 확립의 일환이었다. 그중 특징적인 것은 다음과 같다.34 먼저 원수부는 국방·용병·군사에 관한 명령을 전관하며 군부와 중앙과 지방의 각 부대를 지휘 감독할 수 있는 조항을 두어 황제가 강력한 권한을 소유할 수 있도록 하였다. 그리고 궁성 내 설치한 원수부의 관원은 모두 무관으

대원수보(大元帥寶) 우표(2017년)

로 선임하도록 하고 문관은 원수부 구성원이 될 수 없다고 명문화하였다. 「원수부규칙」에 의하면 원수부는 국방 및 작전 계획·군대 편성·군대 교육·부대 검열·군인 상벌·존안·회계 등에 걸치는 광범위한 기능을 가졌다. 체계는 군무국·검사국·회계국·기록국의 4국을 두고, 각 국장은 칙명을 받아 각부 대신에게 지조통보(知照通報)하고 중앙 및 지방 각 부대에 명령할 수 있는 권한을 가졌고 군부대신에게는 추후 통보하도록 규정하였다. 이에 따라 종래 군령사항을 관장하던 군부의 군무국은 폐지되고 군부에는 포공·경리·군법·의무의 4국만 존치하게 되었다.

　황궁 안에 설치된 원수부의 핵심 부서는 군무국과 검사국이었다. 군무국의 주요 사무는 군사에 관한 조칙과 공문을 군부와 중앙 및 지방 각 부대에 발포하는 것과 국방과 용병 및 평시와 전

34　『韓末近代法令資料集』「元帥府規則」, 광무 3년 6월 22일.

시의 군대 편성, 전투 준비와 군비(軍備) 지급, 육군대학교와 육해(陸海) 측량, 군부와 중앙 및 지방 각 부대의 일기와 보고를 접수하여 개략을 초록(抄錄)하여 황제에게 아뢰는 사항 등이었다. 검사국의 주요 사무는 군사에 관한 상사(賞賜)와 승서(陞敍) 및 징계, 각 군사학교의 교육, 중앙과 지방 각 부대 소속 장교의 근만(勤慢)을 심사하는 것이었다. 또한 원수부의 군대 교육의 감독 기능이 강화됨에 따라 검사국에서는 매일 시위대에 속한 장교 중 1인을 위임하여 궁성호위병과 중앙 및 지방 각 부대를 시찰하게 하고 심사보고서를 원수인 황태자를 경유한 후 대원수인 황제에게 보고하였다. 이후 원수부에서는 각 진위대를 시찰하여 영·위관의 근무 태도, 병정 수, 군물 파손, 군근전(軍根田) 조사, 군민(軍民) 사이의 분쟁, 지출장부 조사 등을 행하였다. 기록국은 군사 관련 조칙과 문부 및 도서의 보존 등이 주요 임무였고, 회계국은 경비와 예산 및 결산, 회계와 심사, 인가 등에 관한 사항을 관장하였다. 각국 국장들은 장관(將官)급으로 임명하였지만, 기록국과 회계국의 경우 인원이 부족하면 영관(領官)으로도 둘 수 있다는 조항을 병기하였다. 이와 같이 원수부의 권한과 기능이 강화된 반면 상대적으로 군부의 권한은 대폭 축소되었다.

  1900년 3월 20일 원수부관제가 다시 개정되면서 원수부의 기능은 이후 더욱 강화되는 추세였다. 각 국장의 칭호가 총장(摠長)으로 격상되었고, 민영환·이학균·조동윤·이종건·백성기·이도재·민병석·윤웅렬·신기선 등 대한제국 시기 정계의 실력자이자 황제의 측근세력들이 총장으로 임명되었다. 총장이 된 이들은 의정부에 제의할 사항이 있으면 직접 의정대신(議政大臣)에게 청의할 수 있었으며 칙지(勅旨)를 받아 각부 대신에게 지령(指令)

할 수 있었다. 이는 정부 부서의 기능보다 황제의 의지를 중시하는 것으로 원수부는 각 부에 우선하는 것이므로 정부회의를 거칠 필요 없이 독자적인 집행구조를 가질 수 있게 된 것이다. 또한 총장은 경무사·관찰사·한성부재판소 및 각 재판소 판사 이하에게는 훈령이나 지령을 할 수 있었다. 지방관에 대한 명령 지휘 계통도 '원수부→군부→관찰사→군수'의 순서로 이루어지게 되었다.[35] 이처럼 황제 친위세력으로서의 원수부의 위상은 일반적인 행정관부의 범위를 넘어서는 독자적인 것이었다.

같은 해 6월 30일에는 군사경찰·행정경찰·사법경찰의 임무를 담당할 육군헌병사령부가 창설되어 원수부에 예속되었고, 9월 다시 군부관제를 개정하여 군법국과 의무국을 폐지하고 포공국과 경리국만 잔존시켰다. 대신관방의 임무도 축소시켜 외국과 외국유학생에 관한 사항만 관장하도록 규정하였다. 1899년 8월의「군부관제」당시는 병적 및 인사임명권이 군부에 있었고 무관이 주로 관방장이 되었는 데 반해, 이제는 문관으로만 임명하여 군부를 무력화시키고 원수부를 주축으로 군령을 대행하게 하였다. 군부는 군정사항만 관장하였다. '관제'에서는 군부대신은 군수 및 군물에 관한 사무를 관리하고 군대의 각 해사(廨舍)를 관장하는 임무를 담당하였으며 문관으로도 임명할 수 있도록 하였다. 따라서 원수부의 총장을 겸직하지 않는 한 군부대신의 권리는 약해질 수밖에 없었다.

1901년 4월 원수부에서는 다시 관제를 개정하였다. 그 중요 골자는 첫째, 원수부에 순열(巡閱)을 두어 순열로 하여금 각 군대의

---

[35] 『各司謄錄 37卷 -平安道編 9-』「非章訓學存案」제2책, 광무 5년 2월 24일, 357쪽.

군기와 복무 태도, 교육의 조정(精粗), 급량 등을 시찰·감독하게 하고 둘째, 순열사 및 부사(副使)는 원수부 각국 총장 혹 육군 장관(將官)으로 위임하고 결과를 대원수 폐하께 품주하도록 하고 셋째, 순열사 및 부사는 시찰·감독 후 그 의견을 각 단대장(團隊長)에게 훈시하고 넷째, 품주(稟奏)된 안건 중 필요한 사항은 순열사 및 부사가 각국 총장 및 군부대신에게 조회하는 것이었다.36

대외자주성 표방

이 시기 원수부의 특징적인 활동을 살펴보면 다음 〈표 12〉와 같다.
 원수부의 활동은 대한제국의 황제권 강화와 맞물려 내부적으로는 치안 강화를 통한 황권 확보에 진력하는 모습을 보이면서 대외적 입장에서도 일정하게 자주성을 견지하고 있었다.
 그것은 다음과 같은 몇 가지 사례를 살펴보면 어느 정도 짐작할 수 있다. 첫 번째 사례는 1901년 6월 3일 일본 공사 하야시 곤스케(林權助)의 항의를 받은 외부대신이 원수부 군무국총장에게 다시 조회한 내용이다. 조회에서 외부대신 박제순(朴齊純)은 경상도 밀양(密陽)-물금(勿禁) 간 전신 감리병 일본인 이토오(伊東) 상등병과 인부 하라 오카(原岡)가 강도를 만나 부상을 입은 사건에 '외국인 보호는 우리 정부의 책임'이라면서 이러한 심히 놀라운 사건에 지방대를 파견하여 초멸하게 하자고 하였다. 이에 원수부에서는 밀양 부근에는 초병이 있으니 마땅히 토벌하겠으나

36 『元帥府來文』(奎 17783) 제4책, 광무 5년 4월 18일.

표 12 원수부의 특징적 활동

날짜	내용	출전
1899. 9. 2	기병 1개 대대를 설치하고 말 600필을 구입하는 문제를 논의.	皇
1900. 10. 19	경상도 진주관찰부에서 내부로 전보하여 의령·창령·단성·함양 등에 '적경(賊警)'이 크게 일어나 원수부에 조회하여 병정을 파견할 것을 청함.	제
1900. 11. 12	군무국에서 전 남소영(南小營) 앞에 장충단(獎忠壇)을 세우고 갑오년 이후 전망사졸(戰亡士卒)을 제사.	季
1900. 12. 3	원수부의 주청에 따라 일본 유학 중인 참위 노백린 등 18명의 귀국을 명함.	官
1901. 4. 6	칙임관의 족·척 4촌 중 100여 명을 뽑아 외국 해군학교에 유학시키고자 하였으나 재력 부족으로 임시 정지.	皇
1901. 4. 27	『한청아노정기책(韓淸俄路程記冊)』을 인쇄하여 각 부부원(府部院)에 송부.	皇
1901. 6. 4	훈련원을 수리하여 육군중학교를 설치하고자 함.	皇
1901. 8. 26	의무병역제 시행을 기획.	皇
1901. 11. 19	월남[安南]의 사이공 말[西貢馬] 300필을 구입.	皇
1901. 12. 11	육군병원을 건축하고 군의관제를 제정.	皇
1901. 12. 11	이전 군부에서 각국 공사관 한국인 고용인 등을 위해 발행하던 야행목패(夜行木牌)를 원수부에서 발급.	元
1902. 11. 8	야전포·군마를 외국에서 주문 구입 차 10여만 원의 거액을 탁지부로 하여금 지불하도록 함.	皇
1903. 3. 18	징병조례 반포.	皇
1903. 8. 6	상병(商兵) 편제를 발표하여 보부상 등 상인 8천 명을 모집하여 8개 대대로 편성.	皇

* 皇: 『皇城新聞』, 제: 『제국신문』, 季: 『大韓季年史』, 官: 『官報』, 元: 『元帥府來去案』.

지방경찰이 이 일과 관계된 까닭에 직접 경부(警部)에 조청(照請)하여 조처하는 것이 타당하다고 답하였다.[37] 또한 같은 달 1일 흉기를 휴대한 '적(賊)' 30명이 창원의 구룡산(九龍山)에 있는 일

37 『元帥府來去案』(奎 17809) 제2책, 광무 5년 6월 7일.

본인 마키 켄조(馬木健三)의 구리 광산에 난입하여 마키와 일본인 갱부 2명에게 중상을 입히고 금품 1,100원을 강탈한 사건에도 같은 방식으로 조회가 오자 원수부는 경부로 하여금 조처하게 하라고 회답하였다.[38] 당시 활빈당(活貧黨) 등 지방의 각종 치안 사건에 적극 대처하고 있었던 것에 비하면 외국인과 한국인 사이에서 분쟁이 생길 때 외국의 입장을 반영하려 하지 않았고 또한 그것에 개입하지 않고자 하는 등 원수부의 적극적 태도는 외부(外部)의 대외 의존적 입장과는 일정하게 차이를 보였다.

뿐만 아니라 때로는 외국인의 불법행위에 단호히 대처하기도 하였다. 1902년 6월 22일 평남영(平南營) 입직(入直) 파수병정이 미국 공사관 후원의 울타리를 부수었다면서 미국인 몇 명이 졸지에 영에 돌입하여 병정을 무수히 난타한 일이 있었다. 이에 원수부에서는 검사국총장 명의로 조사한 결과 이는 사실무근이라 하면서 외부로 하여금 미국 공사관에 조회하여 불법행위를 저지른 미국인들을 징계하라고 강력히 요청한 사실이 있었다.[39] 또한 일본 상인의 도성 내외의 불법행위에 대해서 강력히 제어하였다. 같은 해 12월에는 서대문 수비병이 빙표(憑標: 신원증명서) 없이 홍삼 22타(駄)를 싣고 도성으로 들어오는 일본 상인 기다사토 코우헤이(北里好平)의 물건을 압류하는 사건이 일어났다. 이에 대해 일본 공사가 외부대신 조병식을 경유해서 원수부에 조회하여, "병정이 행정사무에 간섭함은 매우 위험하다. 병정이 평시에 행정사무에 간섭하는 것은 각국 모두 그 선례가 없는 것인즉 매우

38　『元帥府來去案』(奎 17809) 제2책, 광무 5년 6월 18일.
39　『元帥府來去案』(奎 17809) 제3책, 광무 6년 7월 2일.

기괴한 일이다. 귀국은 이미 경찰을 설립하여 이에 관한 행정사무를 담당하고 있는 바, 병정으로 하여금 직책 이외의 활동으로 도량(跳梁)하는 것은 실로 소양과 경험이 없는 것이다. … 귀 정부는 평시에 병력을 사용하는 것을 계속하고 고치지 않는다면 우리 정부도 부득이 평시에 병력을 사용하지 않을 수 없고 그 책임은 마땅히 귀 정부에 있다"라고 엄포하면서 경찰권이 있는 데도 불구하고 군대가 이를 대신한다고 강한 반발을 보였다. 이에 원수부에서는 군무국총장 심상훈(沈相薰)의 명의로 서울 부근 도로 통행자는 내외국인을 막론하고 반드시 빙표를 휴대해야 하는 규정이 있음에도 불구하고 한 사람도 휴대하는 자가 없이 통행하려 하자 파수병정이 당연히 규정에 따라 막은 것일 뿐이라 일축하였다.[40]

이처럼 원수부 설치 이후 외국인의 불법행위에 대처하는 양상은 과거 개항 이후부터 이 시기에 이르기까지 보이던 것과는 판연 다른 형태를 띠었다. 이는 대한제국이 출범 초기부터 대외 자주성을 일정하게 표방하고 그러한 상징적 작업을 계속 추진해왔던 것과도 무관하지 않은 것이었다.[41]

---

40 『元帥府來去案』(奎 17809) 제3책, 광무 6년 12월 25일.
41 그 대표적인 사례가 광무 2년 11월 「의뢰외국치손국체자처단례(依賴外國致損國體者處斷例)」인데, 친러인사 김홍륙을 처형한 후 법률 제2호로 제정한 것이다.

군사조직 확대 및 개편

중앙군의 증강과 편제

1895년 이후 중앙에는 시위대(侍衛隊)·친위대(親衛隊)·호위대(扈衛隊) 등이 있었고 지방에는 지방대(地方隊)와 진위대(鎭衛隊)가 설치되기 시작하였다. 군제 개편과 연관하여 중앙군과 지방군의 개편도 상당 부분 진행되었다. 왕실이 있는 서울에는 도성 경비와 궁중 숙위를 위하여 시위대와 친위대가 개편 증강되었다. 특히 군권(軍權) 강화의 움직임은 중앙과 지방의 군사조직 확대를 통해서 나타났다.

시위대

1895년 윤 5월 25일 군부대신의 감독을 받아 도성 경비와 궁궐 수비를 전담하기 위해 연대급 2개 대대로 시위대가 편성되었고 군부대신이 이를 지휘하였다. 시위대 간부는 연대장 1명(부령), 대대장 2명(참령), 부관 2명(부위), 향관 2명(정위), 중대장 4명(정위), 소대장 14명(부참위)으로 구성되었다. 편제는 2개 대대

시위대 병사들

이며, 각 대대에는 2개 중대, 각 중대에는 3개 소대를 두었다. 시위대 영·위관 및 병졸의 급료는 훈련대에 준하여 지급되었다.[42] 1896년 시위대의 예산은 139,604,431원이었다. 1895년 8월 왕후 살해 사건 때 훈련대와의 충돌을 이유로 8월 22일 한때 훈련대에 강제 편입되었던 시위대는 아관파천 이후 1897년 3월 16일 조칙에 의해 친위 1·2·4·5대에서 선발한 정예병사를 훈련시켜 1개 대대급 규모로 다시 창설되었다. 이때 군부에서는 편제를, 탁지부에서는 예산을 마련하였다. 같은 해 9월 30일 시위대는 기존 1개 대대(제1대대)와 새로 선발한 병사를 1개 대대(제2대대)로

---

[42] 『韓末近代法令資料集』「勅令, 侍衛隊 新設에 關한 件」, 고종 32년 윤 5월 25일; 『韓末近代法令資料集』「勅令, 侍衛隊 給料에 關한 件」, 고종 32년 윤 5월 25일.

모두 2개 대대로 증편하였다. 시위대는 대한제국이 성립된 이후인 1898년 5월 27일 기존의 2개 대대에 1개 대대를 추가하여 총 3개 대대 규모의 시위연대로 확대 편제되었다.

당시 시위연대 산하 각 대대 및 중대의 직제는 자료상 확인할 수 없지만 같은 해 7월 2일 칙령 제 22호에 "시위대의 예에 따라 친위 각대 편제를 마련하고 직원과 병액을 다음과 같이 한다"[43]는 내용으로 보아 시위대대와 중대 이하의 편제는 친위대와 유사하게 이루어졌음이 명백하다.

같은 날 시위대는 보병 중 1개 중대를 차출하여 포병(砲兵)을 설치하였다. 이때 처음 설치된 포병은 참령(포병대장) 1명, 정위(중대장) 1명, 부참위(소대장) 4명, 정교 2명, 부교 5명, 참교 8명, 병졸 185명으로 구성되었는데, 처음 설치 시에는 당분간 군부 포공과장의 지휘를 받도록 하였다. 포병이 다루는 화기는 회선포(回旋砲)와 크루프[Krupp; 克盧伯]였고, 이들 부대는 시위 제1연대에 부속시켰다.[44] 시위연대 소속의 포병은 1900년 12월 19일 2개 대대로 증설 개편하였는데,[45] 포병 1개 대대는 산포(山砲) 2개 중대, 야포(野砲) 1개 중대, 총 3개 중대로, 1개 중대는 3개 소대로 편성하였다.

1899년 8월 시위기병 1개 대대를 편제하라는 칙령에 의해 원수부 군무국장 조동윤은 그해 11월 총 424명의 인원을 갖춘 시위기병 1대대를 구성하여 보고하였다.[46]

---

43 『韓末近代法令資料集』「勅令 제22호, 親衛 各隊 編制 改正」, 광무 2년 7월 2일.
44 『韓末近代法令資料集』「勅令 제23호, 砲兵擧行事」, 광무 2년 7월 2일.
45 『韓末近代法令資料集』「勅令 제56호, 砲兵大隊를 設置하는 件」, 광무 4년 12월 9일.
46 『韓末近代法令資料集』「奏本, 侍衛騎兵大隊 職員表」, 광무 3년 11월 3일.

한편 군악대는 1900년 12월 2개 대로 편성되어 1개 대는 시위연대에, 1개 대는 시위기병대에 부속시켰다. 설치 직후 당분간 군악대장은 정위 혹은 부위로 임명하도록 하였다.[47] 2개 대의 총 인원은 102명이었다. 2개 대로 편성된 군악대는 이후 1904년 3월 시위 제1연대 부속의 1개 중대 2개 소대 규모로 재편되었으며 인원은 총 104명으로 구성하였다.[48]

1900년 9월 경 서울의 병정 수효는 친위대 3천 명, 시위대 2천 명, 평양병 1천 명, 포병대 4백 명, 마병(馬兵) 1백 명이었다고 한다.[49]

황제의 칙령을 받은 원수부에서 1902년 10월 19일 시위대에 1개 대대를 추가로 설치하여 시위 제1대대와 제2대대는 시위 제1연대로, 시위 제3대대와 추가 설치된 1개 대대는 시위 제2연대로 하여 총 2개 연대 규모를 갖출 수 있었다.[50]

친위대

대한제국 시기 친위대도 더욱 증강되는 모습을 보인다. 일찍이 1895년 9월 13일 시위대와 친위대를 증설하고 편제를 마련하라는 「육군편제강령(陸軍編制綱領)」에 따라 왕궁 숙위를 주요 업무로 설치된 친위대는 그해 10월 6일 4개 대대 884명의 대대 편제

---

[47] 『韓末近代法令資料集』「勅令 제59호, 軍樂隊를 設置하는 件」, 광무 4년 12월 19일.
[48] 『韓末近代法令資料集』「勅令 제6호, 軍樂 1個 中隊를 設置하는 件」, 광무 8년 3월 12일.
[49] 『제국신문』, 광무 4년 9월 19일.
[50] 『韓末近代法令資料集』「勅令 제16호, 侍衛聯隊, 親衛聯隊를 다시 編制하는 件」, 광무 6년 10월 19일.

를 갖추었고, 이어 1896년 3월 4일 5개 대대로 증설하였다.[51] 친위대는 1897년 7월 각 대의 편제를 마련하고, 그해 9월에는 기존의 친위 제1대와 제4대 양 대를 합하여 친위 제1대대로, 친위 제2대와 제5대 양 대를 합하여 친위 제2대대로 정리하였다. 다시 1898년 7월 1개 대대 1,029명으로 하는 3개 대대 총 3천여 명으로 친위연대가 편성되었다.[52]

친위대는 1896년 1월과 6월 공병대와 친위기병대를, 1900년 12월에는 치중병대를 산하에 부속시켰다. 먼저 공병대는 1896년 1월 27일 친위대 증편 시 친위 제3대대 구성원을 중심으로 설립하기로 된 것으로, 친위 제3대대는 공병대로 편성하고 잉여 인원은 친위 각 대대에 보충하게 하되 그 세칙은 군부대신이 정하기로 하였다. 그 후속조치로 군부에서 그해 2월 1일 공병대 영위관은 보직 순서에 따라 점차로 친위대의 보결에 충당하고, 공병대 하사 병졸은 신체검사를 시행하여 합격자는 추첨으로 재차 선발하여 친위대에 보결하고 나머지는 예비 징병으로 후일 보충을 기다리게 하였다.[53] 그러나 공병대는 곧바로 설치되지 않았고, 1900년 12월에 가서 1개 중대, 3개 소대 규모의 공병대가 처음 설치되어 친위연대에 부속되었다.

군부에서는 1896년 6월 8일 그간의 마병대를 폐지하고 친위대 산하에 친위기병대 1개 중대를 설치하는 법령을 마련하였다.[54]

---

51 『韓末近代法令資料集』「勅令 제15호, 親衛隊 2大隊 增設에 관한 件」, 건양 원년 3월 4일.
52 『韓末近代法令資料集』「勅令 제22호, 親衛 各隊 編制 改正」, 광무 2년 7월 2일.
53 『韓末近代法令資料集』「軍部令 제1호, 工兵隊 處分規則」, 건양 원년 2월 1일.
54 『韓末近代法令資料集』「勅令 제24호, 馬兵隊를 폐지하고 親衛騎兵隊를 設置하는 件」, 건양 원년 6월 8일.

대한제국 황실 근위병(1898)

같은 날 기존의 마병대원 중에서 치중마병(輜重馬兵) 1백 명을 선발하여 군부 마정과(馬政課)가 관할하여 각 군대에 운수사역을 편하게 하였는데, 치중마병에 하사 2인(부교 1인, 참교 1인)을 두고 지휘 단속하였으며 치중마병의 급료는 이전 마병대의 예에 따라 지급하도록 하였다.[55] 그러나 공병대와 마찬가지로 치중병대(輜重兵隊) 역시 곧바로 설립되지 않고 1900년 12월 19일 공병대 설치 당일 1개 중대, 3개 소대로 설치되어 친위연대에 부속되었다.

55 『韓末近代法令資料集』「勅令 제25호, 輜重馬兵을 設置하는 件」, 건양 원년 6월 8일.

대한제국 친위대 군기

이후 군사력 증강의 일환으로 원수부는 1902년 8월 시위·친위 양 연대를 1개 여단으로 편성하고 이근택을 여단장에 임명하였다.[56] 친위대는 다시 개편되어 그해 9월 1개 대대가 증치되었고, 10월 30일 친위 제1대대와 제2대대를 친위 제1연대로, 친위 제3대대와 추가 설치된 1개 대대는 친위 제2연대로 하여 총 2개 연대 규모를 갖추었다. 이날 시위대와 친위대는 각 1개 여단 및 2개 연대, 도합 4개 연대로 편제와 인원이 강화되었다.[57]

호위대

한편 황제 주변과 거둥시의 호위 문제는 호위대(扈衛隊)가 담당

---

56 『皇城新聞』, 광무 6년 8월 27일.
57 앞의 각주 50) 참조.

하였다. 1897년 9월에 가면 갑오개혁 시기에 해체된 공병대원을 뽑아 호위군(扈衛軍)이라 칭하였다.[58] 시종원 산하의 호위군의 경비는 군부의 역도전(驛賭錢)과 농상공부의 포사세(庖肆稅)로 마련하였다.[59] 호위군은 11월 총 632명의 정원과 4만 6천 원의 경비 예산을 가진 호위대로 편제를 갖추었으며 호위대총관은 군부대신 이종건이 겸임하였다. 1898년 12월 호위대 경비는 군부 산하 각대 예에 의거하여 마련하도록 하였다. 경비 마련을 위해 1899년 이후 10월 황해도 해주군·재령군·평산군에 걸친 철현(鐵峴) 둔전(屯田)에서 나오는 지세(地稅)와 호전(戶田)을 호위대에서 수납하도록 한 바 있었다.[60] 1900년 6월에 가면 황실의 구성원인 청안군(淸安君) 이재순(李載純)으로 하여금 호위대를 총관하게 하였는데 병력은 735명으로 증가되었다.[61]

헌병대

이상의 시위대·친위대·호위대 등의 중앙군과는 차원을 달리하는 별도의 조직으로 헌병대를 설치 운영하였다. 헌병대의 설치는 1900년 4월 17일 육군참장 백성기의 상소를 받아들인 5월 31일의 조칙에 따른 것으로, 그해 6월 「육군헌병조례」에 따라 육군헌병사령부를 설치하면서 시작되었다. 그 '조례'에 의하면 육군

---

58 『高宗實錄』, 고종 34년 6월 30일.
59 『各部請議書存案』(奎 17715), 광무 2년 7월 2일.
60 『各司謄錄 -近代編-』「訓令存案」, 광무 3년 10월 5일. 그러나 이후 각종 둔토는 황실재정이자 내장원 소관이라는 내장원의 반박 조회가 있었다[『訓令照會存案』(奎 19143), 광무 4년 9월 2일 ;『訓令照會存案』(奎 19143), 광무 4년 9월 13일;『皇城新聞』, 광무 5년 2월 22일].
61 『韓末近代法令資料集』「奏本, 扈衛隊 職員表, 俸給表 改正」, 광무 4년 6월 17일.

헌병사령부를 원수부에 예속하여 군사경찰·행정경찰·사법경찰을 관장하도록 하였는데, 헌병사령관은 군사경찰은 군부대신의 요청에 응하고, 행정경찰은 내부대신과 각 관찰사의 요청에 응하고, 사법경찰은 법부대신과 경부대신의 요청에 응하도록 하였다. 헌병사령부는 경성에 두고 경성 및 각 지방의 긴요함에 따라 헌병대를 설치하고, 헌병대호는 지방 명에 따라 ○○헌병대라 칭하도록 규정하였다. 창설 당시 헌병대는 헌병사령부, 본부 및 2개 중대, 1개 중대는 2개 소대, 1개 소대는 4개 분대, 1분대는 하사 1명, 상등병 10명으로 편성하였다.[62]

'조례'에 규정한 헌병대의 각 직급별 직무를 보면, 헌병사령관은 전국의 헌병대를 통할하여 사령부의 사무를 총괄하고 헌병대의 군기·풍기·훈련·교육·복무·경찰 등을 규정하였다. 헌병대장은 대(隊)의 사무를 총괄하고 소관 지방의 정세 등을 엄밀히 살펴 긴급하거나 긴요한 사건이 있으면 신속히 사령부에 보고한 후 소관 관찰사에게 통보하였다. 헌병중대장은 관할 지방의 정세를 살피고 부하를 지휘하여 업무를 처리하고 사안에 따라 경찰관 및 지방관과 상호 업무 연락을 하도록 되어 있었다. 헌병소대장은 중대장의 명을 받아 부하의 훈련교육과 분대장 이하의 복무근만(服務勤慢)과 제반 경찰사무를 지시 감독하고, 헌병분대장은 상등병의 근무를 감독하며 관내를 매일 순찰하여 정세를 엄밀히 하도록 하였다. 상등병은 순찰 및 경찰사무를 하여 사안에 따라 엄밀히 조사하도록 되어 있었다. 헌병대에 대한 대우는 특별하여 정교 이하 상등병까지 월급도 호위대보다 높게 책정되었다(정교

---

62 『韓末近代法令資料集』「勅令 제123호, 陸軍憲兵條例」, 광무 4년 6월 30일.

14원, 부교 11원 50전, 참교 9원 50전, 상등병 6원 50전). 이후 헌병대는 1901년 6월 2개 중대를 증편하여 총 4개 중대로 개편하였다.[63]

대한제국 시기 중앙군의 활동은 황실의 친위부대로서 각종 쿠데타 및 민권운동 진압 등 정치적 역할에 치중되어 있었다.

1898년 10월부터 독립협회와 만민공동회의 대정부 성토집회가 종로에서 치열하게 전개되었다. 이러한 상황에서 대한제국 정부는 이들을 '난당(亂黨)'으로 규정하고 시위대 병력을 활용하여 탄압하였다. 그 과정에서 외부대신 민종묵(閔種默)은 외부 교섭국장 이응익(李應翼) 등을 시켜 각국의 공사들에게 보내는 공문을 조회하도록 한 바 있었다. 그 내용은 "지금 나라에 난당이 있어 나라가 이로써 바름을 얻지 못하였다. 군사로서 위협하지 않으면 억제할 수 없어 비록 탄환을 사용하지는 않지만 위세를 보이지 않을 수 없다. 청컨대 공사들은 놀라거나 의심을 품지 말라"는 것이었다. 그런데 일부 대신의 우려와 반대로 그런 내용을 아뢰려다 그만두었다 한다.[64]

그해 12월 23일 독립협회와 만민공동회 해산을 위해 무력 탄압을 결정한 정부는 경무청 순검과 시위대 제2대대 병정을 동원하였다. 다음 날인 24일에는 시위대 병사들이 종로를 비롯한 서울 중심의 주요지를 총검으로 파수하였고 이날부터 지도자들에 대한 체포가 시작되었다. 12월 25일 황제는 조칙을 내려 독립협회의 행위를 불법으로 규정하고 해산을 명하였고, 거리에서 서

---

63 『韓末近代法令資料集』「詔勅, 憲兵 2中隊를 增設하여 編制하는 件」, 광무 5년 5월 15일;『韓末近代法令資料集』「勅令 제12호, 陸軍憲兵增額編制件」, 광무 5년 6월 1일.
64 鄭喬,『大韓季年史』下, 광무 2년 11월.

대한제국 시위대의 훈련 모습

로 모여 얼굴을 맞대고 이야기하거나, 모임을 구성하는 자들은 순검과 병정이 철저히 규찰 엄금하겠다고 천명하였다. 이때 경무청의 순검과 더불어 '공'을 세운 시위대는 이듬해에 이르면 계엄적인 상황이 연출되는 분위기 속에서 민권운동에 참여했던 잔여세력 색출에 집중하였다.

1899년 1월 15일에는 몇 가지 특징적인 조치가 취해졌다. 먼저 기전(畿甸: 서울과 인근 수도권 지역) 안의 도적을 엄금하는 방략을 마련하고 범법자는 '군율(軍律)'로 결단하는 조칙을 내리고, 전년에 해체된 독립협회가 지회(支會) 등을 통하여 활동하는 것을 일체 엄금하도록 하였다.65 그 탄압책을 군부로 하여금 진위대와 지방대에 훈령하였다. 또한 진위대·지방대 편제를 개정하여 지방군으로 하여금 지방의 각 요해처에서 '지방진무와 변경수비'에 전임할 것을 조목으로 규정하였다. 긴요한 구역에는 그 지역의 사정에 따라 각 지방대의 분견대를 적당히 분치(分置)할 수 있게 하였다.

같은 해 6월 시위연대 소대장 이동휘(李東輝)와 참교(參校) 엄석주(嚴錫柱) 등은 일본인 거주지인 진고개[니현(泥峴)] 등지를 순찰하다가 만민공동회 복설을 모의하는 한편 신기선·조병식 등 정부 대신들의 집에 폭발물을 투척한 혐의를 받고 도주 중에 있던 강인필(姜仁必)과 최영화(崔榮華)를 체포 구류하였다. 또 소대장 이인팔(李寅八)은 원동(院洞) 근처에서 임병길(林炳吉) 등 3인을 체포, 공초(供草)를 받은 후 경무청으로 압송하였다.66

---

65 『韓末近代法令資料集』「詔勅 畿甸의 竊盜를 禁戢하는 件」, 광무 3년 1월 15일; 『韓末近代法令資料集』「詔勅 支會를 禁戢하는 件」, 광무 3년 1월 15일.
66 『軍部來文』제6책, 3-232.

1900년 9월 제정된 「육군법률」 제34조와 제203조에도 대내외 치안과 군인의 내란방지 규정을 두었다.

제34조   적(敵)이라 칭함은 외구(外寇)를 말함이니 내란(內亂)의 반도 (反徒)도 또한 같음이라.

제203조 군인이 … 정부를 전복하거나 군기를 문란하거나 기타 인명재산을 침손할 목적으로 당을 결하여 난(亂)을 일으킨 자는 사형에 처하되 당(黨)에 이르지 못한 것도 같이 논함이라.

-「법률 제5호 陸軍法律」, 광무 4년 9월 4일

또한 1901년 3월에는 원수부 검사국총장 임시서리 장예원경 육군부장 신기선에 의해 정부가 판단한 '국사범'으로서 외국 공관에 도피 중인 자의 치죄 문제 등도 원수부 「검사국령」 제1호로 규정하였다.

제3조   피고 혹 증인이 외국공관에 거주하거나 부속에 속하는 자는 육군재판장관이 그 사유를 기록하여 원수부검사국총장에게 보고할 것.

제4조   원수부검사국총장이 전 조의 보고를 접한 시는 초인(招引) 혹 나인(拿引)할 이유를 해 공관에 설명하고 승낙한 시는 해 재판장관에게 지칙(指飭)할 것.

제5조   육군재판장관이 전 조의 지칙을 받은 시는 승낙을 경(經)한 지(旨)를 검찰관에게 통지하여 해 공관 이관(吏官)에게 전시(轉示)하고 집행케 할 것.

제17조 유형의 배소는 육군법원장이 지정하여 원수부검사국총장에게

질보(質報)할 것.

-「원수부 검사국령 제1호 陸軍治罪規則」, 광무 5년 3월 9일

　시위대·친위대·호위대 군사에 대한 대우는 특별하였는데 여타 정부부서의 관리들에 대한 대우와는 달리 이들 중앙군에게는 수시로 월급을 인상하거나 특별수당을 지급하였으며 연체되는 일은 극히 드물었다. 예컨대, 1903년 9월 당시 외획(外劃) 등으로 국고가 탕진되었는데 인천전환국(仁川典圜局)에서 주조한 백동화를 가져와 황실비·군부·경부에만 사용하고 나머지 각부는 월급 줄 생각도 못하였다는 여론의 비판이 있었다.[67] '외획'은 지방관이 징수한 조세를 국고에 납부하기 전 제3자에게 직접 지급하라는 탁지부대신의 명령서로 주로 정부가 상인에게 차입한 금액을 지불할 경우, 관리의 지방 출장 시 출장비의 일부를 출장지의 세금 중에서 교부할 경우, 상인이 지방에 송금할 때 국고에 금액을 선납하고 지방관이 송금 의뢰자에게 지급할 경우 등에 이용되었다. 같은 해 황제는 군부와 탁지부에 명하여 중앙의 원수부·헌병대·시위대·친위대·호위대·징상 각대 및 지방 각 부대에 월급을 일원반(一元半)씩 올려줄 것과 부식에 각별히 힘을 쓸 것을 당부하였다.[68]

67　『皇城新聞』, 광무 7년 9월 26일.
68　『官報』, 광무 7년 12월 15일.

지방군의 확대와 증원

대한제국은 중앙군의 확대와 증원에 비례하여 지방군도 계속 증강하였고, 이 시기 확충된 군사는 주로 지방의 치안 유지와 변경 수비에 집중되었다. 이에 따라 군대 편제와 예산 운용의 대다수는 지방군의 활동에 투여되었다.

지방대

을미년간(1895) 지방군은 평양부와 전주부에 진위대 1개 대대씩이 있었을 뿐이었다. 그러던 중 이듬해 1896년 5월 북청·강계·해주·춘천·강화·청주·공주·대구·통영에 지방대(地方隊)를 설치하였다.[69] 지방대는 각 지방 병정을 소재 지방에 따라 ○○대(隊)라 칭하였고, 각 지방대는 친위·진위대를 편제하는 규례를 모방하여 약간의 장교를 두고 병액과 향료(餉料)를, 향관(餉官)은 각 지방대 위관 중 1명으로 겸임하게 하였다. 각 지방대 소재처에 진위대를 설치할 경우에는 그 지방대를 폐지하고, 지방대의 장관(將領)은 그 관할 지방 관찰사 혹 군수가 편의에 따라 겸임하게 하였다. 통영지방대는 그해 6월 고성지방대로 개명하였다. 이어 8월 충주·홍주·상주·원주에 지방대를 설치하고 인원과 급료 및 예산을 설정하였다.[70]

그러나 당시 지방대의 주요 활동은 왕후 살해와 단발령, 복

---

[69] 『韓末近代法令資料集』「勅令 제23호, 各 地方 舊額兵 措處에 關한 件」, 건양 원년 5월 30일.
[70] 『韓末近代法令資料集』「勅令 제59호, 忠州, 洪州, 尙州, 原州郡에 地方隊를 設置하는 件」, 건양 원년 8월 26일.

제 개혁이라는 대내외 모순이 첨예화되는 시점에서 일어난 반일 의병 토벌에 있었기에, 의병이 점차 진압되자 그해 9월 24일 칙령으로 공주·춘천·강계·충주·홍주·상주·원주지방대가 폐지되었다. 1897년 6월에 종성·안주·황주·수원·원주·안동·광주·공주 등 8개 지방대를 다시 설치하였다. 이중 강계지방대는 1896년 8월에 폐지되어 15개 지방대만 남게 되었다. 그러다가 1899년 1월 15일 진위대·지방대 편제가 개정되면서 춘천지방대가 폐지되어 지방군은 2개 진위대대 및 14개 지방대대로 편제되기에 이르렀다.[71] 당시 각 지방대는 5개 중대, 진위대는 2개 중대로 편성되어 있었다.

지방대의 재정은 해당 지역 군(郡)의 역토·둔전 등을 군부·탁지부로 하여금 적당히 헤아려 기획하고 할당하도록 하였다. 그러나 이는 군부와 탁지부 간 토지 소유 분쟁의 주요 원인이 되었다. 진위대의 관제와 경비는 중앙의 친위대의 예를 원용하였다. 이 시기 지방군의 대우 문제를 살펴보면 지방대 위관의 월급은 판검사, 1·2·3등 군사, 일반 관리와 같게 산정되었고[72] 별다른 변동이 없이 대부분 중앙군과 거의 동일할 정도로 대우는 좋은 편에 속하였다. 이는 1896~1897년 즉, 건양 연간 때 낮은 대우를 받던 것과는 다른 모습이었다.

1897년 11월 29일 군부협판 주석면은 지방대와 진위대를 더 설치하여 해당 지방에 있게 한다면, 해당 지역의 풍습을 익히고 노정(路程)에 익숙하게 되어 만일 급한 사변이 있을 때에도 방수

---

71 『韓末近代法令資料集』 「勅令 제2호, 鎭衛隊, 地方隊 編制 改正」, 광무 3년 1월 15일.
72 『皇城新聞』, 광무 3년 12월 23일.

(防守)가 편리할 것이며 도적과 강도 무리들도 체포 진압할 수 있을 것으로 보았다.[73]

그러나 지방대는 진위대의 편제가 정착될 때까지만 존재하는 임시 과도적인 성격의 것이었다.[74] 따라서 군제가 어느 정도 완비되어 가는 가운데 '진위대-지방대 병렬체제'는 '진위대 체제'로 흡수되었다. 지방대가 완전한 편성으로 존속한 것은 짧은 기간에 불과하였다.

진위대

대한제국 시기 지방의 군대는 지방대를 대신하여 확대 개편된 진위대(鎭衛隊)가 담당하였다. 1900년 6월에는 서북 경계인 평안북도 의주와 강계, 함경남도의 북청과 종성의 4개 처에 각 5개 중대로 편성된 진위대대를 편성하였다.[75] 이는 국경지역을 넘어올 우려가 큰 청국의 의화단을 방지하기 위한 목적에서 나온 것이다. 새로 편제된 평북과 함남 진위대대의 경우 각 중대는 200명, 5개 중대 인원은 모두 1천 명, 경비는 12만 5,254원 20전이었다.

다음 달인 7월 20일 원수부에서는 지방대의 호칭을 폐지하고 지방군은 모두 진위대로만 편성하였다. 진위대는 7월 25일 다시 6개 연대로 확대 편제되었다. 이때의 「진위대편제」에 의하면 이전의 지방대 편제 개정과 평북·함남 진위대 설치 칙령은 모두

---

73 『承政院日記』, 광무 원년 11월 6일.
74 『國譯 韓國誌』, 674쪽.
75 『韓末近代法令資料集』「勅令 제22호, 平安北道, 咸鏡南道에 鎭衛隊를 設置하는 件」, 광무 4년 6월 30일.

폐지하고 경기도·충청북도·전라북도에 2개 연대, 경상남북도에 1개 연대, 평양에 1개 연대, 강원도·함경남북도·평안북도의 국경지방에 2개 연대가 새롭게 위치하게 되었다.

당시 전국 진위대는 6개 연대, 17개 대대로 편성되었는데 1연대 총원은 3,094명, 연대본부 경비는 4,517원, 1개 대대 경비는 합계 12만 5,254원 20전, 1개 연대 경비 총계는 38만 279원 60전으로 6개 연대의 1년 총예산 지출은 약 216만 원 정도로 추산된다.[76] 이러한 예산 지출은 인원과 군사비의 측면에서 볼 때 군대의 축소가 이루어졌던 갑오·을미년 간에 비해 상당히 증가되었음을 알 수 있다.

이와 같이 진위연대의 편제가 완비됨에 따라 예하 소대에 이르기까지 재편작업이 계통적으로 이루어졌다. 그와 같은 사실은 1900년 11월경에 관서진위대 사령관이 영변진위대 소대장에 보내는 "본대(本隊)의 군용(軍容)은 점차 모양을 갖추어 가고 있다. 교감 병정 등을 시상할 것"[77]이라는 훈령 내용에서도 어느 정도 짐작할 수 있다. 진위대의 병력은 이후에도 계속 부분적으로 증가되는 추세였다. 같은 해 12월에는 제주목에 진위 1개 대대를 신설하였고, 1901년 5월 평양에 1개 진위대대를 증설하였고, 7월에는 인천과 강화진위대에서도 신병을 증원 모집하였다.

---

76 『皇城新聞』, 광무 6년 2월 3일 및 2월 4일자에 의거한 개략적인 산출 근거는 다음과 같다.
1개 대대 경비: 12만 5,254원 20전.
연대본부 경비: 4,517원.
1개 연대 총 경비: 38만 279원 60전.
전국 진위대 총 경비: 5개 연대 경비+6개 연대 본부 경비+2개 대대 경비=215만 6,423원 40전.
77 『各司謄錄』 37권(평안도편 9), 「非章訓學存案」 제4책, 광무 4년 11월, 405쪽.

강화진위대 장교들(앞줄 가운데가 진위대장 이동휘)

예산편성에서도 알 수 있듯이 진위대는 많은 경비를 필요로 하였다. 이 문제를 해결하려고 진위대에서는 각처에 있는 군근토(軍根土) 즉, 군전(軍田)을 농민에게 경작시켜 도조(賭租)를 받아 재정에 보조하게 하였다.[78] 게다가 각 진위대 경비를 탁지부 예산 외에 부근 군의 공전(公田) 중에서 외획(外劃)으로 충당하였고,[79] 진위대 향비(餉費)를 해당 지역의 결호전(結戶田)으로 획하(劃下)하여 군민이 기근에 허덕이는 경우도 많았다.[80] 경비를 인접한 다른 군에 부담시키는 경우도 있었고, 평안도 의주(義州)와 같은 국제시장에서는 상인들에게 매매세를 걷어 부대의 경비를

---

78 『官報』, 광무 4년 11월 29일.
79 『皇城新聞』, 광무 3년 10월 13일; 『皇城新聞』, 광무 5년 11월 27일.
80 『皇城新聞』, 광무 5년 12월 17일.

조달하는 경우도 있었다.[81]

이 시기 내장원과 탁지부의 징세를 통한 황실과 정부의 지속적인 세입 확충 정책에도 불구하고 군사비의 지출은 지나칠 정도로 많아 정부의 예산회의에서도 논란이 되었다. 예산 부족으로 1902년에 탁지부는 진위대 병정 수를 반으로 줄이고 시위·친위대는 매일 반씩 나눠 출근하여 식비를 삭감함으로써 총예산 부족액을 보충하자고 제의하여 이 문제가 논의되기도 하였다.[82] 경상북도의 경우 대구진위대 병력 100명의 감액 문제를 둘러싸고 원수부와 관찰사 간의 알력이 생기는 경우도 있었다.[83] 그렇지만 병력은 감축되지 않았고 오히려 계속 증가되는 추세에 있었다.

군대의 증설은 지속적으로 추진되었다. 그 결과 1900년 7월에는 총 1만 7천여 명의 병력으로 전국 진위대 편제를 갖출 수 있었다. 이는 『독립신문』에서 1897년 2월 현재 군부 병정의 수를 4천여 명으로 추산한 것과 대비할 때 상당한 증원임을 알 수 있다.[84] 이 시기에 이르면 군사기구의 조직도 체계적으로 정비되어 갔다. 1902년 『황성신문』의 「논설」에 의하면 이 기간 군사의 현황과 군사비 지출 규모를 자세히 알 수 있다.

신문에서 말하는 1902년의 병액은 시위대·진위대 6천 명, 지방대 7천 6백 명, 평양병 3천 명, 원수부 9백 명 등 총 17,560명이다. 이때 군사비는 359만 4,911원으로 정부 예산의 거의 절반을 차지하고 공공지출 중 가장 비중이 컸음에도 불구하고 군사

---

81 『皇城新聞』, 광무 4년 9월 12일.
82 『皇城新聞』, 광무 6년 1월 31일.
83 『高宗實錄』, 고종 40년 6월 25일.
84 『독립신문』, 건양 2년 2월 13일.

가 단지 토비(土匪) 탄압과 적도(賊徒) 방어에 있을 뿐, 우수한 병기 사용의 미숙성으로 수만금의 거액을 소비하고 있다고 하였다. 따라서 감병(減兵)은 국고를 절감하는 좋은 방법일 뿐만 아니라 식산생재(殖産生財)의 원천이라 하면서 신문에서는 감군안(減軍案)으로 서울 수위(守衛) 약 1천 명, 지방 주둔 1천 명, 마적(馬賊) 방어 1천 명 등 총 3천 명이면 족하고 그 나머지는 영업 분야에 돌릴 것을 주장하였다.[85] 군대 감축과 식비 삭감 등의 문제에 대해 원수부 군무국총장 이종건(李鍾健)은 의정 윤용선에게 조회하여 그 부당성을 논하면서 강력히 반발하여 결국 타결을 보지 못하였다.[86]

건양연간에는 의병 진압을 위해 정부는 친위대와 지방대를, 이후 대한제국 시기에는 주로 진위대를 파견 진압하였다. 진위대의 주요 활동은 활빈당(活貧黨)·영학당(英學黨)·'동비여당(東匪餘黨)'·민요(民擾)·화적·비도 등 지방의 민란이나 소요의 철저한 진압, 범죄자 포착, 지역순찰 등에 있었다. 이 시기 『황성신문』 등에 나타난 진위대의 지방 진무 사례를 요약하여 살펴보면 다음 〈표 13〉과 같다.

진위대의 각 대장은 주둔지 및 부근지에 비상한 사변이 있을 때는 파병 진압과 국내 안녕질서를 위해 주도자와 참여자를 '초토·포착·진정·초멸'하는 일을 주요한 임무로 삼았다.[87] 지방군의 활동 중 특별한 내용으로는 북변지역 간도유민들과 의화단[자

---

85 『皇城新聞』, 광무 6년 2월 3일; 2월 4일.
86 『元帥府來文』(奎 17783) 제6책, 광무 6년 2월 18일.
87 「鎭衛別則」(『各司謄錄 47권』「訓謄冊」 제7책, 경기도 보유편, 광무 9년 8월, 266~268쪽).

표 13 진위대의 지방 진무(鎭撫) 사례

날짜	내용
1899년 3월 25일	전라도 전주 등 7개 군에 민요(民擾)가 발발하자 전주진위대에서 1개 소대를 발하여 총을 씀.
1899년 6월 4일	전북 고부·흥덕 등지에 영학당(英學黨)이 발생하자 이를 진압하기 위해 강화지방대가 출동.
1900년 3월 21일	남도 활빈당(活貧黨)으로 인해 전주진위대 위관이 경부(警部)에 조회하여 각 지방대로 토벌하게 해달라고 청하였고, 내부는 충남 관찰사에게 사태 파악을 명령.
1900년 3월 23일	충북관찰사 서리가 근일 활빈당 40~50명이 부민(富民) 재산을 약탈한다고 공보하였고, 청주지방대는 적당(賊黨)을 당할 수 없다고 군부에 보고.
1900년 3월 27일	해주지방대에서 군부에 청하길 동학여당(東學餘黨)이 일어나니 본대병을 파송하여 변을 막자고 청함.
1900년 4월 12일	청주지방대병이 속리산에서 활빈당 20여 명을 체포. 전주진위대에서 '동학 수괴' 고문선을 포착.
1900년 5월 1일	청주지방대에서 동학당 이영원 등 9인을 체포하였으나 무죄방면.
1900년 8월 24일	원수부에서 함경도 성진민요(城津民擾) 진압 차 북청지방대 1·2 소대를 보내어 주동자 허현·한진직·한정우를 잡아오라 명함.
1900년 9월 7일	경북 청도·경산·경주·영천 등지에서 육혈포 등으로 무장한 화적 90명이 출몰하자 내부에서 군부에 조회하여 진위대 파견을 요청. (『제국신문』)
1900년 9월 24일	경남에 활빈당이 '창궐'하자 원수부에서 진위대 1소대를 증파.
1900년 10월 19일	경남관찰사가 의령·창령·단성 등에 도적이 많다며 원수부에 조회하여 진위대 1소대를 주둔시켜 달라 청함.
1900년 11월 17일	진남진위대 병정 11명이 활빈당 5명을 경부(警部)로 압송.
1900년 11월 26일	진위대병 4명이 활빈당 5명을 경부로 압송.
1900년 12월 11일	원수부에서 도적 진압을 위해 경남에 군대를 파견하였고, 함북진위대에는 청비(淸匪)와 토비(土匪)를 섬멸하라는 명령을 내림.
1900년 12월 20일	경남에 도적 들끓어 원수부에서 장교들을 파송하여 울산 진위대 병사를 훈련.
1901년 1월 8일	고성진위대 병정 10명이 활빈당이라는 6명을 체포하여 경부로 압송.
1901년 6월 17일	창원군에 화적이 출몰하여 내외국인을 겁탈(劫奪)하자, 일본 공사가 정부에 체포를 요청하여 고성진위대를 파견하기로 함.

료상 '청비(淸匪)']의 분쟁에 진위대와 포군 등이 관여한 사실이 주목된다.

대한제국 시기 군사의 임무는 중앙군은 황실 수비와 도성 순찰이었으며, 진위대에 별도로 변경 수비 조항을 두어 북쪽의 국경수비에 일부 충당하고 있었지만, 그것은 국경 일대의 청비(淸匪) 방어도 힘들 정도였고 간도 유민과 청국 주민들의 분쟁을 조정하는 등 지엽적인 문제를 해결하는 데 불과하였다.

따라서 서북과 관북의 국경 치안은 심각한 수준이었다. 이 지역은 한국·중국·러시아의 접경 지역이자 중앙의 통제가 느슨해진 지역이라서 국경을 넘나드는 홍후즈[紅鬍子] 등 각종 마적단들과 1900년 무렵에는 의화단(義和團)의 잔여 세력들이 수시로 출몰하여 주민들은 극도로 불안하였다.

당시 변경 방위의 실태는, 서북의 경우 1899년 10월 평북관찰사 조민희(趙民熙)가 원수부에 보고한 바에 따르면 '보호포수' 혁파 이후 이 지역 치안을 유지하는 자는 민정(民丁)에 불과하나 민은 병에 비할 바가 전혀 못 되고, 갑오 이후 진채(鎭寨)를 모두 폐지하여 단지 군에는 4~5명의 순교(巡校)와 6~7명의 사령(使令)이 있을 따름이므로 청국인의 돌입과 약탈을 방어할 수 없다고 하였다.[88] 진위대 병정의 군사력으로는 청국 비도(匪徒)를 막을 수 없자 포수로 유명한 강계(江界) 지역에서는 부득이 사설 포수부대인 충의사(忠義社)와 합력하여 방어에 주력하였다.[89]

관북의 경우 1898년 3월 함남관찰사가 청국 변경에 사는 청국

---

88 『元帥府來文』(奎 17783) 제1책, 광무 3년 10월 10일.
89 『元帥府來去案』(奎 17809) 제3책, 광무 6년 9월 5일.

인 '양재'와 '범금'이 무기를 쌓아두고 비도를 모은다고 내부에 정탐보고를 하면서 그 대비책으로 북청지방대 병정 100명을 삼수(三水)·갑산(甲山)에 더 파병시켜 달라 요청할 지경이었다.[90] 이듬해 청비(淸匪)가 다시 국경을 넘어와 삼수·갑산 주둔 대와 교전하는 한편 민가 17호에 방화하고 주민과 우마 및 재산을 약탈해감에 군수가 각기 사포(私砲) 30~40명과 해당 지역에 주둔한 위관을 이끌고 합력하여 적당 100여 명과 교전하였지만 역부족이었다.[91] 1902년에는 무산(茂山)군수 지창한(池昌翰)의 건의로 산포(山砲) 300명을 모집하여 포계(砲契)를 만들어 이에 대항하였다.[92]

변경 방어에 대한 해결책은 이미 1894년 이후 이 지역 주민들로부터 계속적으로 제기되고 있었다. 고종도 1896년 6월 11일 칙령 제28호로 서북과 동북의 치안을 위해 포군(砲軍) 설치를 재가하였다. 그 내용은 압록강과 두만강 변 9개 읍에 20명씩 '보호포군'을 설치하고, 갑산·삼수 양군에는 각기 40명을 설치하여 계엄 방수(防守)하자는 것이다. 이때부터 해체된 포군은 복설 추세에 있었다.[93] 그러나 이 문제는 제대로 시행된 것 같지 않다. 이에 그해 11월 갑산 유생 조정국(趙鼎國), 삼수의 출신(出身) 엄주하(嚴柱廈) 등 동북민들이 상소하여 중국 비적[호적(胡賊)]의 침입에 대비하여 부(府)를 설치하고 병사를 두어 방비할 것을 청하였다. 11월 5일 조정국 등은 "관찰부를 복설하고 지방대를 환원

---

90 『독립신문』, 광무 2년 3월 26일.
91 『元帥府來文』(奎 17783) 제1책, 광무 3년 10월 10일.
92 『皇城新聞』, 광무 6년 12월 6일.
93 胡春惠·張存武·趙中孚 편, 1987, 『近代中韓關係史資料彙編』 제1책, 國史館(臺北), 91쪽.

(還元)하고 평일에 장수를 키우고 상시에 병사를 조련하면 안으로는 가히 그 본을 공고히 하고 밖으로는 가히 그 후회하는 바를 막을 것이다"[94]라고 하였다. 같은 달 23일 평북 강계군 전 주사 김봉송(金奉松) 등이 상소하여 강계 등 6군에 폐지된 관찰부를 다시 설치하고 해산된 순검과 병정을 다시 둘 것을 청하였다.[95]

한편으로는 1901년 3월 전국 해안 방어요새에 포대를 설치하였다. 이는 갑오개혁 시기 일본에 의해 철거된 포대를 다시 보완 증설한 것이다. 경기도는 인천부 해안, 남양군 제부도, 강화부 해안, 충남은 당진군 송도, 보령군 전 수영, 태안군 안면도, 전북은 옥구군 고군산, 부안군 변산, 전남은 해남군·진도군·완도군·여수군의 해안 및 돌산군 거문도, 지도군 고하도, 경북은 연일군, 경남은 진해군·거제군·남해군의 해안 및 창원부 마산포, 동래부 절영도, 울산군 해안, 황해도는 예천군·옹진군·해주군 해안, 평북은 의주군 압록강안, 강원도는 통천군 해안, 함남은 영흥군·정평군·홍원군 해안, 함북은 경흥부 웅기 지역에 설치하였다.[96]

1900년 6월 16일 황제는 평안도와 함경도 국경지역에 군사를 증강 배치하여 경계를 강화할 방법을 원수부에 마련하라고 지시하였다. 이에 따라 6월 23일 평안북도와 함경남북도에 진위대대가 새로 편제되었다.

1900년 6월 원수부 군무국 총장 이종건이 의정대신 윤용선

---

94 『高宗實錄』, 고종 33년 11월 5일.
95 『官報』, 건양 원년 11월 10일; 같은 달 25일.
96 『各司謄錄』근대편, 「각 도 연해 요새지에 포대를 설치하는 것에 대한 청의서와 칙령」, 광무 5년 3월 4일.

에게 평북 의주·강계 양군과 함남 북청군, 함북 종성군에 각각 진위 1대대씩 2개 대대를 설치하여 연변 요해의 수비에 대처하게 하자고 요청하여 의정부 회의에 제출하였고 칙령으로 반포되었다. 이는 의화단 사건으로 청나라 변경의 유민들이 압록강을 넘어오면 지방대로서는 방어할 수 없으므로 군제를 개편하여 더욱 강화한 것이다. 또한 강화병(江華兵) 120명을 함북으로 파견하여 진위대를 보충하였다.[97]

이렇듯 서북과 동북에 진위대대를 증설한 것은 당시 동북과 만주에서 치열하던 의화단의 활동으로 우리나라 변경이 화를 입을 염려가 있으니 서울과 지방의 각대 정예병을 차출하고 지방 재사(才士)와 포수(砲手) 등을 잘 훈련시켜 연강 요처에 주둔시켜야 할 것이라는 여론에 부응한 측면이 있었다.[98] 이는 주한 일본 공사 하야시 곤스케가 외무대신 아오키 슈죠(靑木周藏)에게 "한국 정부는 평양의 군사력을 현재의 두 배로 하여 2대대에 증원하고 지방에서 3대대의 병력을 창설하여 국경에 주둔시키기로 결정하였음. 이러한 증원의 목적은 한국 땅에 들어오는 의화단의 침입을 막기 위한 것이라고 주장되고 있음"이라는 보고에서도 확인된다.[99]

이러한 변경 치안 문제에 대해 무예가 뛰어난 사람을 선발하여 등용하고 변경지역에서는 집집마다 강무(講武)하여 국방을 강화하는 데 국력을 기울여야 한다는 주장이 제기되기도 하고,[100]

---

97 『各司謄錄』 근대편, 「평안북도와 함경남북도에 진위대 설치에 대한 칙령」, 광무 4년 6월 23일.
98 『皇城新聞』, 광무 4년 6월 25일 「論說」.
99 『駐韓日本公使館記錄』 「平壤鎭衛隊 增强에 관한 件」, 1900년 6월 18일.
100 『高宗實錄』 「중추원의관 金聖基의 상소」, 고종 40년 7월 19일.

전 중추원의관 강홍대(康洪大)는 서북 연변에 구제(舊制)대로 보(堡)·채(寨)·진(鎭)을, 가장 요지에는 방어영(防禦營)을 설치하되 병졸의 경비는 둔전(屯田)을 개간하면서 방변(防邊)을 시행할 것을 청하였다.[101] 전 관찰사 이병휘와 전 시종 이유형이 인민 조직의 방침과 민병(民兵) 창설의 계획을 정부에 제출하여[102] 국방 강화의 시급함을 호소하고 정부의 대책 마련을 촉구하였다.

여러 사례에서 보이는 것처럼 진위대의 활동은 주로 국내 치안 유지에 있었다. 일반적으로 한 나라의 군사력 편성은 국방체제 강화가 가장 큰 임무인데, 대한제국 시기 지방 군사제도는 방대한 예산 투입에도 불구하고 정작 힘을 쏟아야 될 국방 문제에는 소홀한 측면이 적지 않았다. 오히려 군사의 확충은 황실 수비와 지방 치안 등 주로 내부적인 문제에 집중되었다.

경제적 문제와 결부되어서도 많은 문제가 파생되고 있었고 또 다른 한편으로는 지방대·진위대 군사의 월권행위나 이권 개입도 심각한 문제였다.

매천 황현(黃玹)에 의하면 "장수들은 완고하고 병사들은 교만하여 백성들을 힘들게 하는 것만 일로 삼았다. 토비(土匪)를 토벌할 일이 생겨도 약한 고양이가 강한 쥐를 피하듯 하여 아무런 힘이 없었다"[103]고 하면서 "그들은 어떤 소요가 발생하여 출정할 경우 적도(賊徒)만 보아도 먼저 도주하였으며, 오직 평민들만 착취하고 사족을 경멸하였으므로 온 나라가 소란하였지만 고종은 그들을 비호하였고, 간혹 군관(軍官)이 그들 중 더욱 행패가 심한

---

101 『高宗實錄』, 고종 40년 7월 22일.
102 『皇城新聞』, 광무 7년 9월 4일.
103 黃玹, 『梅泉野錄』 「지방대의 병력 정원」, 건양 원년.

자들만 골라 법으로 다스렸지만 그때마다 조서를 내려 그들을 용서하였으므로 군의 기강이 더욱 문란하였다"[104]는 것이다.

지방군인의 직무유기도 지적되는 문제였다. 일부 지방대 위관 중에는 근무지를 떠나 한두 달씩 상경하여 머물기도 하고 혹은 몇 개월씩 집에 있는 경우가 있었다. 그럼에도 군부는 벌을 주지 않았기 때문에 이런 행태가 태연하게 벌어졌고, 도리어 승진을 위해 중앙 권문에 출입하기도 한다는 것이다.[105]

1898년 1월 남원(南原) 진사 이강원이 역토(驛土)의 이권 문제로 자신을 지방대로 잡아가 매질을 하고 돈 100량을 토색하였다고 광주지방대 대대장 우기정을 군부에 정소하였고,[106] 전남 능주군 인민들이 도조(賭租)를 위해 자신들이 만든 사토(私土)를 속공(屬公)하겠다는 광주지방대의 무단 침학으로 지탱할 수 없어 모두 흩어질 지경에 이를 정도가 되었다고 호소할 지경이었다.[107] 이러한 문제에 대해 군부에서는 각 진위대와 지방대에 훈령하여 민정에 간섭하지 말고 지방관들의 권리를 침범하지 말아 갈등되는 폐단이 없도록 하라고 하였다.[108] 그러나 대민 피해는 여전하였다. 강화도의 경우 둔민(屯民)이 이 지역 지방대의 방조로 2년간이나 강화부 소관 둔토세 납부를 거부하는 경우가 생길 정도였다.[109] 경상도 안동지방대의 경우 범죄자 체포 시 족채전(足債錢)을 징수하는 경우도 있었다. 안동지방대에서는 관하

---

104 黃玹, 『梅泉野錄』 「수원, 원주 등지의 지방대 증설」, 광무 원년.
105 『皇城新聞』, 광무 3년 1월 16일 「論說」.
106 『독립신문』, 광무 2년 1월 4일.
107 『독립신문』, 광무 2년 5월 19일.
108 『독립신문』, 광무 2년 5월 24일.
109 『訓令照會存案』(奎 19143) 제5책, 광무 3년 12월 20일.

각 군 부민에게 "네 죄를 네가 알렷다" 하며 잡기죄목을 씌어 돈과 재물을 토색하였다.[110] 이 시기 신문 논설에서도 중앙군과 지방군의 오합지졸과 같은 형편을 말하고, 특히 지방 병졸들의 횡포가 극심하다고 비판한 바 있다.[111]

이러한 문제를 우려한 황제는 그 대책으로 1900년 8월 1일 조서를 내려 원수부로 하여금 서북 양계에 신설한 진위대를 엄중 단속하여 지방에 민폐가 없도록 할 것을 지시하였다.[112] 그럼에도 불구하고 평안도 정주(定州)에서는 전 마름[舍音] 이병모(李炳模)가 이 지역 진위대의 완문(完文)을 믿고 현 마름 김유득(金庾得)을 진위대에 잡아 가두고 서로 협잡하여 불법으로 내장원 소관의 토지 소작인으로부터 수세한 사건이 있었다.[113] 경상도 고성지방대에서는 어방전(漁防錢)을 수세하는 폐해로 남해민들이 살 수 없을 지경이 되었다고 호소하였고,[114] 평양의 경우 진위대 병정의 월권행위는 군민이 "부윤(府尹)에 참령(參領)의 권한을 주어 통솔하게 하자"고 내부(內部)에 호소할 정도였다.[115] 예컨대 1898년 2월 북청 남병영(南兵營)의 신임 참령이 군전(軍錢)을 대납하던 동민의 민전(民田)을 빼앗는 사례처럼 군전(軍錢) 징수의 명목으로 민전을 빼앗는 일이 비일비재했고,[116] 순찰병정이 인민을 포박하고 재물을 늑탈하는 횡포도 적지 않았다. 그와 같은 사

---

110 『皇城新聞』, 광무 4년 5월 14일; 『皇城新聞』, 광무 4년 6월 9일.
111 『皇城新聞』, 광무 2년 10월 18일.
112 『高宗實錄』, 고종 37년 8월 3일.
113 『訓令照會存案』(奎 19143) 제12책, 광무 4년 10월 24일.
114 『皇城新聞』, 광무 4년 9월 20일.
115 『皇城新聞』, 광무 5년 1월 16일.
116 『高宗實錄』, 고종 35년 2월 19일 전 참봉 裵興祚 등 상소.

실은 1902년 당시 대구진위대 대대장 장봉환(張鳳煥)이 언급한 "대개 들리건대 본대(本隊) 병졸의 지방순찰은 민간에 크게 폐가 있는데 그것도 내용이 모두 다르다. 혹 양민을 잡아 적도(賊徒)로 몰아 뇌물을 받는 것이 낭자하고 혹은 군리(郡吏)를 공갈하고 넘어서는 민사에 간여하고 혹은 점막과 참(站)에 머물면서 술과 음식을 강제로 빼앗아 먹으니 이민(吏民)이 군인 보기를 마치 원수와 같이 한다. 이 어찌 국가가 병사를 기르는 본뜻이겠는가?"라는 기록에서 잘 알 수 있다.[117] 모병과 비용 조달 과정에서의 폐해로 말미암아 함경도 북청지방과 같이 민란으로 확대되어 중앙에서 안핵사가 파견되는 경우도 있었다.[118]

---

117 張龍煥, 『孜生錄』[『忠北史學』 3(부록), 1990, 181쪽].
118 『皇城新聞』, 광무 5년 2월 9일.

근대적 군사 양성과 장비 구축

무관학교의 사관 양성

1895년 5월 16일 칙령으로 훈련대 사관양성소(士官養成所) 관제를 반포하고 기구를 설치하였다.[119] 이는 훈련대에서 필요한 군사후보생을 교육시키기 위함이었다. 훈련대 사관양성소는 소장(영관) · 부장(위관) · 교관(위관) · 조교(하사) · 번역관(주임관) · 주사(판임관) · 전어관(傳語官; 판임관) 등의 직제를 두었다. 사관양성소 소장은 군부 군무국장의 명을 받게 되어 있었다. 소장은 군부 군무국 군사과장이 겸임하였다. 당시 학도의 수학 기간은 3개월로 정했고, 소장 · 부관 · 주사는 군부 내 직원 중에서 겸임하게 하고, 교육은 내외교관(內外敎官)으로 충당하게 하였다. 전어관 역시 외국인을 고빙하여 충당할 수 있도록 하였다. 이는 일본인 교관에 의해 조선의 주요 군인을 육성하고자 하는 계산에서 비롯된 것이었다. 같은 해 7월 23일 관제를 개정하여 훈련기간을 3개월

---

119 『日省錄』, 고종 32년 5월 16일.

에서 18개월로 연장하였다.

그런데 민왕후 살해 사건 관련 혐의로 훈련대가 폐지되자 훈련대 사관양성소 준비도 흐지부지되었다. 1896년 1월 3일 외부대신 김윤식(金允植)은 일본 변리공사 고무라 주타로(小村壽太郎)에게 일본인 군사교관 고빙을 다시 의뢰하였는데, 이때 사관 1명과 하사 1명이 사관양성소 교관과 조교를 겸임하게 하였다.[120] 여기서는 단지 사관양성소를 언급하였을 뿐 과거의 훈련대 사관양성소라는 이름을 쓸 수 없는 형편이었다.

그러던 상황에서 1896년 1월 11일 다시 칙령으로 『무관학교관제』를 재가 반포하였다. 관제 제21조에 "교관 조교는 현금간(現今間)에는 외국 무관에게 촉탁할 수 있음"을 규정하여 일본군에 의한 교육훈련의 길을 여전히 남기고 있었다. 이날부로 훈련대 사관양성소관제는 폐지하고 그 기능은 개칭한 무관학교에서 흡수하였다. 같은 해 1월 15일 군부광고 제2호로 「무관학교 학도모집령」을 발표하였다.

6개 조와 3개의 서식으로 되어 있는 '학도모집령'의 주요 내용을 보면, 무관학교는 20세부터 30세 무관 출신을 지원자로 시험을 통해 모집하였는데, 체격은 5척 이상의 신체 강건한 자로 입학을 원하는 자는 '무관학교 입학 청품장', '이력서', '호적등서' 등을 보증인 연서로 제출하게 하였다. 학도의 수업 연한은 1개년으로 정하였다.[121] 그러나 국왕이 러시아 공사관에 머물고, 대외적 위상에 실추되어 있는 상황에서 이 시기 무관학교는 유명무실한

---

120 『舊韓國外交文書』 3, 日案, 건양 원년 1월 3일.
121 『官報』, 건양 원년 1월 15일.

존재로 실제 설립되지 못하였다. 무관학교 설립 문제가 다시 논의되기 시작한 것은 고종이 환궁하고 대한제국을 선포한 이후부터였다.[122]

1897년 11월 군부협판 주석면은 군제 개혁에 관한 6개 조항을 상소하면서 '무관학교를 특설하여 사관을 양성할 것'을 청하였다. 그는 "군사는 많은 데 있지 아니하고 오직 정(精)한 데 있다"면서 다시 기골이 장대하고 튼튼한 소년을 뽑아 대오에 충원하고 무관학교(武官學校)를 특설하여 총준자제(聰俊子弟) 중 시무(時務)와 경사(經史)에 밝은 자를 선발하여 사관(士官)의 임을 맡기어 교육 연습시켜 문무를 겸비하게 할 것을 주장하였다.[123]

이러한 과정을 거쳐 1898년 3월 의정부 찬정 군부대신 이종건이 정치상의 의견서를 정부회의에 올렸는데, 그 중 무관학도 1백 명을 뽑아 외국의 좋은 규범을 참작하여 무관학교를 시급히 설립하여 인재를 양성하자고 하여 재가를 받았다.[124] 이어 칙령으로 5월 14일 관제가 개정되면서 무관학교가 설치되었다. 이 관제에서는 1년의 수업연한을 규정한 1896년의 관제와는 달리 과를 3개 과로 구분하여 제1과와 제2과는 군부대신이 연한을 정하는 일종의 속성과로, 제3과는 총 5년을 기한으로 하였다. 학도들의 수당으로는 1달에 2원씩 지급하고 1년이 지나면 해마다 1원씩 올려주도록 하였다.

무관학교 교장은 고위군인 중에서 발탁하여 겸직하는 형태를

---

122 대한제국 시기 무관학교 설립과 운영의 전반적 상황에 대해서는 車文燮(1973)과 林在讚(1982) 참조.
123 『承政院日記』, 광무 원년 11월 6일.
124 『독립신문』, 광무 2년 3월 31일.

취하였고, 교관들은 대체로 일본에 유학한 자였다. 역대 무관학교 교장은 이학균·이한영·백성기·권재형·조동윤·이병무·조성근·권중석·노백린·이희두 등으로 이들 중 황제로부터 큰 신임을 받고 있었던 이학균의 재임 기간이 가장 길었다.[125]

1898년 6월 14일 당시 무관학교 학도 200명 모집에 지원자 수는 1,700여 명[126]에 이를 정도로 일반인에게 인기 있는 학교로 부각되었다. 9월 14일에는 새로 선발된 무관학교 학도가 경운궁으로 가서 황제를 알현하기도 하였다. 이듬해 6월에는 황제가 무관학도들의 기예를 보러 간 적도 있었다.

무관학교 학도의 교육은 차질이 없이 진행되어 1899년 7월에는 학도 중 우등생 20여 명을 선택하여 원수부 위관에 보임하였다. 반대로 하기시험을 치른 후 수준이 떨어지는 학도 22명은 학교장 이학균의 지시에 따라 퇴교시켰다.[127] 무관 재교육 및 속성반 기능도 두었다. 1899년 8월에는 황제의 칙령으로 군사를 통솔하는 데 미숙한 위관 41명을 선발하여 6개월 기한으로 무관학교에 입교시켜 기예와 구령을 연습하게 하였다.[128] 10월에는 각 부대 위관 중 기예와 구령에 익숙하지 못한 30여 명을 6개월 속성과정으로 무관학교에 입학하여 무예를 연습하게 한 적도 있었다.[129]

1899년 11월부터 무관학교 교장은 원수부 검사국장의 명령을 받고, 학도의 졸업기한도 검사국장이 정하였고, 교장은 학도의 졸업시험 성적고과표를 검사국장에게 제출하도록 되어 있었다.

---

125 車文燮, 1973, 10쪽.
126 『駐韓日本公使館記錄』「1898年 本省往報告 제44호」.
127 『皇城新聞』, 광무 3년 7월 21일.
128 『皇城新聞』, 광무 3년 9월 1일.
129 『皇城新聞』, 광무 3년 10월 6일.

무관학교 교관과 생도들

약 1년 반의 결실을 보아 1900년 1월에 가면 원수부에서 무관학교 제1회 졸업시험을 실시하여 장연창(張然昌) 등 128명의 졸업생을 배출할 수 있었다. 이들 졸업생은 당일 무관학교장 이학균이 이끌고 경운궁으로 가서 황제를 알현하였다.[130] 1903년 12월에는 제2회 졸업시험을 시행하고 이재룡(李在龍) 등 37명을 선발하였다.[131]

1900년 3월 27일 칙령으로 「무관 및 사법관 임명규칙」을 반포하였다. 이에 따르면 무관은 무관학교 졸업자 중 원수부의 시험을 거쳐 임명하며, 군무 또는 사법에 숙달한 자는 비록 졸업증서가 없더라도 곧바로 임명하도록 하였다.

같은 해 6월 18일 육군 장령위관(將領尉官)과 칙임관의 자손·

---

130 『皇城新聞』, 광무 4년 1월 19일; 『皇城新聞』, 광무 4년 1월 20일.
131 『高宗實錄』, 고종 40년 12월 22일.

인척으로 무관학도를 천거하라는 칙령을 원수부총장 서리 민병석이 각부에 조회하였다.[132] 이는 육군 장령위관, 각 부부원에 근무하는 칙임관의 자손, 사위, 친동생, 친조카, 처남, 친 증손, 친사촌, 내외종, 처조카 등을 대상으로 무관학도 추천을 받도록 한 것이었다.[133] 이러한 내용은 그해 9월 4일 조칙「무관학교관제개정」으로 확정되었다.[134]

모집 공고 절차를 거쳐 1900년 7월 26일 무관학도 시험을 보았는데, 학도 모집자 중 칙임관 자서제질(子壻弟姪)이 200명, 그 외 천거받은 자가 500~600명이었다. 이 중 황제가 친히 자격을 갖춘 200명을 선발하기로 되어 있었다.[135] 이때 선발할 무관학도는 노·소·남·북·중·서의 이른바 '육색(六色)'을 망라한 공평한 인재선발을 표방하였지만,[136] 실제로는 칙임관 직계나 친계들을 우대하였기에 이날 시험에서 칙임관 자서제질로 위칭한 자가 70명이나 되었고,[137] 각 학교 학도가 무관학교 사관 시험에 응시하는 경우도 많아 학부에서 이들이 무관학교에 합격하더라도 즉시 쫓아내달라고 원수부에 조회한 적도 있었다.[138] 함경도 북청의 경우 사립무관학교 출신 학생 중 6명이 서울의 무관학교 시험에 합격하기도 하였다.[139] 칙임관 자서제질에 대한 특채는 이후 더욱 강화되어 1903년 학도 모집의 경우 전체 학도 500명 모집

---

132 『皇城新聞』, 광무 4년 6월 20일.
133 『元帥府來去案』(奎 17809), 광무 4년 6월 18일.
134 『韓末近代法令資料集』「詔勅 武官學校官制改正」, 광무 4년 9월 4일.
135 『皇城新聞』, 광무 4년 7월 26일.
136 『皇城新聞』, 광무 4년 8월 4일.
137 『皇城新聞』, 광무 4년 7월 27일.
138 『皇城新聞』, 광무 4년 8월 27일.
139 『皇城新聞』, 광무 4년 12월 29일.

에 400명은 칙임관의 자서제질, 100명은 각 외국어 학도 중에서 선발하기로 되어 있었다.[140] 무관학교 졸업생 중 성적우수자는 궁내부에 간품되거나 참위(參尉)로 승차하였다.[141]

무관학교의 운영과정에서 일부 문제점도 노출되었다. 이에 1898년 11월 무관학교 학도들이 군부에서 관리를 기용하는 데 불공평한 점이 많다고 항의한 바 있었다.[142] 당시 신문에서도 무관학교 교육이 군부대신이 교체될 때마다 자주 바뀌었고[143], 학교에서 경비가 부족하여 복장 및 잡용(雜用)을 마련하기 어려울 지경에 이르러 시험으로 보직하고 나머지는 교육 졸업한다는 설까지 보도하였다.[144]

1902년 1월 9일 무관학교 학생들이 군인의 장래에 회의를 품고 집단으로 자진 퇴학사건이 발생하였다. 무관학교장 임시서리 백성기에 의하면 "학도들의 소원이 언제 이루어질지 막연하니 일찌감치 집으로 돌아가서 생업에 안착하는 것만 못하다"라고 하였다는 것이다. 이에 1월 10일 원수부 검사국총장 민영철의 상주에 따라 전일 발생한 무관학교 학도들의 퇴산(退散)사건에 대해 주모자를 조사하여 엄히 징계하고 학도들을 제대로 단속 못한 책임으로 무관학교장 임시서리 백성기와 참령 이희두, 중대장 신우균 등을 해임·면관 징계하고, 민영철은 1개월 감봉에 처하였다.[145] 곧바로 1월 13일 육군참장 권재형을 임시서리 무관학

---

140 『皇城新聞』, 광무 7년 4월 17일.
141 『皇城新聞』, 광무 5년 10월 25일; 『皇城新聞』, 광무 6년 7월 8일.
142 『皇城新聞』, 광무 2년 11월 11일.
143 『皇城新聞』, 광무 3년 3월 29일.
144 『皇城新聞』, 광무 5년 5월 2일.
145 『官報』, 광무 6년 1월 18일.

교 교장에 임명하였다.

이 사건은 무관학도 중 우등생 170명이 간품된 지 4개월이 되어도 직을 받지 못해 집단으로 자진 퇴학한 사건이었다.[146] 이에 청원 자퇴 주동자 조성환 등 13명을 잡아 육군법원으로 보냈고, 육군법원에서는 3월 2일 판결하여 이들 중 조성환은 역(役) 15년에 처하고 나머지 12명은 석방하였다.[147] 이는 1898년 5월 14일 개정된 「무관학교관제」의 제2항 학도에 대한 처벌규정["학도가 졸업하기 전에 무연염퇴(無緣厭退)하는 자와 군기문란하며 규칙누범(規則屢犯)하는 자와 행위부정하고 회오(悔悟)에 목적이 무(無)하여 견태(見汰)하는 시에는 해당 학도의 입학삭수(入學朔數)를 계산하여 매 일삭(一朔)에 역(役) 1년으로 정하고 천주(薦主)는 매 일삭에 벌금 10원을 정하여 징봉(懲捧)할 일"]에 의한 것이다. 이에 따르면 학도의 추천인에게도 엄히 책임을 묻고 있음을 알 수 있다. 이 시기 무관학교와 같이 관비로 운영되는 외국어학교의 경우도 확실한 사유 없이 퇴학한 자를 잡아 그간 지출된 경비를 소급하여 거두었다.[148]

원수부 및 무관학교 설치와 더불어 장교들도 근대적 학문 습득이 요구되었다. 이에 정부에서는 우수한 사관의 일본육사 유학을 추진하였다. 이미 1900년 이전부터 일본에 유학하는 사관학도는 상당수가 되었으며, 1899년 10월 병학연구 차 도일한 이희두와 조희범이 일본 육군사관학교와 보병대에서 제반 군무를 익혔다.[149] 1900년 당시 일본 유학생 가운데 육군사관학교 졸업

---

146 『皇城新聞』, 광무 6년 1월 11일.
147 『皇城新聞』, 광무 6년 1월 20일; 『皇城新聞』, 광무 6년 2월 12일; 『皇城新聞』, 광무 6년 3월 3일.
148 『皇城新聞』, 광무 5년 9월 18일.
149 『皇城新聞』, 광무 3년 10월 2일.

자는 30여 명에 이르렀고,[150] 무관학교 출신으로 유학 중인 학생은 21명에 달했다. 이들은 일본 육군사관학교 등에서 수학하였고, 일본 육군성에서 실지 견습을 하기도 하였다.[151] 같은 해 10월에는 육군참위 김규복 등 18명을 일본에 유학을 보냈다.[152]

원래 일본 유학생의 경비는 1896년의 예산으로 23,000원이 책정되어 있었다. 이는 일본 측의 입장을 대폭 반영한 것이었다. 그러나 아관파천 이후 일본인들의 지배력 상실과 관련하여 예산에서 일시 사라지게 되었다. 그러다가 대한제국 시기인 1899년과 1900년에 적은 액수로나마 다시 예산이 편성되었다.[153] 결국 이들에 대한 정부의 유학 경비 지급이 원활하지 못해서 주일 공사 박용화가 350원을 대신 지급한 적도 있었다. 오히려 그해 12월부터 외부는 주일 공사에게 훈령하여 일본에 유학 중인 육군참위 노백린과 나머지 학도들에게 귀국 명령을 내렸다. 일본에서 밀린 잡비는 정부가 지급하기로 하였다.[154]

그럼에도 대한제국 정부는 무관들의 외국 유학을 지속시키려 하였다. 1903년 4월 다시 일본 무관학교 유학생 소환령이 내리자 주일 공사 고영희가 이들의 졸업 때까지 유학할 수 있게 해달라고 학부에 보고하였고,[155] 학부에서는 유학생 7명의 졸업 때까

---

150 『皇城新聞』, 광무 4년 6월 1일.
151 『皇城新聞』, 광무 4년 1월 13일;『皇城新聞』, 광무 4년 3월 28일;『皇城新聞』, 광무 4년 4월 10일.
152 『高宗實錄』, 고종 37년 10월 1일.
153 『國譯 韓國誌』, 708쪽.
154 『皇城新聞』, 광무 4년 8월 25일;『皇城新聞』, 광무 4년 12월 8일;『皇城新聞』, 광무 5년 3월 2일.
155 『皇城新聞』, 광무 7년 4월 17일.

지 유학을 허락한 적도 있었다.156 같은 해 무관학교에서는 프랑스와 독일 학교 교사를 초빙하여 학도에게 외국어를 교육하기로 하고 급료 등 제반 절차를 정하기도 하였다.157

군사 훈련 체계와 군법 제정

근대적 군사훈련을 체계적으로 하기 위해 무관학교에서는 이론서로 『보병조전(步兵操典)』을 비롯한 많은 서적을 간행하여 서양 열강의 근대적 군사 교리를 수용하였다. 원래 '보병조전'이란 용어는 1877년 일본 육군이 프랑스 군사교범을 직역 간행할 때 쓴 것이다. 일본은 1877년 『보병조전』을 처음 간행한 이래 1887년 개정하였고, 다시 1891년 프로이센 식으로 전술체계를 바꾸면서도 제목은 같은 이름으로 사용하였다.158 우리나라에서는 1894년 일본군의 경복궁 점령 이후 갑오개혁 추진 시기 「조선왕궁 수위규칙」 중에 처음 나오는 내용이다. 제8조를 보면 "수위사령관은 일반 장교·하사관 약간 명을 선정하여 한국 병사에게 보병조전(步兵操典)에 관한 교육을 실시해야 한다"159고 되어 있다. 그러나 여기서 말하는 '보병조전'은 책보다는 보병에 관한 교육과 훈련의 전반을 말하는 일반명사로 생각된다.

그러다가 대한제국이 들어설 무렵인 1897년 11월 13일 궁내

---

156 『皇城新聞』, 광무 7년 4월 22일.
157 『皇城新聞』, 광무 7년 12월 19일.
158 藤原彰, 嚴秀鉉 역, 1994, 116~117쪽.
159 『駐韓日本公使館記錄』 「朝鮮王宮守衛規則」, 연월일 미상.

『보병조전』

부특진관 민영준(閔泳駿)이 우리 군대 스스로에 의한 훈련체계 확립을 강조하면서 "각국 훈련기법의 장점만을 선택한 후 이를 한통으로 편집하여 대한제국의 구령으로 가르친다면 단기간에 정예병을 양성할 수 있다"고 주장하였다.

이러한 정황에 따라 1898년 6월 『보병조전』이 간행되었다.[160] 러시아식 군제의 영향이 남아 있다고 평가되는[161] 총 367개의 항목으로 구성된 이 책은 국한문 혼용으로 육군무관학교에서 학교장 이학균 편으로 발행한 것이다. 책의 내용은 크게 제1부 기본교련, 제2부 전투, 부록 순으로 되어 있고 구성은 다음과 같다.

---

160 서인한, 2000, 113~120쪽 참조.
161 "1897년 러시아의 내무교범(內務敎範)이 우리[러시아 측] 교관들의 지도로 한국어로 번역되었다."『國譯 韓國誌』, 679쪽.

제1부

　제1장 각개교련: 도수교련·집총교련·산병(散兵)교련

　제2장 소대교련: 밀집대차(密集隊次)·산개대차(散開隊次)

　제3장 중대교련: 밀집대차·산개대차

　제4장 대대교련

　제5장 연대교련

　제6장 여단교련

제2부

　제1장 보통원칙

　제2장 부대전투

　제3장 결론

부록

　군기영송(軍旗迎送)·군도지법(軍刀持法)

『보병조전』은 특히 전투보다는 병사들의 제식훈련에 많은 부분을 할애하고 있다는 점이 특징이다.

1899년 4월에는 『황성신문』에, 『보병조전』 일편을 완간하였는데 가격은 매권 40전으로 군대 밖이라도 보고자 하는 사람은 무관학교 부관실로 청구하라는 광고를 싣기도 하였다.[162] 『보병조전』은 이후 오랫동안 군사교범으로 활용되다가, 1906년 통감부가 설치되면서 내용도 개정되었다.[163]

이 외에 1902년부터 『전술학교정』·『군제학교정』·『병기학

---

162 『皇城新聞』, 광무 3년 4월 3일.
163 『承政院日記』, 광무 10년 6월 14일.

교정』·『축성학(築城學)교정』·『육군위생학교정』·『마학(馬學)교정』·『체조교정』 등 다양한 교범류 발간을 통해 대한제국이 러시아 외에 독일·프랑스·일본 등 열강의 군사 교리를 수입하여 우리의 군사 현실에 맞게 적용시키려는 노력을 보였다.[164]

근대적 강병 육성책과 더불어 정부는 원수부 산하에 육군헌병사령부와 육군법원 등을 두어 엄정한 군사법률 체계를 강화하였다. 그 구체안으로서 1900년 6월부터 「육군헌병조례」(6월)·「군대 내무서」(7월)·「육군법률」(9월) 등을 차례로 제정하였다.

헌병 설치는 1900년 4월 17일 육군참장 백성기의 상소로부터 시작되었다. 그는 병정들에 대한 순찰 및 군율 확립, 군사의 상벌 관장 등을 위해 시급히 군법국 산하에 헌병을 둘 것을 주장하였다.

군사는 용맹을 좋아하고 굳세어서 남에게 굽히지 않지만 행동거지는 일반 백성들보다도 더욱 배나 조심해야 합니다. 병영(兵營)에서 나갈 때마다 거리에서 소란을 일으키지 않을까 걱정되기 때문에 일상적으로 각 거리에 군사를 파견하여 병정들의 행동을 순찰하고 있습니다. 지금에 와서는 규정이 해이해져 각 동(洞)에 파견된 자들이 순찰은 하지 않고 우두커니 서 있거나 멍하니 산만 쳐다보고 있으니, 그들에게는 비록 밤낮이 없는 고역이겠지만 사실은 자그마한 보람도 없으며 도리어 군무상 큰 손해가 됩니다. 군사의 직분은 날마다 사격을 배워 익히는 것입니다. 그런데 순찰이라고 하면서 파견된 자들 중 익숙한 자들은 복습할 겨를이 없고 익숙하지 못한 자들은 배울 시간이 없으니, 한 부대의 군사들 중 절반이 이런 병졸들입니다. 여러 해 가르쳤다는 것이 이

---

164 서인한, 2000, 120~121쪽.

제 와서 허사로 되고 말았으니 이것이 어찌 부대를 구성한 본뜻이겠습니까? 이는 사실상 헌병을 설치하지 않은 탓이며 쓸데없는 것을 가지고 쓸데 있는 것을 해치는 것입니다. 수백 명의 폐해로 인하여 세 부대의 군사들에게까지 해가 미치니 참으로 유감스럽습니다. 친위의 각 부대 병정 중에서 문필을 좀 아는 사람들로 1개 중대를 선발하여 헌병(憲兵)으로 삼고, 지금의 순검장정(巡檢章程)을 가르쳐 익히게 해서 일체 순찰 사무를 전적으로 맡아보게 하되, 대오를 구성하기 전에는 우선 군법국(軍法局)에 소속시켜 지휘하고 통제하며 법에 따라 상주고 벌주게 할 것입니다.
―『高宗實錄』, 고종 37년 4월 17일

이와 같은 백성기의 견해는 대체로 수용되어 이후 일련의 군제정비가 이루어지는 결과를 가져왔다. 즉, 군사법 제도가 확립되고 자주적인 개혁이 시도되었으며, 군의 증강이 이루어지게 되었다. 1900년 5월 31일 황제는 1894년 이래 전망사졸(戰亡士卒) 문제를 언급하면서 그 대안을 강구할 것을 지시하는 한편 조칙으로 원수부로 하여금 헌병대 편제 대안을 강구할 것을 지시하였다.[165] 그리하여 칙령에 의해 1900년 6월 30일에는 「육군헌병조례」를 제정하여 원수부 예하에 육군헌병사령부를 설치하고, 육군헌병은 군사경찰에 관한 일은 군부대신, 행정경찰에 관하여는 내부대신과 각 관찰사, 사법경찰에 관하여는 법부대신과 경부대신의 요청을 따를 것을 규정하였다. 이에 따라 헌병사령부는 행정·사법·치안권에도 일정 간여할 수 있게 되었다. 같은 달 칙령으로 헌병 2개 중대를 5개 중대로 확대 개편하였다. 당

---

165 『高宗實錄』, 고종 37년 5월 31일.

시 헌병대에서는 무관학도 200여 명을 선발하였는데, 이들은 모두 칙임관의 아들과 제질(弟姪)들이었다 한다. 이때 응모하였으나 발탁되지 못한 사람이 500여 명이 될 정도로 높은 인기가 있었다.[166] 1900년 9월 29일 헌병대 신설 비용 2만 4,629원을 탁지부 예비금에서 지출하였다.

또한 1900년 7월에는 우리나라 역대 옛 사례와 외국의 제도를 참고하여 「군대내무서」를 만들어 중외 각 부대에 반포하여 군인들의 충성심을 강조하였다.

> 조령을 내리기를 '근래 이후에 짐이 군사에 관한 정사에 관심을 두어 군사제도를 개선하였는데, 일이 초창기라 아직도 견지하고 따를만한 일정한 규정이 없으니 개탄할 일이다. 이에 우리 왕조의 옛 규례에서 참고하고 열방(列邦)의 새로운 규정을 참고하여 취할 것은 취하고 버릴 것은 버려서 군대내무서(軍隊內務書)를 만들어 중외(中外)의 각 부대에 포고한다. 오직 너희 군인들은 각기 충성을 다하고 나라를 사랑하는데 힘쓰면서 이 글을 어김없이 준수하고 혹시라도 위반하여 스스로 후회하는 지경에 이르지 말도록 하라.'
> —『韓末近代法令資料集』「軍人內務書를 中外各隊에 播告하는 件」, 광무 4년 7월 17일

「군대내무서」 반포에 관한 조칙에 의하면 군제 개혁은 이때가 '초창에 속하는 일'로 대한제국 황실에서는 갑오개혁시의 군제 개혁을 철저히 부정하고 근대적 개혁은 이 시기부터 출발하는 것으로 이해하고 있음을 알 수 있다. 정가 25전인 「군대내무서」 또

---

166 黃玹, 『梅泉野錄』「헌병대 창설」, 광무 4년.

한 무관학교 부관실을 통해 일반에게 판매하였다.

원론적 입장에서의 군법(軍法) 제정은 1897년 11월 당시 군부 협판 주석면이 주장한 바 있다. 그는 현재의 상태로는 월권간섭을 막을 방도가 없고 서로 시기하여 많은 폐가 생기기 때문에 엄하게 과규(課規)를 세워 서로 침월함이 없게 하자고 하였다. 이어 1900년 4월 17일 육군참장 백성기가 상소를 통해 군법 제정에 관한 구체적인 내용을 제시하였다.

둘째, 군법을 제정하는 문제입니다. 군사는 많고 적은 데 관계없이 규율이 없으면 통솔할 수 없습니다. 예로부터 이름난 장수는 군사가 많으면 많을수록 좋아하면서 싸우면 이기고 공격하면 점령하였는데 이는 제정한 군율(軍律)이 있었기 때문입니다. 하물며 지금 지방에는 군부(軍部)를 두고 중앙에는 원수부(元帥府)를 두고 있으면서도 아직 군법을 제정한 것이 없으니 매우 군사를 기르는 방도가 아닙니다. 지난날 각 영(營)의 병졸들이 간혹 죄를 짓게 되면 형조(刑曹)에 넘겨서 조율(照律)하였습니다. 그러나 의거할 만한 법조문이 없고 또 굳어진 판례도 없기 때문에 죄인을 처결할 때마다 구차스럽게 마감하였습니다. 직무를 정지시키거나 파면시키는 것도 이미 기준이 없으니, 가두거나 귀양 보내는 것인들 어찌 적중하다고 할 수 있겠습니까? 또 죄의 경중이 억측으로 정해지고 죄의 판결이 공의(公議)와 혹 어긋나기도 하니 언제나 과도하거나 부족하다는 탄식이 있어서 여러 사람들의 마음을 감복시키지 못하였습니다. 뿐만 아니라 서울과 지방의 각 부대의 대오가 각각 다르고 아직 일정한 규범이 없으니, 이 상태에서 군사를 통제한다면 이는 사실 법이 없는 군대이니 장차 어떻게 수많은 군사를 거느리고 통제하며 목숨 걸고 싸우라는 명령을 내릴 수 있겠습니까? 이는 참으로 군사에 관한 일에서 가장 시급히 고쳐야 할 일입니다.

-『高宗實錄』, 고종 37년 4월 17일

전 평리원재판장 홍종우도 시폐개혁을 위한 상소에서 "군제(軍制)가 엄정하지 않으면 예측하지 못하던 일이 있을 때 끓는 물을 뛰어 넘고 불을 밟는 것을 할 수 없게 된다"라고 지적하였다.[167] 이와 같은 분위기에 따라 대한제국 정부는 1900년 7월 군법교정청(軍法校正廳)을 설치하였다. 이때 설치된 군법교정청 구성원은 총재에 원수부 회계국총장 민영환, 부총재에 육군참장 백성기, 교정관에 군부 관방장 육군부령 한진창(韓鎭昌), 군부경리국 제1과장 육군3등감독 신재영(申載永), 법부주사 김응준(金應駿)이었다.[168] 군법교정청에서는 군법 제정[169]을 준비하여 1900년 9월 4일 전문 317개 조의 방대한 「육군법률(陸軍法律)」이 제정됨으로써 비로소 군의 제도가 내용적으로도 어느 정도 법제화되었다고 할 수 있다.

「육군법률」은 서문, 법률 범례, 법률 제정 관련인 명단, 육군법률 목록, 육군치죄 제 규정 목록, 본문, 제 규정 등으로 구성되었다. 4편 45장, 전 317조로 구성된 「육군법률」은 『대전회통(大典會通)』・「대명률(大明律)」 등을 참조하였고, 서양의 「육군형법」을 참조하여 작성되었다.

군인의 민사・형사 심판과 감옥을 관장하는 기관으로 원수부

---

167 『皇城新聞』, 광무 4년 9월 15일.
168 『元帥府奏本 副』(奎 17784) 제1책, 광무 4년 7월.
169 군법 제정과 무비(武備) 개선 문제는 이미 1898년 12월 찬정 최익현(崔益鉉)의 시폐 상소에서 원론적 수준에서 제기된 바 있었다(『高宗實錄』, 고종 35년 12월 9일).

소속의 육군법원을 설치하여 군인 심판 등의 일을 전관하게 하였다. 원수부 군무국 총장 예하의 육군법원장은 각 부부원장(府部院長)과 여단장 이상 및 사령관에게 조첩(照牒)하고 각 관찰사와 재판소 판사 및 연대장 이하에게 훈령·지령을 내리도록 하였다.[170] 육군법원은 황제의 특별지령에 의한 죄인은 물론 황제가 직접 임명한 칙임관까지도 체포하여 군무국 총장에게 보고한 후 심판할 수 있는 특별한 권한도 있었다. 1901년 2월에는 법률 제1호 「육군치죄규칙(陸軍治罪規則)」을 제정하여 검사국총장의 지령에 의해 군법회의는 육군법원에서 행할 수 있게 되었다. 육군법원장으로서 판사장이나 판사가 될 때에는 원수부 검사국총장이 상주하여 황제의 재가를 받아 임명하도록 하였다.

이밖에 1903년 7월 무렵에 가면 육군법원에서는 「육군법률」 및 「소송규정」 합편을 인쇄, 일반에서도 매입하라는 내용의 광고를 신문에 게재하기까지 하였다.[171] 「육군법률」은 각 부부원청(府部院廳) 및 각 도 관찰부에 비치시켰다. 이후 군사법제도는 1904년 러일전쟁 전까지 별 변동이 없이 지속되었다.

근대적 군사 장비의 구축

그렇지만 위와 같은 작업들은 우선적으로 많은 예산을 필요로 하는 것이었다. 내장원과 탁지부의 징세를 통한 황실과 정부의 지

---

170 『韓末近代法令資料集』「陸軍法院官制」, 광무 4년 9월 18일.
171 『皇城新聞』, 광무 7년 7월 1일.

속적인 재정 확충 정책에도 불구하고 군사비의 지출은 지나칠 정도로 과중한 것이었다. 1901년부터 이후 3년간 국가 예산 중 군사비가 차지하는 비중을 살펴보면 다음과 같다.

당시 『관보(官報)』의 각 연도 세입세출 예산표에 의해 통계를 내면, 1901년 정부 총예산은 802만 151원으로 이중 군부 예산은 359만 4,911원이다. 이는 전체 예산의 44.8%이다. 1902년 총예산은 758만 5,811원, 이중 군부 예산은 278만 6,290원으로 36.7%, 1903년 총예산은 1,076만 5,491원, 이중 군부 예산은 412만 358원으로 38.1%로, 군부 예산이 국가 총예산에서 차지하는 비율은 3년 평균 39.8%이다. 여기서 군부 예산에 계산되지 않은 원수부와 호위대 예산이 도합 10만 원 이상 상회하던 사실을 볼 때 전체 예산 지출 항목의 40% 이상이 군부 예산이었음을 알 수 있다. 군부의 군사비 지출은 정부 내의 단일 부서 중 압도적 비중을 차지하고 있었다.

조세수입의 증가분은 군부의 재정으로 상당량이 흡수되었으나 이에 비례하여 여타 부서의 예산은 축소되는 경우가 많았고 총체적인 적자재정 운영으로 일관되고 있었다. 일례로 1899년 국고가 궁색함에도 지출이 많아 관리의 봉급을 주기 어렵게 되자 그해 9월 탁지부대신 조병식(趙秉式)이 사직상소를 올릴 정도였고,[172] 11월에는 국고 저치액(儲置額, 비축액) 부족으로 황실비로 군인과 경찰 월급만 우선 지급하고 다른 각 부처의 월급은 아직 구획하지 못하는 실정이었다.[173] 이런 현상 외에 1~2개월 정도 월급 연체는 대한제국 시기에 비일비재한 현상이었다. 이에 전

172 『皇城新聞』, 광무 3년 9월 1일.
173 『皇城新聞』, 광무 3년 11월 30일.

평리원재판장 홍종우는 군인에게 월급을 후하게 줌에 따른 군수(軍需) 부족을 우려한 바 있었다.[174] 중추원의장 김가진(金嘉鎭)도 1900년 10월 상소에서 군대의 증액은 막대한 예산 지출이 따르는 것으로 현재의 재정 형편으로는 군향(軍餉)을 마련하기 어렵고 따라서 장차 나라가 위기 상황에 빠지게 될 것이라 경계하였다.[175]

대한제국 시기 의장기인
'적웅기(赤熊旗)'

군비 확장에 관한 재정 부족으로 대한제국 정부는 일본으로부터 차관을 타진한 바 있었다. 1902년 3월 29일 황제의 내지(內旨)를 전달받은 탁지부대신 심상훈, 찬정 박제순, 원수부 기록국총장 이지용은 은밀히 일본 공사 하야시 곤스케를 방문하여 대담하였다. 이에 대해 하야시는 한국은 불필요한 관서와 관원이 많고 따라서 비용 낭비도 적지 않으므로 이것들을 정리한다면 세출의 많은 부분을 감축할 수 있을 것이라 지적하였다. 그는 특히 군대의 확장을 거론하면서, 한국의 군비(軍備)는 '대외국적(對外國的)인 필요'보다는 '내국의 질서 유지'면 충분하다는 생각을 하고 있기 때문에 곤란한 재정 상태에서 일시에 다액의 차관을 도입하여

---

[174] 『皇城新聞』, 광무 4년 9월 15일.
[175] 이에 대한 해결방책으로 그는 전세(田稅)를 가렴(加斂)할 것과 시물(市物)에 인지(印紙)를 시행할 것을 주장하였다(『高宗實錄』, 고종 37년 10월 17일; 『高宗實錄』, 고종 37년 10월 19일).

크루프 75mm 야포

군대 수를 늘리기보다는 오히려 소수정예를 택하는 것이 이익이라고 말했다.[176]

국고가 이와 같이 고갈되어 가는 상황임에도 불구하고 1900년부터 1903년의 4년간은 예산 규모뿐만 아니라 대한제국 시기 군제 중에서도 병력 수나 조직체계 등에 있어서 가장 증강된 상태였다. 군사기구의 조직도 어느 정도 정돈된 모습을 보여주었다. 이에 따라 황제도 1902년 8월 "군대의 편제가 성취되고 부오(部伍)가 정리되었다"고 고무적으로 인식하고 각 연대에 군기(軍旗)를 반급할 것을 지시하였다.[177]

이러한 시대적 분위기는 당시 신문과 민간에서도 잘 나타났다. 『황성신문』 1900년 7월 9일자 논설에서는 을지문덕·강감찬과 같은 국난 극복의 영웅을 예로 들면서 상무 정신을 고취하였다. 민간에서도 상업적 군수품 제조가 활발하였는데 군부기수 홍종기가 책응제피소(柵應製皮所)를 설치하고 일본인과 계약, 군

---

[176] 『駐韓日本公使館記錄』「機密 第53號 韓帝의 內旨에 따른 借款의 件」, 1902년 3월 31일.
[177] 『高宗實錄』, 고종 39년 8월 9일.

인이 필요한 물품을 제조 판매할 정도였다.[178]

1903년 1월에는 군부대신 신기선(申箕善)이 육군 장·영·위관 평상복을 고구라지(古舊羅地)로 제용(製用)하자는 주본[179]에 따라 이전 외국에서 흑융(黑絨)을 수입하여 군복을 제조하였던 것에서 탈피하여 우리나라 토산면사로 군복을 만들어 재용(財用)을 절약하고 공상(工商)을 흥왕하게 하였다. 이는 이미 1900년 백성기의 군폐교정책에서도 나왔던 것으로 군제가 어느 정도 완비됨에 따라 우리 식의 복색을 갖출 정도의 여유가 생긴 것이라 할 수 있다.

이제 실질적인 군비(軍備) 확충 방법만이 문제점으로 남게 되었다. 근대적 군사 장비의 구축 문제는 대한제국의 자체적인 무기 제작과 외국으로부터의 무기 수입으로 이루어졌다.

1898년 5월 당시 군부 포공국에는 겨우 고로박(古虜泊; 크루프) 총 12개, 사륜포(四輪砲) 4개, 회선포 6개, 대포 11개를 소유하고 있을 뿐이었다.[180] 이에 따라 황실에서는 프랑스·러시아·독일·영국·일본 등으로부터 각종 총포와 탄약의 구입과 자체 제작을 통해 군의 화력 강화를 준비하고 있었다. 1900년 중국의 의화단 사건 이래 대한제국의 황제는 군비 확장을 희망하고 각국으로부터 무기를 구입하고자 하였다. 이에 그해 여름 독일을 필두로 영국과 미국도 군총(軍銃) 매각을 위해 여러 가지 운동을 하였다. 그 결과 프랑스는 1874년 식 클레이 군총 1만정을 팔았던 연고로 무기 수출에 노력하였고, 그해 겨울 일본도 무관 노즈 스네다케(野津鎭武) 소좌

---

178 『皇城新聞』, 광무 5년 1월 31일.
179 『官報』, 광무 7년 1월 21일.
180 『독립신문』, 광무 2년 5월 24일.

표 14 대한제국 시기 열강을 통한 군비수입 현황

날짜	대상국	내용	출전
1898. 4. 19	일본	일본 정부에서 군부대신 민영기를 통해 대한제국 황제에게 무라다(村田) 연발총 10자루와 탄환 3,600발 등을 증정.	公
1898. 5. 24	일본	총기 제작 기계 구입을 위해 군부에서 정위 조신화, 공장(工匠) 김영식·김석조 파견.	독
1899. 4. 4	프랑스	군부에서 프랑스 총 1만 자루 구입.	皇
1900. 3. 16	러시아	400여 원으로 러시아인에게 군도(軍刀) 구입 의뢰.	皇
1900. 3. 20	일본	군부 기계청에서 쓸 기계 구입 차 이덕문을 파견.	皇
1900. 10. 8	독일	주문한 군물(軍物)이 도착.	皇
1901. 2. 9	독일	양총 300자루와 탄환 1만 발 주문.	皇
1901. 5. 6	일본	일본총 1만 자루를 구입하여 각 부대에 분급.	皇
1901. 5. 8 1901. 8. 12	프랑스	군수품 제조를 위해 프랑스인 기수(技手) 피에르와 루이를 고용.	皇
1902. 3. 10	영국	구입한 대포(麥沁砲 6문, 野戰砲 4문, 山戰砲 8문 및 부속기구)를 남문 내 선혜청에 설치.	皇
1903. 2. 28	일본 프랑스	일본에 주문한 군함 1척과 프랑스에 주문한 총 1만 2천 자루가 인천에 도착 예정.	皇
1903. 7. 13	일본	서서 장예원 앞 아베(阿部)합명회사 출장소에서 7월 10일부터 개점하여 일본제 무기 및 기타 부속품 일체를 직수입 판매.	皇 廣告

* 公: 「駐韓日本公使館記錄」, 독: 「독립신문」, 皇: 「皇城新聞」.

의 교섭 등으로 외부대신 겸 군부대신 박제순과 일본 측 명의인 기쿠치 겐조 사이에 30년식 연발 소총 1만 정과 탄약 100만 발 및 부속품 수출계약 조인을 완료하였다.[181]

자체적인 총포 생산도 준비되고 있었다. 1900년 4월 육군참장

---

181 『駐韓日本公使館記錄』, 「韓國軍備擴張策과 이에 대한 外國의 接近運動에 관한 件」, 1900년 12월 28일.

백성기는 상소문에서 군부 포공국을 활성화시켜 외국으로부터의 무기 수입에서 벗어난 자체 제작을 주장한 바 있었다.

이 무렵『황성신문』도 논설에서 국가가 위태롭고 백성이 흩어지는 때에는 국방과 무기 제조가 급선무로 작은 형식에 구애받는 현실을 개탄한 바 있다.[182] 이러한 결과 같은 해 5월 군부 기계국에서는 프랑스인 비이달을 월봉 300원에 고용하였다.[183] 1901년 10월 원동(苑洞)의 북일영(北一營)에서 17발총을 제조하였고 계천기원절에는 제조한 대포를 포대영(砲隊營)에서 시험하기도 하였다.

1903년 7월부터 군부 포공국에서는 70여만 원의 비용으로 미츠이물산(三井物産)으로부터 주총(鑄銃) 기계 1대를 구입하고 삼청동 기기창 공장을 재건축하고자 하였다. 이는 일본이 건축비를 선 부담하여 건축하고 총을 제조한 뒤 그 수익금을 정부에서 받기로 하는 조건으로 계약한 것이다.[184] 이에 11월에는 포공국 주사 2명을 일본에 파송하였지만 기계 구입액을 확정하지 못하고 귀국하였다.[185] 그러나 12월 35만 원의 구입 비용으로 다시 확정한 후 용산에 기계소를 설치하였다.[186] 반면 기기창 기사 고빙비 증가 문제로 이듬해 1월 군부는 러시아인과 프랑스인 기사를 계약 만기와 동시에 해고하였다.[187] 러일전쟁 직전 전운이 감

---

[182]『皇城新聞』, 광무 4년 5월 23일.
[183]『皇城新聞』, 광무 4년 5월 26일.
[184]『皇城新聞』, 광무 7년 7월 2일;『皇城新聞』, 광무 7년 7월 30일;『皇城新聞』, 광무 7년 9월 1일.
[185]『皇城新聞』, 광무 7년 11월 21일.
[186]『皇城新聞』, 광무 7년 12월 12일. 그런데 35만 원은 다시 추가되어 1904년 1월 군부에서 탁지부에 대금 80만 원을 지급하라고 조회한 바 있다(『皇城新聞』, 광무 8년 1월 20일).
[187]『皇城新聞』, 광무 8년 1월 13일.

도는 상황에서 이루어진 조치였다.

대한제국 시기 군사제도와 군비 강화 정책 및 군사기구 운용의 주요한 특징은 다음과 같이 요약될 수 있다.[188]

첫째, 대한제국 시기 군주권의 강화와 군사기구의 확대는 상호 기능하는 것이었다. 그것은 구체적으로 원수부를 설치하여 황제가 군을 직접 지배하는 것으로 표현되었다. 원수부는 정부 각 부서의 기능에 우선하였고 군은 원수부를 매개로 황제에게 철저히 종속되었다. 황제권 강화와 비례해서 원수부에서는 자주적 입장의 군제 수립을 위한 제도적 개혁을 추진하였다.

둘째, 대체적으로 근대적인 틀을 유지하면서 서구식 근대 군사기술을 전격적으로 수용하고 있는 추세였다. 그러한 사실은 조직 구성상에는 갑오년 이전 구식군대의 잔재가 거의 남아있지 않았다는 데서도 쉽게 알 수 있다.

셋째, 군비 증강은 당시 동아시아 3국의 보편적 현상이라는 시대적 조건에도 기인하는 것이기도 하겠지만 막대한 예산의 투입만큼 그 효과를 보고자 노력하였다. 그러므로 대한제국 정부는 군사비에 국가 예산을 집중적으로 투여하는 것은 무리라는 여론에도 불구하고 군대의 증강을 지속적으로 추진하였다. 중앙과 지방의 치안 확보를 위해 이전보다 훨씬 방대한 규모의 군을 동원하였고 그 결과 군은 황제의 입지를 강화시키는 데 일조하거나 민권운동과 민중운동 탄압의 폭력적 도구로 작용하였다. 황제는 강력한 군사정책의 추진과 동시에 이를 통해 정치적 안정을 이루려고 하였다.

그러나 이 시기 군사기구의 운용은 실상 적지 않은 문제점을

---

[188] 조재곤, 1996, 132~134쪽 참조.

내포하였다. 일반적으로 군비(軍備)의 양적 확대는 대외적 측면 즉, 국방과 국가 간 전쟁에 초점이 맞추어져야 하는 것이었다. 당시 제국주의 국가들은 군사가 자본이었고 이를 통해 국가 자본을 증식하는 기능을 마련하고 있었다고 해도 과언이 아니다. 그러나 대한제국은 국가 안보가 아니라 내부적 즉, 정권 안보에 너무 치중하였고 그 결과 1903년 말까지 군비 증강을 지속적으로 전개하고도 이듬해 1월 러일전쟁 발발 이후 일본의 압력에 거의 수수방관할 수밖에 없는 처지로 전락하였다. 그것은 결국 대외적으로 매우 취약하다는 것인데, 이 시기 군사기구의 우두머리들은 주변 정세와 국제관계를 염두에 두면서 국방에 대한 냉철한 인식을 하기보다는 오히려 기득권 수호와 신장에 더 민감하였다.

한때 국가 총예산의 40% 이상을 차지할 만큼 가장 압도적 비중으로 확대된 군사비는 대한제국의 군비 강화 의지를 표현하는 강력한 지표이지만, 이러한 막대한 투자에도 불구하고 러일전쟁 이후 일본의 군사적 침탈을 막지 못했다면, 결론적으로 대한제국기의 군사 근대화 정책은 성공한 것이라고 볼 수 없을 것이다.

엄밀한 의미에서 근대적 군사제도라고 명명될 수 있으려면 군사동원 원칙의 변화 즉, 민족주의를 동원이데올로기로 하는 국민개병제를 지향하여야 한다. 또한 군사비 조달체계의 변화, 다시 말해 국민의 세금으로 군사 경비를 조달하여야 하며, 근대적 무기체계로 전환하는 것이 필수적이다. 그러나 마지막 문제를 제외하고는 대한제국의 군대는 이와 같은 기능을 적절하게 수행하였다고 할 수 없다.

요컨대 대한제국 시기 군대의 성격은 국방을 위한 강병 또는 민족세력에 의한 국가관 교육 체계라기보다는 황제 권력을 보위하고 내부 치안을 담당했던 군대로 규정할 수 있다. 결국 대한제국의 군사정책은 근대화 사회에서 요구되는 군사력의 기초를 설정하는 역사적 과제를 제대로 해결하지 못하였고, 군사기구의 운용 역시 막대한 예산을 투여하였음에도 불구하고 실패로 끝날 수밖에 없었다. 즉, 이 시기 군사기구의 운용은 국토 방위라는 국방보다는 경찰적인 성격이 강한 것이었다.[189] 군대는 경찰을 대행하였고, 그 임무도 확연히 분류되지 않았다. 군대는 중앙의 민권운동과 지방의 민중운동 등의 정치적 불안을 막는, 즉 치안 확보를 위한 물리적 도구로 역할하는 국가 권력의 폭력장치로서 경찰의 임무를 대행하고 있었기 때문에 '경찰 아닌 경찰' 같은 존재였다.

---

[189] "현재의 한국 군대라는 것은 정확히 말하면 군대라기보다는 경찰력으로 간주될 수 있는 것이라고 지적하지 않을 수 없다"(『國譯 韓國誌』, 707쪽).

5

제국의 인프라와 물적 토대
산업 및 상공업 육성정책과 운영

개항 이후부터 19세기 후반까지 지속된 제국주의 국가들의 강도 높은 요구에 따른 대외적 위기의식은 대한제국 시기에 가면 내적 응축력 강화로 표출되었다. 그 결과 위기 상황을 모면하고 예정된 방식으로 단계별 과제를 수행할 수 있게 되었다. 1897년 10월 국왕 고종의 황제 즉위와 더불어 연호를 광무(光武)로 칭하고 국호를 조선에서 대한제국(大韓帝國)으로 개명한 우리나라는 국내외적 정세 변화에 따라 적어도 1904년 러일전쟁 전까지 잠정적으로나마 일시 국권을 회복할 수 있었다. 이 시기는 국내의 열악한 경제적 현실을 감안하여 황실과 정부가 독점적 특권을 보유하는 정책을 시행하면서 자강정책을 추진해 나갔다. 국내 산업의 보호 육성책과 외국의 이권 획득에 대한 거부 운동에서 더 나아가 관의 적극적인 협조를 이용하는 기업 구도를 마련하였다. 대한제국 정부는 농상공부(農商工部), 황실은 궁내부(宮內府) 주도로 전반적인 산업 육성을 도모하였다.

이 분야에서 한·중·일 동아시아 3국의 공통적인 화두는 '부국(富國)'과 '자강(自强)' 즉, '부강(富强)'이었다. 3국 모두 산업 육성정책은 관영사업 중심으로 진행되었다. 1868년 메이지 유신(明治維新) 이후 서양 기술을 받아들인 일본 정부는 광산·철도·섬유산업과 군사공업 등의 국가자본에 의한 관영사업에 중점을 두어 다액을 투자하였고 공부성(工部省)의 기술 관료들은 국가의 식산흥업 정책을 주도하였다. 그러나 청일전쟁과 러일전쟁을 치르면서 국가 목표를 '식산흥업'보다는 '강병'으로 전환하였다.[1] 중국은 1860년대부터 1895년 청일전쟁에서의 패배 때까지 자희태후(慈禧太后; 서태후)와 공친왕(恭亲王) 등 황실과 증국번(曾国藩)·이홍장(李鴻章) 등 관료 주도로 윤선초상국(轮船招商局; 上海)·선정국(船政局; 福州)·기기국(机器局; 天津·金陵·广州·西安·福建)·광무국(矿务局; 开平)·직조국(织造局; 兰州)·기계직포국(机械织布局; 上海·武汉) 등 관독상판(官督商办)과 관상합판(官商合办)에 의한 '반관반민'의 자본주의 기업 육성을 모색하는 양무운동(洋务运动)을 추진하였다.[2]

이 시기 각국은 봉건적 잔재를 청산하고 농업의 지배에서 산업의 지배로 이행하는 산업화를 위한 근대 경제제도를 도입하고 정착시키는 문제가 초미의 관심사였다. 근대사회에서 국가 경제기반시설의 구축과 생산력의 강한 결집, 산업과 상업의 진흥은 자강과 부국을 위해서는 반드시 필요한 요소로서 국가 권력이 작용하여 선진국의 새로운 산업과 기술을 도입하고 육성하여 낙후된 현실을 극복하려는 것은 일반적인 현상이었고 대한제국의 지향점 또한 예외일 수 없었다.[3] 그런데 일본과 중국과는 달리 우리나라의 경우

---

1   楫西光速 外, 1969; 柏原宏紀, 2009; 石井寛治, 2012 참조.
2   鈴木智夫, 1992; 夏东元, 1996 참조.
3   본 논고와 관련한 주요 연구로는 金泳鎬, 1968; 姜萬吉, 1973; 李憲昶, 1995; 柳

그간 본 주제와 관련된 선행 연구가 그다지 많지 않았던 관계로 개략적으로 접근하거나 아니면 제한된 자료 분석에 치중하여 전체적인 성격을 정확히 규명하지 못한 측면이 있었다.

이 연구에서는 먼저 대한제국 정부의 산업 및 상공업 정책과 관련하여 당시 관영사업이자 기간산업인 철도 부설권과 광산 채굴권을 외국으로부터 회수하는 문제와 더불어 직접 경영을 통한 황실과 정부 주도의 '제국 인프라(Imperial Infrastructure)' 조성 내용의 실상을 살필 것이다. 이어 민수 분야인 양잠 직조업 진흥정책과 잠업과 직조회사 설립 실태를 알아본다. 다음으로는 상공업기구인 상무사(商務社)의 설치와 특징적 활동을 살피고, 상업신문 간행과 상업학교(商業學校)·광무학교(礦務學校) 등 실업학교 설립의 내용을 밝힐 것이다. 본 작업에서는 상공업정책을 갑오개혁 시기의 '경쟁적 시장질서'와 대비되는 대한제국 시기의 '정상일체주의(政商一體主義)[보호상업주의(Protectionism)]'로 설정하고자 한다. 이는 갑오년 이전 도고체제(都賈體制)와는 그 성격을 달리하는 정부와 황실 즉, '국가주도형의 자본주의' 육성에 의한 근대화 추진정책이기 때문이다.

承烈, 1997; 이영학, 1997, 2017; 金泰明, 2001; 김재호, 2002; 吳鎭錫, 2007; 조재곤, 2010; 전우용, 2011 등이 있다.

국내 산업의 보호·육성

자력에 의한 철도 건설 추진

갑오·을미년간 철도(鐵道)·광산(鑛山)·기선업(汽船業) 등에 대한 일본의 이권 추구가 국내 산업의 보호와 육성을 제약하였다는 반성이 이루어지면서 정부는 그 이권을 회수하고 자력으로 육성하고자 하였다.[4] 그 일환으로 1896년 7월 칙령 제31호로 「국내철도규칙(國內鐵道規則)」을 제정하였다.[5] 같은 해 11월 국왕은 조서를 내려, "철도와 광산은 인민의 편의와 이익에 관계되는 것이므로 우리 정부가 일찍이 미국과 프랑스 두 회사에 합동(合同)하여 철도를 부설하도록 하였는데 해당 합동 회사에서 부설하는 해당 철도의 선로(線路)에 필요한 토지와 건물을 짓는 데 필요한 토지, 기타 긴요하게 필요한 토지는 모두 우리 정부에서 그 값을 지불하고 해당 두 회사에 값을 물리는 것은 없다. 그런데 지금 우

---

4 李憲昶, 1995, 69쪽.
5 『官報』, 건양 원년 7월 17일.

리나라의 재정(財政)이 넉넉하지 못하여 토지를 더는 마련할 수 없다. 이제 지시를 반포한 날부터 1년 동안은 각국 인민에게 철도합동(鐵道合同)을 허락할 수 없으니 무릇 대소인민(大小臣民)은 모두 다 알지니라"[6]는 것을 밝혔다. 이는 정부의 재정 부담을 이유로 외국인에 대한 철도 부설권 허가를 금지하려는 명분을 축적한 것이었다.

대한제국 시기에 접어들면서 독립협회(獨立協會) 등을 필두로 한 철도·광산·전선·삼림 등의 이권을 외국인에게 양도하지 말자는 재야의 이권수호운동 여론도 더욱 거세게 일어나게 되었다. 정부는 일본의 강력한 철도 부설권 요구를 거절할 방편으로 1898년 1월 농상공부의 청의에 따라 의정부 회의를 통해 재가 받은 국내철도 및 광산을 외국인에게 허가하지 않는다는 방침을 내외에 천명하였다.[7] 이는 언론에서도 강조되는 내용이었다. 『황성신문』은 몇 차례 걸친 논설에서 다음과 같이 주장하였다.

대한상민(大韓商民)은 소위 상업(商業) 권리(權制)를 다 외국인에게 빼앗기고 내국 상인은 그 잔여를 수습함에 지나지 않아 이대로 가면 상민(商民)이 부지하기 어렵다. 정부권리는 정부에 있고 인민권리는 인민

---

[6] 『韓末近代法令資料集』 II 「詔勅, 各國人民에 대한 鐵道合同을 1年間 不許하는 件」, 건양 원년 11월 15일.

[7] 『韓末近代法令資料集』 II 「奏本, 國內 鐵道鑛山의 外國人合同을 勿許하는 件」, 광무 2년 1월 12일. 그러나 이에 대해 1월 26일 일본 변리공사 가토 마스오(加藤增雄)는 1894년의 「暫定合同條款」에 의하게 된다면 京仁鐵道는 이번 1월 19일자 『官報』에 '國內 鐵道鑛山을 外國人에게 勿許한다'는 것과 하등 상관이 없다는 뜻을 우리 정부에 전하고 이미 제출된 약정서에 서로 조인하여 타결을 바란다는 내용의 조회를 외부대신 조병직에게 보내기도 하였다. 『舊韓國外交文書』 3권, 日案 #4563, 광무 2년 1월 26일.

이 가져 서로 침해치 아니하면 우리나라도 차차 전진할 수 있다.

-『皇城新聞』, 광무 2년 9월 16일

외국과 개항한 이래 철도·광산·삼림·어업·상업 등 막대한 이권을 빼앗기고도 우리 조선인은 수치스러워하거나 분노할 줄 모른다. 정부와 인민은 마땅히 분개하여 일어서야 할 것. -『皇城新聞』, 광무 3년 9월 19일

대한제국 정부는 1898년 7월 6일 철도사(鐵道司)를 설치하고 관제를 재가 반포하였다. 철도사에는 감독 1인 칙임 2등 이하, 사장 1인 주임, 기사 2인 주임, 주사 2인 판임, 기수 5인 판임을 두었다. 감독은 농상공부대신의 지휘명령을 받아 철도에 관한 일체 사무를 관장하고, 사장은 감독의 명을 받아 사무를 관리하였다. 기사는 감독 또는 사장의 지휘를 받고, 기수는 철도에 관한 기술에, 주사는 서무에 종사하였다. 철도사의 사무는 ① 관설철도(官設鐵道)의 부설 보존 및 운수에 관한 사항, ② 사설철도(私設鐵道) 부설 허가 및 관리에 관한 사항, ③ 관설철도 세입·세출, 예산·결산출납과 수용물품 구매보관 및 출납에 관한 사항 등으로 규정하였다.[8] 철도사는 그해 7월 27일 칙령 제29호로 철도국(鐵道局)으로 개칭하였다.[9] 그러나 제반 규정은 이전과 비슷하였다.[10]

철도국 설립과 더불어 대한제국 정부는 외국인에게 철도 부설권을 양여하는 것에 적극 대처하기 시작하였다. 예컨대 일본 제

8 『韓末近代法令資料集』 II「勅令 제26호, 鐵道司官制」, 광무 2년 7월 6일.
9 『韓末近代法令資料集』 II「勅令 제29호, 鐵道司를 鐵道局으로 改稱하고 該官制를 改正하는 件」, 광무 2년 7월 27일.
10 『官報』, 광무 2년 7월 30일.

제물포 세창양행과 관계자들

58은행 경성지점 주임 호시나가 지로(乾長次郎)와 인천 거주 상인 요시카와 사타로(吉川佐太郎)의 청원을 대리한 임시대리공사 히오키 에키(日置益)의 경성(京城)-원산(元山) 간 철도 부설 요구에 대해서는 "대한 정부에서 철도국을 설치하고 국내 철도를 장차 경영하려 하니 이미 약정된 것 외에는 외국인에게 부설권을 허가하지 않을 것"임을 회답하였다.[11] 독일의 세창양행(世昌洋行; E. Meyer & Co.)도 서리 영사 라인스도르프(F. Reinsdorf)를 통해 증남포(甑南浦)-평양(平壤) 및 평양(平壤)-원산(元山) 간의 철도 부설권을 인가하여 달라고 요청하였지만 위와 같은 이유를 들어 거부하였다.[12] 프랑스 엔지니어인 피브릴 사(社) 그리유(Grille)의 서울-목포(木浦) 간 철도 부설권 획득 시도도 정부 주관부서가 관장하도록 칙령을 발포하여 허사로 돌아갔다.[13]

 1898년을 전후한 시기 한국 정부는 산업육성정책의 일환으로 자력에 의한 철도건설을 적극 추진하였다. 철도사 감독으로 전 환국장 이용익(李容翊)이 임명되었고, 철도 부설을 염두에 두고 서울-목포, 서울-원산-경흥, 원산-평양-진남포, 경흥-의주 간의 지형답사도 이루어졌다.[14] 한편 외국인의 토지 점탈 등으로 생활 기반을 잃은 농민들도 철도의 부설권과 인민의 생존 기반인 토지를 절대로 외국인에게 양도하지 말 것을 요구한 바 있었다. 그 결과 1898년부터 1904년까지 서울과 각지에서 15개 이상의

---

11 『舊韓國外交文書』4권, 日案 #5171, 광무 3년 6월 17일.
12 『舊韓國外交文書』16권, 德案 #2114, 광무 3년 8월 23일; #2113, 광무 3년 9월 2일.
13 러시아대장성 편, 1900(한국정신문화연구원 역, 1984, 236쪽).
14 黃玹, 『梅泉野錄』제2권, 광무 2년.

경인철도 기공식(1900년 서대문역)

철도 관련 회사가 설립되었다.[15]

최초로 철도 부설에 나선 국내 기업은 1898년 5월 창립된 부하철도회사(釜下鐵道會社)였다. 이 회사는 박기종과 윤기영 등이 발기한 것으로 종친이자 관료출신인 이재순이 도사장, 안경수가 사장, 민영철이 부사장을 맡았던 반관반민(半官半民)의 국책회사였다. 부하철도회사는 부산항과 낙동강 하구의 하단포에 이르는 약 15리(6km)의 짧은 구간으로 10여만 원의 자본금으로 농상공부의 승인을 받았다. 그러나 안경수의 '대한청년애국회(大韓靑年愛國會)' 쿠데타 모의 발각과 자금 조달이 이루어지지 않는 등의 요인에 의해 좌절되었다.[16] 같은 기간 김두승과 이근배 등은 한성 5서 내 전기철로와 전기등·전화 설치 등과 관련하여 '한성전

---

15 정재정, 1999, 85~86쪽.
16 박기종과 철도 부설 문제에 대해서는 藤永壯, 1991 참조.

기회사(漢城電氣會社)'를 조직하여 규칙을 정하고 자본금을 모집하여 농상공부에 인가를 청원하였다. 기한을 35년으로 정한 이 회사는 자본금 30만 원을 한도로 1주당 100원의 주식을 발행하고 주주를 모았다.[17]

1899년 6월 국내철도용달회사(國內鐵道用達會社)의 박기종·이규환 등이 중심이 되어 '관민(官民)이 합자(合資)'한 형태로 경원선(京元線) 부설에 착수하였다. 대한제국 정부는 "만일 허시(許施)한 후에 이 철도 부설권을 외국인에게 전매하는 일이 있으면 해당 사람들은 율법에 따라 무겁게 책임을 물을 것이요 청원한 일은 시행하지 않는다"는 조건으로 청원을 허용하였다. 궁내부 대신 이재순이 사장을 겸직한 이 회사의 공사를 위해 정부에서는 200만 원의 보조금을 교부하였다.[18]

1900년 9월 5일에는 독일 영사 서리 바이페르트(Heinrich Weipert; 瓦以璧)가 우리 외부에 세창양행에게 서울-원산 간 철도 부설권을 인허하여 줄 것을 요청한 바 있었다. 이에 외부대신 박제순은 경원철도는 본국 회사에 이미 인허하였을 뿐 아니라 외국인에게 철도 부설권을 양여하지 않는 것이 대한제국 정부의 방침이라고 거절하였다.[19] 이에 앞서 러시아 공사 서리 스테인(Штейн, Евгений Фёдорович; 師德仁)이 경의철도(京義鐵道)의 부설권을 서울에 거주하는 러시아 남작 긴즈부르크(Гинцбург, Гораций Осипович)에게 준허해 주도록 요청해 온 적도 있었다. 당시 외부대신 이도재

17 「1898년 金斗昇, 李根培 請願書」(광무 2년 정월 26일, 한국학중앙연구원 고문서).
18 金泳鎬, 1968, 336쪽.
19 『舊韓國外交文書』 16권, 德案, #2268, 광무 4년 9월 5일; #2272, 광무 4년 9월 12일; #2284, 광무 4년 9월 18일; #2325, 광무 4년 12월 20일.

도 마찬가지로 한국 정부에서 직접 철도를 부설하겠다는 회답을 하였다. 1903년 2월 14일 스테인은 우리 외부로 다시 조회하여 한국 정부의 부설 계획이 변경될 때에는 긴즈부르크에게 허가하여 주도록 요청할 정도로 열강의 요구는 집요하였다.[20] 그러나 이 같은 외국인의 청원들은 받아들여지지 않았다.

우리 스스로에 의한 철도 부설을 염두에 둔 대한제국 정부는 1900년 4월 6일 포달(布達) 제56호로 궁내부 산하에 철도원(鐵道院)을 새로 두었다. 철도원은 황실 소속 철도를 관장하는데 경인철도와 경부철도를 직할하여 일체 사무를 처리하는 사무를 맡았다. 직원은 칙임 총재 1인, 칙임 감독 2인, 주임 기사 3인, 판임 주사 3인, 기수 2인을 두게 하였다.[21] 경부철도회사 설립을 지원하기 위해 1901년 2월 고종황제가 주식 2천주, 황태자가 1천주, 영친왕이 500주를 사서 소유하기로 계획을 세운 바 있었다.[22] 그러나 자본금 준비 문제로 우리 측의 철도 부설은 이후에도 지지부진하였고 적지 않은 시간이 소요되었다.

이러한 때인 1900년 9월 궁내부 내장원(內藏院)에서는 이용익을 총재로 하는 서북철도국(西北鐵道局)을 별도로 설치하여 경의선(京義線) 철도를 직접 관할하려는 계획을 세웠다. 서북철도국에서는 1901년 7월까지 우선 서울과 개성(開城) 간의 구간 측량을 완료하고 300만 원의 예산을 확보하여 협궤철도 건설을 결정하였다. 이어 1902년 3월 30만 원의 자금과 매달 20만 원의 공사비를 전환국

---

20 『舊韓國外交文書』 18권, 俄案, #2002, 광무 7년 2월 14일.
21 『韓末近代法令資料集』 Ⅲ 「布達 제56호 宮內府官制改正」 광무 4년 4월 6일; 『官報』, 광무 4년 4월 9일.
22 「勅旨」, 광무 5년 2월 일(한국학중앙연구원 장서각 고문서).

(典圜局)으로부터 지원받아 공사에 착수할 수 있었다.[23]

1902년에 가면 대한제국 정부와 민간에서 직접 철도 부설을 하려는 움직임이 재차 시도되었다. 그해 3월 독일 영사가 경원선(京元線) 철도 부설 권리를 세창양행에 위임하여 줄 것을 청하자 한국인에 인허하겠다는 뜻을 회답한 바 있었다.[24] 4월에는 철도회사(鐵道會社) 사장 민영철(閔泳喆)이 농상공부에 경원 철도 부설권을 준허하여 줄 것을 청원하였다. 한편 6월 18일 각처 지선철도(支線鐵道)의 부설사업을 목적으로 김석규·박기종·이용복·유기남·유지연 등이 합자하여 50원을 1주로 하는 주식을 모아 영호지선철도회사(嶺湖支線鐵道會社)를 설립하고 농상공부에 창원(昌原)·마산(馬山)-밀양(密陽)·삼랑진(三浪津) 간 철도 부설을 청원하였다. 이에 농상공부대신 민종묵은 합자로 회사를 설립하여 지선을 부설하려는 것은 국민의 의무에 합당하고 시의에 맞다면서 인허하였다.[25]

이렇듯 집요한 한국인들의 철도 부설 운동에 대해 일본 공사 하야시 곤스케는 일본 스스로의 힘으로는 도저히 목적을 달성할 수 없다 판단하고 권력자 이근택(李根澤)과 김영준(金永準)을 움직여 박기종이 가지고 있던 부설 권리를 일본의 경부철도회사(京釜鐵道會社)에 양도하게 하려고 공작하였다. 하야시는 운동비로 일본 정부에 40,000원을 신청하여 그 반액은 한국 황제에게, 나머지 반액은 박기종·이근택·김영준 등에게 줄 것을 계획하였다. 그런데 이를 다시 이지용과 협의하였으나 운동비가

23 정재정, 1999, 88쪽.
24 『交涉局日記』7, 광무 6년 4월 14일.
25 『駐韓日本公使館記錄』「請願書」, 1902년 6월 27일.

부족하다고 하여 계획을 그만두었다.[26] 이 기간 황제의 측근이자 이용익의 심복으로 평가되는 김영수를 철도원감독에 임명하였다.[27]

1904년에는 운수회사[경목선(京木線)] 등이 설립되어 한국을 관통한 주요 간선 중 경부선을 제외하고는 모두 한국 민간인 회사를 통한 건설이 기획되고 있었다.[28] 그러나 당시 한인 회사들은 기술 수준은 물론 충분한 자본조달 능력과 회사의 규모를 구비하지 못하였다. 대한제국 정부 또한 스스로 철도를 건설하겠다고 천명했지만 이를 지원할 만큼의 재정을 확보해놓지 못한 상태였다.[29] 그 결과 정부로부터 철도 부설권을 허급(許給)받았던 부하철도회사(釜下鐵道會社)·대한국내철도용달회사(大韓國內鐵道用達會社)·호남철도주식회사(湖南鐵道株式會社) 등도 자본 궁핍으로 초기 기획단계에서 중도 하차하지 않을 수 없었다. 대한철도회사(大韓鐵道會社) 또한 경의 철도 부설권만 확보해둔 상태에서 계획을 성사시킬 규모의 자본조달은 엄두도 내지 못했다.[30]

목하 경의철도는 한국의 독력으로 부설하는 것으로 되어 있다. … 그 자금의 조달에 곤란을 겪고 있다. 때문에 이 기회를 이용하여 동 철도 부설비를 한국에 대부하고, 이를 조건으로 해당 철도 및 해관 수입을 담보

26　『駐韓日本公使館記錄』「馬山三浪津間 鐵道敷設權의 件」, 1902년 8월 27일; 『駐韓日本公使館記錄』「馬山三浪津間 鐵道敷設權 獲得을 위한 運動費 支給 一時 中止 件」, 1902년 8월 25일.
27　『承政院日記』, 광무 6년 8월 28일.
28　趙璣濬, 1973, 88쪽.
29　Henry J. Whigham, 1904(이영옥 역, 2009, 282쪽).
30　정재정, 1999, 86쪽.

로 우리에게 제공시킬 것. 또는 다른 차관에 응하게 하여 이것의 보수로서 경의철도의 부설권을 양여시킴과 동시에 해관 수입으로써 우(右) 차관의 담보로 제공시킬 것.　　　-『日本外交文書』 35권, 1902년 10월 20일

러일전쟁 직전인 1903년 11월, 일본 공사는 우리에게 프랑스가 선점하고 있던 서울과 의주간의 경의철도 부설권 제공을 요구했다. 이에 대한제국의 황제는 프랑스 대리공사에게 프랑스 권리 침범에 관해 우리 정부에게 공식적으로 항의하라고 주문하였고, 그 결과 일본의 요구는 철회되지 않을 수 없었다. 그러나 '일본의 한국 정책의 핵심'이라 할 정도로 철도 경영은 일본에서 중요하게 취급하는 것이었다.

"경의(서울-의주)간 군사철도를 건설하여 아군(我軍; 일본군)으로서 그 행동을 민활하게 하는 것은 실로 초미의 급한 것에 속한다. (일본) 제국정부는 해당 철도 부설에 대하여 속히 착수하는 것은 군사상 필요에 관련이 있고, 귀 (한국) 정부 현재의 시국을 고찰하면 헛된 이의도 없을 뿐 아니라 마땅히 부설 상 제반 편의를 주어야 할 것"[31]이라는 하야시 곤스케 공사의 1904년 3월 통고에 따라 한국 정부는 그해 5월 경의철도를 일본에 양여하였다. 러일전쟁 발발 직후의 상황이었다. 그런데 이 경의철도는 1903년 9월 정치인이자 실업가인 다케우치 쓰나(竹內綱)의 제안으로 서울-의주, 의주-안툰(安東)-랴오퉁 잉커우(營口)에 이르는 장거리 철로 부설을 염두에 둔 것이었고, 경의(京義)·영의(營義) 2개의 철도회사에서 이를 각기 추진하였다.[32]

31　『電報新聞』, 明治 37년 3월 4일.

1904년 「한일의정서」 체결 후, 일본군은 경의선을 군용철도로 부설하기 시작하였다. 그 결과 8월 9일 이용익과 대한제국 황실이 주도하던 서북철도국은 혁파되어 철도원에 흡수되었고, 철도원 역시 일제 침략의 보조기관으로 기능할 수밖에 없었다.[33] 결국 국권이 무기력화되는 러일전쟁 과정에서 일본은 경부철도를 완공하고 경의선 공사를 착공하는 등 1904년을 계기로 우리의 철도 부설권을 독점하게 되었다.

광산 이권의 보존과 개발

전국의 대부분이 산지인 우리나라에서 당시 모든 광물은 정부의 소유이며 농상공부의 특별 허가를 받지 않고서는 설사 자기 땅에 광물이 매장되어 있을지라도 이를 채굴할 권리가 없었다.[34] 그러나 이와는 달리 광산에서 나오는 풍부한 각종 광물자원은 일찍부터 제국주의 열강의 쟁패 대상이 되었다. 조선에서 광산(특히 금광) 이권의 획득은 조선과 수호통상조약을 맺고 있었던 모든 국가들의 주요 관심사였으며, 1895년 미국이 평북 운산(雲山) 금광 채굴권(金鑛採掘權)을 획득한 후에는 열강들의 광산 이권에 대한 침탈이 본격적으로 전개되었다. 따라서 대한제국 정부가 산업육성 정책을 수립하는 과정에서 광산 이권의 보존과 우리 측 입장에서의 개발은 철도와 더불어 가장 중요한 내용의 하나였던 것

---

32 朝鮮鐵道史編纂委員會 編, 1937, 148~149쪽.
33 全旌海, 2003, 161쪽.
34 Homer B. Hulbert, 1906(申福龍 역, 1984, 229쪽).

운산금광

이다. 국가 재정의 확충에 중요한 역할을 하는 광업생산물의 무분별한 국외 이출을 억제하기 위해 1898년 1월 8일 농상공부 청원에 따라 정부에서는 1898년 1월 12일 철도와 더불어 광산의 외국인 합동을 허가하지 않는다는 내용의 방침을 천명하였다.[35]

1898년 3월 의정부에서는 참정과 찬정 등의 명의로 의견서를 올렸는데, 그 내용은 비옥한 토지가 많은 삼남(三南)의 금광 및 관제에도 없는 각광(各鑛) 감독(監督)은 폐지하고, 삼남 외의 광업사무는 농상공부 광산국장이 전적으로 관리할 것이며, 민폐가 많은 광무어사(鑛務御史)나 시찰관(視察官)들을 소환하도록 하라는 것이다.[36]

독립협회에서는 같은 해 5월 22일 외부대신 조병직에게 글을 올려, 철도와 각 광산의 개발권을 외국인에게 허가할 수 없다는 강경한 의지를 표명할 것을 전달하였다.

35 의정부 편, 『各部請議書存案』 4(奎 17715) 28책.
36 『독립신문』, 광무 2년 3월 31일.

대저 금·은·동·철·석탄 각 광은 우리나라의 토지라. 우리나라 인민이 캐어 부하고 강할 방책을 스스로 기대하는 것이어늘 어찌 타국 사람에게 허락하릿가. 그러기에 본년 1월 12일 의정부에서 회의하고 국내에 철도와 각 광산을 타국 사람에게 허락하지 말 줄로 결정한 뒤에 상주하와 제하여 가라사대 가(可)라 하였은즉 이것은 국가에 확정한 법률이 되어 다시 요개할 리가 없음은 전국 인민이 한가지로 아는 바이라. 귀 대신께서 응당 아실 터이니 그 공사에게 어떻게 답조회하실 주의를 또한 밝히 말씀하시기를 바라노라고 하였다더라.
― 『독립신문』, 광무 2년 5월 26일

10월 28일 독립협회의 관민공동회(官民共同會) 결의안 중에서도 철도와 광산을 비롯한 각종 이권을 외국인에게 양여할 때는 반드시 각부 대신과 중추원 의장이 합동 서명하여야 한다는 점을 강조하였다.

광산과 철도와 석탄과 삼림(森林)과 빚 얻어 쓰는 일과 군사 비는 일과 무릇 정부에서 외국 사람과 무삼 약조하는 일들을 만일 각부 대신들과 중추원의장이 합동하여 성명 쓰고 인(印)을 찍지 아니한 즉 시행 못할 일이며.
― 『독립신문』, 광무 2년 11월 1일

활빈당(活貧黨)도 「13조목대한사민논설(十三條目大韓士民論說)」에서 '금광(金鑛)의 채굴(採掘)을 엄금(嚴禁)할 것'[37]을 주장한 바 있었다.

---

37   信夫淳平, 1901, 74~79쪽.

표 15 궁내부 소속 광산 현황(1898. 6. 25)

도별	군별	금광	은광	동광	철광	옥광	탄광
함경도	영원					○	
	부령	○		○			○
	단천	○	○	○	○	○	
	길주				○	○	○
	장진	○		○			
	갑산	○	○	○			
	영흥	○	○		○		○
	문천				○		○
	고원	○			○		○
	경성				○	○	○
강원도	금성	○	○				
	춘천	○					
	홍천	○		○			
	삼척						○
경기도	안성	○					
	직산	○					
	통진						○
충청도	청주	○		○			
	충주	○					
	공주		○				
경상도	청송	○					
	의성	○					
	성주	○			○		
	경주				○	○	○
	울산				○		○
	창원	○		○	○		
	문의	○					
	진주	○					○

도별	군별	금광	은광	동광	철광	옥광	탄광
황해도	송화	○					
	장연	○					
	재령				○		
	수안	○			○		
평안도	평양	○					○
	순안	○					
	은산	○					
	죽천				○		
	영변	○			○		
	선천	○					
	의주	○					
	후창	○		○			
전라도	금구	○					
	남원	○			○		
	전주	○					
총계		32	5	6	17	5	12

* 奏百二十五, 『四十三郡各鑛移屬宮內府請議書』(『官報』. 광무 2년 6월 28일)에 의해 작성.

이러한 기간산업의 국유화 또는 황실재산화를 희구하는 듯한 분위기는 열강이 노리는 우리의 광산을 우리 스스로 지키는 한편 더 나아가 황실로 하여금 광산을 황실사업으로 직영하고자 하는 의욕을 적극 자극하였다. 이에 1898년 6월 궁내부 관장 업무에 광산을 추가하고, 함경도 단천을 비롯한 전국 43개 군의 금·은·동·철광·옥광·탄광 등 주요 광산을 농상공부에서 궁내부로 이속하였다. 광산의 감독은 이용익으로 전관 거행하게 하는 등 적극적인 광업정책을 실시한 것이다.

이와 같이 황실이 전국 광지(鑛地)를 소유 혹은 관할하게 된 것은 '절대군주제' 하에서의 황실의 사적 소유를 내세움으로써 열강의 침탈로부터 이를 방어하는 데 하나의 적절한 명분이 될 수 있기 때문이었다.[38] 더불어 내장원에서는 전매제도를 강화하는 한편 홍삼세(紅蔘稅)·어장세(漁場稅)·염세(鹽稅)·특산물세(特産物稅) 징수 등을 관장했고, 중앙에서 봉세관(奉稅官)을 파견하여 지방 장시(場市)와 포구(浦口) 등지에서 각종 잡세(雜稅)를 수취하는 등의 활동을 통해 황실 재정 확충에 크게 기여했다.

1898년 11월 13일 황제는 조서를 내려, 각 군의 광산 중 황실 소유 외에는 농상공부에서 이관된 광산은 모두 원래대로 돌릴 것을 명하였다. 이외에도 궁내부 소관 각 둔토(屯土) 중 탁지부로부터 옮겨온 것과 어염(魚鹽)·선곽세(船藿稅) 등을 탁지부로 돌리라 하였다.[39] 그러나 이는 궁내부 역할 강화에 따른 내외 여론의 반발에 대한 일시적 미봉 조치였다. 예컨대 1899년 2월에는 평안도·황해도·함경도의 농상공부 소속 광산을, 1901년 6월에는 8개 처의 농상공부 소속 광산을 궁내부로 옮겼다. 이전에는 정부(탁지부와 농상공부)의 수입이었던 광산세(鑛山稅)는 이후 대한제국 시기에 들어서면서부터 광산개발 과정에서 대부분 궁내부 내장원의 세입으로 잡혀 황실의 수입은 증가되었다. 궁내부에서는 각 도에 감리(監理)를 임명하였고 광산별로 별장(別將)을 파견하여 세금을 징수하였다.[40]

대한제국 정부는 서구열강과 일본 등이 요구하는 광산 이권에 대해서도 1898년 1월 공표한 '국내 철도 및 광산의 외국인과의

---

38 朴萬圭, 1982 참조.
39 『官報』, 광무 2년 11월 14일.
40 李培鎔, 1988, 512쪽.

홈링거양행

계약 불허' 조항을 근거로 거절하곤 했다. 1898년 11월부터 시작된 영국인 머독(J. V. B. Murdoch; 木爾鐸)과 헤이(J. A. Hay; 海意) 등의 요구를 대신하여 영국 공사 조던(J. N. Jordan; 朱邇典)이 평안도 은산금광(殷山金鑛) 개광(開鑛) 허가를 요구하였다. 이에 외부대신이 이 광산은 궁내부 소속이며 황실에서 인부를 파견하여 개광하고 있으니 이외의 다른 곳을 택하라고 조회하여, 할 수 있는 한 최대한 양여를 거절하는 입장을 취하였다.[41] 1903년에는 인천의 영국 상사 홈링거양행(Holme Ringer&Co.)의 황해도 수안금광(遂安金鑛) 채광(採鑛) 청원에 대해서도 사절하였다.[42] 「한의

---

[41] 『舊韓國外交文書』 14권, 英案 #1680, 광무 3년 11월 16일; 『議政府來去文』 8(奎 17793), 외부편 11책, 광무 4년 1월 25일.

[42] 『舊韓國外交文書』 14권, 英案 #2418, 광무 7년 4월 14일; 『駐韓日本公使館記錄』, 1903년 6월 10일.

통상조약(韓義通商條約)」제10조를 거론하면서 이탈리아 식민상업회사가 궁내부 소속 광산 1곳의 채광을 허가 요청한 것도 이미 약정한 합동 외에는 외국인에게 개채(開採)를 준허하지 않는 것이 정부의 방침임을 들어 거절하였다.⁴³

탁지부 소속 광산을 궁내부로 재배치하는 한편 1902년에 이르면 농상공부 소속 광산국을 폐설하고 궁내부 광학국으로 일원화하려는 계획까지 세우고 있었다.⁴⁴ 일찍이 갑오개혁 시기인 1895년 3월 25일 칙령 제48호에 따라 농상공부 소속의 3등국으로 시작된 광산국(鑛山局)은 광산의 조사 및 기타 관민업(官民業)에 속하는 광산에 관한 사업, 지질 및 분석에 관한 사항을 관장하도록 하였다.⁴⁵ 이와는 달리 1902년 2월 16일 포달 제78호로 설치된 궁내부 소속의 광학국(鑛學局)은 광산에 관한 실지교육에 대한 일체 사무를 관장하도록 규정하였다. 광학국에는 칙임 혹은 주임의 국장 1인, 칙임 대우의 감독 1인, 주임 기사 1인, 판임 주사 5인을 두었다.⁴⁶ 대한제국 시기 궁내부에 소속된 일부 기관의 예산은 황실비와 별도로 편성되었는데, 1902년 광학국 설치로 1904년에는 32만 원으로 늘어났다.⁴⁷

이렇듯 대한제국 황실과 정부는 관영사업으로서의 광업 개발에 적극적이었다. 그 이유는 우선 열강들의 광업권 개발 요구에 적극 대처함으로써 국부의 유출을 최대한 막기 위함에 있었다. 또한 황실이 직접 광원(鑛源)을 개발하여 하나의 산업으로써 흥기(興起)시

43 『舊韓國外交文書』 21권, 義案 #211, 광무 7년 4월 9일; #270, 광무 8년 1월 22일.
44 『皇城新聞』, 광무 6년 2월 17일.
45 『日省錄』, 고종 32년 3월 25일.
46 『官報』, 광무 6년 2월 19일.
47 이윤상, 1997, 114쪽.

키려고 한 것은 각종 재원 중 큰 비중을 차지할 것으로 생각되었던 광산세(鑛山稅) 수입을 통한 자금의 확보에 있었다. 그러나 '광무(鑛務)를 일으키고 상공업을 발전시킨 후 그에 따라 많은 세금을 부과'하는 것은 '국가를 이롭게 하고 백성에게도 손해가 없다'는 정부의 주장에 대해 '개인의 배만 불린다'라고 하여 황실 재정 확충에 대한 간접적인 비판 여론도 대두되었다.[48]

직조·양잠업의 진흥과 회사 설립

당시 한국인들은 주로 집에서 짜서 만든 옷감, 즉 견포(絹布)·마포(麻布)·면포(綿布) 등으로 옷을 만들어 입었다. 특히 필수품으로서 면포는 한국 토양에서 제작이 적합한 것으로 한국산 면은 섬유질이 질기고 보온능력이 좋기 때문에 일본산보다 우수하다는 국제적 평판이 있었다.[49] 한국에서 생산되는 면포는 거의 국내 수요를 충족시키고 있었다. 다른 분야와는 달리 이 분야는 이미 개항 이후 1880년대부터 외래적 요소와 재래적 요소가 결합되면서 어느 정도 방향성을 제시하고 있었다. 그 결과 정부 주도로 1884년에는 잠상공사(蠶桑公司), 1885년에는 직조국(織造局)이 설립되고 중국인 기술자도 초빙되었다.[50] 〈표 16〉~〈표 18〉은 부산항 상법회의소(商法會議所) 서기 마쓰다 코조(松田行藏)가 1888년 10월 10일부터 11월 25일까지 조선의 경기도·충청도·

---

48 『皇城新聞』, 광무 6년 6월 14일.
49 『國譯 韓國誌』, 494쪽.
50 權泰檍, 1980, 147쪽.

표 16 경기도 지역 각 군현별 직조현황(1888)

번호	지역	면작 호수	호당평균 생산고	1개년 생산고	목면직 호구	호당평균 생산고	1개년 생산고	임금	발송지
1	여주	4,000호	4관 50목	16,200관목	4,000호	다 10필 소 5필	30,000필	미상	서울
2	용인	600호	1관 80목	648관목	600호	2필	1,200필	미상	현지 공급
3	양성	600호	2관 700목	1,320관목	600호	5필	3,000필	미상	서울

* 松田行藏, 1888, 「朝鮮國忠淸江原道旅行記事」, 釜山商法會議所. 1. 134~136쪽; 2. 158~160쪽; 3. 160~163쪽을 근거로 작성.

표 17 충청도 지역 각 군현별 직조현황(1888)

번호	지역	면작 호수	호당평균 생산고	1개년 생산고	목면직 호구	호당평균 생산고	1개년 생산고	임금	발송지
1	단양	600호	9관 450목	5,670관목	600호	상 30필 하 5필	10,500필	70, 80~150문	강원도, 원산, 언양, 경기도
2	청풍	1,000호	3관 780목	3,780관목	500호	다 20필 소 15필	8,750필	상목면 1필 200문, 중 180문, 하 150문	충청도 전역, 경기도
3	충주	15,000호	3관 780목	57,700관목	5,000호	상 10필 중 8필 하 4필	35,000필	목면 2필에 2반(反)	경기도, 강원도
4	연기				700호	소 40필	28,000필	1필에 면 10근	원산, 서울
5	회덕	600호	2관 700목	1,620관목	600호	상 5필	3,000필	미상	지방시
6	회인	200호	3관 240목	648관목	200호	중 6필	1,200필	미상	지방시
7	보은	2천여 호	2관 700목	5,400관목	2,000호	하 5필	10,000필	미상	80% 지방시

* 松田行藏, 1888, 「朝鮮國忠淸江原道旅行記事」, 釜山商法會議所. 1. 97~100쪽; 2. 109~112쪽; 3. 117~120쪽; 4. 180~182쪽; 5. 184~186쪽; 6. 189~191쪽; 7. 195~198쪽을 근거로 작성.

표 18 경상도 지역 각 군현별 직조현황(1888)

번호	지역	면작 호수	호당평균 생산고	1개년 생산고	목면직 호구	호당평균 생산고	1개년 생산고	임금	발송지
1	언양	600호	실면 3관목	1,800관목	600호	3필	1,800필	원가의 1할	동래, 울산
2	자인	500호	10관 400목	14,000관목	500호	20필	1만여필	원가의 1할	부산, 충청도, 기타
3	하양	400호	2관 700목	1,080관목	400호	8필	3,200필	원가의 1할	영천, 충청도 지방시
4	신령	400호	2관 700목	1,080관목	500호	상 10필 중 6필 하 2필	3,000필	원가의 1할	지방시 또는 행상인
5	의성	2,600호	8관 100목	21,000관목	2,600호	상 20필 중 15필 하 10필	39,000필	원가의 1할	원산, 서울, 경주, 울산, 대구
6	안동	5,000호	2관 700목	13,500관목	3,000호	5자(尺)	15,000필	1필 100~150문	충청 일대, 경기도, 원산, 부산, 대구
7	예안	100호	2관 700목	270관목	100호	5~6필	600필	1필 40~80문	지방시
8	영주	600호	2관 160목	1,296관목	600호	2~6필	4,200필	1필 80문	강원도
9	풍기	1천여호	1관 800목	1,800관목	1천여호	10~20필	15,000필	원가의 1할	강원도, 원산항, 서울
10	함창	1,600호	15관 600목	25,056관목	1,600호	18~40필	38,400필	1필 60~70문	강원도, 경기도, 충청도, 경상도
11	상주	5,000호	8관 100목	40,500관목	5,000호	7~30필	미상	60~70문	강원도, 경기도, 충청도, 부산항
12	현풍	2,000호	3관목	6,000관목	1,000호	6필	6,000필	미상	대구 근방, 기타 시장

* 松田行藏, 1888, 「朝鮮國忠淸江原道旅行記事」, 釜山商法會議所. 1. 17~19쪽; 2. 30~34쪽; 3. 38~41쪽; 4. 43~45쪽; 5. 57~59쪽; 6. 69~73쪽; 7. 76~79쪽; 8. 83~86쪽; 9. 89~92쪽; 10. 208~211쪽; 11. 213~216쪽; 12. 235~238쪽을 근거로 작성.

경상도 지역의 현지답사를 통해 획득한 면화 재배와 면포 생산 상황을 토대로 주요 군현별로 상세히 조사한 내용을 필자가 다시 간단히 정리한 것이다.

마쓰다에 따르면 경상도 언양 인근의 120여 호(戶)의 곡란(谷蘭)이라는 한 마을은 토지가 비옥하고 백성들이 농상(農桑)에 부지런하여 크게 부유하고 인정과 풍속이 고상하다고 하였다.[51] 또한 자인현의 북쪽에 있는 부동촌(富洞村)은 면작이 성하여 양산과 울산의 노녀(老女)들이 염간(鹽干)·염어(鹽魚) 등을 지게에 지고 와서 이곳의 풍부한 면화와 교환하여 돌아갔다고 하였다.[52] 영주군의 목면은 강원도로 수송하기에 편리하였고, 소백산 자락의 풍기군도 면 재배가 왕성하여 이곳에서 만들어진 목면제품은 멀리 원산까지 전송되었다.[53] 연기군은 면화를 재배하지는 않았지만 공주지역에서 사들여와 면포로 직조하여 서울과 원산 등지에 판매하였다.

앞의 표를 보면 자급자족의 범위를 벗어난 직포의 원격지 유출이 광범위한 권역에서 진행되었음을 알 수 있다. 다만 극히 소량의 면포만이 일본으로 수출되어 그곳에서 주로 군부대와 환자용 시트를 만드는 데 사용되었다.[54] 당시 대도시를 중심으로 하는 외국제 면제품의 유입 문제가 심각하였지만, 위의 사례는 국산 면포 직조 생산 구조가 자급자족 체계에 안주하거나 완전히 파괴되지 않고 일정 부분 서양제 면포와 경쟁을 하는 전기가 되었다.

51　松田行藏, 1888, 24쪽.
52　松田行藏, 1888, 30쪽.
53　松田行藏, 1888, 86~87쪽.
54　『國譯 韓國誌』, 494쪽.

1872년에 작성된 『여지도(輿地圖)』에는 각 도와 군현별 호구와 인구수가 기재되어 있다. 이에 따르면 경기도의 여주목은 6,204호, 양성현은 3,364호, 용인현은 3,636호로 되어 있다. 충청도는 단양군 1,591호, 청풍부 3,570호, 충주목 2만 1,016호, 회덕현 2,272호, 회인현 804호, 보은현 4,547호였다. 경상도의 경우 언양현 1,306호, 자인현 2,896호, 하양현 1,595호, 의성현 9,981호, 안동부 1만 6,497호, 예안현 3,002호, 영천군 4,462호, 풍기군 2,660호, 함창현 2,621호, 상주목 2만 3,251호, 현풍현 5,704호였다.[55] 자료상 마쓰다의 기록과 16년 정도의 시차가 있지만 인구 변화가 급격하지 않은 당시 현실에서 이를 위의 각 표와 비교하여 재정리하면 다음과 같다. 경기도에서 직조를 전업 내지 부업으로 하는 가구는 최저 16.5%(용인)에서 최고 64%(여주), 평균 32.8%였고, 충청도는 최저 25%(회인)에서 최대 71%(충주)로 평균 38.7%, 경상도는 최저 3%(예안)에서 최대 61%(함창)로 평균 28.5%에 달했다. 이들 3도의 평균치는 약 33.3% 정도가 된다. 이로서 볼 때 개항 이후 어느 정도 지난 시점부터 직조는 조선 남부지방을 대표하는 가내수공업으로 자리를 잡아 가고 있었고 점차 확대일로에 있었던 것임을 알 수 있다.

1895년 조선의 주요 면작지대인 전라도와 경상도 일대를 여행한 바 있었던 오카자키 타다오(岡崎唯雄)는 직포업의 고용 노동 실태를 다음과 같이 서술하였다.

---

[55] 『輿地圖』, 1872(奎古 4709-58).

> 면포직조(棉布織造)는 농가의 부녀자가 농사일이 한가할 때 자가 재배한 면화를 가지고 하는 일이며, 각 지역이 모두 동일하다. 유명한 산지에서는 농가 1호에 2~3대의 기계를 두고 인근의 부녀자를 모아 베를 짜는 곳도 있어 일본에서 직조공장(織造工場)을 설립하여 직공(織工)을 고용해서 많은 직물을 짜내는 것과 같은 구조이다.
>
> ─ 岡崎唯雄, 1895, 『朝鮮內地調査報告』, 汲古堂[熊本], 38쪽; 梶村秀樹, 1983, 174쪽

민간의 면포 제조 열풍이 확산되는 추세임을 알 수 있다. 당시의 경제구조 형편상 자급자족형 단순상품생산의 가내수공업 단계에 머문 경우도 많았겠지만 그 이상을 뛰어넘어 회사 설립을 통한 공장제 기계공업 단계의 대규모 제품 생산도 적지 않았던 것으로 보인다. 이를 통해 거대한 이익을 획득할 수 있었을 것이다.

근대적 직조기(織造機)를 발명하고 직조회사를 설립하는 등 낙후된 시설을 개량하는 한편 기술개발과 지속적인 노력이 경주되었다. 1897년 안경수·서재필·윤효정 등 독립협회 주도세력과 서구인(영국과 미국인)이 합자하여 대조선저마제사회사(大朝鮮苧麻製絲會社)를 설립하였다.[56] 당시 독립협회 회장이자 이 회사의 회장인 안경수는 일찍이 1884년 일본 오카야마현(岡山縣)에 가서 방직기술을 배우고 졸업한 바 있었다.[57] 이근배·윤규섭·방한덕·우항선은 1896년 안경수·이채연과 함께 대조선은행 설립 발기인이기도 하다.[58]

---

56 權泰檍, 1989, 49~54쪽.
57 宋京垣, 1997, 205쪽.
58 『독립신문』, 건양 원년 6월 18일.

표 19 대조선저마제사회사 임원 및 영업 내역

구분	이름	직책	비고	영업 내역		
내국인	안경수	회장·주무관	독립협회 회장	자본금 규모	외국 자본	4만 원
	이채연	부회장	한성판윤		국내 자본	3만 5,000원
	이근배	장무관·주무관			추가 자본	1만 7,000원
	윤규섭	장무관·주무관			총계	9만 2,000원
	방한덕	서기관		사원 수		70여 명
	윤효정	서기관		1주당 가격		20원
	우항선	서기관		제조품		모시·삼베
외국인	타운센트	주무관	미국인	삼베 1톤당 제조비 및 수익비	예상제조가	500원
	데슬라	주무관	미국인		예상수익가	1,400원
	존슨	주무관	영국인		차액	900원
	제이슨	주무관	서재필			

* 「독립신문」, 건양 2년 6월 12일자 「논설」에 의해 작성.

　이후 대한제국 정부는 1898년 11월 농상공부 산하에 농상공부 대신을 회두(會頭)로 하는 직조권업장(織造勸業場)을 설립하고 일본인 기술자를 교사로 초빙하였다.[59] 농상공부는 당국자와 민간실업자를 포함하는 권업자문회(勸業諮問會)를 조직하고 농상공부대신 이도재를 회두, 안경수를 총감독에 임명하였다. 이들은 만장일치로 서울에 대한직조권업장(大韓織造勸業場)을 설립하기로 결정하는 한편 일본인 기술자 카노코기 테루노신(鹿子木耀之進)을 초빙하여 목면 제조업을 시작하려고 하였다. 당시의 계획에 따르면 자본금 10만 원으로 하여 200대의 직조기를 설치하고 일본인 남녀 기

59　『駐韓日本公使館記錄』「韓國의 實業開發計劃 및 그 實施에 대한 意見回報 件」, 1899년 3월 16일.

술자 15명을 한도로 고용하기로 되어 있었다. 후쿠오카현(福岡縣) 사족 출신인 카노코기는 이미 청일전쟁 과정인 1894년 8월 12일 경성-용산 간 영업용과 화물용 2두 마차의 영업허가를 위한 청원서를 경성 주재 일본 영사에게 제출한 바 있다. 이때 청원의 명목은 조선 재류 일본제국 관민의 편리를 도모하기 위한 것으로 되어 있다.[60] 그는 이후 1899년 3월 18일 일본의 대표적인 실업가이자 은행 재벌 시부사와 에이이치(澁澤榮一)를 방문하여 조선 지방의 '척지기업(拓地起業)'의 일을 말하였다고 한다.[61]

대한제국 시기 서울은 직조업이 발달하였다. 서울은 소비인구가 많아 제품 판매에 유리하고 개성과 인천 등 대도시가 인접하여 직물업 발달에 유리한 조건을 가지고 있었기 때문이었다. 그 결과 러일전쟁 직전 서울에는 1897년 대조전저마제사회사를 비롯하여 1898년에는 직조권업장(織造勸業場, 김익승)이, 1899년에는 한상방적고본회사(漢上紡績股本會社, 정섭조)가 세워졌다. 이어 1900년에는 한성직조학교(漢城織造學校) · 직조회사(정긍조) · 직조단포주식회사(織造緞布株式會社, 민병석) · 종로직조사(鍾路織造社, 민병석) · 남죽동조직소(南竹洞組織所), 1901년에는 한성제직회사(漢城製織會社, 정동식), 1902년에는 중곡염직공소(中谷染織工所, 김덕창) 등의 직물회사가 차례로 설립되었다.[62]

이들 중 남죽동 전 영희전 앞에 설치된 직조소(조직소)는 기술

60 『韓國近代史資料集成 7권(韓日經濟關係 2)』「二. 朝鮮國內地ニ於テ本邦人營業雜件 (明治二十七年), 京城 · 龍山間馬車營業ノ許可ヲ受ケシ鹿子木耀之進ノ指令ニ對スル實否問合之件」,「日本 福岡縣民 鹿子木耀之進의 京城 · 龍山間 馬車營業 許可願에 대한 實否 照會 件」.
61 『澁澤榮一日記』(제29권, 454쪽), 明治 27년 3월 18일.
62 權泰檍, 1980, 153~160쪽 참조.

을 확장하여 비단·모직·면직물 등을 직조하는 방법과 각종 포백(布帛)의 제조법을 교습하였다. 또한 염색하는 방법을 가르치기 위해 염직학도 양성소를 만들고 14세 이상 22세 이하 남녀로 보증인을 두고 견습생을 모집하였다. 이 직조소에서는 점심을 제공하였고 견습생이 짠 필육은 자수[尺數]대로 공전을 지불하였다 한다.[63]

1900년 봄 이태호(李泰浩)는 우리나라에서 처음으로 윤기(輪機)를 발명하였고, 이인영(李仁榮)은 직조소(織造所)를 설치하고, 방직기계를 제조하였다. 이인기(李仁基)도 방직기를 자력으로 제조하여 비단을 제작하였다. 정동식(鄭東植)은 제직회사(製織會社)를 창설하고 기계 60여 대를 설비하는 등 일정한 규모도 갖출 수 있었다.[64] 이들 중 이인기는 자비를 들여가며 여러 차례의 실험과 시행착오를 거쳐 피륙[직물] 제작 기계를 발명하여 이를 1대에 60원씩으로 시중에 판매하였는데, 소형의 철제로 제작한 이 직기는 매일 한 사람이 30자(尺)를 짤 수 있었다 한다.[65] 특히 러일전쟁 직전에 가면 면화의 생산은 크게 증가하여 1901년 경에는 최대의 면화 산지인 전남 생산 면화가 목포를 통해 일본 오사카방적회사(大阪紡績會社) 등으로 수출되었다. 그 결과 1903년에는 17만여 원에 이르는 수출고를 보였다.[66] 오사카상업회의소에서 현지 조사 수집한 1904년 당시 대한제국에서 생산된 주요 직포 종류의 품명과 가격, 생산지는 다음의 〈표 20〉과 같다.

---

63 『제국신문』, 광무 4년 7월 11일.
64 『皇城新聞』, 광무 5년 4월 5일 「論說」.
65 『제국신문』, 광무 4년 2월 20일.
66 大阪商業會議所 編, 1904, 29~30쪽.

표 20 한국산 직포 현황(1904)

생산지	상품명	직포명	1反 丈尺	1단 소매 가격 (단위: 센트)	1척 소매 가격 (단위: 센트)
전북 구례	만표	麻	27	1.7	7
	초힌만표		35	2.16	8
충남 공주	삼모슈				32
충남 한산	츈표				36
충남 청양	모슈				18
충남 한산	만져				50
경북 안동	안동표	麻			40
함북 경성	북표		20	20.00	1.00
	조표				45
전남 나주	춘츄				34
평남 안주 충남 덕산	맹쥬항나	絹			60
미상	맹쥬		40	10	30
평북 영변	반쥬		40	22	55
충남 한산	춘사		36	13	54
전남 남원	백목	綿	36	2.2	8
경기 강화	반표				6
	필쉬비				10
경북 안동	안동츈표	絹	40	20	50
	자쥬	色絹	40	10	30
			40	10	30
황해도 토산			40	10	30
			40	10	30

* 大阪商業會議所 編, 1904, 『韓國産業視察報告書』, 大阪活版製造所, 75~76쪽.

19세기 중엽 이후 생사(生絲)는 중국과 일본의 대표적 서양 수출품이었다. 당시 중국 저장성(浙江省) 후저우(湖州) 난쉰전(南潯鎭)의 경우, "토지란 토지는 모두 뽕밭으로 변할 정도로 양잠을 하지 않는 집이 없었다. 한 달 일해서 잘만 벌면 한 해 생활비를 벌 수 있다"고 할 정도로 잠사 가격의 변동은 농민의 삶을 크게 변화시켰다.[67] 조선 재래 국가 경제에서도 잠사(蠶絲)는 중요한 비중을 차지하는 생산물이었다. 주요 생산지는 전남의 광주·남원·능주 등 영산강 유역, 전북의 전주·익산, 충남의 강경·부여·석성 등 금강 유역, 경북의 안동·상주, 강원의 춘천·철원, 평남의 평양·성천·덕천, 평북의 태천·희천·영변 등이었다.[68] 조선의 풍토는 양잠 경영에 적합하였는데 그 이유는 첫째 토질이 대체로 뽕나무 재배에 적합하였고, 둘째 늦봄 서리에도 변하지 않고, 셋째 맑은 날이 많고 공기가 건조하고, 넷째 충해(蟲害)가 비교적 적고, 다섯째 제사(製絲) 때 목화솜의 벌어짐[開絮]이 양호하고, 여섯째 노임이 비교적 저렴하다는 점에서 일본보다 우세한 점이 있었다 한다.[69] 대한제국 시기에는 정부에서 직접 일본에 유학생을 파견하여 양잠업을 전수한 후 귀국하여 배운 기술을 국내에 적용하는 데 적극성을 보이기도 하였다. 대표적인 인물이 강홍대(姜鴻大)이다. 그는 일본 도쿄의 인공양잠전습소에서 1898년 3월부터 1899년 5월까지 수학한 후 7월에는 나가노현(長野縣)의 잠업시험장 연수를 거쳐 그해 12월 귀국하였다. 이후 1900년 4월 잠업전습소(蠶業傳習所)를 설립하였고, 1901년 3월 관립 잠업과 교사를 한 바 있었다.[70]

1899년 12월 경 사장 김가진, 평의장 박기양, 간사 서상면·서병숙 등으로 구성된 농상공부의 전·현직 관료의 주도로 대한제

---

67 요시자와 세이시이치로(吉澤誠一郎), 정지호 역, 2013, 168~169쪽.
68 山口豊正, 1911, 139쪽.
69 山口豊正, 1911, 145쪽.
70 『大韓帝國官員履歷書』, 16책, 21책, 40책 참조.

국인공양잠합자회사(大韓帝國人工養蠶合資會社)가 설립되었다. 정부로부터 지원을 받던 합자회사로 1고금(股金) 당 10원씩 출자하도록 규정한 이 회사는 일본에서 기술을 배우고 돌아온 유학생들을 동원하였다.[71] 이 회사는 사무소 내에 인공양잠전습소(人工養蠶傳習所)를 설치하고 5명의 교사(敎師)를 두고 학생을 모집하였는데, 황제가 학교 건물과 상목(桑木)을 제공하고 1천 원의 황실 내탕금을 주어 격려하는 등 각별한 관심을 가졌다.[72] 그 결과 전습소에서는 1900년 10월 21일 제1회 졸업생으로 20명을 배출하였다.[73]

1900년 9월 잠업과(蠶業課) 설치에 관한 칙령 48호가 농상공부를 통해 정부 회의에 제출됨에 따라 회의를 거쳐 그해 12월 26일 농상공부 농무국 산하에 잠업과를 별도로 설치하였다.[74] 그런데 원래 농상공부에서는 농무국(農務局)을 농상국(農桑局)으로 즉, 양잠에 역점을 두는 국 단위 직제로 개정하고 직원을 증원하는 방안을 마련하여 정부회의에 청의할 계획을 가지고 있었다.[75] 잠업과에서는 양잠(養蠶)·양잠시험장(養蠶試驗場)·식상(植桑)·제사(製絲)·잠업교육 및 전습 등에 관한 사항을 관장하였다.[76] 당시 잠업과 시험장 설치에 대한 세간의 기대는 대단했던 것으로 보인다. 『황성신문』에서는 시험장 설치와 관련한 '잠업시험(蠶業

---

71 대한제국인공양잠합자회사에 대한 종합적 연구로는 吳鎭錫, 2013 참조.
72 『帝國新聞』, 광무 4년 6월 18일.
73 吳鎭錫, 2013, 137쪽.
74 「蠶業課設置請議書」(광무 4년 9월 28일 및 동년 12월 5일) 『農商工部去牒存案』 6; 『官報』, 광무 4년 12월 28일.
75 『皇城新聞』, 광무 4년 10월 27일.
76 『韓末近代法令資料集』 Ⅲ 「農商工部 分課規程 改正」, 광무 4년 12월 26일.

試驗) 의완실효(宜完實效)'라는 제목의 아래 논설에서, 집집마다 뽕나무를 널리 재배하고, 남녀 모두 양잠업에 힘써 여러 곳에 시험장을 설치하면 내수와 수출을 통해 개인 재산과 국가의 부가 증대할 것으로 보았다. 또한 잠업과 시험장 창설은 전국 인민의 산업을 이로써 달성하는 것이고 전국의 빈한한 선비가 하찮은 의복에서 벗어나 따뜻해질 것이고 빈곤한 국가의 재원(財源)도 이로서 가히 넉넉해질 것으로 전망하였다.

인민(人民)의 지각(知覺)이 초개(梢開)ᄒ야 가가호호(家家戶戶)에 상종(桑種)을 광재(廣栽)ᄒ고 남남여여(男男女女)가 잠업(蠶業)을 친집(親執)ᄒ야 각기 시험장(試驗場)을 천촌만락(千村萬落)에 유유종종(纍纍種種)ᄒ얏스면 상품잠사(上品蠶絲)를 내지(內地)에도 요용(要用)ᄒ고 외국(外國)에도 출구(出口)ᄒ야 재산(財産)도 요족(饒足)ᄒᆞᆯ 것이오 부원(富源)도 기대(期待)ᄒᆞᆯ 것이어늘 … 증시(曾是) 불의(不意)에 잠업시험장(蠶業課試驗場)을 창설ᄒ다 ᄒ니 농상공부(農商工部) 제공(諸公)의 사업(事業)이 굉원(宏遠)이라 위(謂)ᄒᆞᆯ쁜 불시(不是)라 전국(全國) 인민(人民)의 실지산업(實地産業)을 종차가성(從此可成)이오 전국 한사(寒士)의 무의무갈(無衣無褐)을 종차가원(從此可暖)이오 전국 재원(財源)의 군졸빈췌(窘絀貧瘁)를 종차가유(從此可裕)니.

-『皇城新聞』, 광무 4년 12월 13일

잠업과 설치와 함께 학교 부설 계획도 수립하여 서울 남산 아래 필동(筆洞) 전 경무사 김재풍의 집을 구입하여 잠업과 시험장을 설립하였는데, 잠업과장 서병숙을 비롯하여 주사 서상면, 기수 강홍대와 바로 이전 대한제국인공양잠합자회사 부설 인공양잠전습소의 사람들로 구성되었던 것이 특징이었다.77 1901년 4월 신문에 광고를 내어 학도를 모집["본부 잠업과 시험장을 남서 필동에 설립ᄒ 고 내외사를 별설인바 남녀 학도를 모집ᄒ야 인공과 천연에 양법(兩法)으 로 교수훌 터이니 원학인(願學人)은 음력 삼월 초칠일 내로 본 시험장에 래ᄒ야 응시규칙과 개학일자를 문의훌 사. 단 녀학도는 친속인이 개학 전 기에 선래(先來)ᄒ야 재학시 거접 등절을 문의훌 사. 구 학도는 음력 삼월 초삼일 하오 일시에 본 시험장으로 래회훌 사. 농상공부 잠업과 시험장 광 고"78]하기 시작한 잠업과 시험장에서는 양잠뿐 아니라 제사(製絲) 의 전습도 행해졌다. 1905년 연구 과정을 우등으로 마친 졸업생은 농상공부나 궁내부 수륜원(水輪院)의 기수(技手)로 서임되었다.79 1905년 관제 개정으로 잠업시험장으로 개칭할 때까지 매년 약 50여 명의 졸업생을 배출하였다.80 당시 교과목은 잠상실험론(蠶桑 實驗論)·양잠감(養蠶鑑)·제사론(製絲論)·하추잠론(夏秋蠶論)·사육 표준(飼育標準)과 양잠·제사 실습 등이었다. 졸업생 중 이명하·박 승장·남필우는 농상공부 기수로, 이완하는 탁지부 주사, 정우상 은 권업모범장(勸業模範場) 등에서 활동하였다.81 농상공부에서는 뽕나무 재배와 양잠을 전국적으로 적극 권장하여 각도에 이를 장 려하는 훈칙을 보내고 장정(章程)도 송부하는 한편 각 군에 위원을 파견하여 뽕나무 심는 책임을 전관하게 하였다.

잠상(桑蠶)은 농상의 요무(要務)이고 부국의 좋은 기술이다. 국내의 견

77 吳鎭錫, 2013, 143쪽.
78 『皇城新聞』, 광무 5년 4월 16일.
79 吳鎭錫, 2013, 145~150쪽.
80 林蟬作, 1907, 33쪽.
81 이명하 등의 활동은 국사편찬위원회 한국사데이터베이스를 참고하여 작성.

문은 옛 상도를 탐하여 아직도 실요(實要)를 다하지 못하여 누에를 기르고 실을 뽑고 고치를 켜는 것이 불과 1년 한번 수확하니 노고는 많으나 이익은 적다. 그러므로 뽕나무 수종이 번성하지 않고 잠업이 번창하게 일어나지 않으니 어찌 개탄하지 않으리오. 농상공부로부터 비준을 받들고 의거하여 잠업과를 창설하고 전문 관리가 이를 맡아 총명한 학도들을 가려 뽑아 세우고 교육을 시행하고 잠관(蠶館)을 널리 열고 해외 누에종자와 각 항목의 신 기계를 구입하고 한두 번 시험하니 이익이 자못 많아서 우선 졸업생들을 다니게 하고 각도에 장차 파송하고 백성에게 좋은 방법을 권장하노라. 이에 칙지를 받들어 훈칙을 발하고 별개로 아래와 같이 장정 1통을 첨부하니 도착한즉슨 관하 각 군에 훈칙을 전하고 한 백성도 듣지 못하거나 알지 못한다는 탄식이 없게 하고 사민(士民) 간에 강구하여 밝히고 궁구하여 풀게 하라. 만일 1만 수 이상 뽕나무를 심는 자가 있다면 이름을 들어 농상공부로 상세히 알리라. 당도하면 상주해 상당한 상을 분명히 베풀어 권장의 뜻을 특별히 보이고 참으로 인정하고 분명하게 본받고 좇아 힘들일 것이다.

-『皇城新聞』, 광무 6년 1월 25일, 「別報」

정부의 양잠진흥정책에 따라 민간에서도 양잠업(養蠶業)이 붐을 이루었다. 우리보다 앞서 있던 일본으로부터 『잠상실험설(蠶桑實驗說)』과 『인공양잠감(人工養蠶鑑)』 등 뽕나무 이식과 재배, 누에 종류와 양잠기술 등 양잠업과 관련한 각종 기술서적을 이해하기 쉽도록 상세한 도설(圖說)과 함께 국한문으로 번역하여 널리 보급하였다.[82] 이 시기에는 양질의 견사(繭絲)를 생산하던 평

[82] 松永伍作 著, 申海永 譯, 徐丙肅 校, 1901; 橫田勝三 著, 徐相勉·金漢睦 譯, 權在衡

안도의 북부지방, 서울과 제물포 근방, 견포(繭布) 매매의 중심지인 함경남도의 영흥군, 한국 남부의 몇몇 지방에서 양잠업에 종사하는 사람들이 있었다.[83] 그 과정에서 잠업회사도 설립되었다. 조선은 전통적으로 '남한은 면화업, 북한은 양잠업'에 적합한 기후와 토양을 가지고 있었다.[84] 그 결과 전국에는 1900년부터 1905년 러일전쟁 시기까지 양잠업과 관련한 많은 회사들이 설립되었다.

1900년에는 김동규가 양잠회사(養蠶會社)를 설립하였다. 1901년에는 민병석·김석항이 농잠(農蠶) 기계를 수입하는 주식회사 형태의 농업회사(農業會社)를 설립하였다. 1902년에는 경북에서 서상돈과 조중은이 중국과 일본에서 상목(桑木)의 수입과 판매를 목적으로 하는 양잠회사(養蠶會社)를, 경주의 심상옥은 잠업을 담당하는 합자회사인 경주양잠합자회사(慶州養蠶合資會社)를 설립하였다. 1903년에는 박병룡·최기환·최규영 등이 경기도 가평에 잠업회사(蠶業會社)를, 1904년에는 김병종·신종순이 상목(桑木)·노상(魯桑) 판매를 하는 합자회사인 잠상회사(蠶桑會社)를 설립하였다. 1905년에는 현공렴과 남필우가 노상종자(魯桑種子)·양잠종자·상목 판매를 목적으로 하는 합자회사를 설립하였다.[85]

운영 규모 및 시설은 상세히 알 수 없지만 당시 설립된 잠업회사(蠶業會社)의 성격을 보면 설립 주체 대부분은 관리 출신이거

校, 1901 (국립중앙도서관 소장자료) 참조.
83 『國譯 韓國誌』, 494쪽.
84 『大韓每日申報』, 융희 3년 4월 25일.
85 金英姬, 1986, 26쪽.

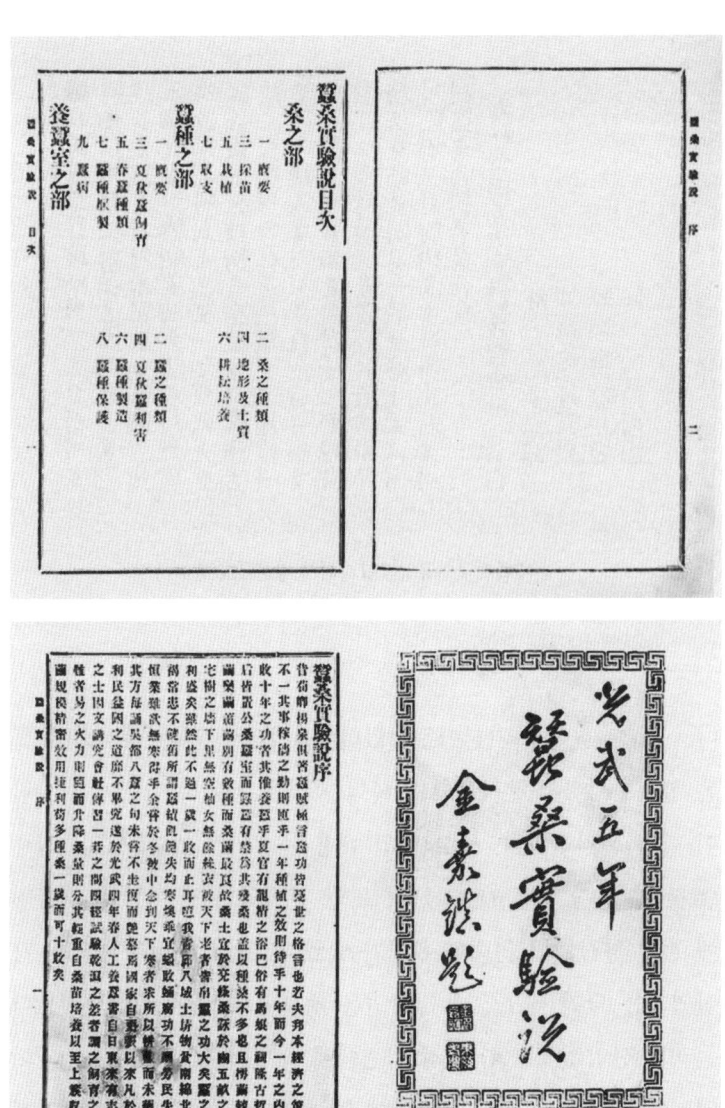

잠상실험설(목차)(위)과
잠상실험설(제자와 서문)(아래)

대한제국인공양잠합자회사 광고(1900)

나 이들과 결합한 자본가들이었다. 회사의 성격은 주식회사 혹은 합자회사로서 주주를 모집하여 자금을 동원하거나 여러 사람이 합작 운영하였다. 주요 영업 내용은 뽕나무[桑樹] 도입, 잠종(蠶種)과 양잠기계(養蠶機械)의 도입 등이었다.[86] 이렇듯 다방면에 걸친 양잠업의 근대화 추구가 있었다. 그러나 당시 철도와 광산업과는 달리 직조업과 양잠업은 정부나 황실이 주도하기보다는 민수산업(民需産業) 진작 차원에서 개별적으로 이루어진 것이었기에 그 규모는 영세할 수밖에 없었고 일관성을 유지하기도 어려웠다.

86   金英姬, 1986, 26~28쪽.

우리 대한정부에서 10여 년 이래 경영해 온 사업은 많지 않지만, 그 약간의 것이라도 지금까지 실시만 했으면 효과를 거둘 수 있었음에도 불구하고 시작은 있어도 끝은 없고, 한 건도 성취한 것이 없으니 극히 애석하다. … 최초에 잠업(蠶業)을 시작하려고 거액의 자금을 들여 청국(淸國) 상종(桑種)을 수입하여, 국도(國都) 근교에 널리 심고, 직조국(織造局)을 설치하고, 기계를 준비하고 독일인과 청국인을 고빙(雇聘)하여 일이년간 시험하였지만, 무슨 연유로인 폐기하여 뽕나무는 다 뽑아내고 기계는 다 파기하여 지금은 하나도 없는 모양이요.

-『皇城新聞』, 광무 3년 5월 5일

그뿐 아니라 양잠업과 직조업 분야도 앞의 철도와 광산과 마찬가지로 농상공부와 궁내부의 업무가 중복되고 있었다. 1902년 11월 18일 궁내부관제 개정으로 설치된 수륜원(水輪院) 공상과(公桑課)도 농상공부 잠업과와 동일하게 종상(種桑)과 양잠 등에 관한 일체 사무를 전관하도록 하였는데, 공상과장은 '상목(桑木)을 종식(種植)하여 잠업 확장을 관장'하는 역할이 부여되었다.[87]

1901년 농상공부 잠업과에서 직원들의 봉급이 지불되지 않아 교사들의 식비를 마련할 길이 없게 될 지경이었다.[88] 반면 1902~1903년 궁내부 소속 상방사(尙方司) 직조과 예산은 궁내부와 내장원 각 부서의 해당 연도 경비 지출의 대부분을 차지하였다.[89] 이에 앞서 내장원 소관의 별도 기구로 경무대(景武臺) 안

87　『官報』, 광무 6년 11월 20일.
88　『皇城新聞』, 광무 5년 7월 11일.
89　이윤상, 1996, 281쪽 〈부표 1〉「內藏院·宮內府 각 부서 經費 지출(1896~1904)」 참조.

에 잠농소(蠶農所)를 설치하여 황제의 의대(衣帶)와 침사(針絲)를 진상하도록 하였다. 그런데 잠농소는 1900년 농상공부에서 대한제국인공양잠합자회사에 빌려주었다가 1901년 4월에 다시 원래대로 되었다는 내용을 적은 광고를 각 신문에 게재하였다.[90] 이에 대해 인공양잠회사도 신문에 반박 광고를 내어 1900년 봄 제용감(濟用監)을 황제가 은사한 일은 내외가 모두 아는 바로 잠농소와는 다른 것으로 근거없는 낭설일 뿐이라 주장하였다.[91] 어떤 이유인지는 모르겠지만 그로부터 얼마 후 경무대 잠농소는 소멸되고 1902년 7월에 그 자리는 중국 상하이(上海)로부터 수입한 양 100두를 목양하는 곳으로 바뀌었다.[92] 이후 1902년 10월에는 잠농감동(蠶農監董) 한치백이 내장원에 청원하였는데, 잠농소를 인공양잠회사에 '빼앗긴 것[見奪]'이라고 주장하였다.[93]

90 『제국신문』, 광무 5년 4월 10일 「광고」; 『皇城新聞』, 광무 5년 4월 11일 「廣告」 참조.
91 『皇城新聞』, 광무 5년 4월 19일 「廣告」.
92 『皇城新聞』, 광무 6년 7월 17일.
93 『京畿道各郡訴狀』 8, 「광무 6년 10월 청원서」(蠶農監董 韓致伯→內藏院卿).

상공업기구와 그 역할

상무사 설치와 특징적 활동

1899년 5월 칙령으로 농상공부에서는 1895년 11월 개화파 정부가 제정한 『상무회의소규례(商務會議所規例)』를 개정하여 『상무사장정(商務社章程)』을 만들었다. 이 장정에 의해 상무사(商務社)가 설립됨에 따라 이후 보부상들은 상무사 체제로 흡수되었다. 즉, 갑오개혁 시 상리국(商理局) 해체 이후 보부상(褓負商)들의 전국적 규모의 상권(商團) 재건의 노력은 결국 만 4년여 이상 걸려서 비로소 실행된 것이다.[94]

갑오개혁 당시 전문 19개조의 『상무회의소규례』에 의하면, 상무회의소를 설립하려면 상인 20명 이상의 합의가 있어야 할 것이며, 이는 해당 지역 지방관을 통하여 농상공부의 허가를 얻어야 한다. 회원은 회사와 관련된 해당 지역 거주자로서 반드시 만 2년 이상을 거주하여야 한다. 회원은 선출제로 하고 공개회의를

---

[94] 조재곤, 2003(b), 144~151쪽 참조.

원칙으로 하나 농상공부의 훈령 또는 회원들의 결의에 의한다면 비공개도 가능하다. 경비는 회비로 충당한다. 예결산은 농상공부의 허가를 받아 집행한다. 사정에 따라 농상공부대신은 회원을 지명할 수 있다는 것 등이 주요 내용이다. 반면 회비는 정부 관리의 대리 징수도 가능하고, 미납자는 관의 규제를 받게 되어 있었다.[95] 당시 상무회의소는 개별 상인의 연합체로서, 『상무회의소규례』에서 제시된 내용은 유길준의 「회사규칙(會社規則)」(1882)과 맥락을 같이 한다. 또한 '상무회의소'라는 명칭에서 알 수 있듯이 상인들의 합의 기능을 어느 정도 중시하고 있음이 엿보인다. 그러나 일본의 입김이 강화되는 과정에서 조선인 상인들의 역할과 가시적 활동도 별반 없었던 것으로 보인다.

아관파천 이후 정국 담당자는 바뀌었지만 상무회의소 체제는 그대로 지속되었고, 오히려 이때부터 비로소 본격 궤도에 오른 것으로 보인다. 즉, 1896년 6월 30일자 『독립신문』에서는 "조선이 자래로 화식에 막매하여 상고를 천히 여기는 고로 상업이 쇠잔하여 인민의 생계가 간졸하더니 상무회의소가 설립하여 상고를 보호함에 종금 이후로 상업흥왕하기를 바라겠더라"고 하였다. 서울에서는 한성상업회의소가 설립되고, 서상집을 중심으로 하는 인천항 객주 80~90여 명은 신상협회(紳商協會)라는 상회소 형식의 상인단체를 만들었다. 당시 농상공부에서는 인천항 감리에게 객주들이 규례를 철저히 준수하게 하라고 지령하였다.

이후 상무회의소에서는 1897년 3월 5개 조항의 장사법과 관련한 장정을 만들어 농상공부에 제출하였다. 뿐만 아니라 15~30세

---

95 『韓末近代法令資料集』I「商務會議所規例」, 1895년 11월 10일, 611~613쪽.

의 총명한 학도 40여 명을 모집하여 외국 교사가 가르치는 근대적 상업학교를 설립하고 학도를 교육시켜, 이들로 하여금 이후 전국의 상업을 개명시키고자 하였다. 이를 위해 전당국(典當局) 및 각 회사로부터 보조금을 받아 상무학교 설립 경비로 삼을 계획을 갖고 있었다.

건양연간 정동구락부 중심의 개화인사들이 상무회의소 체제를 지속시키고자 하는 목적은, 안으로는 독점적 상행위의 폐해를 제거하고 밖으로는 대외개방과 수출입 구조 확대를 통해 외국자본에 대항하여 국내 자본의 경쟁력 강화를 꾀하고자 하는 것이었다. 그러나 상무회의소 역시 객주들만의 독점적 성격을 가지고 있어 참여하지 못한 상인들의 반발은 상무회의소가 본격적인 활동을 시작하자마자 나타났다.

1897년 4월 이병익 등은 농상공부에 글을 올려 상업 인지를 자신들로 하여금 주관하게 할 것을 허가하라고 청원하였다. 그러자 농상공부에서는, 상무회의소는 회원을 정하고 처소와 규칙을 정하는 등 분별이 있으나 청원한 상인들은 도소(都所)나 도중(都中)이라 칭하면서 과거와 같이 푼세를 받고 도거리 하던 전례를 답습하고자 하니 허가해 줄 수 없다고 회답하였다.[96]

이로써 보면 상무회의소는 정부의 지원을 받는 강력한 상업단체로서의 위치를 회복하는 듯하였다. 그러나 시일이 갈수록 조야 모두 궁궐로 국왕이 돌아와야만 한다는 여론이 들끓어 가는 것과 더불어 이전 갑오정부에 의해 기안되었던 상업정책에 대한 재검토가 요구될 시점까지 도달하게 되었다. 급기야 5월 26일 농

---

96 『독립신문』, 건양 2년 4월 13일.

상공부에서는 상무회의소의 문서와 모든 물건을 거두어들이고 회장 이하 회원 전원을 추방하였다. 결국 유명무실한 상무회의소는 제대로 구실을 하지 못하고 이때 해체되었다.[97]

반면 대한제국 시기 상무사 체제는 갑오개혁의 내용을 일부 받아들이면서 정부의 강한 영향력을 받는 선에서 시작되었다. 이는 외국으로부터의 노골적인 도전에 적극 대응하는 한편 당시 과제인 황권 강화와 재정 안정을 통한 부국강병을 추진해 나가려는 정권담당자들과 이해관계가 일치하는 것이다. 대한제국 정부는 지주제와 관 주도의 상공업 체제를 강화하면서 이를 기반으로 한 개혁을 추진하였다. 그 과정에서 상무사라는 '관독상판형(官督商辦型)'의 상공업 기구를 부활시켰다.

상무사의 조직과 경영상의 특징을 살펴보면 다음과 같다. 상무사는 보부상뿐만 아니라 서울의 시전[市廛; 주의각전(主矣各廛)=육의전(六矣廛)] 조직을 통합하여 구성하려 하였다.[98] 상무사는 원래 육의전의 거점이었던 서울의 전 평시서(平市署) 자리에 본사, 지방 각 도·군·읍에 지사를 두었다. 본사의 사무 권한은 다음과 같다.

一. 상업(商業)의 왕성(旺盛)하는 방법과 쇠퇴(衰退)함을 구하는 방안을 의결하고,
一. 상무(商務) 이해득실(利害得失)에 관한 의견을 정부와 농상공부에 갖추어 묻고,

---

97 조재곤, 2001, 163~167쪽.
98 『商務社章程』, 광무 3년 6월; 鄭喬, 『大韓季年史』下, 광무 3년 5월 8일.

一. 상업에 관한 사항을 정부와 농상공부 자문에 갖추어 답신

- 『商務社章程』, 광무 3년 6월

그런데 이상의 내용은 이전『상무회의소규례(商務會議所規例)』를 그대로 답습한 것이다. 그러므로 갑오개혁 시기에 설정된 상업체제의 연장선상에서 출발하고 있음을 알 수 있다. 그렇지만『상무사장정』에서 제시한 다른 내용들은 개별 상인의 자율성을 일정하게 보장한『상무회의소규례』와는 달리 정부의 강한 통제력을 내포하였다.

새로운 임원 구성을 위한 작업으로 상무사는 1899년 7월 11일 도사장(都社長) 신기선의 명령에 따라 지방 13도의 명사장(明査長)을 선정하였고, 같은 달 말에는 지방 행정단위에 맞추어 340여 군의 도접장(都接長)을 차출하는 등 '반공적(半公的)' 기구로서 조직 구성을 갖추었다.[99] 또한 상무사에서는 보부상들에게 연 1회 1량(兩)의 빙표(憑標)를 발급하여 상업활동을 보장하였지만, 농상공부의 인지세(印紙稅) 외에 이전부터 문제되어온 각종 명목의 무명잡세(無名雜稅) 징수를 일체 엄금하였다. 비록 푼전[分錢]이라도 이를 어긴 자가 있으면 해당 도(道)의 분사장(分社長)에게 알려 금지시키고, 만약 지켜지지 않으면 즉시 서울 본사에 보고하여 별도로 징벌하는 방안을 취하였다.

한편 전통적인 이념과 사회제도가 여전히 상당한 영향력을 지속시키는 상황에서 이 시기에 들면서부터 보부상들의 조직은 구래의 봉건적 제 관계와의 조화를 통해 서서히 근대적 방향으로 이

---

[99] 『皇城新聞』, 광무 3년 7월 31일.

행해 가는 특징을 갖는다. 대한제국 시기에 이르면 재래의 봉건적 억상정책(抑商政策)은 정책으로서 유효성을 상실하였다.

상무사는 개항 이전부터 지속되어 오던 조직의 형태가 온존되었으나 점차 회사제도로 바뀌어 갔다. 즉, 이전 상리국(商理局) 단계까지의 국(局)·임방(任房) 체제에서 사(社)·지사(支社)로, 구성원의 명칭도 종래의 접장(接長)·반수(班首)에서 사장 이하 부사장·서기·간사 등으로 바꾸었다.

상무사에서는 본사에 도사장 이하 구관사장·부사장·사무장·분사장·분사무장·부사무·공사원·장무원·명사원·재무원·서기원·간사·고용 등을 두었다. 지방 각 지사에 임원을 두고 이 중 공사원·장무원은 중앙에서, 나머지는 해당 지사에서 선출하였다. 그리고 관찰사를 분사장에 목사·부윤·군수로 분사무장을 겸임시켜 보부상 조직을 통제하게 하였다.[100] 이는 혜상공국(惠商公局) 및 상리국과 마찬가지로 조직을 상층 관리가 다시 장악하는 것이었다. 그렇지만 각 지방 지사의 공사원과 장무원은 실제 상행위를 하는 보부상인 '원상(原商)'으로 차출하여 세부 말단조직에까지는 관리가 개입할 수 없도록 하였다. 그러나 당시 일부 부상(負商)들은 관찰사와 군수로 지사의 장을 겸임하게 하는 것도 옳지 않다고 청원하는 등 지방관 겸임제에 일정한 반발이 있었음이 보인다.[101]

독점 특권을 제외한다면 보부상의 활동은 1894년 이전 구제도와 대한제국 성립 이후의 새로운 사조와의 절충 조화를 모색하는

---

100 『商務社章程』, 광무 3년 6월.
101 『皇城新聞』, 광무 3년 8월 22일.

가운데 보부상 조직을 재편, 근대 상업체계를 지향하는 방향에서 이루어졌다. 정권담당자로서도 이 시기 개혁의 과제인 황제권력 강화와 재정의 안정을 통한 부국강병을 추진해 나가는 데 있어 그 이해관계가 일치하였다. 그러한 의지 표현은 『상무사장정』의 서문에서 "아래로는 재원을 풍부히 이식하게 하여 성스러운 은혜에 우러러 답한다"고 한 규정과, 『대한상무신보(大韓商務新報)』에 소개된 "상무사를 설치한 본의는 우흐로 황실을 보호하고 아래로 민생을 이익케 하여 밧그로 타국의 업수히 녀김을 막고자 함이라"[102]고 한 광고 내용에서도 알 수 있다.

또한 근대적 상공업의 진흥과 육성에 대한 인식도 심화되었다.[103] 이에 부응하여 상무사에서도 근대적 제조업과 회사 설립에 관심을 보이고 있었다. 즉, 상무에 편리한 기계의 제조와 더불어 국제무역을 권장하였고, 새로운 물건을 제조한 자에게는 특허전매권을 주어 장려하였다.

> 상무(商務) 편리의 기계(機械)를 혹 제조하고 혹 무역(貿易)하여 이용을 확장할 것 … 백성을 편리하게 하고 재화(財貨)를 흥왕(興旺)하게 하는 것은 혹은 타국으로부터 무취(貿取)하고, 혹은 지혜를 움직여 조성하여 점차 그 공교함으로 나아가 통화(通貨)를 편리하게 하되 어떤 물건을 막론하고 특별한 모양을 새로 제조하는 것은 농상공부(農商工部)로 하여금 시한을 정하여 특허(特許) 전매(專賣)하여 권장할 것
>
> —『商務社章程』, 제11조

---

102 『제국신문』, 광무 3년 12월 9일.
103 姜萬吉, 1973 참조.

나아가, 상무 확장을 위해 우선 제지(製紙)와 직조회사(織造會社)를 설치하고 증기선(蒸氣船)과 기차(汽車)에 이르기까지 차례로 실행할 예정이었다. 상무사에서는 국내 자본으로 경인철도(京仁鐵道)와 경의철도(京義鐵道) 부설을 계획하여 외래 자본에 의한 경제 침탈에 대항하고자 하였다.[104] 그것은 구체적 대안 없이 논의 자체로 끝나버려 실효성에는 의문이 있다. 그렇지만 외래 자본에 의한 국내 이권 침탈에 대한 반대와 자력에 의한 건설이라는 의미에서 당시 보부상들의 배외의식과 경제인식의 일단을 보여주는 것이기도 하다. 또 한편으로는 대한제국 황실의 경제통이자 후일 서북철도국(西北鐵道局) 감독(監督)으로 활약한 이용익(李容翊)의 구상을 측면에서 지원하는 역할을 하지 않았나 생각해볼 수 있다.

경제 및 상업 전문 신문 간행

근대 과도기에 정부는 특정한 상공인 층을 특별히 대우하면서 그들로부터 여러 가지 반대급부를 받는 한편 정치적으로 결속력을 갖춘 상공인들은 새로운 변혁운동에 대항하기도 하였다. 대한제국 시기는 근대적 상공업의 진흥과 육성에 대한 인식이 그 어느 때보다 심화되는 시기였다. 대한제국의 산업과 상업정책은 황제권력을 중심으로 하는 정부 관료군과 상공인 층의 강한 유착관계

---

[104] 『商務社章程』, 광무 3년 6월; 『독립신문』, 광무 3년 8월 12일; 『皇城新聞』, 광무 3년 8월 17일.

『상무총보』

를 중심으로 설명될 수 있다. 그 과정에서 상공업자들의 역할이 크게 돋보였다. 그 장정에서도 기계제조와 철도 부설·대외무역을 강조하던 상무사에서는 근대적 경제전문 신문을 발간하였다.

상무사에서는 국내외 물가 시세와 상업 정보 제공을 위한 일환으로 신문을 발간하였다. 상업신문 간행 문제는 1898년 10월 황국협회에서 제의된 바 있었다.[105] 황국협회에서는 인쇄기계를 갖추고 인민의 지식 발달과 상무흥왕을 목적으로 하는 상업신문 발간을 기획하였으나 실제 발간의 단계까지는 발전하지 못하

---

105 『皇城新聞』, 광무 2년 10월 28일; 『제국신문』, 광무 2년 11월 3일.

였다. 최초의 근대적 상업신문 발간은 1899년 4월 길영수 등에 의한 『상무총보(商務總報)』에서 시작된다.

상무회사(商務會社)의 길영수와 나유석은 『미일신문』을 인수하여 서울 니동(泥洞) 도가(都家)에 상무총보사(商務總報社)를 설립하고 제목은 한문, 내용은 순 국문으로 하는 일간지 신문을 발간하였다. 『상무총보』는 우리나라 최초의 근대적 경제 및 상업전문 신문으로서, 그 기사에서는 '상무발달'을 위한 상품 시세, 상도의(商道義) 확립 등 경제문제를 주로 다루었다.

(샹무춍보) 음력 긔희 三월 五일에 셔울 즁셔 진골 샹무회샤라 ᄒᆞᄂᆞᆫ듸 셔 샤쟝 길영슈 춍무원 라유셕 량씨가 샹무춍보라 ᄒᆞᄂᆞᆫ 신문을 슌 국문으로 첫번 발간ᄒᆞ야 희샤에셔 각 동리 대쇼 관민의 집에 돌녀 주ᄂᆞᆫ듸 그 ᄉᆞ연을 ᄎᆞ뎨로 본즉 긔이ᄒᆞᆫ 모디가 만 ᄒᆞ고 졔목은 특이 한문 글ᄌᆞ로 썻더라.   —『독립신문』, 광무 3년 4월 15일; 광무 3년 4월 17일

당시 프랑스인 동양학자 모리스 꾸랑(Maurice Courant; 1865~1935)이 쓴 한국 고서 해제집인 『한국서지(Bibliographie Coreenne)』에 따르면 『상무총보』의 지질은 서양 종이였고 인쇄 기법은 활판 인쇄로 1899년 3월 11일 (농상공부로부터) 인가되어 제1호는 그해 4월 15일 발간되었음을 알 수 있다. 신문의 세부적인 분야는 「논설」·「관보」·「잡보」·「시가」·「사고」·「광고」 등으로 모두 한글로 되어 있었다.[106] 현재 남아있는 『상무총보』는 1899년 4월

---

[106] 박정규, 2003, 161쪽.

29일자 제12호와 5월 4일자 제17호 2부뿐이다.[107] 이를 통해 보면 이 신문의 판형은 타블로이드판으로 4단 4면으로 발행되었다. 「논설」에서는 상업 관련 사항과 황제를 칭송하는 내용, 「잡보」는 상업신문의 특색에 맞게 은행 설립, 미곡·포목·주단의 시가, 각색 물화, 과실·채소·생산·잡물 등의 물가 시세표를 비중이 있게 다루었다. 예컨대 미곡 시세의 경우 상백미, 중미, 구진미, 좋은 찹쌀, 낮은 찹쌀, 상적도, 하적도, 상태, 하태, 메밀쌀, 녹두, 밀가루 등으로 나누어 각각의 가격이 기재되었다.[108]

같은 해 5월 1일자 『제국신문』의 「광고」에서 『상무총보』를 소개하는데, 이 신문은 상무에 매우 유익할 뿐 아니라 '시무(時務)'에 유익한 말도 많다는 점을 특기하면서 많은 구독을 바란다는 내용을 적시하였다.[109]

그런데 『상무총보』의 운영은 당시 상업기구 개편과 상무사 신설을 둘러싼 서울의 육의전(六矣廛)과 남북당(南北黨)으로 일시 갈라진 보부상들 간의 상권 경쟁이라기보다는 정치적 헤게모니 쟁탈전과도 밀접한 관련이 있었던 것으로 보인다. 그해 5월에는 전 황국중앙총상회(皇國中央總商會) 세력인 육의전 상인들과 전 황국협회(皇國協會) 출신의 보부상들이 『상무총보』 신문 발행 권리를 놓고 물리력을 동원한 세 대결을 펼치고 있었다. 이 기간 '남북당'과 구분하여 육의전 상인들은 '중당(中黨)'으로 불렸는데, 신문 발행권을 위한 활자[鑄字]와 기계를 자신들의 근거지인 전평시서(平市署)로 옮기려다 '북당'과 실랑이가 있어 계획을 이루

---

[107] 박정규, 2003, 159쪽.
[108] 박정규, 2003, 169~171쪽.
[109] 『제국신문』, 광무 3년 5월 1일.

지 못한 일이 있었다.[110]

그러던 중 그해 6월에 육의전이 배제된 상태에서 보부상이 중심이 되는 『상무사장정(商務社章程)』이 공포되었고, 7월에는 농상공부대신 민병석이 신문을 확장 간행하도록 상무사에 훈령하였다.[111] 당시 상무사에서는 신문 발간에 매우 적극성을 보였다. 상무사의 신문 발간 목적은 서울과 전국 각지의 생산물 현황과 시세 파악, 상인들의 이익 추구와 피해 예방에 중점을 두었다.

> 상무신문(商務新聞)을 발행하여 경향(京鄕) 각처(各處) 물산(物産) 시가(時價)를 상세하게 파악하여 광고(廣告)할 것 … 매일 각처에 전보(電報)로 탐문(探問)하여 상무신문 중에 5일 간격으로 상세히 게재하여 상로(商路)에 통달하지 못한 자로 하여금 이익을 좇는데 피해가 없도록 할 것.
> ─『商務社章程』 제14조

그해 9월에 『상무총보』를 국한문 혼용의 『대한상무신보(大韓商務新報)』로 개칭하고 10월부터 발간하였다. 일간으로 발행된 『대한상무신보』는 특히 시중 물가의 고하(高下)를 매일 탐지하고「잡보(雜報)」난에 매일 매일의 미두(米豆) 시세를 기재하였다. 『대한상무신보』에서는 미전(米廛)과 지금의 남대문시장인 선혜청 내 장시 미곡·적두·태[宣惠廳 內 場市의 米穀·赤豆(팥)·太(콩)]의 시가를 각기 상·중으로 나누고 품목별·지역별 가격 차이를 상세히 기재하였다.[112] 이는 앞의 『상무총보』의 형식을 그대로

110 『독립신문』, 광무 3년 5월 15일.
111 『皇城新聞』, 광무 4년 7월 23일.
112 『독립신문』, 광무 3년 10월 18일.

이어갔던 것으로 보인다. 그러나 현재 남아서 전해지는 실물이 없으므로 『대한상무신보』에 대한 정확한 내용은 확인할 방법이 없다. 자금난으로 1900년 2월 정보(停報)할 때까지 신문은 매장 1전(錢)씩, 월간 구독료 20전에 판매하였다.[113] 박정규는 『상무총보』가 5월 23일 무렵 정간되었다면 약 33호 정도 발행한 것으로 추론하였고, 『대한상무신보』는 1899년 12월 초에 제53호를 간행한 기록, 1900년 1월 31일 폐간한 기록 등을 근거로 정상적으로 진행되었다면 제95호 정도까지는 발간되었을 것으로 추론한 바 있다.[114]

---

[113] 『皇城新聞』, 광무 3년 9월 5일; 광무 4년 2월 5일; 『제국신문』, 광무 4년 2월 5일.
[114] 박정규, 2003, 174~175쪽.

실업학교와 기술학교

상공학교 설립과 운영

 근대적 직업의식에 바탕을 둔 새로운 상공업자 양성 문제는 열강과의 국교 확대 이후 일관된 논리로 전개되었다. 당시 많은 사람들에게 근대적 상업지식 교육의 필요성은 절실하게 요청되었던 것이다. 상공학교 설립을 통한 체계화는 1897년 상무회의소(商務會議所)의 상무학교(商務學校) 설립 주장 이후 1898년 10월 30일 '상공학교(商工學校)를 설립하여 민업(民業)을 장려하라'는 황제의 조칙[115]에서도 제기된 바 있다. 같은 기간 열린 독립협회 주도의 만민공동회에서도 이 같은 내용을 적극 지지하였다.[116]
 세간의 인식은 그간의 '사농(士農)'보다는 '공상(工商)'을 급무로 생각해야 한다는 분위기가 지배적이었던 듯하다. 신문에서도 기계를 수입하는 데 드는 재화의 손실을 막고 각종 물품을 다른 나

---

115 『承政院日記』, 광무 2년 9월 16일.
116 『독립신문』, 광무 2년 11월 1일.

라에 맡겨 운반하는 데 따른 실리(失利)를 당하지 않아야 할 것을 피력하는 한편, 황제가 공상학교(工商學校)를 설립하라고 한 조칙의 뜻이 바로 이러한 배려일 것으로 평가할 정도였다.[117] 그러나 다음 해 1월에 이르기까지도 농상공부의 상공학교 설립 예산은 탁지부에 넘겨지지 못했기에 다소 시일을 요하게 되었다.[118] 이에 대해 이미 탁지부에서는 여학교와 상공학교 실시를 위한 예산을 마련하였는데 학부대신 신기선(申箕善)이 부정적인 입장을 보여 실시하지 않기로 하여 미루어지고 있다는 소문이 회자되기도 하였다.[119] 그런 과정에서 일각에서는 전 평시서(平市署) 자리에 사립 상공학교를 설립하자는 논의가 나오기도 하였다.[120] 1899년 4월 27일 황제는 전년도 10월에 이어 또다시 관립(官立)으로 상공학교(商工學校) 관제(官制)를 마련하라는 다음 내용의 조칙을 내렸다.

국가에서 학교를 개설하고 인재를 양성하는 것은 장차 지견(知見)을 넓히고 진익(進益)을 구하여서 개물성무(開物成務)하고 이용후생(利用厚生)하는 기본이 되게 함이라. 지금 세계 각국 중 날마다 향상하여 부강(富强)한 적(敵)이 없는 나라는 다른 것이 있는 게 아니라 격치(格致)하는 학문에 종사하여 사물의 이치의 심오함을 구해(究解)하여 아는 바가 정(精)하되 더욱 그 정함을 구하고 기계가 이미 공교하여도 더욱 새로운 것을 내어놓는 데 불과한지라. 국가의 요무(要務)가 어찌 이

---

117 『皇城新聞』, 광무 2년 11월 19일.
118 『독립신문』, 광무 3년 1월 30일 「관뎨구애」.
119 『독립신문』, 광무 3년 2월 25일.
120 『독립신문』, 광무 3년 1월 30일 「리해교계」.

보다 앞서는 것이 있겠는가. 우리나라의 인재가 반드시 외국보다 못하다고는 할 수 없지만 가르침에 근본이 없기 때문에 인민(人民)의 지견(知見)이 열리지 못하고 농상업(農商業)이 부흥하지 못하여 민산(民産)이 날로 줄어들고 국계(國計)가 날로 어려워지며 신설한 학교(學校)는 겨우 문구(文具)에 그치며 교육하는 방도에 전혀 어두워 5~6년 동안 조금도 나아지는 효험이 없다. 상공학교(商工學校)에 이르러서는 더욱 급선무로서 지난해에 하칙(下勅)이 있었음에도 아직 개설(開設)의 의논조차 없으니 이같이 질질 끌어서야 무슨 일을 할 수 있을지 자못 개탄할 노릇이라. 정부에서 해당 부서에 특별히 신칙(申飭)하여 종전처럼 인순(因循)치 말고 한결같이 진지하게 해나가 기어코 개진(開進)을 가져오는 성과가 있게 할지어다.

-『韓末近代法令資料集』Ⅱ「詔勅 學校敎育振興, 商工學校 開設에 관한 件」,

광무 3년 4월 27일

이러한 상공학교 설립 문제는 보부상(褓負商)들에 의해서도 논의되었다.[121] 상무사에서는 '상인(商人)으로서 나이가 어리고 준수한 자' 및 '평민(平民) 중 재능과 기예가 총민(聰敏)한 사람'을 선발 교육시키는 상업학교를 설립하고 이를 통한 근대적 상공업자 양성에 적극성을 보였다.[122] 이는 언론에서도 지지를 받는 사실이었다. 『황성신문』에서는 그간 '남부여대(男負女戴)'하고 그날그날의 생계를 위해 전국을 돌아다니는 부상(負商) 활동의 영세성을 통감하면서, 그 해결책으로 이들을 근대적 상무학교에 입

[121] 鄭喬, 『大韓季年史』下, 광무 3년 1월 4일.
[122] 『商務社章程』, 광무 2년 6월.

학시켜 교육할 것을 강조하였다.

> 상무(商務)를 진흥하려면 상무전문(商務專門)의 학(學)이 있으니 상무학교(商務學校)를 실시하여 모집한 부상(負商) 기만 명을 일년 반년 간 속성(速成) 학과(學科)에라도 종사케 한 연후라야 떠들썩함이 가히 진정되고 헛된 소문들도 곧 없어져 실업(實業)의 발달(發達)을 진보(進步)할지라.
> ─『皇城新聞』, 광무 3년 10월 3일

즉, 부국강병을 하려면 1년 내지 반년간의 속성 과정의 교육을 통해서라도 부상들이 상무를 잘 시행하도록 해야 하며, 이를 위해서는 상업 분야의 교육을 확장해야 한다는 것이다. 그 방식은 학교 설립을 통해 가능하다고 주장하였다. 그렇지만 그것은 일개인이 사사로이 할 수 있는 일이 아니라 나라 전체의 큰 사업이니 정부는 장려에 힘써야 할 것이라 하였다.[123] 이는 결국 정부 주도의 상업학교 설립의 시급성을 피력한 것이자 상업정책의 근대화를 열망하는 대중 정서를 반영한 것이다.

보부상들은 상업 실무에 한정된 학교 설립을 염두에 두고 있었지만 대한제국 정부는 상업과 공업을 아우르는 보다 큰 차원에서의 실행을 준비하고 있었다. 상무사가 설립되는 1899년 5월 12일 이날 내각과 학부에서는 상공학교 설립 자금에 대해 논의하였다.[124] 이어 6월 18일 학부에서는 전 13개 조항의 상공학교(商工學校) 설립안(設立案)을 정부회의에 제출하였고,[125] 6월 24일

---

123 『皇城新聞』, 광무 4년 3월 7일.
124 『皇城新聞』, 광무 3년 5월 12일.
125 『時事叢報』, 광무 3년 6월 18일.

칙령 제28호로 「상공학교관제(商工學校官制)」가 공표되었다.[126] 이 관제에 의하면 '상업과 공업에 필요한 실학(實學)을 교육하는' 상공학교는 상업과(商業科)와 공업과(工業科)를 두었다. 수업연한은 4년으로 하고, 1년은 예과 수업을 3년은 본과 수업을 하도록 하였고 교장 1인(주임), 교관 10인 이하(주임 혹은 판임), 서기 2인(판임)을 두도록 규정하였다. 교장은 학부대신의 명령으로 주무국장의 지휘를 따르고 일체의 교무(敎務)를 관장하였다. 교관으로 외국 사람을 초빙할 수 있었으나 교수만을 담당시켰다. 이와 같은 학교를 지방에도 설치할 예정이었다.

그해 12월 정부에서는 상공학교를 설치하고 김익승(金益昇)과 박의병(朴義秉) 중 한 사람을 교장으로 임명할 계획을 세우면서 설립이 사실화되는 추세였다.[127] 그러나 다음 해인 1900년 초엽에 들어서면서 탁지부에서는 광무 4년도 예산서 편정(編定)에서 상공학교와 여학교, 농업학교 예산을 정지하였다.[128] 또한 그 해 말 총 14명의 교관 중 10명이 남아 있었고, 이들은 1902년까지도 수시로 사퇴하거나 교체되었다.[129] 그 결과 정부 주도의 상공학교 창설 경비는 1903년 정부예산에도 반영되지 못하였고 교관도 6, 7명씩 임면이 일상화되었다.[130] 러일전쟁 이후에 학부를 통해 다시 논의되고 예산편성과 교사 초빙문제가 거론[131]될 때까지 실제로는 이루어지지 못했던 것이다. 1904년 6월 8일 칙령 제

126 『官報』, 광무 3년 6월 28일.
127 『皇城新聞』, 광무 3년 12월 1일.
128 『皇城新聞』, 광무 4년 1월 19일 「校費停止」.
129 古川昭, 李成鈺 역, 2006, 279~280쪽.
130 『漢城新報』, 1903년 1월 22일.
131 『皇城新聞』, 광무 8년 4월 29일 「商工學實施」.

16호로 농업과 상업을 아우르는 「농상공학교 관제」가 반포되고 8월 18일 학부대신 이재극 명의로 「관립농상공학교규칙」이 제정되면서 이전 상공학교는 농상공학교로 새로 개편되고 교장으로 홍우관을, 이만규를 비롯한 교관 등을 선임하면서 시작하였다. 8월 24일부터는 학생 모집 광고를 관보에 연재하였다.

이상과 같이 정부 주도의 상공학교 설립이 오랜 기간 지지부진하게 되었지만 민간에서는 오히려 열기가 확산되는 추세였다. 1899년 5월 3일 사립 광성학교(光成學校) 설립에 관한 다음의 기사가 처음 신문 지상에 소개되었다.

> 사립(私立) 광성학교(光成學校)눈 원래 서서(西署) 창동지(倉洞地) 구(舊) 홍엽정(紅葉亭)에 설립훈 이래로 학원(學員)이 월증(月增)ᄒ고 학업(學業)이 일취(日就)훔을 이(以)ᄒ야 일전에 해교확장(該校擴張)훔을 회의훌시 교장에 박기양(朴箕陽) 교감에 서상면(徐相勉) 교사에 신해영(申海永) 삼씨가 유지방략(維持方略)의 강론(講論)훔을 위ᄒ야 유지가 중(有志家中)으로 평의원 25인을 천선(薦選)ᄒ고 당야(當夜)에 교장 박기양 씨가 출석ᄒ야 학원의 열심 수업훔을 하면(賀勉)ᄒ고 해교확장(該校擴張)훌 방략을 제의훌시 위선 위치의 유벽(幽僻)훔이 불편훔으로 학교이설(移設)훌 사를 결의ᄒ고 익일에 교장 박기양 씨가 교감 및 제 학원(學員)을 인(引)ᄒ고 남문(南門) 내 상동지에 내(來)ᄒ야 전 상국(相國) 서당보(徐堂輔) 씨 구택(舊宅)을 주람(周覽)훈 후 즉지(卽地) 결가(結價)ᄒ고 불일내에 수리 이교(移校)훈다 ᄒ니 우리눈 해 교장 박기양 씨의 교육상 열심훔과 해 학원의 학문상 진취훔이 비단 해 학교의 대행(大幸)인쥴노 지(知)ᄒ눈 고로 전도(前途)에 창대(昌大)훔을 망(望)ᄒ노라.
>
> - 『皇城新聞』, 광무 3년 5월 3일 「學校擴張」

위의 기사에 따르면 사립 광성학교는 1899년 5월 이전 서울 서서(西署) 관할 옛 홍엽정(紅葉亭)에 설립되었다. 그런데 국사편찬위원회의 한국사 데이터베이스 검색에 의하면 윤형중(尹衡重)이라는 인물은 이미 1898년 3월에 사립 광성학교에 입학하여 1900년 3월 졸업하였고, 정인방(鄭寅昉)은 1898년 11월에 같은 학교에 입학하여 2년간 수업하였던 사실이 확인된다.[132] 이를 통해 볼 때 적어도 사립 광성학교는 1898년 3월 내지 그 이전에 설립되었음을 유추해 볼 수 있다. 당시 교장은 박기양(朴箕陽), 교감은 서상면(徐相勉), 교사는 신해영(申海永)이었다. 서상면은 1897년 12월 대한제국인공양잠합자회사 주주, 1899년 향연(香烟)합자회사 중역, 1900년 2월 대한제국인공양잠합자회사 간사를 역임하였다. 갑오개혁기 관비유학생 출신인 신해영은 도쿄의 게이오의숙(慶應義塾)에서 경제학을 공부한 후 1897년 어용선과 함께 일본 대장성에서 사무를 견습하고 귀국하였다. 1898년 중추원의관을 역임하였고 이후 1901년에 일본인이 저술한 「잠업실습설(蠶業實習說)」을 번역하였다. 교세가 확장되자 이들은 뜻을 같이하는 사람들로 25명의 평의원을 두고 좁은 학교를 이설 확장하기로 결정하여 교장 박기양의 노력을 거쳐 남문 안 상동(尙洞) 전 상국(相國) 서당보(徐堂輔)의 옛집을 구입하여 수리 후 이설할 계획이었다. 그 결과 그해 음력 7월 20일 주간과 야간으로 하는 새로운 광성학교가 개교할 예정[133]이었으나 시설을 완비하고 시스템을 마련하는 데에는 다소 시간이 걸렸던 것으로 보인다.

132　http://db.history.go.kr/item/level.do?levelId=im_108_01853; http://db.history.go.kr/item/level.do?levelId=im_109_01112.
133　『皇城新聞』, 광무 3년 8월 22일.

1900년 초에는 서울 남문 내 상동에 광성학교가 상업학 전문으로 전공을 개정하고 학생 모집 광고를 신문에 실었다. 학교 교과는 산술(算術)과 부기를 비롯하여 일본어·중국어·상업학·경제학·화폐론·상공·역사·지리·은행론·상법·국제법·재정학·내국지리·무역실무 등이었다.[134] 그 결과 드디어 그해 음력 1월 27일(양 2월 26일) 개학이 결정되었다.[135] 이후 공식적으로 교명을 광성상업학교(光成商業學校)로 결정하고 학과를 전문과와 특별과로 나누었다. 그해 12월 23일 상업부기과 시험에서 성적이 우수한 정기창(鄭圻昶) 등에게 증서를 수여하고 시상하였다.[136] 특히 당시 세간에서는 광성상업학교의 상용 부기학(商用簿記學)과 은행부기(銀行簿記) 교수 방법이 매우 정미(精美)하였다고 전해졌다.[137] 이 학교 교사 신해영은 전 4권으로 된 국문 산술책을 간행한 바 있다.[138] 광성상업학교는 설립 초에는 정원이 30여 명 정도였으나 1904년에 이르면 수백 명에 달하였다.[139] 학교를 설립하고 전 과목을 가르친 지 만 3년에 이른 1903년 4월에 제1회 졸업식이 거행되었다. 이 졸업식에서는 상업부기와 은행부기 시험을 행하고 김종건(金鍾健)·김의균(金宜均) 등 우등생 2명을 시상하고 나머지 학생들에게는 졸업증서를 수여하였다.[140] 한때 학부 학무국장 장세기가 교장을 겸임한 적도 있었다.[141]

---

134 『皇城新聞』, 광무 4년 2월 5일.
135 『皇城新聞』, 광무 4년 2월 22일.
136 『皇城新聞』, 광무 4년 12월 25일.
137 『皇城新聞』, 광무 5년 1월 7일.
138 『皇城新聞』, 광무 6년 2월 20일.
139 『皇城新聞』, 광무 8년 5월 2일.
140 『皇城新聞』, 광무 7년 1월 20일; 광무 7년 4월 28일.
141 『皇城新聞』, 광무 5년 11월 13일.

러일전쟁 기간인 1904년 11월 3일 광성상업학교는 이전 상동에서 같은 서서 관할의 양동(養洞) 44통 6호로 이전하였다. 이후 1905년 6월에는 교감 서상면 주도로 야간에 일어를 교수하고 주간 부속으로 속성영어과를 개설하여 학도를 모집하였는데, 각 학교 방학 중에도 학업을 진행하는 조건이었다.[142] 같은 해 7월 2일 교장 박기양 주도로 제2회 졸업증서 수여식이 거행되었다.[143] 1906년 7월 1일의 하기시험에서는 이화학(理化學)·염색술·일어·산술 등의 과목을 시취(試取)하였다.[144] 또한 같은 해 교우회(校友會)를 설립하고 졸업생과 재학생을 대상으로 11월 9일 총회를 열 예정이었다.[145]

1907년 2월에 제3회 졸업생을 배출하였는데, 이들 중 홍종국과 강재형은 기수(技手)로 서임되었다.[146] 그해 3월에는 교명을 사립 광성실업학교(光成實業學校)로 개명하였다.[147] 1908년 2월 시험을 통과한 이선종 등 9명이 제4회로 졸업하였다. 1909년 1월의 광고에 의하면 2년제 야학의 입학시험 과목은 국한문·독서·작문이었고, 매일 밤 3시간씩 교습하였는데 과정은 일어·산술·부기·법학통론(法學通論)·상업대요(商業大要)·역사지리 등이었다.[148] 같은 해 2월에는 제5회 졸업식을 거행하고 홍덕유 등 12명의 졸업생을 배출하였다.[149] 1909년 10월 25일 제6회 졸업

142 『皇城新聞』, 광무 9년 6월 8일; 광무 9년 6월 9일.
143 『皇城新聞』, 광무 9년 7월 3일.
144 『皇城新聞』, 광무 10년 7월 3일.
145 『皇城新聞』, 광무 10년 11월 7일.
146 『皇城新聞』, 광무 11년 3월 5일.
147 『大韓每日申報』, 광무 11년 3월 14일.
148 『皇城新聞』, 융희 3년 1월 26일.
149 『皇城新聞』, 융희 3년 2월 26일.

표 21 사립 광성상업학교 출신의 활동 현황

이름	입학연도	졸업(자퇴)연도	경력 및 활동
윤형중(尹衡重)	1898. 3	1900. 5	경부철도회사 영등포건축사무소(1903. 4), 내부 치도국 기수(1906. 7)
정인방(鄭寅昉)	1898. 11	1900. 12	탁지부 주사(1901. 1), 탁지부 양지국 주사(1904. 4)
김창세(金昌世)	1900. 2	1900. 12	탁지부 기수(1906. 7)
김교제(金敎濟)	1901. 2		헌릉참봉, 인릉참봉(1905. 11)
백희수(白熙洙)	1902. 4	1906. 9	궁내부 주전원 경위국 총순(1907. 9), 경부(1908. 7)
김교익(金敎翊)	1904. 2	1905. 12	탁지부 수도국 서기(1907. 7), 내부 주사(1908. 1)
박희정(朴熙正)	1903. 3		탁지부 기수(1907. 2)
김종건(金鍾健)		1903. 4	외국어학교 서기(1905. 10), 관립교동보통학교 교원(1906. 9)
허숙(許淑)	1903. 4		탁지부 주사(1906. 5)
김의균(金宜均)	1899. 7	1903. 4	인항(仁港)철도감부 통역(1904. 9), 한성재판소 주사(1906. 12)
강재형(姜在衡)	1904. 1	1907. 1	공업전습소 기수(1907. 3)
유광렬(柳光烈)	1904. 2	1906. 7	내부 치도국 서기(1907. 3)
이근항(李根恒)	1904. 2	1905. 2	헌병대 통역(1905. 3), 대구보통학교 부교원(1906. 9), 사립 화동보통학교 교사(1908. 1)
김종렬(金鍾烈)	1904. 2		탁지부 기수(1906. 9)
김상익(金相翊)	1904. 3	1905. 12	탁지부 수도국 서기(1907. 7)
배윤명(裵允明)	1904. 9	1906. 1	탁지부 기수(1906. 7)
최원희(崔元喜)	1905. 2		농상공부 주사(1906. 1), 농상공부 서기랑(1907. 6)
송병의(宋秉儀)	1905. 4		탁지부 기수(1907. 2)
김준식(金濬植)		1905. 7	경성화폐교환소 사무원(1905. 7), 탁지부 주사(1906. 5), 탁지부 서기랑(1907. 6)
김용환(金鏞煥)	입학·졸업연도 미상		중추원의관, 한일학교(韓日學校) 교감
홍덕유(洪悳裕)		1908. 2	탁지부 기수(1907. 2)
이연우(李淵雨)	입학·졸업연도 미상		재정고문부원, 경성상업회의소 의원, 한성은행 서대문출장소 주임(1919. 6)

식을 거행하고 8명의 졸업생을 배출하였다.[150] 1910년 5월에는 주간 영어속성과를 증설하였고 제7회 졸업식을 거행하고 9명을 배출하였다.[151]

〈표 21〉은 국사편찬위원회 한국사 데이터베이스를 통해 확인된 대한제국 시기 광성상업학교 졸업생의 이름과 입학·졸업연도, 이후의 경력 및 활동 상황을 간략히 정리한 것이다. 졸업 후 이들은 탁지부 기수와 주사, 농상공부 주사, 내부 기수, 각급 학교 교원을 비롯한 다방면에서 활동하였다.

각종 관립·사립 기술학교 설립

1899년 「상공학교관제」 마련과 더불어 대한제국 정부는 광학(礦學) 실무와 광업 개발을 위한 전문기술 인력을 우리 손으로 직접 교육 활용하고자 하였다. 이에 1900년 9월 3일 의정부회의에서 광무학교를 처음 설치하고 학도를 시취(試取)하여 광학을 교습하게 하는 일을 결정하였다.[152] 그 결과 다음 날인 9월 4일 칙령 제31호로 「광무학교관제(礦務學校官制)」를 반포하였다.[153] 「관제」에 의하면 관립(官立) 광무학교(礦務學校)는 '광업에 필요한 실학(實學)을 교육'하는 곳으로, 3개년의 수업기한을 정하였다(제1조, 제2조). 이 학교의 직원으로는 교장·감독·교관·부교관·서기 등

---

150 『皇城新聞』, 융희 3년 10월 27일.
151 『皇城新聞』, 융희 4년 5월 5일; 융희 4년 5월 12일.
152 『皇城新聞』, 광무 4년 9월 5일.
153 『官報』, 광무 4년 9월 6일; 『增補文獻備考』 권209, 「學校考」.

을 두고 각각의 직임도 규정하였다(제4~9조). 관제 제10조에 외국인 고빙 규정을 두어 선진 기술자를 초빙하여 본격적인 광산개발에 착수하려 하였다. 실지 견습을 위해 전국 각지의 광처(礦處)에 지학교(支學校)도 설치할 예정이었다(제11조).

광무학교는 농상공부 광산국(鑛山局) 소속으로 당시 황제 측근으로 궁내부의 제반 실무를 담당하고 있던 궁내부 번역과장 현상건(玄尙健)이 교장을 겸임하였고, 프랑스인 광산기술자 트레물레(A. Tremoulet; 攄來物理)를 감독으로 벨기에 출신 쿠빌리에(M. Cuvillier; 貴賓禮)를 교관으로 초빙하였다. 이 외에 여러 명의 프랑스인 기사들을 고용하였다. 이들의 초빙 연한은 3년이고 월급은 매달 각기 양화(洋貨) 330원으로 정하였다.[154] 대한제국 정부에 고용된 이들은 충주 등지로 가서 개광(開礦) 기지를 시찰한 후 폐현하기도 하였다.[155]

1900년 12월 21일 광무학교 부교관으로 이인규를, 1901년 10월 16일 고희천을 서기에 임명하였다. 1902년 9월 8일에는 광무학교 서기 고희천·김진영·홍택섭·박용구·조기창을 광학국 주사에 임명하였다.[156]

「광무학교관제」 제3조의 광무학교의 학과 및 정도와 기타 규칙은 학부대신이 정한다는 규정에 근거하여 광무학교는 학부 소속이었다. 그런데 프랑스인 감독 트레물레와 광산기사들의 소속은 학부가 아닌 궁내부로 결정되었다. 프랑스인 기사들의 봉급 지불 등의 관리 면에서 학부의 예산이 빈약하였기 때문이었다.

---

154 李培鎔, 1997, 37쪽.
155 『皇城新聞』, 광무 5년 12월 10일.
156 『官報』, 광무 6년 9월 10일.

또한 트레물레에 의하면 광무학교는 1901년에 1만 원의 정부예산으로 설립될 계획이었음을 알 수 있다. 그러나 그해 9월까지도 예산은 확보되지 못했다. 이에 대해 트레물레는 학부가 대한제국 정부에서 고빙한 자신을 광무학교 감독으로 인정하지 않으려는 것이 아니냐고 반문하며 정부가 준 기념장을 거부한 일도 있었다.[157] 그러나 이해 어느 시점에 학부에서 광무학교 교장 현상건에게 학교 건축비로 2천 원을 지불한 사실이 신문을 통해 확인된다. 이어지는 기사는 이 돈을 어디에 사용했는지에 관한 보고가 없으니 그 용처를 밝히라고 훈령했다는 내용이다.[158] 결국 1902년 1월까지도 학교는 설립되지 못하였다.

그러던 중 광산 개발 실습이 황실 소속 광산에서 시행될 예정이었으므로, 1902년 2월 16일 포달(布達) 제78호로 종래 농상공부 소관 광산국(礦山局)을 폐지하고 궁내부에 광학국(鑛學局)을 설치하고, 광산국 자리에 광무학교를 시설(始設)하여 궁내부 소속으로 이관한다는 논의만 있을 뿐이었다.[159] 광학국 감독으로는 광무감찰관 트레물레를 임명하였다.[160] 이후 별다른 기록이 없는 점으로 판단할 때 광무학교가 당초 계획대로 건물을 축조하고 학생을 모집하고 수업을 진행하였던 것으로는 보이지 않는다. 광학국 설치 이후 광무학교 교원들은 이에 흡수되었고 결과적으로 광무학교 설립과 운영 문제는 흐지부지해졌다. 유명무실하게 법제상으로만 남아있던 이 학교는 1907년 9월 28일 공식적으로 폐

---

157 『皇城新聞』, 광무 5년 9월 19일.
158 『皇城新聞』, 광무 6년 1월 8일.
159 『皇城新聞』, 광무 6년 2월 17일; 全旌海, 2003, 172쪽.
160 『承政院日記』, 광무 6년 8월 21일.

한성우체사

교되었다.¹⁶¹

이 외 대한제국 시기 관립 기술학교로 1900년 11월 1일에 통신원총판 민상호(閔商鎬)의 명의로「통신원령」제6호, 제7호 관립 우무학도(郵務學徒)와 관립 전무학도(電務學徒)의 규칙도 각기 제정되었다.¹⁶² 이 학교는 25명을 정원으로 15세 이상부터 30세 이하의 신체 강건한 학도를 모집하여 한문·국문·독서·작문 글쓰기[寫字]·산술·면접[問對] 등의 시험을 거쳐 선발하였다. 3개 학급으로 나누어 우무학도들은 국내우체규칙·국내우체세칙·만국연우(聯郵)규칙·외국어·산술 등을 교습하였다. 시험은 월말시험

---

161 『官報』, 융희 원년 10월 3일.
162 『官報』, 광무 4년 11월 5일.

[月終試驗] · 연말시험[年終試驗] · 특별시험(特別試驗)으로 나뉘어 있었다. 월말시험 우수자는 특별시험을 칠 수 있었고 여기에서 우등한 학생은 우체총사(郵遞總司)에서 1개월간 실지 견습을 마친 후에 서임될 수 있었다.163 전무학도의 선발 기준도 우무학도와 유사하였다. 다만 교습과목은 타전(打報) · 번역(繙譯) · 전리학(電理學) · 전보규칙(電報規則) · 외국어 · 산술로 일부 차이가 있었고 특별시험을 거친 우수한 학생은 전보총사(電報總司)에 서임될 수 있었다.164

1902년 10월 서울의 우무학교에 입학한 홍응관은 1904년 이후 경남 진주우체사 주사와 사장(司長) 대리, 탁지부 세무주사를 차례로 역임하였다.165 우무학교 학도 출신은 아니었지만 1900년 5월부터 우무학교 간사원이던 이능수는 같은 해 9월 의주우체사 주사, 1902년 대구우체사 주사, 창원외체사(外遞司) 주사, 1903년 전주우체사 주사, 1904년 한성우체지사(支司) 주사, 1907년 탁지부 세무주사를 차례로 역임하였다.166 1901년 11월 우무학교에 입학한 박재하는 2년 후인 1903년 11월 이 학교를 졸업하였다. 그는 졸업 당일부터 대구우체사 주사에 임명되었고, 1905년에는 통신원주사로 직임이 변경되었는데 당시 월봉은 25원이었다. 이후 통감부 시기에는 대구우편국과 영등포우편국에서 주사로 근무하였다.167 김겸수는 1900년 8월 우무학교에 입학하였고 이후 옥구우체주사, 한성우체지사 주사, 경성우편국 통신사무원을 역임하다가 일제강점기인 1925년까지 조선총독부

---

163 『官報』, 광무 4년 11월 5일(「通信院令」第六號, 「郵務學徒規則」).
164 『官報』, 광무 4년 11월 5일(「通信院令」第七號, 「電務學徒規則」).
165 『大韓帝國官員履歷書』 10책, 273쪽.
166 『大韓帝國官員履歷書』 1책, 24쪽.
167 『大韓帝國官員履歷書』 7책, 2103쪽; 41책, 870쪽.

통신서기보, 연천우편소장 등을 하였다.[168]

대한제국 시기는 이상의 공립실업학교와는 달리 사립학교로는 한성직조학교(漢城織造學校), 직조단포주식회사(織造緞布株式會社) 교습소(敎習所), 사립 철도학교(鐵道學校), 국내철도운수회사양성학교(國內鐵道運輸會社養成學校), 사립 낙영학교(樂英學校)의 철도과(鐵道科)와 공업제조과(工業製造科), 사립 흥화학교(興化學校)의 양지속성과(量地速成科) 등 많은 기술학교 내지는 학과가 창설되는 추세였다.[169]

한성직조학교는 1900년 3월 박제순(朴齊純)이 서울 남서 관골에 설립한 것으로 15세부터 25세 사이의 남녀 학생을 모집하였다.[170] 그해 3월 25일 개학식에는 한규설·유기환 등 전임 대신과 일본 공사 하야시 곤스케, 규슈(九州)실업단 고문인 후쿠오카현 출신 부교장 카노코기 테루노신(鹿子木曜之進) 및 각 신문 기자들이 참석하여 성황을 이뤘다. 일행은 이날 피륙[직물] 짜는 것을 구경하였는데, 부인들이 일본 당목 같은 넓은 천을 짜는 데 매우 신속하여 참으로 배울 만하였다고 기자는 기록하였다.[171] 직조단포주식회사 부설 교습소는 한성직조학교와 같은 기간인 1900년 3월에 남서 예동(藝洞)에 설립하였는데, 사장은 민병석(閔丙奭), 부사장은 이근호, 총무원은 이봉호였다. 신문에 게재한 광고에서 민병석 등은 나라의 부(富)와 강(强)은 학교를 설립하고 인민을 교육하고 회사를 설립하고 재정을 확충하는 것은 세계적

---

168 『大韓帝國官員履歷書』 20책, 537쪽; 『朝鮮總督府施政二十五週年紀念表彰者名鑑』, 420쪽.
169 金根培, 1996, 428~429쪽.
170 『皇城新聞』, 광무 4년 3월 24일; 『제국신문』, 광무 4년 11월 21일.
171 『제국신문』, 광무 4년 3월 27일.

추세라는 점을 강조하였다. 이에 직조단포주식회사에서 각종 주단(紬緞)·포목·직조기계를 구입하여 남녀 학도를 각기 교습하고 졸업일부터 이들에게 월급을 지불할 정관을 만들었다는 점을 제시하였다. 한편 1고(股) 당 100원씩으로 자본금액을 정하고 파생되는 이익은 매년 음력 6월 말에 투자자본의 다소에 따라 공평하게 나눌 예정으로 있었음을 알 수 있다.[172]

철도 관련 학교인 사립 철도학교는 1900년 5월 당시 각종 회사와 학교 설립에 조예가 깊은 박기양(朴箕陽)을 교장으로, 교감 정긍조, 찬무원 김재두·조명하·박제승 등을 임원으로 하여 서울 남서 장동에서 설립되었다. 이 학교는 주간과 야간을 겸하였다.[173] 학교를 설립한 지 1년이 지날 무렵인 1901년 7월에는 시험을 거쳐 우등생 유진량 등 졸업생 15명을 배출하였다.[174] 이 학교는 일어와 산술에 능한 자를 우대하였는데, 일본인 공학사(工學士) 오에 산지로(大江三次郎)를 초빙하여 철도공업에 대한 교육을 실시한 바 있었다.[175] 이력서 상으로 이 학교를 졸업한 3명이 확인된다. 1902년 1월 입학하여 그해 12월 진급한 방태영(方台榮)은 이후 1903년 1월 탁지부 인쇄국 견습생을 거쳐 1904년 2월부터 경무청 순검을 하다 1907년 7월 총순(總巡)으로 승진하였다.[176] 방태영과 입학과 진급이 같은 상호(尙灝)는 1903년 도쿄제국대학 공과대학 조선과에 입학하여 1906년 졸업하였다. 이해 농상공부 참서관, 1907년 농상공부 서기관과 공무국장 등

---

172 『皇城新聞』, 광무 4년 3월 17일; 『제국신문』, 광무 4년 3월 17일.
173 『皇城新聞』, 광무 4년 5월 13일.
174 『皇城新聞』, 광무 5년 7월 8일.
175 『皇城新聞』, 광무 5년 10월 5일.
176 『大韓帝國官員履歷書』 16책, 427쪽, 37책, 827쪽.

의 고위직까지 역임하였다.¹⁷⁷ 1900년 4월 철도학교에 입학하여 1901년 7월 '학업우등'으로 졸업한 양재창(梁在昶)은 같은 달 이 학교 고등과에 입학하였다. 그러나 이듬해인 1902년 1월 사립 철도학교 고등과가 폐설되자 다시 경성학당(京城學堂)에 입학하고 1903년 4월에 졸업하였다. 이후 같은 해 평식원 제조소 검정 견습생을 거쳐 1905년 평식원 제조소 검정 조수, 1907년 도량형 사무국 기수를 각기 역임하였다.¹⁷⁸

김종한(金宗漢)이 설립한 사립 낙영학교는 교무를 확장하여 1900년 10월 철도과 과목을 증보(增補)하고 공업제조과를 추가로 설치하였다. 이를 위해 관립 상공학교 교관 현귀(玄樻)와 김대희를 초빙하여 교무를 맡겼다. 이 학교의 입학시험은 그해 음력 9월 18일(양 11월 9일)에 치를 예정이었는데, 시험과목은 독서·국한문·작문 등이었다.¹⁷⁹ 이 외의 철도 관련 학과로 1902년 민영철(閔泳喆)이 신문(新門) 밖에 설립한 국내철도운수회사양성학교는 그해 7월 하기시험을 치러 교감 서오순(徐午淳)이 갑반과 을반의 우등생 5명을 시계와 책자를 주어 시상하였다.¹⁸⁰ 이 학교는 9월 개학 시에 5명의 학생 추가 모집을 광고하기도 하였다.¹⁸¹

1900년 4월 서울 수진동 사립 흥화학교 교장 민영환은 기존 심상과(尋常科) 외에 양지속성과를 특별히 설치하고 학도를 모집하였다. 그런데 당시 양지아문(量地衙門)과 사전 협의를 거쳐 양

---

177 『大韓帝國官員履歷書』, 16책, 427쪽, 429쪽; 21책, 556쪽; 32책, 748쪽; 40책, 848쪽.
178 『大韓帝國官員履歷書』, 16책, 415쪽.
179 『皇城新聞』, 광무 4년 10월 27일.
180 『皇城新聞』, 광무 6년 7월 12일.
181 『皇城新聞』, 광무 6년 9월 4일.

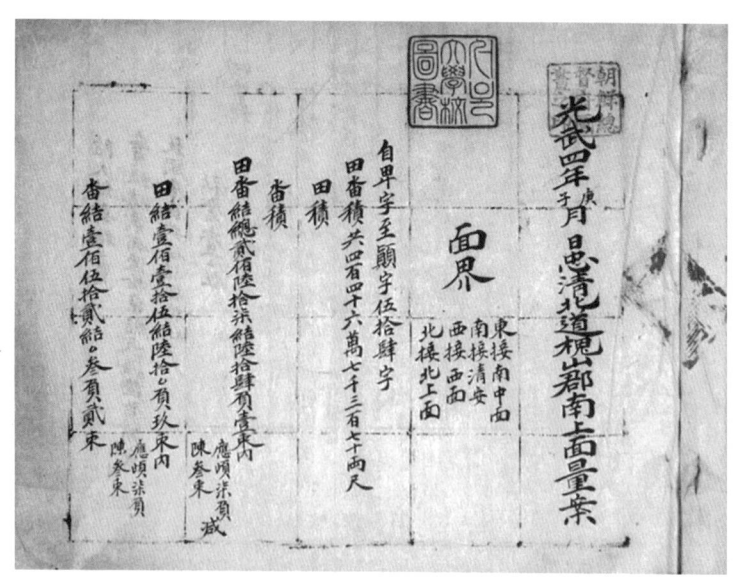

충북 괴산군 남상면 양안(1900)

지속성과를 졸업하는 학생들을 현장견습 과정을 거쳐 그 재능에 따라 향후 수용하기로 약조되어 있었음을 알 수 있다.[182] 당시 양지속성과의 입학시험 과목은 독서와 작문(국한문) 등이었다. 제1기의 입학시험을 거쳐 1900년 4월 16일에 학과를 처음 시작하였는데 총 인원은 80여 명에 달했다.[183] 입학 후에는 측량술을 비롯하여 당시 대한제국에서 본격적으로 추진되던 양전(量田) 사업 전반에 관련된 교육을 받았을 것으로 추정된다. 5월에는 월종(月終)시험을 보아 윤시용 등 우등생을 시상하였다. '속성과'란

---

182 『皇城新聞』, 광무 4년 4월 2일.
183 『皇城新聞』, 광무 4년 4월 18일.

말 그대로 짧은 교육과정을 거쳐 입학 7개월 만인 그해 11월 초 졸업시험을 통과한 박봉달·윤시용 등 23명의 졸업생을 배출하였다. 11월 21일 개최된 제1회 졸업증서 수여식의 정황은 다음과 같이 신문에 기재되었다.

> 재작일 하오 3시에 사립 흥화학교에서 양지과 졸업증서 수여식을 행ᄒ
> 눈디 교장 민영환 씨는 인공(因公) 미참(未叅)ᄒ기로 부교장 임병항 씨가
> 교장 대판(代辦)으로 개식(開式) 대지(大旨)를 연설ᄒ고 졸업 제생(諸生)
> 에게 차제로 졸업증서를 수여ᄒᄋ이 졸업생 중 윤시용 씨가 졸업생 총대로
> 답사ᄒ고 내빈 중 양지아문 부총재 고영희, 학무국장 김각현 양씨와 본
> 교 교사 남순희 씨가 학문 전진ᄒᄂ 연설ᄒ 후 하오 4시에 폐식 진다과
> (進茶果)ᄒ고 각산(各散)ᄒ얏더라.   -『皇城新聞』, 광무 4년 11월 23일

이 학교 양지속성과 졸업생으로서 이후의 진로를 알 수 있는 사람들은 다음과 같다. 위의 신문에도 기명된 월종시험 우등생이자 졸업생 대표 윤시용은 1900년 4월 입학하여 그해 11월 졸업하였다. 이후 1904년 관립 농상공학교에 입학하여 1905년 예과 졸업, 농과 전문 입학을 거쳐 1906년 농상공부 기수, 1907년 경무청 총순을 역임하였다.[184] 윤시용과 같은 기간 양지속성과를 입학하고 졸업한 김윤성과 이종철 두 사람은 이후 탁지부 측량견습생, 탁지부 기수의 동일한 경로를 거쳤다.[185] 그러나 흥화학교와 양지아문의 처음 약조와는 달리 졸업생들이 양지아문에

---

184 『大韓帝國官員履歷書』, 8책, 233쪽; 24책, 632쪽.
185 『大韓帝國官員履歷書』, 5책, 135쪽; 20책, 522쪽; 35책, 808쪽; 1책, 29쪽.

취업한 내용은 현재의 기록으로는 찾아보기 어렵다.[186] 흥화학교의 심상과는 이후에도 이어지지만 양지속성과는 1900년 11월에 제1기 졸업생을 배출하고는 더 이상 없는 것으로 판단된다. 이는 졸업생이 배출된 이듬해인 1901년 12월 전국의 양전 사업이 중단되고 이듬해인 1902년 3월 양지아문이 지계아문(地契衙門)으로 통합되었던 상황에 기인한 것으로 보인다.

대한제국의 산업육성정책은 한국 근대경제 발전에 어떤 기능을 하였는가? 여기에 대해서는 긍정적 이해가 필요하다. 1880년대 초기 근대화 과정이나 아관파천 직후 각종 이권 양여의 사례에서 보여주었던 매판적 성격과 달리 대한제국 시기는 정부와 황실의 독점적 주도의 정책 추진에 의한 국권주의적 성격이 강하게 나타났다. 그러나 전통적인 경제구조가 아직도 굳건하게 존재하는 상황에서 근대 이행의 길은 지난한 여정이었다. 일반 상공업자들의 자유로운 경영 행위는 극도로 제한되었다는 특징이 있었고, 경제적 조건의 성숙도 완전하지 못하였다. 게다가 정치·외교적 간섭으로 유리한 조건을 만든 열강들은 상업자본과 더불어 철도 부설과 광산 운영 등 주요 산업부문에까지 깊숙이 침투해 들어오기 시작하였다. 해운업을 통한 물류수송체계도 일본이 장악하고 있었다.

따라서 민간 상공업자들이 주도적으로 기간산업을 조성하고 유지해 가기는 현실적으로 어려운 상황이었다. 결국 그 주체는 대한제국 정부와 황실이 맡을 수밖에 없었다. 각급 기술학교 창설과 관련하여 대한제국 황실과 황제의 집사 역할을 하였던 현상

---

186 李鑪昊, 1995, 113~114쪽.

건의 적극적인 참여와 역할이 주목된다. 그러나 철도와 광산 사업은 정부의 중장기 프로젝트에 의해 효율적으로 이루어진 것은 아니었다. 그럼에도 철도를 개통하고 광산 등 국가 자원을 개발하고, 근대적 상공업을 육성 진흥하고자 하는 추진력은 적지 않은 성과로 나타났다. 관영사업 분야 중 철도 관련 기구로 농상공부 철도사(철도국)와 궁내부 산하의 철도원·서북철도국을, 광업은 농상공부 광산국과 궁내부 광학국을 두었다. 그런데 철도보다는 광산사업에 보다 적극적이었던 이유는 어디에서 찾을 수 있을 것인가? 국가의 광물자원 독점이 철도 건설과 같이 차관 등 외자유치를 통해 다량의 외국자본의 개입을 유도하고 그 반대급부로 해관세 징수 권리 등 또 다른 이권을 그들에게 제공해야만 한다는 현실을 전제로 한다면 조금 쉬운 방법으로 보인다.

산업육성정책은 민수산업 분야까지 확대되어 농상공부 농무국에 잠업과·잠업시험장 및 직조권업장을 설립하였다. 이는 양잠업과 직조업이 민간에서 크게 번창하는 계기가 되었다. 상공업 기구로는 상무사를 설치하였다. 또한 산업과 상공업의 육성을 지속적으로 추진하기 위한 인재양성 기관으로 관립 광무학교(鑛務學校)와 관립 상공학교 설치를 계획하고 추진하였다. 그러나 광무학교 관할권을 둘러싸고 학부와 궁내부의 갈등이 있었고, 정부 주도의 상공학교는 러일전쟁 이후에 가서야 결실을 보게 되었다. 민간 주도로 설립된 사립 광성상업학교만 활발히 운영되었을 뿐이다.

19세기 후반의 세계는 대체적으로 봉건적 국가질서가 서서히 사라지고 각국은 경쟁적으로 자본주의적 근대화를 받아들이는 데 국력을 경주하였다. 동아시아 3국도 각기 내부의 봉건적 질서를 개혁하고 서구의 각종 근대화 정책을 채용하면서 근대화의 가능성을 모색하고 있었다. 대한제국 시기에 전개된 산업과 상업 육성정책은 부국강병을 목표로 근대화를 추진한 것이었다. 당시 『독립신문』은 서양 각국은 실학(實學)을 숭상하고 문명한 기계를 새로 발명한 뒤에 나라의 형세들이 크게 떨쳐 세계에서 먼저 부강하고 진보한 나라가 되었지만 반면 대한제국은 허학(虛學)만 숭상하여 부국강병 할 수 없게 되었다고 지적하였다.[187] 이를 해결하기 위해 근대적 숙련노동자를 양성하고 자본을 집적하는 한편 기술유학생 파견 등을 통해 선진기술을 축적하고 궁극적으로는 부를 창출하는 데 지향점이 있었다. 대한제국 정부는 밖으로는 외국자본의 경제적 압력에 대처하고 내부적으로는 스스로 기반을 마련하여 변화를 모색하였다. 이 시기 관료들이 채택한 방식은 철도와 광산 등 기간산업의 국유화 시도 및 정부 스스로의 경영으로, 이를 통해 자립적 근대산업화의 기반을 조성하려고 한 점에서 일정한 역할이 있었다. 또한 정부 주도로 근대적 잠업과 직조회사를 설립함으로써 외국 상인과 자본으로부터 국내시장을 보호하고 자체 생산을 통해 큰 이익을 볼 수 있을 것으로 판단하였다.

정부 주도의 기간 인프라 보호 육성을 주도하던 기구로 농상공부에 전담 국(局)·과(課)를 설치하고, 궁내부에도 특별 기구를 설치하였지만 산업육성정책을 지속적으로 추진하기에는 충분하지 않았다. 결국 한국형 모델 제시에 실패하였던 것이다. 또한 개별적인 정책 수립과 집행 과정에서 동일 내지 유사사업에 대

---

[187] 『독립신문』, 광무 2년 6월 14일 「논설」.

한 대한제국 정부(농상공부)와 황실(궁내부)의 중복 투자와 질서가 없는 경쟁도 재정적으로나 장기 지속 측면에서 정책을 완성하는 데 큰 장애가 되었다. 철도는 농상공부 철도국과 궁내부 철도원으로 별개로 구성 운영하였다. 광산 개발과 관련하여 농상공부 광산국과 궁내부 광학국으로 이원화되었고, 양잠·직조와 관련하여 보면 농상공부 잠업과와 궁내부 수륜원 공상과의 업무가 유사하였다.

산업육성을 위해 대한제국 시기는 고래의 '중농경상(重農輕商)' 개념에서 벗어나 자본주의적 발전을 위해 노력하였다. 이는 일찍이 그 선례가 없었고 실상 큰 성과를 거두지는 못하였다. 결국 민간의 자본운동을 보호 육성하는 데 소홀하였다는 비판을 면할 수 없었다. 정책 추진을 위한 기구의 운용에서도 많은 취약점을 노출하였다. 구체적인 정책을 입안하고 일관되게 추진할 수 있는 중앙 사령탑이 부재하였고, 동 시대에는 산업자본화로 전환되는 단계로 나가지 못하였다. 관영이 민수에 우선하였고, 개인 회사의 장려와 정부 보조금 지불 등을 통한 사기업 육성에는 소극적 태도를 견지하였다. 대체로 기간산업은 광산국·철도국 등 국(局) 단위에서, 민수(내수) 분야는 잠업과·직조과 등 과(課) 단위에서 수행하였다는 특색이 있다. 향후 대체적 추세는 궁내부로 수렴되는 것이었지만, 각종 정책과 사업수행을 위한 막대한 재정자금의 필요성과 이에 대한 정부의 안정적인 뒷받침 여부가 중요한 변수였다.

중국의 양무운동이 청일전쟁의 패배로 파탄 난 것이라면 대한제국의 산업과 상공업 육성정책이 실패한 것은 러일전쟁으로 인한 파국이 가장 큰 원인이었다. 아관파천 이후 경쟁적으로 시작된 이권 쟁탈을 통해 대한제국의 철도와 광산 등 기간 인프라 구축은 일본과 서양 제국주의 국가들이 선점하고 있던 상황이었다. 여기에 더해 사업이 활발하게 진행될 무렵에 러일전쟁이 시작되었다. 1904~1905년 러시아와 일본의 국제적인 전쟁 과정에서 우리나라가 식민지에 준하는 상황으로 전락하였기에 마스터 플랜의 최종 성과도 확인할 수 없게 되었다. 그러나 우리는 이와 같은 결과론적 해석만으로 이 시기 정책이 실패로 돌아간 것으로 단순히 치부할 수는 없을 것이다. 왜냐하면 적어도 1904년 이전까지는 대한제국 정부와 황실이 전 시기와는 달리 제국주의 자본의 노골적인 경제적 침투 저지에 적극적인 대처 방식으로 나아갔고, 앞의 여러 사례에서 알 수 있었던 것처럼 자력에 의한 주체적 입장의 경제적 근대화 의지를 능동적으로 보였다는 역사적 의미를 갖기 때문이다.

맺음말

　근대 국민국가 수립을 위한 기회를 모색하던 19세기 말~20세기 초반의 대한제국 시기는 구래의 내적 모순의 극복과 더불어 자주적 근대화를 확립해야 하는 문제가 큰 관심거리로 부상하고 있었다. 또 다른 한편에는 외세의 침략에 의해 국가 존망의 위기가 첨예화되었다. 대한제국은 여타 제국을 칭하는 열강들과 동일한 급을 설정함으로써 상호 대등한 국가임을 세계열강에 선포했다는 점에서 나름 의미를 갖는다. '제국(Empire)'의 출범은 황제 국가로서 근대화를 이루어 나가겠다는 표징이었다. 이를 위해 과거와는 다른 형태의 권력 장악과 이를 내외에 공표할 필요성이 있었다.

　대한제국 시기는 1863년부터 1907년까지 무려 44년여 통치 기간 동안 조선 26대 국왕이자 새로운 대군주, 황제로서 고종이 군주권을 확보하고 국정을 자신의 의지대로 주도한 유일한 기간이었다. 그것도 1897년 10월 황제국 선포부터라기보다는 독립협회·만민공동회 등의 민권운동을 무력으로 와해시키고 내치와 법률·군사·재정 및 상공업 시스템 등 각종 국가사업을 본격적으로 가동하기 시작한 1899년 1월 이후 이루어진 것으로 보는 것이 타당할 것이다. 이후 1904년 2월 러일전쟁까지 매우 짧은 기간이지만 만 5년 여 동안 제국으로의 국가 개조(Reorganization of Nation)가 본격화될 수 있었다.

 황제 즉위를 위한 상소운동에서 권재형은 중화질서보다는 만국 공법과 공법회통의 서구와의 비교 구도에 방점을 둔 국가관을 제시하였지만 윤치호는 이를 왕실과 미리 교감을 통한 '준비된 눈속임'으로 치부하였다. 유기환은 다원적 세계관을 통한 황제 즉위의 정당성을 주장하였다. 보수인사들은 소중화 의식을 여전히 견지하면서 중화대통을 잇는 것으로 보았다. '자주독립'이라는 차원에서 『독립신문』도 적극적인 평가를 하였다. 실상 '하늘의 명을 받든다'는 명목으로 원구단에서 거행된 황제 즉위 의식은 서양식이 아닌 중국 명나라의 황제 의장제도를 원용해서 거행되었다. 그러나 대한제국 황제 즉위식에서는 중화질서, 고유 역사체계, 세계체제 등 복합적인 고려사항이 반영된 것으로 이해된다.

 대한제국도 역사적 기억에 호소하여 황제의 위엄과 권위를 높이기 위한 여러 가지 국가적 상징적 장치를 마련하였다. 황제가 된 고종이 하늘에 제사하는 원구단을 설치한 것을 시작으로 황제로 즉위한 날을 계천기원절로 정하고 해마다 경축연회를 개최하였다. 황제와 황태자의 탄신일, 조선왕조의 개국일, 황제가 처음 국왕으로 등극한 날 등을 국가기념일로 지정하고 성대한 기념식을 거행하였다. 또한 조선왕조의 발상지로 추정되는 전주 건지산에 조경단을 신축하였다. 역대 임금의 어진을 봉안한 선원전의 중수도 이루고, 전주 이씨 선원파(璿源派)를 대폭 등용하였다. 황제 국가의 규범에 맞게 친왕제를 제정하여 아들에게 각기 의친왕과 영친왕의 칭호를 부여하였다. 또한 태조를 태조고황제로 추존하고, 황제의 직계 4대조를 각기 장조의황제·정조선황제·순조숙황제·문조익황제로 하는 황실의 추숭사업도 시작되었다. 민간의 친위세력으로 '충의'(충성심)와 '위국'(애국심)을 강조하는 과정에서 행차와 황후 국장, 어진 봉안 등 각종 황실 의례에 보부상단이 적극 동원된 것도 이 시기의 특징이다.

이궁인 평양 서경궁의 대규모 공사를 완성하고, 국가와 어기·친왕기, 각 군대의 군기를 제정하였다. 황제는 대원수로서의 군복을 착용하면서 군대를 수시로 사열하였다. 중국 황제의 예에 따라 5악·5진·4해·4독 등 천하의 명산과 대천에 천자로서 직접 제사를 지냈다. 이 시기에 처음으로 근대적 훈장제도를 마련하였고, 국가와 왕실에 충성한 인사들을 기리는 장충단과 제위 40주년 기념 칭경 기념비각을 조성하였다. 그런데 황제가 거행한 이 같은 여러 형태의 제사는 중국 명나라 태조 주원장의 사례를 우리 식으로 원용한 것이었다. 관왕묘도 명대의 예제를 국가적 차원에서 받아들인 것이다. 성황사 등 일부는 토착신앙을 아우르는 내용도 포함되어 있다. 그러나 근거 미약에도 불구하고 '정치적 혈연'을 위한 황제의 강한 '조상 만들기'와 황실 추숭의 의지에 따라 황실의 조상을 '발명'하여 재구성하는 사업에는 적지 않은 이견이 있었다.

황제 권력을 지탱하는 데 가장 기초가 되는 법률체계는 1899년 8월 17일 반포된 「대한국국제」였다. 특히나 대한제국 선포 이후 일정 기간이 지난 시점에서 권력의 안정과 정착화의 필요는 황제의 입장에서는 매우 절실한 문제였다. 법규교정소 창설의 가장 큰 목적은 흠정헌법의 제정으로 황제의 재가를 거쳐 전문 9개조의「대한국국제」를 내외에 반포함으로써 법률적 효력을 발휘할 수 있게 되었다. 이 법률은 서구의 국제법인『공법회통』을 참고하였는데, 만국 공통의 법률체계인 국제공법(Public International Law)에 의지하여 세계만방에 독립성을 과시하려 했던 것이다. '국제'의 모든 조항은 제국주의 열강과 마찬가지로 황제 권한 강화를 통하여 국권을 신장시키려는 의지를 반영하고자 하였던 것이다.

「대한국국제」의 각 조항이 함의하는 내용에 직·간접적인 영향을 준 군주대권을 규정하고 있는 대표적인 국가의 헌법 제정과정과 내용을 차례대로 살펴보았다[「프랑스헌법」및「헌법헌장」(1814)과「프로이센헌법」(1850)의 연쇄와 이후「러시아제국법전」(1832) 및 이에 근거한「국가기본법」(1906),「대일본제국헌법」(1889)]. 그 결과「대한국국제」는『만국공법』을 토대로 하면서 우리나라 역대 제도를 이에 견주고, 흠정헌법의 요소를 가진 제국주의 국가들의 법전들을 참조한 종합적 결과물로 보았다. 예컨대 근대 사회 군주제 국가들의 군주권 강화 내용의 원류는 1814년 4월과 6월 프랑스의 두 가지의 헌법이 모태가 되어 러시아에 전파되었고, 한편에서는 프로이센(독일)을 매개로 하여 일본에 전파된 군주국 체제의 헌법 내용이「국제공법」과 융합되어 개별 사안별로 대한제국의 '국제'에까지 크게 영향을 미쳤던 것으로 이해하였다.

대한제국 시기에는 군령권이 확립되고 군비가 대폭 강화되었는데, 국가 예산 대부분이 근대적 무기 도입과 군비 확충에 집중되고 있었음은 주목할 만하다. 군사력 강화 요구는 황제권 강화를 바라는 황실의 입장과 결부되어 대한제국 시기 군사정책이 추진되었다. 이는 그간 군대가 갑신정변 시기 '4영 체제' 등에서 나타난 것처럼 소수 권력자들에 의해 개별 군영 단위로 균점되거나 갑오개혁과 아관파천 시기처럼 외세의 영향을 받아 자주 국방을 위한 군대로서 정립되어 있지 못한 데 대한 반성에서 나온 조처였다. 따라서 대한제국기의 군제는 황제가 대원수로서 원수부를 통한 일원적인 지휘 계통 체제하에 운영되었다. 원수부의 위상은 일반적인 행정 범위를 넘는 독자적인 것으로, 원수부 각국 총장 대다수는 황제의 친위세력이거나 중요한 정치적 위상을 차지하는 인물로 임명하였다.

대한제국 시기 중앙군은 황실 및 수도 방위, 혹은 황실의 친위세력으로서 각종 쿠데타 및 반란세력 진압에 나섰고, 지방군은 북방 변경 수비, 민란 진압 등을 수행하였다. 특히 북변지역에서 중국 의화단의 국경 진출 문제와 맞물려 간도 유민들과 '청비(淸匪)'들의 분쟁에 관여한 진위대와 포군 등의 국경 치안활동을 통해 대한제국의 국방 능력 평가를 위한 실마리를 삼고자 하였다. 이는 당시 군대의 역할이 궁극적으로 국토방위였는지 아니면 황실 수호와 민권운동·민란 진압 등 내부치안 확보에 있었는지를 둘러싼 논란에 해답을 찾기 위한 노력의 일환이었다. 국가 총예산의 40% 이상을 차지할 만큼 압도적 비중으로 확대된 군사비는 대한제국의 군비 강화 의지를 표현하는 강력한 지표였다. 하지만 막대한 투자에도 불구하고 일본의 군사적 침탈을 막지 못했다면, 대한제국 시기 군사 근대화 정책은 성공한 것이라고 볼 수 없을 것이다. 러일전쟁 시기에 이르기까지 상비군 양성(징병제)과 해군 창설은 논의에 그치고 실행단계까지 가지 못했다.

대한제국 시기에 처음 전개된 산업과 상공업 정책은 밖으로는 외국자본의 경제적 압력에 대처하거나 상호 조응하여 내부적으로는 스스로 기반을 마련하여 변화를 모색한 것이다. 이 시기에 채택한 방식은 철도와 광산 등 기간산업의 국유화 시도 및 정부 스스로의 경영 등을 주도하여 자립적 근대산업화의 기반을 적극적으로 조성하려고 한 특징이 있다. 본 연구에서는 황제권 강화와 관련한 산업정책, 관영사업이자 기간산업인 철도 부설권과 광산 채굴권 회수와 더불어 황실과 정부 주도의 국가적 인프라 조성 내용, 민수 분야 회사 설립 실태도 분석하였다. 은행 설립, 상품 시가, 물가 시세표, 가격 등을 상세히 기재한 최초의 근대적 상업신문인 『상무총보』와 『대한상무신보』도 이 시기에 발간되었다. 정부와 민간 주도로 각종 실업학교와 기술학교도 설립되었다. 또한 황국협회의 결성과 특권상업기구 복설운동 문제를 둘러싼 상인들의 동향도 살폈다. 상무사와 관련하여서는 재조직화 과정, 상업세 수세 사례와 상무시찰의 활동과 러일전쟁 시기까지의 추이 등을 알아보았다.

그런데 일부 연구에서는 대한제국 시기 궁내부를 통한 통신사와 철도원·서북철도국·광학국 등 근대화 서업을 위한 기관 설치는 대부분 성과없이 끝났고 황실 재정의 규모에 비해 그 투자액도 미미한 것으로 치부하기도 한다. 그러나 적어도 이는 대한제국 황실의 직영을 통한 적극적인 광업정책이 열강으로부터 국부를 지키고 하나의 산업으로 흥기시키려는 노력이 있었다는 점을 간과한 것이다. 자강과 부국을 위해서는 일본과 중국처럼 국가권력이 작용하여 새로운 선진 산업기술을 도입하여 낙후된 현상을 극복하려는 것은 대한제국도 마찬가지였다. 특히 외래적 요소와 재래적 요소가 결합된 직조와 양잠업의 경우 이미 대한제국 이전부터 광범위한 지역에서 유통이 진행되고 있었다. 민간에서는 가내수공업으로 면포 제조 열풍이 확산되었고 직조기 발명과 기술개발이 계속 이어졌다. 그 결과 러일전쟁 시기까지 꾸준히 면화 생산과 면포 제조·양잠업이 확산되고 많은 회사 설립과 개항장을 통한 수출품목으로까지 발전하게 되었던 것이다.

그럼에도 불구하고 대한제국 초대 황제로서의 고종의 국정운영과 리더십에는 적지 않은 문제가 내포되어 있었다. 제국을 자처하였지만 황제를 중심으로 하는 국가체제 형성 과정에서 대한제국의 정치시스템과 황실의 제반 사업 모두는 정책결정 과정의 불투명성과 실질적 내용에서 여러 가지 한계를 보여주었다. 대한제국 초기 국정 운영은 중화질서에서의 황제와 서구 절대군주제 형태가 혼합된 것으로, 이른바 '눈속임' 등으로 폄하되었듯이 황제국으로서의 대한제국의 출범과 가는 과정에서 충분히 준비하고 숙고하는 데 시간과 논의가 많지 않았다. 황실 제사·행궁 건설 등 각종 전례는 중국 황제의 형식을 차용하였고, 반면 기념식과 훈장제도 같은 일부 의례는 서구 제국의 예를 모방하였다. 급조된 '조상 만들기'에는 무리수가 따를 수밖에 없었다. 한편 '제국형 군상'이자 황실의 선전에 가장 적극적이었던 보부상 등 민간단체를 적극 동원하여 효과를 보았다. 그러나 마치 친정부적 민병대를 방불케 하는 그들의 과도한 정치 참여는 일반적인 정서와도 차이가 컸고 결국 스스로 입지를 좁히는 부메랑으로 되돌아왔다.

서구의 흠정헌법을 원용하여 「대한국국제」라는 근대적 법전을 마련하였지만 과거 쇠락했던 권력의 재강화에 급급한 나머지 황제 대권만 과도하게 집착하는 모습을 보여주었다. 그것도 출전과 논의 과정, 작성 주체도 제대로 알 수 없을 정도로 급조된 것이었다. 그러다 보니 전 세계 공통인 대의기구 등에 관한 규정도 마련하지 못하였고 인민에 대한 배려는 전혀 없었다. 신민의 권리나 군주의 의무에는 소홀하거나 지극히 관대한 법제를 마련한 것도 문제가 아닐 수 없었다. 이는 결국 국가가 망하는 과정에서 일본에게 역공을 당하는 결과를 초래하였던 것이다.

군사 문제는 국가 재정이 흔들릴 정도로 황제가 가장 큰 노력을 기울였음에도 불구하고 거의 효력을 발휘할 수 없었던 분야였다. 무기·군장비·군복 등 외형적으로는 조선 재래의 군대에서 탈피하여 서구식 군대 모습을 갖추었으나 상비군·국민개병제 등 근대 국민국가에서 보이는 형태와는 질적 차이가 있었다. 그것도 국방보다는 황실 보존을 위한 물리력으로서의 역할만 하였다고 해도 과언이 아니다. 이는 러일전쟁 당시의 무기력한 대응 양태를 보면 여실히 입증된다.

정치·사법·군사 분야에 비해 그나마 큰 무리 없이 실체를 보이며 진행된 것이 산업육성정책이었다고 생각된다. 대한제국은 중국이나 일본과 같은 이웃 국가들과 마찬가지로 국가 주도의 자본주의 육성정책을 견지하였고 관영 인프라 구축과 관영사업에 집중되었다. 그러나 그것도 황실과 정부의 이원화된 기구 운영으로 통일성과 전략적 집중성이 결여되어 있었다. 그 결과 국가가 일관성 있게 개입할 수 없었고 민수 분야는 개개인의 역량 발휘로만 유지될 수밖에 없었던 한계도 나타났다. 상공업은 여전히 특권상인층의 요구만 크게 반영되었을 뿐이었다.

대한제국은 세계 역사상 매우 독특한 형태의 제국으로 규정지을 수밖에 없다. '상징 제국(Imaginary Empire)'으로서의 대한제국은 식민지나 부속지 등을 통한 국가 외연의 확장이 없는 제국이자 단일민족 국가로서 일국사적 정치 시스템을 견지하는 상태에서 황제는 초월적 권력을 소유하지 못했다. 이는 고대와 중세 사회는 물론 근대사회 여러 제국들의 전형성과도 괴리가 큰 것이다. 한편으로는 대체로 혁명과 반혁명의 반복 과정에서 군주와 부르주아지의 타협에 의해 형성된 근대 서구 제국과는 많은 면에서 차이가 있다. 예컨대 국민국가 건설을 통한 사회통합·국민통합을 이루었는가에 의문이 든다. 황제에게 '신민'으로서의 대한제국 인민만이 있었을 뿐 민권운동 탄압에 군대를 동원하는 등 국가권력의 사유화가 지속되었다. 인사정책의 혼선, 예컨대 갑신정변·갑오개혁·아관파천 시기, 을사늑약 이후 국망 과정의 여러 사례에서 볼 수 있듯이 정국 변동 과정의 위기 때마다 당당하지 못하게 정부의 중신이자 자신의 핵심 참모들에 대한 부정과 책임 전가로 일관하였다.

1904~1905년 러일전쟁 이후 무기력한 모습이 알려진 것처럼 황제의 권력 범위가 일반에게 미치지 못했다. 그보다는 이 시기부터 일본제국주의의 규정적 힘이 가장 결정적이었고 수순을 거쳐 그로부터 5년 후에 대한제국은 파국을 맞고 식민지가 되었다. 결국 불과 몇 년 전까지만 해도 통치 의지가 불타올랐던 황제의 생각과는 달리 러일전쟁 이후부터 이 나라의 운명은 제국주의 열강의 입장에서 보면 어쩌면 '찻잔 속의 태풍'에 불과하였던 것이 아닌가 할 정도로 세계무대에서는 미미한 존재가 아닐 수 없었다. 열강의 승인만을 바라보는 충분한 준비 없는 황제국으로의 시작도 문제였지만, 국제적 역학관계로도 러일전쟁 발발 직전 시기에 한국이 지정학상 그 중심고리에 있어 국가의 시운(時

運)도 좋지 않았던 상황이었다.

19세기 후반부터 20세기 초 대한제국과 동시기 영국은 왕국(군주국)이었고, 프랑스(일시)와 러시아·독일·일본·중국 등은 제국이었다. 이외 터키·벨기에·베트남·에티오피아 등도 황제 칭호를 사용하였다. 이 시기 영국(United Kingdom of Great Britain and Northern Ireland)은 국왕 빅토리아 여왕이 인도·캐나다·오스트레일리아·뉴질랜드 등 영국령을 포함하여 세계에서 가장 거대한 식민지를 통치하는 최전성기였다. 영국이 영연방의 맹주로서 공식적으로 황제국을 표방하지는 않았지만 왕국이 제국보다 못하지 않음은 국제정세에 매우 해박하고 민감하기까지 한 고종도 일찍부터 이러한 사실을 잘 알고 있었을 것이다. 자신의 통치권력을 제약하던 국내적 요인으로는 일본과 열강을 등에 업은 일부 개화세력 외에는 없었다. 이들도 독립협회가 와해된 1899년 이후에 가면 큰 변수로 작용하지 못하였다. 그럼에도 불구하고 식민지도 없는 단일 민족국가로 굳이 황제국을 선포하고 제도적 절차를 마련하고자 한 것은 결국 대외적 측면보다는 국내적 요소가 강한 것으로 보인다. 그것은 사법·치안·재정의 이른바 3대 통치기구 즉, 법률 제정 및 정비, 군사정책과 운용, 재정 및 조세 수취에 대한 황제와 대한제국 정권 운영자들의 접근 방법을 보면 여실히 증명되고도 남는다.

참고문헌

한국 사료

「監獄規則」.
「紀念碑閣 上樑文」, 독립기념관 소장 자료.
「私立學校規則」.
「元帥府 檢査局令 제1호: 陸軍治罪規則」, 광무 5년 3월 9일.
「輪牒」, 『外部各官廳來去文』.
「蠶業課設置請議書」(광무 4년 9월 28일 및 동년 12월 5일), 『農商工部去牒存案』 6.
「平壤新續」, 『平壤誌』 下(발행 연도 미상, 국립중앙도서관 고문서).
「會錄」, 『西右』.
國會圖書館 立法調査局, 1964, 『舊韓末 條約彙纂』(上), 東亞出版社.
國會圖書館 立法調査局, 1965, 『舊韓末 條約彙纂』(中), 東亞出版社.
金允植, 1960, 『續陰晴史』(卷七).
柳麟錫, 『毅菴集』, 권5「華東吟」; 권6「與宋淵齋」; 권6「答崔勉庵」.
李沂, 『海鶴遺書』 卷二, 「急務八制議」.
이승만, 오영섭 역주, 2019, 『독립정신(우남 이승만 전집 1)』, 연세대학교 대학출판문화원.
李載崑 等, 연도 미상, 『繼天紀元慶祝詩帖』, 국립중앙도서관, BC古朝45-가234.
閔建鎬, 김동석 역, 2011, 『海隱日錄』 Ⅵ, 부산근대역사관.
朴殷植, 李章熙 역, 1996, 『韓國痛史』(下), 博英社.
宋相燾, 『騎驢隨筆』, 국사편찬위원회 복간본(1955).
尹孝定, 『風雲韓末秘史』.
『掌禮院日記』.
『掌禮院稽制課日記』.
鄭喬, 『大韓季年史』(上·下), 국사편찬위원회 복간본(1957).
奏百二十五, 『四十三郡各鑛移屬宮內府請議書』(『官報』, 광무 2년 6월 28일).
『濬慶墓永慶墓位土加磨鍊成冊』(국립중앙도서관 고문서; 한 古朝29-202).

참고문헌 487

池圭植, 『荷齋日記』.

筆者 未詳, 『叢瑣』, 10책.

의정부 편, 『各部請議書存案』 4(奎 17715), 28책.

『各司謄錄(近代編)』.

『甲申日錄』.

『京畿道各郡訴狀』 8, 「광무 6년 10월 청원서」(蠶農監董 韓致伯→內藏院卿).

『高麗史』 권42, 세가 42 공민왕 5 /공민왕 19년(1370) 경술년, 4월 경진일.

『高宗實錄』.

『公法會通』(天).

『官報』.

『交涉局日記』.

『舊韓國外交關係附屬文書』.

『舊韓國外交文書』 14권, 英案.

『舊韓國外交文書』 16권, 德案.

『舊韓國外交文書』 18권, 俄案.

『舊韓國外交文書』 21권, 義案.

『舊韓國外交文書』 3권, 日案.

『軍部來文』(奎 17786).

『대조선독립협회회보(大朝鮮獨立協會會報)』.

『大韓每日申報』.

『大韓商務新報』.

『大韓禮典』.

『大韓帝國官員履歷書』.

『大韓學會月報』.

『독립신문』.

『每日申報』.

『梅泉野錄』.

『步兵操典』.

『使歐續草』.

『司法稟報』.

『商務社章程』, 광무 3년 6월.

『隨聞見錄』(독립기념관 도서관, 필자 미상).

『純宗實錄』.

『承政院日記』.

『時事叢報』.

『輿地圖』, 1872(奎古 4709-58).

『元帥府來去案』(奎 17809).

『元帥府來文』(奎 17783).

『元帥府奏本 副』(奎 17784).

『韋庵文稿』.

『尹致昊日記』.

『議政府來去文』 8(奎 17793), 외부편, 11책, 광무 4년 1월 25일.

『日省錄』.

『日新』(필자 간행일 미상).

張志淵, 『韋庵文稿』 권3, 內集(疏), 「辨贊政崔益鉉論皇禮疏」.

『帝國新聞』.

『肇慶壇營建廳儀軌抄冊』(奎古4256.5-1).

『肇慶壇濬慶墓永慶墓營建廳儀軌』(奎14251~14258).

朝鮮文友會, 『朝鮮紳士寶鑑』, 1913.

『조선그리스도인회보』.

『中樞院來文』(奎 17788).

『通商彙纂』.

『韓末近代法令資料集』.

『漢城旬報』.

『海天秋帆』.

『顯宗改修實錄』.

『皇城新聞』.

『訓令照會存案』(奎 19143).

『興德殿日記』, 광무 4년 4월(국립중앙도서관 한고朝51-나194).

『洪陵日記(洪陵尙膳房謄錄)』, 광무 2년 12월 29일(국립중앙도서관 한고朝.51-나240).

일본 사료

「5月 25日 京城報告」, 『明治34年自1月至6月 密受々領編冊附錄 韓国駐箚隊長報告』(防

衛省防衛研究所, 『陸軍省大日記』).

岡崎唯雄, 1895, 『朝鮮內地調査報告』, 汲古堂[熊本].

菊池謙讓, 1937(a), 『近代朝鮮史』 下, 雞鳴社.

菊池謙讓, 1937(b), 『近代朝鮮裏面史』, 朝鮮研究會.

국회도서관 편, 1973, 『統監府法令資料集』(上·中·下).

金正明 編, 1967(a), 『日韓外交資料集成 5 -日露戰爭編-』, 巖南堂書店.

金正明 編, 1967(b), 『朝鮮駐箚軍歷史』, 巖南堂書店.

金正柱 編, 1970, 「倂合以前における朝鮮問題の推移」, 『朝鮮統治史料 제3권』, 韓國史料研究所.

納富由三, 1912, 『朝鮮商品と地理』, 日本電氣通信社.

大杉鑑二, 1902, 『歐洲政治』, 警醒社.

大阪商業會議所 編, 1904, 『韓國産業視察報告書』, 大阪活版製造所.

渡邊爲藏 編, 1899, 『露國事情』, 民友社.

東京專門學校 發行, 1897, 『各國憲法正文』.

鈴木安藏, 1935, 『日本憲法史研究』, 叢文閣.

鈴木安藏, 1936, 『比較憲法史』, 三笠書房.

林蟬作, 1907, 『韓國蠶業調査報告』, 農商務省 農務局.

目賀田種太郎, 1909, 『韓國貨幣整理報告書』.

山口精, 1910, 『朝鮮産業誌』 上中下, 寶文館.

山口豊正, 1911, 『朝鮮之研究』, 巖松堂書店.

山本四郎 編, 1980, 『寺內正毅日記』(1900, 1918), 京都女子大學研究叢刊 5.

『澁澤榮一日記』(제29권), 明治 27년 3월 18일.

釋尾春芿, 1926, 『朝鮮倂合史』, 滿洲及朝鮮社.

善生永助, 1925, 『朝鮮人の商業』, 조선총독부.

善生永助, 1929, 『朝鮮の市場經濟』, 조선총독부.

松宮春一郎, 1905, 『最近の韓國』, 早稻田大出版部.

松本重威, 1938, 『男爵目賀田種太郎』.

松永伍作 著, 申海永 譯, 徐丙肅 校, 1901, 『蠶桑實驗說』, 廣文社.

松田行藏, 1888, 『朝鮮國忠淸江原道旅行記事』, 釜山商法會議所.

信夫淳平, 1901, 『韓半島』, 東京堂書店.

日本國立公文書館,「元帥府條例」(명치 31년 1월 19일).

日本外務省 편, 1995, 『日本外交年表竝主要文書』上.

林權助,「舊韓國政府와 日露戰爭」,『三千里』1938년 5월호.

「朝鮮貴族略歷(1925. 10)」[『齋藤實文書』100-3-850].

朝鮮鐵道史編纂委員會 編, 1937,『朝鮮鐵道史(第1卷: 創始時代)』, 朝鮮總督府 鐵道局.

參謀本部 編, 1914,『明治 三十七, 八年 日露戰史』(제1권~제10권), 偕行社.

樞密院, 明治 22년 2월 11일,『大日本帝國憲法』.

幣原坦, 1905,『日露間之韓國』, 博文館.

河野省三, 1916,『祝祭日要義 -附:神社의 祭祀-』, 以文社.

『韓國近代史資料集成 7권(韓日經濟關係 2)』,「二. 朝鮮國內地ニ於テ本邦人營業雜件(明治二十七年)」.

橫田勝三 著, 徐相勉·金漢睦 譯, 權在衡 校, 1901,『人工養蠶鑑』(국립중앙도서관 소장 자료).

『改正 徵兵規例集』(大日本國民教育會 편, 1920).

『官報(日本國)』.

『國民新聞』.

『讀賣新聞』.

『東京朝日新聞』.

『每日新聞』.

『時事新報』.

『郵便報知新聞』.

『二六新報』.

『日本外交文書』.

『電報新聞』.

『駐韓日本公使館記錄』.

『統監府文書』.

『漢城新報』.

러시아 사료

АВПРИ(제정러시아 대외정책문서보관소),Ф.150,оп.493,д.8,лл.358-359/361об.,「친애하는 짐의 좋은 형제 러시아 황제폐하께 삼가 말씀드립니다(敬白朕之良兄弟俄國皇帝陛下)」.

АВПРИ,ф.150,оп493,д.14,л л.123-144,「Записка о Корее до 1898-го года и

после; 1898년 전후 한국에 관한 간략 보고」.
АВПРИ, ф.191, оп.768, д.72, л.89.
대외교류연구원, 2008, 『대외교류연구원자료총서 I: 러시아국립역사문서보관소 소장 근대한러관계자료』, 선인.
대외교류연구원, 2011, 『근대한러관계연구: 러시아문서 번역집』(II~Ⅶ), 선인.
러시아 대장성, 1900, 『Описание Кореи』(한국정신문화연구원 편, 『國譯 韓國誌』, 1984).
러일전쟁전사편찬위원회, 1910, 『러일전쟁 1904~1905(제1부:한반도 동북지역에서의 전투상황)』, 상트페테르부르크(국방부 군사편찬연구소 편, 2012 『러시아와 일본의 전쟁 그리고 한반도』).

한국 논저

姜萬吉, 1973, 「大韓帝國時期의 商工業問題」, 『亞細亞硏究』 50.
_____, 1973, 『朝鮮後期 商業資本의 發達』, 高大出版部.
_____, 1978, 「大韓帝國의 性格」, 『創作과 批評』 48.
高麗學術文化財團 편, 2004, 『러시아國立極東歷史文書保管所 韓人關聯資料 解題集』.
교수신문 기획, 2005, 『고종황제역사청문회』, 푸른역사.
權錫奉, 1987, 「韓·淸通商條約의 締結」, 『歷史學報』 54·55·56합집.
權泰檍, 1980, 「韓末·日帝初期 서울地方의 織物業」, 『韓國文化』 1.
_____, 1989, 「韓國近代綿業史研究』, 一潮閣.
권행가, 2015, 『이미지와 권력: 고종의 초상과 이미지의 정치학』, 돌베개.
권희영, 1999, 『한국과 러시아: 관계와 변화』, 국학자료원.
금병동, 최혜주 역, 2008, 『일본인의 조선관』, 논형.
金世恩, 1991, 「開港以後 軍事制度의 改編過程」, 『軍史』 22.
金泳鎬, 1968, 「韓末 西洋技術의 受容-近代西洋의 挑戰에 대한 主體의 對應의 一面-」, 『亞細亞研究』 31.
金英姬, 1986, 「大韓帝國 時期의 蠶業振興政策과 民營蠶業」, 『大韓帝國研究(V)』.
金容燮, 1975, 『韓國近代農業史研究』(上·下), 一潮閣.
_____, 1976, 「書評, 『獨立協會研究』」, 『韓國史研究』 12.
金才淳, 1990, 「露日戰爭 직후 일제의 화폐금융정책과 조선 상인층의 대응」, 『韓國史研究』 69.

金泰雄, 1997, 「大韓帝國期의 法規 校正과 國制制定」, 『韓國近現代의 民族問題와 新國家建設』, 金容燮敎授停年紀念 韓國史學論叢 3, 지식산업사.

_____, 2013, 「大韓國國制의 역사적 맥락과 근대 주권국가 건설문제」, 『역사연구』 24.

金根培, 1996, 「대한제국기~일제 초 官立工業傳習所의 설립과 운영」, 『韓國文化』 18.

김기란, 2020, 『극장국가 대한제국』, 현실문화.

김기성, 2013, 「대한제국기 진위대 증설의 재정적 영향」, 『역사와 현실』 90.

金度亨(a), 1994, 『大韓帝國期의 政治思想研究』, 知識産業社.

_____, 2014, 『근대 한국의 문명전환과 개혁론-유교 비판과 변통-』, 지식산업사.

김도형(b), 2013, 「여행권(집조)을 통해 본 초기 하와이 이민의 재검토」, 『한국독립운동사연구』 44.

金龍國, 1965, 「關王廟建置考」, 『鄕土서울』 25.

김문식, 2006, 「高宗의 皇帝 登極儀에 나타난 상징적 함의」, 『朝鮮時代史學報』 37.

_____, 2009, 「1902년 고종황제의 기로소 입소」, 『국왕, 의례, 정치-이태진 교수 정년기념논총(4)-』, 태학사.

金成憓, 2010, 「고종 친정 직후 정치적 기반 형성과 그 특징(1874~1876)」, 『한국근현대사연구』 82.

김영수, 2012, 『미쩰의 시기-을미사변과 아관파천-』, 경인문화사.

金源模, 1987, 「에케르트 軍樂隊와 大韓帝國 愛國歌」, 『崔永禧先生華甲記念韓國史學論叢』, 探求堂.

김윤정, 서치상, 2006, 「豊慶宮 建築에 관한 硏究」, 『대한건축학회 학술대회 논문집』 제26권 제1호.

김이순, 2010, 『대한제국 황제릉』, 소와당.

김재호, 2002, 「상회사의 특권과 지대추구, 1876~1904」, 『경제사학』 32.

김종준, 2010, 『일진회의 문명개화론과 친일활동』, 신구문화사.

김준석, 2011, 『근대 국가』, 책세상.

김지영 외, 2013, 『즉위식, 국왕의 탄생』, 돌베개.

김지영, 「대한제국 황제국 노부와 『大韓禮典』」, 2018. 11. 30. 장서각 세미나 발표문.

김충희 역, 2015, 「(자료) 프랑스 역대 헌법전(1)」, 『東亞法學』 69.

金泰明, 2001, 「대한제국 전기의 식산흥업정책에 관한 연구」, 『韓國傳統商學研究』

15-2.

김현숙, 1998 「한말 법률고문관 그레이트하우스의 국제법 및 사법 자문활동」, 『梨大史苑』 31.

김효전, 1996, 『서양 헌법이론의 초기수용』, 철학과현실사.

_____, 2000, 『근대한국의 국가사상 ; 국권회복과 민권수호』, 철학과현실사.

_____, 2009, 『헌법: 한국개념사총서』, 소화.

나애자, 1994, 「대한제국의 권력구조와 광무개혁」, 『한국사 11』, 한길사.

노명식, 1980, 『프랑스 혁명에서 빠리꼼뮨까지, 1789~1871』, 도서출판 까치.

대한제국 사례소, 임민혁·성영애·박지윤 역, 2018, 『國譯 大韓禮典(上·中·下)』, 민속원.

도면회, 1996, 「정치사적 측면에서 본 대한제국의 역사적 성격」, 『역사와 현실』 19.

_____, 2003, 「황제권 중심의 국민국가체제의 수립과 좌절(1895~1904)」, 『역사와 현실』 50.

_____, 2004, 「'대한국국제'와 대한제국의 정치구조」, 『내일을 여는 역사』 17.

文定昌, 1941, 『朝鮮の市場』, 日本評論社.

문준호, 2018, 「러일전쟁 이전 대한제국 원수부의 군무정책 강화와 군사운영의 성격」, 『軍史』 109.

朴萬圭, 1982, 「韓末 日帝의 鐵道敷設·支配와 韓國人의 動向」, 『韓國史論』 8.

박명규, 2014, 『국민·인민·시민-개념사로 본 한국의 정치주체-』, 小花.

박정규, 2003, 「상무총보·대한상무신보에 대한 역사적 고찰」, 『언론과학연구』 3권 2호.

朴鍾涍 譯, 2002, 『러시아 國立文書保管所 所藏 韓國 關聯 文書 要約集』.

박찬승, 1992, 『한국근대정치사상사연구』, 역사비평사.

방광석, 2008, 『근대일본의 국가체제 확립과정: 이토 히로부미와 '제국헌법체제'』, 혜안.

백옥경, 2015, 「대한제국기 번역관 玄尙健의 활동」, 『歷史와 實學』 57.

서영희, 1997, 「광무정권의 형성과 개혁정책 추진」, 『역사와 현실』 26.

_____, 2003, 『대한제국 정치사 연구』, 서울대출판부.

서인한, 2000, 『대한제국의 군사제도』, 도서출판 혜안.

서진교, 1992, 「1898년 都約所의 結成과 活動」, 『震檀學報』 73.

_____, 1996, 「1899년 高宗의 '大韓國國制'의 반포와 專制皇帝權의 추구」, 『한국근현대사연구』 5.

_____, 1997, 『大韓帝國期 高宗의 皇帝權 强化政策 硏究』, 서강대 박사논문.

_____, 2001, 「대한제국기 고종의 황실추숭사업과 황제권 강화의 사상적 기초」, 『한국근현대사연구』 19.

宋京垣, 1997, 「韓末 安駉壽의 政治活動과 對外認識」, 『韓國思想史學』 8.

宋炳基, 1976, 「光武改革硏究-그 性格을 中心으로-」, 『史學志』 10.

송정환, 1990, 『러시아의 조선침략사』, 범우사.

愼鏞廈, 1976, 「書評, 『韓國近代農業史硏究』」 『韓國史硏究』 13.

_____, 1976, 『獨立協會硏究』, 一潮閣.

_____, 1978, 「'광무개혁론'의 문제점-대한제국의 성격과 관련하여-」, 『창작과 비평』 49.

_____, 1986, 「19세기 한국의 근대국가 형성 문제와 입헌공화국 수립 운동」, 『한국 사회사연구회논문집』 1.

安秉珆, 1975, 『朝鮮近代經濟史硏究』, 日本評論社.

安外順, 1996, 「高宗의 初期(1864~1873) 對外認識 變化와 親政」, 『韓國政治學會報』 30-2.

安鍾哲, 1998, 「親政前後 高宗의 對外觀과 對日政策」, 『韓國史論』 40.

양상현, 2006, 「대한제국의 군제개편과 군사예산 운영」, 『역사와 경계』 61.

양태건 번역, 송석윤 감수, 2013, 「1850년 프로이센 헌법」, 『서울대학교 法學』 54권 2호.

오두영, 1996, 「스페란스키와 국가기구 개혁안」, 『러시아연구』 6.

오연숙, 1996, 「대한제국기 의정부의 운영과 위상」, 『역사와 현실』 19.

吳鎭錫, 2007, 「光武改革期 近代産業育成政策의 내용과 성격」, 『歷史學報』 193.

_____, 2013, 「대한제국기 人工養蠶會社와 蠶業課試驗場」, 『鄕土서울』 85.

왕현종, 1992, 「韓末(1894~1904) 地稅制度의 改革과 性格」, 『韓國史硏究』 77.

劉奉鎬, 1984, 「大韓帝國下 實業敎育 展開考」, 『大韓帝國硏究』 II.

柳承烈, 1997, 「韓末의 商業立國 노력과 商權守護運動」, 『金容燮敎授停年紀念論叢』 3, 知識産業社.

육군군사연구소, 2012, 『한국군사사9(근현대1)』, 경인문화사.

殷丁泰, 2005, 「1899년 韓·淸 通商條約 締結과 大韓帝國」, 『歷史學報』 186.

이강칠, 1999, 『대한제국시대 훈장제도』, 白山出版社.

이경미, 2012, 『제복의 탄생: 대한제국과 서구식 문관대례복의 성립과 변천』, 민속원.

李求鎔, 1985,「大韓帝國의 成立과 列强의 反應」,『江原史學』1.

이민수 역, 민홍기 편, 2000,『민충정공 유고』, 一潮閣.

李玟源, 1988,「稱帝論議의 展開와 大韓帝國의 成立」,『淸溪史學』5.

_____, 1995,「대한제국의 성립과 광무개혁·독립협회에 관한 연구성과 과제」,『韓國史論』25.

_____, 2000,「대한제국의 역사적 성격」,『동양학』30.

_____, 2012,「대한제국의 장충사업과 그 이념-장충단과 모충단을 중심으로-」,『동북아문화연구』33.

이방언, 2010,『한말 정치변동과 중추원』, 혜안.

李培鎔, 1988,「舊韓末 金鑛業 守護運動의 諸樣相」,『梨花史學硏究』17·18합.

_____, 1997,『韓國近代 鑛業侵奪史硏究』, 一潮閣.

이삼성, 2014,『제국: 한국개념사총서』, 소화.

이상찬, 1999,「대한제국시기 보부상의 정치적 진출 배경」,『韓國文化』23.

이시연, 2009,「1864년 사법개혁 이전의 러시아 사법제도와 사법관료」,『러시아연구』19-1.

이영학, 1997,「대한제국의 경제정책」,『역사와 현실』26.

_____, 2017,「대한제국의 농업정책」,『中央史論』46.

이영호, 2001,『한국 근대 지세제도와 농민운동』, 서울대학교출판부.

_____, 2006,「동아시아 국제질서의 변동과 대한제국 평가논쟁: 2005년 한국근대사 연구의 쟁점」,『역사학보』191.

이욱, 2004,「근대국가의 모색과 국가의례의 변화-1894~1908년 국가 제사의 변화를 중심으로-」,『정신문화연구』95.

李潤相, 1996,「대한제국기 內藏院의 皇室財政 운영」,『韓國文化』17.

_____, 1997,「대한제국기 황제 주도의 재정운영」,『역사와 현실』26.

_____, 2003,「고종 즉위 40년 및 망육순 기념행사와 기념물-대한제국기 국왕 위상제고사업의 한 사례-」,『韓國學報』111.

_____, 2003,「대한제국기 국가와 국왕의 위상제고사업」,『震檀學報』95.

이정희, 2012,「대한제국기 開國紀元節 기념행사와 음악」,『공연문화연구』25.

_____, 2017,「고종황제 만수성절 경축문화」,『공연문화연구』34.

이재원, 2017,『제국의 시선, 문화의 기억』, 서강대학교출판부.

李鎭昊, 1995,「私立興化學校와 量地敎育」,『鄕土서울』55.

이태진, 1998,「대한제국의 皇帝政과 '民國' 정치이념-국기의 제작·보급을 중심으로-」,『韓國文化』22.

_____, 2000,『고종시대의 재조명』, 태학사.

李憲昶, 1995,「甲午·乙未改革期의 産業政策」『韓國史研究』90.

이현진, 2012,「대한제국의 선포와 종묘제도의 변화-七廟의 구성과 황제 추존, 신주 改題를 중심으로-」,『韓國思想史學』40.

임민혁, 2010,「대한제국기의 국가의례: 황제국의 예법을 만들다」,『대한제국, 잊혀진 100년 전의 황제국』, 국립고궁박물관·민속원.

任善和, 2000,「선교사의 독립협회와 대한제국 인식」,『全南史學』14.

임소연, 2010,「대한제국의 성립과 체제정비: 황제국의 위상을 갖추다」,『대한제국, 잊혀진 100년 전의 황제국』, 국립고궁박물관·민속원.

임승휘, 2011,『유럽의 절대군주는 어떻게 살았을까?』, 민음인.

林在瓚, 1982,「舊韓末 陸軍武官學校에 대하여」,『慶北史學』4.

_____, 1990,「開化期 軍制改編에 대하여」,『考古歷史學志』5·6합집.

임현수, 2006,「대한제국시기 역법정책과 종교문화-'음력'의 탄생과 국가경축일의 제정-」,『대한제국은 근대국가인가』, 푸른역사.

장영숙, 2010,『고종의 정치사상과 정치개혁론』, 선인.

_____, 2015,「메이지유신 이후 천황제와 大韓國國制의 비교-전제군주권적 측면에서-」,『한국민족운동사연구』85.

張學根, 1985,「舊韓末 海洋防衛政策-海軍創設과 軍艦購入을 중심으로-」,『史學志』19.

田鳳德, 1981,「大韓國 國制의 制定과 基本思想」,『韓國近代法思想史』, 博英社.

전우용, 2011,『한국 회사의 탄생』, 서울대출판문화원.

全旋海, 2003,『大韓帝國의 산업화 시책 연구-프랑스 차관 도입과 관련하여-』, 건국대 박사논문.

鄭求福, 1977,「甲午改革 以後의 新軍制」,『韓國軍制史-近世朝鮮後期篇-』, 陸軍本部.

정근식, 2000,「한국의 근대적 시간 체제의 형성과 일상생활의 변화-대한제국기를 중심으로-」,『한국사회사학회논문집』58.

정승모, 1992,『시장의 사회사』, 웅진출판.

정연태, 2011,『한국 근대와 식민지 근대화 논쟁 -장기근대사론을 제기하며-』, 푸른역사.

정재정, 1999,『일제침략과 한국철도(1892~1945)』, 서울대출판부.

鄭昌烈, 1986,「露日戰爭에 대한 韓國人의 對應」,『露日戰爭前後 日本의 韓國侵略』, 一潮閣.

鄭夏明, 1975, 「韓末 元帥府 小考」, 『陸士論文集』13.
趙景來, 1981, 『絶對主義時代』, 日新社.
趙璣濬, 1973, 『韓國企業家史』, 博英社.
趙東杰, 1982, 「韓國軍史의 源流意識」, 『軍史』5.
조재곤, 1992, 「大韓帝國期 洪鍾宇의 近代化改革論」, 『擇窩許善道先生停年紀念韓國史學論叢』, 一潮閣.
_____, 1996, 「대한제국기 군사정책과 군사기구의 운영」, 『역사와 현실』19.
_____, 2001, 『한국 근대사회와 보부상』, 혜안출판사.
_____, 2002, 「壬辰倭亂 시기 朝鮮과 明의 문화교류」, 『亞細亞文化研究』6.
_____, 2003, 「대한제국의 개혁이념과 보부상」, 『한국독립운동사연구』20.
_____, 2003, 『보부상: 근대 격변기의 상인』, 서울대학교출판부.
_____, 2005, 「1904~5년 러일전쟁과 국내 정치동향」, 『國史館論叢』107.
_____, 2010, 「대한제국의 식산흥업정책과 상공업기구」, 『한국학논총』34.
_____, 2017, 『전쟁과 인간 그리고 '평화': 러일전쟁과 한국사회』, 일조각.
_____, 2018, 「'대한국국제'의 분석과 각국 헌법」, 『한국근현대사연구』84.
주진오, 1985, 「독립협회의 경제체제 개혁구상과 그 성격」, 『한국민족주의론』Ⅲ, 지식산업사.
_____, 1996, 「대한제국과 독립협회」, 『한국역사입문』③, 풀빛.
陳德奎, 1983, 「大韓帝國의 權力構造에 관한 政治史的 認識」(1), 『大韓帝國研究』Ⅰ.
車文燮, 1973, 「舊韓末 陸軍武官學校 研究」, 『亞細亞研究』50.
車文燮, 1982, 「舊韓末 軍事制度의 變遷」, 『軍史』5.
차선혜, 1996, 「대한제국기 경찰제도의 변화와 성격」, 『역사와 현실』19.
車俊會, 1964, 「韓末 軍制改編에 대하여-軍隊解散에 이르는 過程-」, 『歷史學報』22.
崔起榮, 1997, 『韓國近代啓蒙運動研究』, 一潮閣.
_____, 2003, 『한국근대계몽사상연구』, 일조각.
崔文衡, 1973, 「歐美列强과 日本의 韓國倂合-1898年을 前後한 露日의 相互牽制를 中心으로-」, 『歷史學報』59.
崔永禧, 1968, 「韓日議定書에 關하여」, 『史學研究』20.
_____, 1969, 「駐韓日本公使館記錄 收錄 '韓末官人의 經歷一般'」, 『史學研究』21.
崔鍾庫, 1983, 『韓國의 西洋法受容史』, 博英社.
한국역사연구회(이윤상), 1992, 「'광무개혁' 연구의 현황과 과제」, 『역사와 현실』8.
한국역사연구회, 1995, 『대한제국기 토지조사사업』, 민음사.

한림대학교 한국학연구소 편, 2006 『대한제국은 근대국가인가』, 푸른역사.

韓永愚, 2001, 「(해제) 大韓帝國 성립과정과 『大禮儀軌』」, 『高宗大禮儀軌』, 서울대 규장각.

_____, 2001, 「(해제) 乙未之變, 大韓帝國 성립과 『明成皇后殯殿魂殿都監儀軌』」, 『明成皇后殯殿魂殿都監儀軌』, 서울대 규장각.

한철호, 2008, 「우리나라 최초의 국기('박영효 태극기' 1882)와 통리교섭통상사무아문 제작 국기(1884)의 원형 발견과 그 역사적 의의」, 『한국독립운동사연구』 31.

_____, 2009, 『한국근대 개화파와 통치기구 연구』, 선인.

함동주, 2009, 『천황제 근대국가의 탄생』, 창비.

玄光浩, 2002, 『大韓帝國의 對外政策』, 신서원.

黃炳茂, 1967, 「日本이 施行한 軍制改革과 京軍」, 『陸士論文集』 10.

일본 논저

가라타니 고진(柄谷行人), 조영일 역, 2016, 『제국의 구조: 중심·주변·아주변』, 도서출판 b.

가토 요코(加藤陽子), 박영준 역, 2003, 『근대일본의 전쟁논리』, 태학사.

古川昭, 李成鈺 譯, 2006, 『구한말 근대학교의 형성』, 경인문화사.

구메 구니다케(久米邦武), 박삼현 역, 2011, 『特命全權大使 米毆回覽實記(제3권 유럽대륙/상)』, 소명출판.

國分典子, 1996 「大韓帝國におけるドイツ憲法思想の繼受」, 『愛知縣立大学文学部論文集(一般教育編)』 45.

宮古文尋, 2017, 『淸末政治史の再構成-日淸戰爭から戊戌政變まで-』, 汲古書院.

나카스카 아키라(中塚明), 정해준 역, 2005, 『근대 일본의 조선인식』, 청어람미디어.

다카시 후지타니, 한석정 역, 2003, 『화려한 군주-근대일본의 권력과 국가의 례-』, 이산.

다케우치 요시미(竹内好), 서광덕·백지운 역, 2004, 『일본과 아시아』, 소명출판.

大石嘉一郎·宮本憲一 編, 1975, 「大日本帝國憲法」, 『日本資本主義發達史の基礎知識』, 有斐閣.

藤永壯, 1991, 「開港後の會社設立問題をめぐって-朴琪淙と汽船業·鐵道業-」, 『朝鮮學報』 140·141집.

藤原彰 外, 1983, 『近代日本史의 基礎知識(增補版)』, 有斐閣.

藤原彰, 嚴秀鉉 역, 1994, 『日本軍事史』, 時事日本語社.

木村幹, 2007, 『高宗·閔妃: 然らば致し方なし』, ミネルヴァ書房.

木村健二, 1989, 『在朝日本人의 社會史』, 未來社.

梶村秀樹, 1983, 「李朝末期 綿業의 流通 및 生産構造」, 『韓國近代經濟史研究』, 사계절.

柏原宏紀, 2009, 『工部省의 研究－明治初年의 技術官僚와 殖産興業政策－』, 慶應義塾大學出版会.

山邊健太郎, 1966, 『日韓合邦小史』, 岩波書店.

山本有造 編, 2003, 『帝國의 研究: 原理·類型·關係』, 名古屋大學出版會.

森山茂德, 1987, 『近代日韓關係史研究－朝鮮植民地化와 國際關係－』, 東京大學出版會.

森山茂德·原田環 編, 2013, 『大韓帝國의 保護와 倂合』, 東京大學出版會.

石井寬治, 2012, 『日本의 産業革命－日淸·日露戰爭から考える－』, 講談社.

小野寺史郎, 2011, 『国旗·国歌·国慶: ナショナリズムとシンボルの中国近代史』, 東京大學出版會.

스즈키 마사유키, 유교열 역, 2005 『근대 일본의 천황제』, 이산.

스키아시 다쓰히코(月脚達彦), 최덕수 역, 2014, 『조선의 개화사상과 내셔널리즘』, 열린책들.

矢部明宏·山田邦夫·山岡規雄, 1957, 「憲法上의 國家緊急權」, 『公法研究』 17.

室山義正, 1984, 『近代日本의 軍事와 財政』, 東京大學出版會.

安田寬, 1998, 「フランス1814年憲章小論－明治憲法의 源流－」, 『埼玉女子短期大學研究紀要』 9호.

야마무로 신이치(山室信一), 임성모 역, 2003, 『여럿이며 하나인 아시아』, 도서출판 창비.

_____, 정재정 역, 2010, 『러일전쟁의 세기－연쇄시점으로 보는 일본과 세계－』, 小花.

_____, 정선태 역, 2018, 『사상과제로서의 아시아』, 소명출판.

야스마루 요시오(安丸良夫), 박진우 역, 2008, 『근대 천황상의 형성』, 논형.

鈴木智夫, 1992, 『洋務運動의 研究――九世紀後半의 中国における 工業化와 外交의 革新에 대한 考察－』, 汲古書院.

오사 시즈에(長志珠繪), 2011, 「내셔널 심볼」, 『근대 지(知)의 성립』, 소명출판.

奧村周司, 1995, 「李朝高宗의 皇帝卽位에 대하여－그 卽位儀禮와 世界觀－」, 『朝鮮史研究會論文集』 33.

요시자와 세이시이치로(吉澤誠一郎), 정지호 역, 2013, 『중국근현대사 1: 청조와 근대 세계』, 삼천리.

由井正臣, 2009, 『軍部と民衆統合-日淸戰爭から滿洲事變期まで-』, 岩波書店.

와다 하루키, 이웅현 역, 2019, 『러일전쟁: 기원과 개전(1-2)』, 한길사.

伊藤滿, 1984, 「帝制ロシア憲法の源流」, 『創価法学』 14권 1호, 創価大学法学会.

長谷川正安, 2016, 『日本の憲法』, 岩波書店.

井上淸, 1975, 『日本の軍國主義-軍國主義と帝國主義-』, 現代評論社.

佐藤功, 1957, 『君主制の研究-比較憲法的考察-』, 日本評論新社.

楫西光速 外, 1969, 『日本資本主義の成立』 II, 東京大學出版會.

_____, 1969, 『日本資本主義の發展』 II, 東京大學出版會.

池本今日子, 2006, 「ロシア皇帝アレクサンドル一世の外交政策-ヨーロッパ構想と憲法-」, 風行社.

후지이 조지(藤井讓治) 외, 박진한 외 역, 2012, 『쇼군·천황·국민』, 서해문집.

森万佑子, 2017, 「大韓帝國の成立過程―一八九七年成立の背景-」, 『東洋學報』 99卷 2號.

중국 논저

『明史』 권49, 志25, 禮3, 吉禮3, 神祇壇.

「任內往來文件; 與總理衙門往來文件」, 光緖 23년 4월 20일(臺灣 中央研究院 近代史研究所 檔案館).

선숭챠우(沈松僑) 외, 조우연 역, 2009, 『黃帝, 그리고 중국의 민족주의』, 한국학술정보.

殷嘯虎, 1997, 『近代中國憲政史』, 上海人民出版社.

張晉藩, 1982, 『中國法制史』, 群众出版社.

정관잉(鄭觀應), 이화승 역, 2003, 『성세위언-난세를 향한 고언』, 책세상.

『太祖高皇帝實錄』, 洪武 3년 2월 5일.

夏东元, 1996, 『洋务运动史』, 华东师范大学出版社.

胡春惠·張存武·趙中孚 편, 1987, 『近代中韓關係史資料彙編』 제1책, 國史館(臺北)

서양 논저

A. M. 폴리 엮음, 신복룡·나홍주 역, 2007, 『하야시 다다스(林董) 비밀회고록』,

건국대학교출판부.

C. E. Merriam, 1945 "Systematic Politics", University of Chicago Press.

Dominic Lieven, 2006, "The Cambridge History of Russia: volume II, Imperial Russia", 1869-1917, Cambridge University Press.

F. A. 멕켄지, 『大韓帝國의 悲劇, The Tragedy of Korea』(申福龍 역), 探求堂, 1981[원저는 1908년 간행된 것이다].

George Lynch, 1903, *The Path of Empire*, Duckworth&Co., London(정진국 역, 『제국의 통로-시베리아 횡단철도와 열강의 대각축-』, 글항아리, 2009).

Henry J. Whigham, *Manchuria and Korea*, Isbister and Co., London, 1904(이영옥 역, 『영국인 기자의 눈으로 본 근대만주와 대한제국』, 살림, 2009).

Homer B. Hulbert, 1906 *The Passing of Korea*, William Heinemann Co., London(H.B. 헐버트, 申福龍 역, 『大韓國滅亡史』, 평민사, 1984).

W. E. 그리피스, 신복룡 역, 1999, 『은자의 나라 한국(Corea:The Hermit Nation, 1907)』, 집문당.

Charles Tilly, 1978, *From Mobilization to Revolution*, Addition-Weseley(진덕규 역, 『동원에서 혁명으로』, 학문과 사상사, 1995).

Белла Пак. 2013, *Российкий Дипломат К.И. Вебер и Корея*. Москва.

게오르그 옐리네크(Georg Jellinek), 金孝全 역, 1980, 『一般國家學(원제: Allgemeine Staatslehre)』, 太和出版社.

까를로 로제타니, 윤종태·김운용 역, 1994, 『꼬레아 꼬레아니』, 서울학연구소.

니코스 풀란차스, 홍순권·조형제 역, 1986, 『정치권력과 사회계급』, 풀빛.

니꼴라이 V. 랴자노프스키, 김현택 역, 1994, 『러시아의 역사 II, 1801-1976』, 까치.

다니엘 리비에르, 최갑수 역, 2013, 『(개정판) 프랑스의 역사』, 도서출판 까치.

모리스 뒤베르제(Maurice Duverger), 문광삼·김수현 역, 2003, 『프랑스 헌법과 정치사상(Les constitutions de la France)』, 해성.

박 보리스 드미트리예비치, 민경현 역, 2010, 『러시아와 한국』, 동북아역사재단.

서울대 독일학연구소 역, 1992, 『한국근대사에 대한 자료: 오스트리아 헝가리 제국 외교보고서(1885~1913)』, 신원문화사.

세르게이 표도로비치 플라토노프, 김남섭 역, 2009, 『러시아사 강의』(2), 나남.

소콜로프 A.P., 2003, 「러시아 문서보관소 소장 러시아·한국 관계사 자료들」 『국학연구』 2.

시드니 하케이브, 석화정 역, 2010, 『위떼와 제정 러시아』(上·下), 한국학술정보.
안토니오 네그리, 윤수종 역, 2001, 『제국』, 이학사.
알렉스 켈리니코스 외, 감정한·안중철 역, 2007, 『제국이라는 유령』, 이매진.
앙드레 슈미드, 정여울 역, 2007, 『제국 그 사이의 한국』, 휴머니스트.
에릭 홉스봄, 김동택 역, 1998, 『제국의 시대』, 한길사.
에릭 홉스봄 외, 박지향·장문석 역, 2004, 『만들어진 전통』, 휴머니스트.
에이미 추아, 이순희 역, 2009, 『제국의 미래』, 비아북.
L. H. 언더우드, 신복룡 역, 1999, 『상투의 나라』, 집문당.
엔서니 기든스, 진덕규 역, 1991, 『민족국가와 폭력』, 까치.
앵거스 해밀튼, 이형식 역, 2010, 『러일전쟁 당시 조선에 대한 보고서』, 살림.
잔 프랑코 풋지, 박상섭 역, 1995, 『근대국가의 발전』, 민음사.
조지 모스, 임지현·김지혜 역, 2008, 『대중의 국민화: 나폴레옹 전쟁에서 제3제국에 이르기까지 독일의 정치적 상징주의와 대중운동』, 소나무.
제임스 크라크라프트, 이주엽 역, 2008, 『표트르대제: 러시아를 일으킨 리더십』, 살림.
지그프리드 겐터, 권영경 역, 2007, 『신선한 나라 조선, 1901』, 책과 함께.
찰스 틸리, 지봉근 역, 2018, 『유럽 국민국가의 계보(990~1992)』, 그린비.
크리스토퍼 피어슨, 박형신·이택면 역, 1998, 『근대국가의 이해』, 일신사.
크리스티안 프리드리히 멩거(Christiam-Friedrich Menger), 김효전·김태홍 역, 1992, 『근대 독일헌법사(Deutsche verfassungasgeschichte der neuzeit eine einfuhrung in die grundlagen)』, 교육과학사.
테사 모리스 스즈키, 임성모 역, 2006, 『변경에서 바라본 근대』, 산처럼.
티머시 H. 파슨스, 장문석 역, 2012, 『제국의 지배: 제국은 왜 항상 몰락하는가』, 까치.
페리 앤더슨, 김현일 역, 1996, 『절대주의 국가의 역사』, 소나무.
Hwang Kyung Moon, 2016, *Rationalizing Korea: the rise of the modern state, 1894-1945*, University of California Press.
헨리 위그햄, 이영옥 역, 2009, 『영국인 기자의 눈으로 본 근대만주와 대한제국』, 살림.

찾아보기

ㄱ

가토 마스오(加藤增雄) 50, 71, 130, 245
「각국헌법의 연혁급(及)연대참고의 대략」 268
간도 유민 360, 481
갑신정변 13, 50, 96, 121, 197, 201~203, 230, 292, 480, 485
갑오개혁 23, 25, 55, 152, 156, 157, 168, 175, 216, 217, 310, 312, 318, 345, 362, 377, 382, 418, 439, 442, 443, 481, 485
강홍대 364, 429
개국기원(開國紀元) 26
개국기원절(開國紀元節) 96, 143, 151, 152, 155, 175~181, 222
건양(建陽) 37, 52, 75, 77
건원절(乾元節) 153, 167
건의소청 185, 186, 219
「검사국령」 350

경기전(慶基殿) 99, 106, 107
경덕(慶德) 53
경복궁 점령 377
경부철도회사 407, 408, 461
경운궁 24, 30, 31, 66, 67, 78, 99, 102, 129, 134, 136, 137, 160, 224, 232, 242, 243, 371, 372
경의철도(京義鐵道)의 부설권 406
경주양잠합자회사 434
경효전(景孝殿) 133, 134, 140
계엄법 294
계천기원절(繼天紀元節) 84, 96, 125, 152, 155, 171~175, 181, 222, 223, 391, 478
고금도 122
고무라 주타로(小村壽太郎) 369
고문선 231, 359
고영근 217, 221, 222, 270, 271
곤원절(坤元節) 167
『공법회통(公法會通)』 32, 37, 39, 48, 250, 258, 259, 283, 288, 296, 298,

299, 300, 304, 478, 480
공상학교(工商學校) 453
공자(孔子) 64
공친왕(恭親王) 14, 398
「관립농상공학교규칙」 457
관민공동회(官民共同會) 413
관왕묘(關王廟) 118, 119, 122, 123, 184, 232, 479
관제묘 118, 119, 124, 125
광무(光武) 37, 52, 53, 61, 75, 88, 256, 397
광무학교(礦務學校) 87, 399, 462, 463, 464, 473
「광무학교관제(礦務學校官制)」 462, 463
광산국 418, 463, 464, 473, 475
광산세(鑛山稅) 416, 419
광서(光緖) 26
광성상업학교 459~462, 473
교전소 239, 242~246, 248~250, 255, 285
교정소 248, 250, 254
구례[具禮, 그레이트하우스(Greathouse)] 77, 243
구 명절 181
국가(國歌; national anthem) 95, 141~143, 145
국가 건설(state-building) 23, 24
「국가기본법」 265, 269, 270, 274, 289, 290, 296, 303, 480
국가애국주의(state-patriotism) 148
국가적 상징 장치(national symbol) 98
국가평의회(Государственный Совет)

259~261, 271, 272, 304, 305
국기(national flag) 146, 148~151
「국내철도규칙(國內鐵道規則)」 400
국내철도용달회사(國內鐵道用達會社) 406
국내철도운수회사양성학교(國內鐵道運輸會社養成學校) 467, 469
「국제공법(Public International Law)」 259, 480
국조오례의(國朝五禮儀) 183
군국기무처 13, 175
「군대내무서」 380, 382
군법교정청 384
군부(軍部) 294
군부관제 293, 319, 333
군부 포공국 321, 389, 391
군악대 87, 98, 141, 341
권업모범장 432
권업자문회(勸業諮問會) 425
권재형 29, 32, 36~39, 42, 44, 190, 202, 243~245, 248~251, 371, 374, 478
권중현 301, 329
권형진 25, 88, 234
균세(均勢, balance of power) 48
그레이트하우스 84, 243, 245, 249~251
극장국가(theater state) 98
금척대수장 189
금척대훈장 190
기계소 391
기기창 391
기로소 127

기미가요(君が代; きみがよ) 142
기원절(紀元節) 154
기자(箕子) 33, 60, 64, 127, 158, 180, 205
기자룽 210
기쿠치 겐조(菊池謙讓) 62, 390
긴즈부르크(Гинцбург, Гораций Осипович) 406, 407
길영수(吉永洙) 217, 226, 227, 409, 448
김가진 168, 242~245, 387, 429
김광희 224
김규홍 204, 205, 207
김병시 242~245, 315
김상연 269
김세기 103
김영목 104
김영준 248, 408
김옥균 50, 71
김윤식 25, 168, 369
김재현 37, 42, 44
김정식 207
김종한 469
김홍륙 83, 84, 313, 314
김홍륙 독차사건 290
김홍제 200, 219
김홍집 25, 71, 77

ㄴ

나유석 234, 448
나폴레옹 266
나폴레옹 1세 252, 272

난쉰전(南潯鎭) 428
남관왕묘 118~121
남정철 127, 182, 183, 242
남죽동조직소 426
내장원 130, 228, 357, 366, 385, 407, 416, 437, 438
노백린 335, 371, 376
노즈 스네다케(野津鎭武) 389
「농상공학교 관제」 457
니콜라이 1세(Николай I Павлович) 270
니콜라이 2세(Николай Александрович Романов) 78, 133, 146, 190, 274, 315

ㄷ

다시 꽃이 핀 마른 나무(le Bois sec refleuri) 218
다케우치 쓰나(竹內綱) 410
단군(檀君) 31, 59, 60, 64, 65, 127, 158, 180, 184, 205
단발령 23, 77, 352
대례의궤(大禮儀軌) 37
『대명률(大明律)』 257, 292, 384
『대명집례(大明集禮)』 59, 183
『대명회전(大明會典)』 59, 183
대사(大祀) 101, 184
대수훈장 191
「대일본제국 헌법」 239~241, 265, 269, 277, 278, 280, 281, 284, 289, 290, 294, 298, 306, 480
『대전회통(大典會通)』 384

『대조선독립협회회보(大朝鮮獨立協會會報)』 53
대조선은행 424
대조선저마제사회사(大朝鮮苧麻製絲會社) 424, 426
「대청제국헌법」 306
「대한국국제(大韓國國制)」 85, 86, 101, 225, 239~241, 250, 251, 254~258, 262, 263, 265, 282~284, 287~290, 292, 293, 296, 298~300, 303~306, 479, 480, 483
대한국내철도용달회사 409
『대한상무신보(大韓商務新報)』 445, 450, 451, 482
『대한예전(大韓禮典)』 94, 182, 183~185
대한제국 만들기 프로젝트 98
대한제국인공양잠합자회사 429, 431, 438
대한제국인공양잠합자회사 부설 인공양잠전습소 431
대한직조권업장(大韓織造勸業場) 425
대한철도회사 409
대한청년애국회(大韓靑年愛國會) 405
대한충렬사(大漢忠烈祠) 203
대한황국협회충군애국(大韓皇國協會忠君愛國) 220
대훈위 국화대수장 191
도고체제(都賈體制) 399
도바시 유시로(土橋友四郎) 282
도약소 185, 219, 222
「도이치제국 헌법」 265, 275, 277~279, 284, 294
도조(度祖) 114, 115
독립관 68, 69, 84, 163, 172, 176~178
독립문 69, 74, 79, 143, 148, 178, 179
「독립서고문」 152
독립서고일 96, 167~169
『독립신문』 39, 40, 43, 53, 65~68, 74, 76, 78~81, 111, 138, 142, 143, 148, 158, 163, 170, 177, 185, 188, 190, 225, 243, 261, 327, 357, 440, 474
독립협회 17, 39, 40, 54, 64, 68, 79, 81, 83, 84, 142, 148, 149, 158, 163, 170, 172, 174, 176, 177, 179, 216, 217, 221, 222, 224, 225, 230, 233, 240, 246, 250, 261, 262, 286, 290, 298, 303, 306, 310, 313, 315, 320, 330, 347, 349, 401, 412, 413, 424, 452, 486
동관왕묘 118, 119, 122, 125, 137
동국여지승람(東國輿地勝覽) 109, 110
동·남관제묘 125
동비여당(東匪餘黨) 231, 358
동학농민군 23
동학농민전쟁 200, 203, 230

ㄹ

라인스도르프(F. Reinsdorf) 404
량치차오(梁啓超) 74, 75
러시아 공사관 24, 30, 80, 157, 242, 309, 313, 315, 369
「러시아제국 법전」 265, 270, 305, 480
러일전쟁 20, 76, 134, 140, 145, 162, 174, 180, 213, 236, 274, 326, 329,

385, 391, 393, 397, 398, 410, 411,
426, 427, 434, 456, 460, 473, 475,
476, 478, 481~485
『로국사정(露國事情)』272
「로바노프-야마가타의정서」30
로젠-니시(西)협정 30, 312
루이 18세(Louis XVIII) 266, 268, 303
르젠드르 243, 245, 249~251, 255,
260, 261

ㅁ

마병대 342, 343
마쓰다 코조(松田行藏) 419
마튜닌(Н.Г. Матюнин) 313, 314
만국공법 31, 32, 37, 43~45, 47, 59,
233, 282, 304, 480
만민공동회 17, 39, 74, 81, 83, 84,
163, 172, 222, 224, 225, 230, 246,
261, 286, 287, 290, 299, 310, 330,
347, 349, 452, 477
만수성절(萬壽聖節) 96, 142, 151,
152, 155~158, 160~164, 174, 223,
224
만수절(萬壽節) 152, 153
미일신문 225, 448
머독(J. V. B. Murdoch; 木爾鐸) 417
메이지 유신(明治維新) 197, 261, 281,
324, 398
명성황후 73, 80, 81, 88, 95, 134, 138,
140, 199
명집례(明集禮) 58
명치(明治) 26, 322

모리스 꾸랑(Maurice Courant) 448
목조(穆祖) 106, 111, 112, 115
몰트케 45
묘사서고일(廟祠誓告日) 167
무관학교 143, 179, 202, 226, 227,
317, 320, 368~372, 374, 377
「무관학교관제」369, 373, 375
무관학교 학도모집령 369
무관학도 78, 83, 318, 370, 373, 375,
382
문조익황제(文祖翼皇帝) 115, 138,
479
『문헌비고(文獻備考)』186
미노베 다스키치(美濃部達吉) 282
미우라 고로(三浦梧樓) 29
미츠이물산(三井物産) 328, 391
미하일 미하일로비치 스페란스키(Михаил
Михаилович Сперанский) 270
민병석 111, 127, 130, 248, 332, 426,
434, 450, 467
민상호 465
「민선의원(民選議院) 설립(設立)의 건
백서(建白書)」225, 280
민영규 104, 171
민영준 378
민영찬 142, 190
민영철 206~209, 211, 213, 214, 374,
405, 408, 469
민영환 31, 78, 84, 117, 120, 121, 124,
126, 130, 143, 145, 146, 151, 189~
192, 198, 201, 202, 332, 384, 469
민용호 219
민정헌법 257

민종묵 83, 84, 124, 347, 408

ㅂ

바이에른 헌법 276
바이페르트(Heinrich Weipert; 瓦以璧) 142, 406
박기양 104, 111, 429, 457, 458, 460, 468
박기종 405, 406, 408
박영효 84, 146, 175, 197
박유진 224
박정양 130, 243, 244, 245, 250
박제순 150, 190, 334, 387, 390, 406, 467
반고(班固) 171
방성칠 83
방칼(Vangal; 方葛) 192
배재학당 157, 177
백남규 114, 115, 195
백동화(白銅貨) 91
백성기 201, 317, 320, 321, 332, 345, 371, 374, 380, 381, 383, 389, 391
법규교정소 85, 130, 239, 246, 248~250, 254~256, 258, 305, 479
『법규류편(法規類編)』 247
「베베르-고무라각서」 30
병인양요 229
『보병조전(步兵操典)』 377~379
보부상 84, 215~217, 222, 223, 225~236, 246, 439, 442~446, 449, 450, 454, 455, 483
보부상단 215, 226, 228, 236, 478

보불전쟁 277
보상단(褓商團) 231
보신전쟁(戊辰戰爭) 322
보호황실(保護皇室) 216, 220, 235
봉작제 193, 196
부상(負商) 149, 166, 227, 444, 454, 455
부하철도회사(釜下鐵道會社) 405, 409
북관왕묘 118, 120, 122
북관제묘 125
「북묘묘정비(北廟廟庭碑)」 120
북일영(北一營) 391
브라운 78, 81, 130, 243, 244, 245, 249~251
블룬츨리(Johannes C. Bluntschli; 步倫) 259
비스마르크 45, 277

ㅅ

사공공(司空公) 88, 106, 107, 109, 112
4독(四瀆) 60, 101, 102~104, 479
사례소(史禮所) 32, 114, 182, 183, 185, 186
사립 광성학교(光成學校) 457, 458, 460, 473
사립 낙영학교(樂英學校) 467, 469
사립 철도학교(鐵道學校) 467~469
사립 흥화학교(興化學校) 467, 469, 471
사육표준 432
4해(四海) 60, 101, 102, 103, 479
산천단 101, 104, 105
상공학교 452~457, 462, 469, 473

「상공학교관제(商工學校官制)」 456, 462
상리국(商理局) 217, 439, 444
상무사 85, 174, 223~225, 227, 230~235, 399, 439, 442~447, 449, 450, 454, 455, 473, 482
『상무사장정(商務社章程)』 439, 443, 445, 450
상무영 227, 228
상무의회 218
『상무총보(商務總報)』 448~451, 482
상무학교 441, 452, 454,
상무회의소 185, 440~442, 452
『상무회의소규례(商務會議所規例)』 439, 440, 443
상비군 15, 317, 321, 322, 326, 481, 484
상업신문 399, 447~449, 482
상업학교 399, 454, 455
샌즈(William F. Sands; 山島) 130, 131
생 투앵 선언(Déclaration de Saint-Ouen) 266
샤를르 10세(Charles X) 268
서경(西京) 204, 213
서경감동당상(西京監董堂上) 206, 213
서경궁 90, 479
서광범 26
『서도견문기(西道見聞記)』 212
서봉장 189
서북철도국 407, 411, 446, 473, 482
서상면 124, 429, 431, 457, 458, 460
서상집 440
서성대훈장 189

서재필 83, 157, 170, 177, 243, 244, 245, 250, 424
서정순 255
서태후 90, 153, 398
석고(石鼓) 127
석고단(石鼓壇) 90
『선원보략(璿源寶略)』 88, 110
선원전 87, 99, 118, 478
성세위언(盛世危言) 47
성황사 104, 479
세창양행 404, 406, 408
소사(小祀) 101
「소송규정」 385
송수만 222
송정섭 314
『수문견록(隨聞見錄)』 163
순조숙황제(純祖肅皇帝) 115, 479
스테인(Штейн, Евгений Фёдорович; 師德仁) 406, 407
스페란스키(Сперанский) 269, 271, 272, 274, 289, 305
「시모노세키조약(下關條約)」 70, 73, 74, 138, 152, 168, 285
시부사와 에이이치(澁澤榮一) 426
시위대 80, 132, 338~341, 344, 347, 351
시페이예르(А. Н. Шпейер) 313
신기선 219, 247, 332, 349, 350, 389, 443, 453
신 명절 181
신상협회(紳商協會) 440
신해영 222, 223, 458, 459
심상훈 177, 190, 219, 227, 337, 387

심상희 219
심순택 42~44, 53, 54, 60, 62, 68, 117, 119
「13조목대한사민논설(十三條目大韓士民論說)」 413

ㅇ

아관파천 13, 14, 24, 25, 30, 53, 55, 157, 169, 170, 219, 244, 304, 312, 339, 376, 440, 472, 475, 481, 485
아오키 슈죠(靑木周藏) 363
아펜젤러(Henry Gerhart Appenzeller) 157, 177
안경수 68, 69, 177, 234, 405, 424, 425
안언지 171
알렉산드르 1세(Александр I Павлович) 270, 271, 272
알렉산드리나 빅토리아(Alexandrina Victoria) 여왕 31
알렉세예프(К. А. Алексеев) 81, 213, 315
알렉세이 미하일로비치(Алексей Михайлович) 270
알렌(H. N. Allen) 128, 259
앙샹 레짐(Ancien Régime) 267
애국가 95, 141~143, 145, 146, 148, 157, 179, 180, 223
야마가타 아리토모(山縣有朋) 281
야스마루 요시오(安丸良夫) 280
야스쿠니 진자(靖國神社) 203
양무(揚雄) 171
양무운동(洋务运动) 20, 398, 475
양무호(揚武號) 328, 329

양잠감 432
양잠시험장 430
양지속성과 467, 469, 471, 472
양지아문(量地衙門) 83, 469, 471, 472
어진(御眞) 209, 478
언더우드(Horace Grant Underwood) 157
엄주익 206
에릭 홉스봄(Eric Hobsbawm) 97, 141
에케르트 141~143, 145
여지도(輿地圖) 423
여흥부대부인 81, 115, 157
염도희 200
영건도감 131
영경묘(永慶墓) 106, 111, 112
영광의 3일(Trois Glorieuses) 268
영은문 74, 178
영친왕(英親王) 80, 133, 134, 150, 151, 161, 173, 195, 407, 478
영학당 85, 231, 310, 358
영호지선철도회사(嶺湖支線鐵道會社) 408
『예기(禮記)』 60
예식원 116, 125, 129, 132, 133, 166
예진(睿眞) 209
오사카방적회사(大阪紡績會社) 427
오사카상업회의소 427
5악(五嶽) 60, 101~104, 479
오에 산지로(大江三次郎) 468
5진(五鎭) 60, 101~103, 479
오카자키 타다오(岡崎唯雄) 423
오쿠마 시게노부(大隈重信) 71, 245, 278
완전한 대의정부(thoroughly representative government) 261

왕정(monarchique) 266
외획(外劃) 130, 351, 356
요시카와 사타로(吉川佐太郞) 404
용암포(龍巖浦) 사건 134
우무학도(郵務學徒) 465, 466
운산(雲山) 금광채굴권(金鑛採掘權) 411
원구단(圜丘壇) 32, 54, 56, 62, 64~67, 74, 83, 86, 88, 99, 101, 102, 127~129, 133, 184, 478
원수부 85, 86, 117, 124, 143, 151, 172, 184, 199, 201, 202, 224, 225, 227, 228, 294, 321, 322, 330~334, 336, 337, 341, 344, 346, 350, 354, 357~360, 362, 366, 371~374, 375, 380, 381, 384~387, 392, 481
『원수부규칙(元帥府規則)』 293, 330, 331
원조전(願助錢) 211
윌리엄 마틴(William A. P. Martin; 丁韙良) 259
유기환 37~39, 42, 68, 467, 478
유성룡 119
유인석 48
유회원(儒會員) 231
육군무관학교 378
「육군법률」 87, 156, 350, 380, 384, 385
육군법원 87, 172, 375, 380, 385
육군사관학교 375
「육군치죄규칙(陸軍治罪規則)」 385
육군헌병사령부 333
「육군헌병조례」 345, 380, 381
「육군형법」 384

육의전(六矣廛) 44, 442, 449, 450
윤긍규 69
윤기영 405
윤용선 109, 110, 117, 124, 127, 128, 145, 151, 243, 245, 246, 248, 254~257, 358, 362
윤정구 124, 130, 132, 151
윤치호 25, 27, 29, 37, 48, 68, 117, 157, 172, 177, 179, 190, 207, 243, 250, 261, 478
윤효정 424, 425
은산금광(殷山金鑛) 417
을미사변 23~25, 55, 96, 134, 198, 200, 203, 219, 292
을미의숙(乙未義塾) 169
「의뢰외국치손국체자처단례(依賴外國致損國體者處斷例)」 225, 233, 290, 292
의정부(Ыйы-чжіон-бу) 260
의정부관제 260, 261
의친왕(義親王) 150, 195, 478
의화단 89, 90, 354, 358, 360, 363, 389, 481
이강(李堈) 193
이건하 196, 254
이경석 257
이경직 176, 198, 200
이경호 200
이규환 223, 231, 406
이근명 212
이근택 344, 408
이기(李沂) 262
이기동 217, 220, 221, 223, 227, 323

이노우에 카오루(井上馨) 192
이도재 406, 425
이도철 200
이동휘 349
이범진 190, 313
이상재 69, 84, 179, 243, 244, 250
이상천 219
이성계 106, 115, 175, 180, 190, 222, 229, 232, 287
이수병 42
이순신 122, 123
이승만 74, 223
이와쿠라 도모미(岩倉具視) 47
이완용 83, 111, 243, 244, 250, 313
이용익 130, 132, 217, 221, 314, 404, 407, 409, 411, 415, 446
이용직 117
이유인 234, 314
이윤용 167, 190
이은(李垠) 193
이재곤 55, 108
이재면 157, 195
이재순 167, 190, 196, 200, 248, 314, 345, 405, 406
이종건 107, 108, 124, 249, 317, 332, 345, 358, 362, 370, 459, 461
이종구 200
이중하 109~112
이채연 157, 177, 243, 254, 424, 425
이타가키 다이스케(板垣退助) 280
이토 히로부미(伊藤博文) 105, 278, 281, 301
이학균 227, 332, 371, 372, 378

이학승 200
이화대훈장 189, 190
익조(翼祖) 114, 115
『인공양잠감(人工養蠶鑑)』 431, 433
인공양잠전습소 430
인천전환국(仁川典圜局) 351
일본 육군사관학교 375, 376
임오군란 13, 96, 121, 201, 202, 230
임진왜란 118~120, 122, 123, 229
임최수 200
입전시민(立廛市民) 44

ㅈ

자문위원회(Consultation Board) 261
자응장 189, 190
자희태후(慈禧太后; 서태후) 153, 398
잠농소(蠶農所) 438
잠상공사 419
잠상실험론 432
『잠상실험설(蠶桑實驗說)』 433
잠업과 87, 399, 430~432, 437, 473, 475
잠업시험장 429, 431, 432, 473
잠업전습소 429
「잠업실습설(蠶業實習說)」 458
장례원(掌禮院) 60, 99, 102, 108, 122, 125, 183, 199, 202
장봉환 84, 367
장조의황제(莊祖懿皇帝) 115
장지연 39, 183
장충단 87 96, 184, 197, 199~203, 335, 479

장헌세자 85, 115, 118
전무학도(電務學徒) 465, 466
전환국 130, 407
정관잉(鄭觀應) 47
정교 31, 32, 39, 44, 158, 179, 221
정낙용 220
정동구락부 441
정병하 25, 77
정순임 164
정유재란 120, 122
정재승 44
정조선황제(正祖宣皇帝) 115
정치적 혈연(blood of politics) 114
『제국신문』 76, 81, 86, 87, 89~91, 178, 225, 449
제국의 개조(Reorganization of the Empire) 245
제국 인프라(Imperial Infrastructure) 399
제사론 432
젬부쉬(Zembsch; 曾額德) 192
조경단(肇慶壇) 88, 105, 108, 110~113
조경묘 106~108, 112
조던(J. N. Jordan; 朱邇典) 417
조동윤 332, 340, 371
「조미수호조규」 285
조민희 360
조병세 42~44, 54, 243, 245, 286, 287, 314
조병식 68, 83, 190, 219, 225, 254, 84, 336, 349, 386
조상의 기억화(Remembering of ancestors) 98

『조선그리스도인회보』 177
조선왕궁 수위규칙 377
조정희 111
조지 모스(George Mosse) 97
종로직조사 426
주석면 248, 317, 319, 320, 353, 370, 383
주원장(朱元璋) 56, 102, 479
준경묘(濬慶墓) 106, 111, 112
준원전 99, 114, 117, 132
중곡염직공소 426
중사(中祀) 101, 119, 184
「중학교관제」 86
중화전(中和殿) 129, 131, 160, 171, 209, 210
『증보문헌비고(增補文獻備考)』 186
지계아문 472
지규식 173
지방대 81, 87, 334, 338, 349, 352~354, 358, 361, 363~365
직조국 398, 419
직조권업장(織造勸業場) 425, 426, 473
직조기 424, 425, 483
직조단포주식회사 426, 467, 468
직조단포주식회사(織造緞布株式會社) 교습소(教習所) 467
직조회사 399, 424, 426, 446, 474
진무덴노(神武天皇) 154
진민소 83, 84, 185
진위대 87, 129, 132, 320, 332, 338, 349, 352~360, 363~366, 481
「진위대편제」 354
「징병령」 324

징병제 321, 323, 326, 328
「징병조례」 324, 326, 335

ㅊ

참사원(Conseil d'Etat) 272
채광묵 219
천장절(天長節) 153, 154
천추경절(千秋慶節) 151, 152, 155, 156, 163~167, 222, 224
철도국 402, 404, 473, 475
철도사 402, 404, 473
철도원 87, 407, 411, 473, 482
『청사고(淸史攷)』 154
청일전쟁 23, 27, 40, 79, 138, 152, 168, 212, 284, 398, 426, 475
초혼제 202
최승호 321
최시형 83
최익현 12, 48, 49
춘생문 사건 200
치중병대 343
친왕제 96, 193, 196, 478
친위기병대 342
친위대(親衛隊) 198, 202, 338, 340~342, 344, 345, 351, 358
친위세력(Imperial Party) 226, 234, 333, 481
칭경 40주년 기념 예식 95, 125
칭경예식 86, 125, 126, 131, 132
칭경예식일 131, 134
칭제건원 246

ㅋ

카노코기 테루노신(鹿子木曜之進) 425, 467
카를 이바노비치 베베르(Карл Иванович Бебер; 韋貝) 29, 72, 259
코고르당(Cogordan; 戈可當) 192
콜랭 드 프랑시(Collin de Plancy; 葛林德) 72
콜레라[虎列刺] 90, 130, 131
쿠빌리에(M. Cuvillier; 貴賓禮) 463
크라비오사(Craviosa; 管樂所) 192
크레마지(Laurent Crémazy, 김아시, 金雅始) 254
크루프[Krupp; 克盧伯] 340, 389
클리포드 기어츠(Clifford Geertz) 98

ㅌ

타니 오카하시(谷岡端) 202
태극국기 149, 232
태극기 96, 150, 160, 172, 178, 220, 224
태극장 189, 190, 192
태극전 210
태극팔괘장 190
태조고황제(太祖高皇帝) 96, 115, 17, 189, 478
「태조본기(太祖本紀)」 56
통감부 105, 124, 162, 167, 170, 174, 180, 466
통제영(統制營) 328
트레물레(A. Tremoulet; 擄來物理) 130, 463, 464

ㅍ

팔괘장 189
패전트(pageant) 67
팽한주 206
평리원 85, 87, 234
평수길(平秀吉) 120
평양성 전투 212
평양진위대 210
포계(砲契) 361
포군(砲軍) 360, 361, 481
포대영 391
표트르 1세(Пётр I Алексеевич) 270
표훈사(表勳司) 192
표훈원 85, 86, 96, 121, 126, 189, 192, 201
「표훈원관제(表勳院官制)」 188
푸챠타(Д. В. Путята) 313, 315
풍경궁 92, 208, 210, 211
「풍진록(風塵錄)」 211
프란츠 폰 에케르트(Franz von Eckert) 141
「프랑스 헌법」 265~289, 480
프랑스혁명 261, 265, 267, 269, 303
프랑시(Plancy; 葛林德) 192
「프로이센 헌법」 265, 269, 275~279, 281, 283, 284, 289, 290, 294, 297, 298
프리드리히 빌헬름 4세(Friedrich Wilhelm IV) 275

ㅎ

하야시 곤스케 363, 387, 408, 410, 467
하인리히 바이페르트(Heinrich Weipert; 瓦以壁) 142
하추잠론 432
『한국서지(Bibliographie Coreenne)』 448
『한국지(Описание Кореи)』 73
한러은행 83
한상방적고본회사 426
한성상업회의소 440
한성순보 197
한성신보(漢城新報) 26, 92
한성전기회사(漢城電氣會社) 405
한성제직회사 426
한성직조학교(漢城織造學校) 426, 467
「한의통상조약(韓義通商條約)」 417
「한일의정서」 255, 411
「한청통상조약(韓淸通商條約)」 74, 75, 85, 86, 284, 301
해군영(海軍營) 328
향례전(鄕禮錢) 211
허위 219
「헌법헌장(Charte Constitutionnelle)」 241, 265~269, 276, 283, 290, 294, 296, 298, 304
헌병대 87, 172, 345, 346, 351, 381, 382, 461
「헌의육조」 224
헤이(J. A. Hay; 海意) 417
현상건(玄尙健) 249, 255, 463
현영운 220
혜민원 160
혜상공국(惠商公局) 444
호남철도주식회사 409
호시나가 지로(乾長次郞) 404
호위대(扈衛隊) 83, 172, 338, 344~346, 351, 386

홈링거양행(Holme Ringer&Co.) 417
홍계훈 198, 200, 203
홍길동 217
홍릉(洪陵) 83, 81, 135, 136~138, 140
「홍범(洪範) 14조」 152, 168, 321
홍종우 73, 83, 217, 218, 221, 223, 247, 384, 387
홍후즈[紅鬍子] 360
환조(桓祖) 115
활빈당(活貧黨) 231, 232, 310, 336, 358, 359, 413
황국중앙총상회 449
황국협회 81, 83, 84, 149, 216, 217~225, 227, 234, 235, 447, 449, 482
황보연 219
『황성신문』 76, 81, 85, 87, 90, 92, 180, 200, 225, 357, 379, 388, 391, 401, 430, 454
황실 조상 제사 105
황제와 국가의 시각화(視覺化; visualize) 작업 101
황제의 제사 101
황현 113, 171, 213, 242, 246, 364

회선포(回旋砲) 340, 389
후쿠자와 유키치(福澤諭吉) 47, 70
훈련대 25, 200, 339, 368, 369
훈련대 사관양성소(士官養成所) 368, 369
훈장제도 186, 188, 190, 192, 479, 483
「훈장조례(勳章條例)」 96, 189
휘턴(Henry Wheaton) 43
흠정헌법 240, 241, 257, 269, 270, 275, 280, 282, 285, 305, 306, 479, 480, 483
「흠정헌법대강(欽定憲法大綱)」 306
흥경절(興慶節) 96, 151, 152, 155, 156, 167~171, 222
흥선대원군 12, 74, 81, 83, 115, 157, 195, 215, 229, 234, 326
흥화학교 472
희년제(jubilee, 즉위 50주년제) 125
히노마루(日の丸; 일장기) 146
히오키 에키(日置益) 404

T

『The Korean Repository』 27

고종과 대한제국
황제 중심의 근대 국가체제 형성

초판 1쇄 발행   2020년 10월 21일

지은이   조재곤

펴낸이   주혜숙
펴낸곳   역사공간
등록   2003년 7월 22일 제6-510호
주소   04000 서울특별시 마포구 동교로 19길 52-7 PS빌딩 4층
전화   02-725-8806
팩스   02-725-8801
이메일   jhs8807@hanmail.net

ISBN   979-11-5707-414-3 93910

- 책값은 뒤표지에 있습니다. 잘못된 책은 바꾸어 드립니다.
- 이 도서의 국립중앙도서관 출판예정도서목록(CIP)은 서지정보유통지원시스템 홈페이지 (http://seoji.nl.go.kr)와 국가자료공동목록시스템(http://www.nl.go.kr/kolisnet)에서 이용하실 수 있습니다.(CIP제어번호: CIP2020042627)
- 이 저서는 2014년 대한민국 교육부와 한국학중앙연구원(한국학진흥사업단)의 한국학 총서사업의 지원을 받아 수행된 연구임(AKS-2014-KSS-1230006).